Dieser Führer der Liebeskunst vermittelt praktische Rezepte und Ratschläge, die Kapitel für Kapitel sofort umsetzbar sind und dem Leser helfen, gemeinsam mit dem Partner noch größere und länger anhaltende sexuelle Ekstase zu erleben. Der einfühlsame Umgang miteinander setzt bisher nicht entdeckte Energien frei, die nicht allein das Liebesleben, sondern vielmehr das Leben als Ganzes in ungeahnter Weise bereichern.

Die Autoren propagieren mit ihrem Buch ein Sexualleben, das nicht mehr auf schnellen sexuellen Techniken aufbaut, sondern anstelle des sofortigen und kurzfristigen Genusses andauernde beglückende Befriedigung verspricht.

David Alan Ramsdale und Ellen Jo Dorfman wenden sich mit »Sexuelle Energie und Ekstase« erstmals an ein breiteres Publikum. Das Buch wurde in Kalifornien auf Anhieb zu einem durchschlagenden Erfolg.

David Alan Ramsdale
Ellen Jo Dorfman

SEXUELLE ENERGIE UND EKSTASE

Der Weg zu höchstem Glücksgefühl

Deutsche Erstausgabe

GOLDMANN VERLAG

Aus dem Amerikanischen von Ralph Tegtmeier
Titel der Originalausgabe: Sexual Energy Ecstasy
Originalverlag: Peak Skill Publishing, P.O. Box 5489, Playa Del Rey,
California 90296

Made in Germany · 6/87 · 1. Auflage
© 1985 by David Alan Ramsdale
© der deutschen Ausgabe 1987 by Wilhelm Goldmann Verlag München
Umschlaggestaltung: Design Team München
Satz: IBV Satz- und Datentechnik GmbH, Berlin
Druck: Elsnerdruck, Berlin
Verlagsnummer: 10368
Lektorat: Werner Morawetz / UK
Herstellung: Gisela Ernst
ISBN 3-442-10368-1

Inhalt

Vorwort 9
Ein Wort der Klärung 10

Prolog 11

Empfehlung an den Leser 13
Zum Gebrauch dieses Abschnitts 13
Babys Geist 14
Die neue sexuelle Revolution 15
Sexuelle Energie-Ekstase 16
Das Allerhöchste (T'ai chi) 19
Sexualliebe 24
Gemahl(in) 26
Sanft und hart 30
Ganzheitliches Liebemachen 31
Intimität 32
Lebensenergie 33
Entspannung – Loslassen kontra Anspannung – Erleichterung . 34
Totaler Entspannungs-Orgasmus 37
Ehrlichkeit 40
Gier 41
Abfall 41
Sex 42
Sexuelle Freiheit 45
Liebe 47
Der Liebespunkt 48

Erster Teil: Körper-Geist 53

Lebensstil 55
Wie man ein anziehender Körper-Geist ist 56
Die vollständige Atmung 57
Die leichte vollständige Atmung 58
Tiefentspannung 61
Einfache Tiefentspannung (20 Minuten) 63
Einfache Meditation (20 Minuten) 66

Drogen, die die Sexualität behindern	69
Körperliche Betätigung für sexuelles Wohlbefinden	72
Sexuelles Wohlbefinden und Ernährung	75
Ergänzungsstoffe für die Sexualität	77
Ellens Tiger-Tonikum	79
Becken und Ausdruck	80
Beckenstöße und -drehungen	80
Beckensprünge	82
Die Macht des Pompoir	83
Sexualübungen	88
Das Recycling sexueller Energie	105
Sexueller Orgasmus und persönliche Energie	109
Ultra-Intimität und sexuelle Reife	114

Zweiter Teil: Vorspiel / Spiel-Spiel ... 117

Verträglichkeit	119
Nur der Gedanke zählt	123
Liebemachen ist eine anrührende Erfahrung	125
Spiel-Spiel	126
Die Aku-Liebesmassage	127
Aura-Sex	139
Kleine Schlafzimmerkunde	141
Die Aufladung	146
Der Liebesritus	148
Einander entfalten	152
Energiesteigerung der Hände	157
Das ausgedehnte Vorspiel	158
Gute Zeiten, schlechte Zeiten	160
Verbundenheit und Einschwingung zwischen Paaren	162
Energieverteilung	167

Dritter Teil: Erwachen ... 171

Bewußter Konflikt	173
Die Kunst des erotischen Erwachens	174
Gemeinsame Inspiration	176
Die vollständigen biomagnetischen Kreisläufe	178
Energieverstärkung	182
Konzentration	183

Das vollständige Anhalten 184
Energie erden und speichern 186
Selbst-Inspiration 188
Der Liebesstoß 193
Liebemachen mit dem Geist 195
Die orientalische Erregung 199
Friedvolle Stellungen 202
Die Zeitlupe 207
Sexualität und Töne 208
Die Himmelsleiter 213
Zusammenbleiben 213
Spannungsstellungen 215

Vierter Teil: Der Höhepunkt (Klimax) 219

Wo kommst du her, wo gehst du hin? 221
Kreativer Sex und prokreativer Sex 222
Arsch-Friede 224
Was ist ein freiwilliger kreativer Höhepunkt (Klimax)? 225
Zorn und sexueller Orgasmus 226
Der kreative Sexualorgasmus 228
Der emotionale Höhepunkt 232
Der große Orgasmus 233
Der gewollte Sexualorgasmus 234
Der gewollte Sexualorgasmus für Männer 240
Der gewollte Sexualorgasmus für Frauen 260

Fünfter Teil: Stile des Liebemachens 271

Liebemachen – ein Modell des Lebens 273
Warum verschiedene Stile? 274
Rezepte der Ekstase 277
Zusammen schlafen (Der erste Stil) 279
Außersinnlicher Sex (Der zweite Stil) 283
Bioelektrischer Sex (Der dritte Stil) 287
Krieg-und-Frieden (Der vierte Stil) 290
Magnetischer Sex (Der fünfte Stil) 296
Karezza (Der sechste Stil) 299
Schwellensex (Der siebte Stil) 309
Das Tao des Sexus (Der achte Stil) 315

Die neun Stufen und ihre Anzeichen 318
Imsak (Der neunte Stil) 327
Kabbazah-Sex (Der zehnte Stil) 335

Epilog 345

Glossar 353
Adressen 359
Literaturverzeichnis 363
Register 365

Vorwort

Dieses Buch ist ein Führer der Liebeskunst von hohem praktischen Wert, und es zählt zu recht zu der Kategorie praktischer Sexualhandbücher. Dennoch werden Sie darin keine Patentrezepte oder Tabellen mit Statistiken vorfinden, so nützlich solche Information auch sein mag. Sexuelle Energie und Ekstase bietet nicht nur Sexualwissen, sie bietet darüber hinaus und vor allem Sexual*weisheit*!

Die Autoren gehen davon aus, daß der westliche Mensch bereit ist, sowohl aus der Tradition als auch aus anderen Quellen ganzheitlicher Betrachtungsweise zu schöpfen. Das Geschick, mit dem sie etwa uralte chinesische *Hirsch-Übungen* mit den verbalen Affirmationstechniken der achtziger Jahre unseres Jahrhunderts verbinden, läßt darauf hoffen, daß sich ihre Grundannahme bestätigen wird. Die Autoren haben einen pragmatischen, und doch auch provozierenden ganzheitlichen Zugang entwickelt, um das sexuelle Erleben in einer Kultur zu bereichern, die in der Regel mehr Wert auf sofortigen Genuß als auf beglückende Befriedigung legt.

Wenngleich viele der hier beschriebenen Liebestechniken und -fähigkeiten es Ihnen nahelegen werden, nicht mehr hektisch hinter Ihren eigenen »einsamen Crescendi« herzujagen, vertreten die Autoren dennoch keine Verzögerungspraktiken aus reinem Selbstzweck. Statt dessen möchten sie uns die historische Perspektive nahebringen, die dem Konzept der ganzheitlichen Liebeskunst eignet. So bieten sie uns ein reizvolles Gesamtbild der liebeskundlichen Überlieferungen der Welt, einschließlich wenig bekannter amerikanischer Praktiken holistischer Sexualität, die für den heutigen Leser leicht verständlich sind und unschwer in die Praxis umgesetzt werden können.

EDMUND CHEIN, M. D., J. D.

Ein Wort der Klärung

Dieses Buch dient dazu, Information über das Themengebiet zu vermitteln, mit dem es sich beschäftigt. Es wird mit der Erklärung verkauft, daß weder der Verlag noch die Autoren medizinische, psychologische oder andere heilberufliche Dienstleistungen anbieten. Im Falle der Notwendigkeit medizinischer oder anderer sachkundiger Beratung sollte ein dafür geeigneter Heilberufler konsultiert werden.

Ziel dieses Führers ist es nicht, alle die Informationen zu wiederholen, die dem Leser in anderer Form zur Verfügung stehen; vielmehr will er andere einschlägige Texte ergänzen, weiterführen und abrunden. Weitergehende Informationen finden sich in den im Anhang und der Bibliographie angegebenen Quellen.

Es besteht die Möglichkeit, daß sich Ihnen die Erfahrungen der sexuellen Energie-Ekstase, wie sie in diesem Buch beschrieben werden, mit den hier dargestellten Techniken nicht unmittelbar bei den ersten Versuchen erschließen werden. Wer das hohe Potential der Liebeskunst voll nutzen will, muß sich darauf einstellen, daß dies einen beträchtlichen Einsatz an Zeit und Mühe erfordert. Der Lohn für dieses Engagement ist jedoch beachtlich: Sie werden dadurch nicht nur allein Ihr Liebesleben, sondern vielmehr Ihr Leben als Ganzes erheblich bereichern.

Es ist möglich, daß 1) das, was zum Zeitpunkt des Schreibens noch präzise und richtig war, es inzwischen nicht mehr ist, während Sie dieses Werk lesen; und daß 2) Ihre Interpretation unserer Ausführungen sich nicht mit dem deckt, was wir ursprünglich beabsichtigt haben.

Beide Autoren haben alle Anstrengungen unternommen, um diesen Ratgeber so umfassend und präzise auszuarbeiten wie möglich. Dennoch kann es inhaltliche Fehler geben. Aus diesem Grund sollte der Text auch nur als allgemeiner Überblick gewertet werden und nicht als alleinseligmachende Quelle aller Liebeskunst. Zweck dieses Ratgebers ist es vielmehr, den Leser zu bilden und zu unterhalten.

Prolog

Empfehlung an den Leser

Dieses Buch ist in fast einhundert konzentrierte Abschnitte eingeteilt, die wertvolles praktisches Wissen vermitteln. Wenngleich Sie natürlich hier am Anfang beginnen und das Buch in einem Zug von vorne bis hinten durchlesen können, empfehlen wir Ihnen durchaus, zu den Abschnitten weiterzuspringen, die Sie am meisten interessieren, und das, was Sie dort lesen, gleich in die Praxis umzusetzen. Allerdings sollten Sie zuvor den Prolog gelesen haben.

Zum Gebrauch dieses Abschnitts

Die folgenden konzentrierten Botschaften dienen dazu, Ihre intuitive rechte Gehirnhälfte zu aktivieren, um auf diese Weise Ihr höchstes Potential der Liebeskunst freizusetzen. Indem Sie sich diesen positiven Botschaften öffnen, wird Ihre Thymusdrüse stimuliert, was Ihre Immunität gegen Krankheiten erhöht und Ihre persönliche Energie steigert. So werden Sie möglicherweise beobachten können, daß Ihre Fähigkeit wächst, auf alle Aspekte des Lebens auf liebe- und friedvolle Weise zu reagieren.

Diese Botschaften sind besonders wirkungsvoll und angenehm, wenn sie, kurz vor dem Liebemachen oder zu jeder anderen geeigneten Gelegenheit, langsam und laut vorgelesen werden. Partner können sie einander vorlesen, aber auch jeder für sich. Einen vorzüglichen Hintergrund bildet dafür beruhigende Musik.

Um eine maximale Wirkung zu erzielen, sollten Sie das Prinzip verketteter Wiederholungen anwenden: Lesen Sie Ihre Lieblingsbotschaft sieben Tage hintereinander einmal täglich.

Konzentrierte Botschaften wie jene, die nun folgen, werden Sie nun zu Beginn eines jeden Buchabschnitts begleiten.

Babys Geist

Hier das Geheimnis:

vergiß alles,
was du jemals über Sex gelernt hast,

von Mami und Papi
bis zu Masters und Johnson
und allen anderen,
denn
die Landkarten der Sexualität sind nicht die Sexualität selbst,

genieße wieder
den Geist eines Babys,
das nichts über Sex weiß,
und doch ist sein Leib
ein einziges Organ der Ekstase.

Babys Geist
ruhig und gelassen
und doch voller Leben
wie der Treffpunkt
von
Sand und Meer
Körper und Geist.

Rücke bitte beiseite
die vertraute Vergangenheit,
so gut du nur kannst,

genieße dieses Abenteuer
des
Babygeistes
im Leib des Erwachsenen,

Sexuelle Energie-Ekstase.

Die neue sexuelle Revolution

*Es gibt eine neue »sexuelle Revolution«,
authentisch,
spontan,
natürlich,
jedem frei zugänglich.*

*Nicht im Konflikt mit Moral,
Unmoral,
mit sich selbst,*

*unerwartet
von jenen,
die vorziehen
Sex ohne Liebe
oder
Liebe ohne Sex.*

*Diese
neue sexuelle Revolution
geschieht
jetzt,*

*diese evolutionäre Revolution
hilft einfach dabei,
aus Liebe
eine Tatsache zu machen.*

*Genieße jetzt
die neue Intimität
»Sexualliebe«.*

*Ein pulsierendes Verschmelzen sexueller Energie
und Liebe
in einer Ehe glücklicher Intelligenz.*

Sexuelle Energie-Ekstase

*Liebemachen hat vor allem damit zu tun,
daß Leute
nackt werden.*

*Die Nacktheit
fängt beim Körper an,
aber
sie muß nicht
beim Körper allein
enden.*

*Wir können sie genießen,
Nacktheit des Gefühls,
Nacktheit des Geistes,
Nacktheit
unserer innersten Essenz.*

*Manche Leute hasten
durch ihr Liebemachen.*

*Sie ziehen
körperliche Nacktheit vor,
vielleicht
gelegentlich durchzuckt
von wenigen Blitzen
nackten Gefühls,
hier und da einmal.*

*Manche Leute
fühlen sich vom Fleisch
erdrückt.*

*Sie sehnen sich danach,
wie Seelen
hoch durch den Himmel zu segeln.*

Hör zu,

*unser Körper
ist nicht das Gepäck,
unser Körper
ist der Flugschein.*

*Zum Beispiel
berichten Männer und Frauen,
daß ihre Körper
beim Liebemachen
sich zusammenziehen,
sich ausdehnen,
sich verflüssigen,
beben,
brennen,
glühen,
schmelzen,
verschmelzen.*

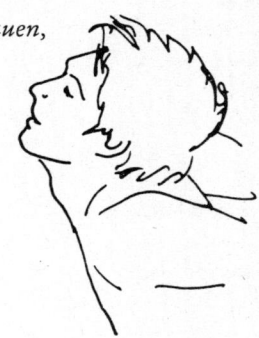

*Sie sagen,
sie haben das Gefühl zu fliegen,
sie fühlen sich wie zwei Menschen, die eins werden,
sie sehen leuchtende Farben,
sie fühlen sich wie König und Königin, edel und königlich,
sie fühlen sich richtig »high« – auf natürliche Weise,
manche sagen sogar,
daß sie dabei für eine Weile verschwinden.*

*Mit anderen Worten:
sie erleben,
daß Liebemachen
ihr Bewußtsein
erweitert.*

*Diese Leute waren nicht auf Drogen,
sie waren auf Sex aus.*

*Sexuelle Energie-Ekstase
ist ein sehr sicheres,
phantastisches
natürliches High.*

*Sexuelle Energie
ist keine spezielle, keine einzigartige Energie,
tatsächlich
ist sexuelle Energie
die Energie des Lebens selbst,
die sich selbst
im Sex ausdrückt,
das ist alles.*

*Während du Liebe machst,
erfährst du
diese Lebensenergie
sehr intensiv.*

*Während du Liebe machst,
fühlst du dich lebendiger.*

*Während du Liebe machst,
BIST du lebendiger.*

*Obwohl wir behaupten,
daß unsere Gesellschaft »sexuell befreit« sei,
sind Sex und Liebe
doch immer noch geschieden.*

*Die Menschen empfinden eine große
Trauer im Herzen.*

*Die revolutionäre Vereinigung
von Sex und Liebe
beginnt in deinem Schlafzimmer.*

Sie wird so schön sein.

*Friede wird in unser aller Augen
lächeln,
Himmel und Erde
werden im Einklang miteinander schwingen.*

MACHT LIEBE, NICHT KRIEG

Das Allerhöchste (T'ai Chi)

*Hier das Geheimnis
des T'ai Chi Symbols:*

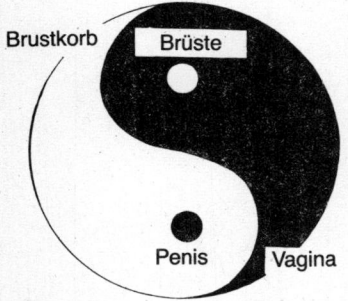

*Der Mann ragt hervor
oder projiziert
von unten.*

*Die Frau ragt hervor
oder projiziert
von oben.*

*Die Projektion des Mannes
nennt man
Penis,*

*die Projektion der Frau
nennt man
Brüste.*

*Der Mann zieht ein
oder introjiziert
von oben.*

*Die Frau zieht ein
oder introjiziert
von unten.*

*Die Introjektion des Mannes
hat in unserer Gesellschaft
keinen offiziellen Namen,*

*die Introjektion der Frau
nennt man
Vagina.*

*T'ai Chi
enthüllt das vollständige Geheimnis
höchster sexueller Intimität:*

*Penis dringt in Vagina ein
und
Brüste dringen in Brustkorb ein.*

*Dies ist das Mysterium
des zweiten Eindringens.*

*Projektion und Introjektion
müssen an beiden Verbindungspunkten
miteinander verschmelzen.*

*Zwei Schlüssel
dringen in zwei Schlösser ein
und öffnen sie:*

*Das erste Schloß ist wohlbekannt,
(die Vagina),
das zweite ist nicht wohlbekannt,
(?).*

*Das zweite Schloß
ist der geheimnisvolle Ort,
der sich befindet
in jener Schatztruhe
beider Geschlechter,
die wir
das Herz nennen
oder das Gefühlszentrum.*

*Ich nenne diesen Ort
den Liebespunkt,
der Schlüssel zum ersten Schloß
ist wohlbekannt: der Penis.*

Welches ist der Schlüssel zum zweiten Schloß?

*Sind die Verbindungen,
sind oben und unten
verschmolzen worden,
wird ein vollständiger
Kreislauf geschlossen, der die Gestalt
eines leuchtenden Kreises (oder einer Kugel)
annimmt.*

*Ich habe diesen
leuchtenden Kreis (diese Kugel)
gespürt und gesehen,
ebenso Freunde von mir.*

*Auch du kannst ihn sehen und fühlen,
es gibt dafür viele mögliche Anzeichen,
etwa allesvertilgende Freude.*

*Dieser große Kreis ist T'ai Chi,
die sexuelle Über-Batterie,
das Erlebnis
der Ultra-Intimität.*

*Entspanne dich,
werde zur Tiefe,
du wirst erfüllt werden.*

*Du wirst
T'ai Chi werden.*

Sexualliebe

*Die aalglatte Weise, in der unsere Gesellschaft
Sex von Liebe trennt,
jagt mir Schauer den Rücken hinab.*

*Diese universale Scheidung
von Genitalien und Herz,
von Zeugendem und Erzeugendem,
hat Milliarden
elternloser Kinder
zurückgelassen.*

*Solange Papi und Mami,
Sex und Liebe,
nicht wieder zueinander zurückkehren,
wird die Welt unglücklich bleiben.*

Dies ist kein theoretisches Problem.

*Ist dir aufgefallen,
daß viele kurzlebige Beziehungen
ausgehen vom Versagen der Liebe?
daß viele langlebige Beziehungen
das Versagen des Begehrens hinnehmen?*

*Wenn Erwachsene eine sexuelle Beziehung haben
und sich dafür entscheiden,
keine Gefühlsintimität miteinander zu teilen,
nennen wir das eine Lustbeziehung.*

*Wenn Erwachsene eine Liebesbeziehung haben
und sich dafür entscheiden,
keine sexuellen Aktivitäten miteinander zu teilen,
nennen wir das eine platonische Beziehung.*

*Wenn Erwachsene eine sexuelle Beziehung
und eine Liebesbeziehung haben
und sich dafür entscheiden,
beide Dimensionen zu erforschen und zu leben,
so umfassend und voll wie möglich,
so daß beide Potentiale Erfüllung finden,*

wie nennen wir das?

*Mir fällt das Wort Ehe ein,
aber in unserer Gesellschaft hat Ehe
mehr zu tun mit Geld und Kindern
als mit Sex und Liebe.*

*Also wird das Etikett Ehe,
theoretisch der Favorit,
durch das Alltagsleben
disqualifiziert.*

*Das Wort »Verliebtsein« kündet von Freude,
dennoch
legt es eine vergängliche Bindung nahe,
ein romantischer Urlaub von der Alltagswirklichkeit.*

*Diese entzückende friedvolle Harmonie
von Sex und Liebe
wird heute gelebt
von Männern und Frauen auf der ganzen Welt.*

*Da sie sich nicht verkaufen läßt,
wird dafür nicht geworben,
sie ist die spontane Frucht menschlicher Reife.*

*Menschen, die diese Freude teilen,
erkennen vielleicht nicht,
wie rar und kostbar
ihr Schatz ist,
es fühlt sich doch so natürlich und normal an.*

*Wir haben kein Wort,
um eine solche Vereinigung zu beschreiben.*

*Sieh im Wörterbuch nach,
es ist nicht da.*

*Ich bitte um Aufmerksamkeit:
dort, wo kein Wort war,
gibt es nun ein Wort:
Sexualliebe.*

Gemahl(in)

*Gott und Göttin
spielen miteinander,
oder wohnen einander bei,
in einem Reich,
das durch die Harmonie ihrer Beziehungen
himmlisch wird.*

*In Übersetzungen vieler östlicher Texte
werden Sexualpartner, Geliebte(r), Ehefrau, Ehemann,
der Intimpartner eines Gottes oder einer Göttin
als Gemahl(in) bezeichnet.*

Sich vermählen heißt Einswerden.

*Die Trostlosigkeit der Tagespflichten wird aufgelöst
von den zehntausend Körpern und Gesichtern,
gesehen
im Zwielichttheater enthemmenden Liebens.*

*Das liebevollste Geschenk,
das ihr einander machen könnt,
ist
zu vergessen, wer ihr seid.*

*Namen, Gesichter, Alter, Glaube, Geschichte,
laßt eure Führerscheinidentität
in der Brieftasche und Börse.*

*Ehemann und Ehefrau sind oft die schlimmsten Missetäter,
Liebe und Ekstase entspringen nicht
dem Kennen des anderen,
vielmehr entspringen sie daraus,
daß man den anderen überhaupt nicht kennt,
aus dem Beiwohnen,
ohne einzuschränken,
aus der Offenbarung von Nacktheit,
nicht aus dem Isolieren
der sanften empfindsamen berührten geheimen Haut
in kurzsichtige Gewißheiten.*

*Erhaltet den Zauber,
bleibt auf immer im Banne
des Mysteriums.*

*Verschmelze heimtückisch die Erregung,
dem geheimnisvollen Fremden zu begegnen,
mit dem tiefen Vertrauen,
das im Laufe der Zeit entsteht.*

Das ist wahre Sexualmagie.

*In den Antlitzen der Götter und Göttinnen,
jenseits aller Traurigkeit vereint,
in den Statuen und Bildern wirst du erkennen,
daß sie glückselig sind von weisem Nichtwissen.*

*Wenn du deiner/deinem Sexualliebhaber(in) in die Augen
blickst,
deinem/deiner Gemahl(in),
irgendeines wundervollen Tages,
kurz nach dem Liebemachen,
oder kurz davor,
so sprich diese oder ähnliche Worte
laut oder stumm
mit Herzensgefühl.*

*Mein(e) Sexualliebhaber(in),
mein/meine Gemahl(in),
du bist das Mysterium,
du bist das Geheimnis,
du bist
der Anfang und das Ende,
und am wichtigsten ist,
du bist ich.*

*Und wenn unsere Körper-Geister
einander nie wieder berührten,
durch dich
habe ich die Ewigkeit berührt.*

*Indem ich
das freundliche kostbare Geschenk
deines Körper-Geists nutzte,
habe ich verstanden,
daß die Ewigkeit mein/meine einzige(r) Gefährte/Gefährtin ist.
mein/meine einzige(r) wahre(r) Gemahl(in).*

*Deshalb beharre ich darauf,
daß wir Gemahl und Gemahlin sind,
wir sind Gott und Göttin,
und nichts weniger.*

Sanft und hart

*Diese Vorstellung
vom sanften und vom harten Stil
ist aus den Kampfkünsten entlehnt.*

*Es gibt sanftes und hartes T'ai Chi Chuan
und sanftes und hartes Kung Fu.*

*Die sanften Stile betonen
die Kreisbewegungen
und die innerliche
(an Energie orientierte)
Entwicklung.*

*Die harten Stile betonen
die linearen Bewegungen
und die äußerliche
(an Kraft und Koordination orientierte)
Entwicklung.*

*Die Tradition
lehrt,
daß beide notwendig sind
Unten gebe ich dir einige Beispiele
für das, was ich
unter sanften und harten Stilen
des Liebemachens verstehe.*

Einstufung	**Beispiel**
außerordentlich hart (AH)	*Bondage*
hart (H)	*untersucht von Masters und Johnson*
hart/sanft (HS oder SH)	*Tao der Sexualität*
sanft (S)	*Imsak*
außerordentlich sanft (AS)	*Außersinnlicher Sex*

Ganzheitliches Liebemachen

Holistisch, ganzheitlich:
Ganz.

Das Ganze des Liebemachens
umfaßt beide,
harte und sanfte,
Wege
des Liebemachens.

Mit dem harten Stil des Liebemachens
sind die meisten von uns besser vertraut.

Der sanfte Stil des Liebemachens
ist für viele von uns neu.

Er nutzt auf ausgezeichnete Weise
Fähigkeiten wie das Erfühlen und Erahnen.

Wissen über den harten Stil
ist leicht zu beschaffen
in unserer Zeit
(Masters und Johnson).

Wissen über den sanften Stil
ist nicht so leicht zu beschaffen.

Sanft heißt nicht schwach,
sanft ist einfach nur
das Gegengewicht zu,
das Gegenteil zu
hart.

Dieses Buch handelt
vom sanften Stil des Liebemachens und
vom harten Stil des Liebemachens
mit sanfter Handhabung.

Imtimität

*Unser Wort Intimität
hat seine Wurzeln
in einem lateinischen Ausdruck
mit der Bedeutung
»das Innerste«.*

Menschen machen Liebe, um

*sich fortzupflanzen,
sexuelle Spannungen abzubauen,
Freude zu empfinden,
persönliche Bindungen zu festigen,
einen anderen Bewußtseinszustand
zu genießen,
(etwa den Orgasmus),
und so weiter.*

Warum machst du Liebe?

*Was wäre für dich
die höchste Erfahrung
sexueller Intimität?*

*Dieses Buch beschreibt
einige großartige Wege,
um Intimität
beim Liebemachen
zu erleben.*

*Neue Wege
(sanfte Wege),
um den innersten Ort,
das Herz oder den Kern,
deines/deiner Gemahls/Gemahlin
und deiner selbst
zu erreichen.*

Lebensenergie

Lebensenergie ist einfach jene Energie, die, wenngleich für das gewöhnliche Auge unsichtbar, den Unterschied zwischen einem Leichnam und einem lebenden, atmenden Menschen ausmacht.

Lebensenergie ist das, was vitalisiert oder Leben gibt. Lebensenergie ist noch keine gesicherte Tatsache der orthodoxen Naturwissenschaft.

Als Künstler der Sexualliebe brauchen wir nicht auf wissenschaftliche Beweise zu warten.

Als mitfühlende leben-spendende Liebhaber können wir Liebe machen, ALS WÄRE Lebensenergie eine Tatsache der Liebe (wenn nicht des Lebens), und wir können sie geben und empfangen und teilen, und ansonsten mit unserem/unserer Gemahl(in) immer und immer wieder an einem Bankett der Lebensenergie schmausen.

Dieses Konzept von einer Dimension der Lebensenergie beim Liebemachen öffnet uns die Tore zu einer wunderbaren neuen Welt.

*Lebensenergie ist ein Konzept,
das die Imagination stimuliert, die Kreativität, die Sensivität,
man braucht dazu nicht an sie zu glauben.*

Wenn Lebensenergie Teil deiner unmittelbaren Erfahrung wird, gut,

wenn nicht, auch gut.

Es genügt durchaus, das ALS OB zu spielen.

Verändere nichts... laß nur die Möglichkeit zu, daß etwas durch dich und um dich und zwischen dir und deinem/deiner Gemahl(in) strömt, etwas, das die Essenz der Magie in sich trägt

...schaffe Platz für Wunder.

Entspannung-Loslassen kontra Anspannung-Erleichterung

Erleichterung ist etwas anderes als Loslassen.

*Wenn ich mich erleichtere,
werfe ich fort,
werde ich los,
was ich nicht behalten will.*

*Beim Liebemachen
baut sich
eine Spannung auf.*

*Es fällt mir nicht leicht,
eine Menge Spannung zu ertragen,
wenn ich sehr angespannt bin,
denn der Spannungszuwachs
erhöht das Gefühl der Anspannung.*

*Loslassen
dagegen
ist das Fahrenlassen
von Anspannung,
ohne Spannungsverlust.*

*Ich kann Liebe machen
auf entspannte
oder auf angespannte Weise.*

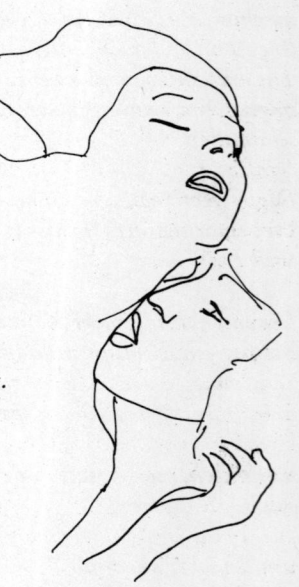

*Was ich beim Liebemachen tue,
ob es nun sanft ist oder hart,
ist nicht halb so wichtig
wie die Art,
wie ich tue, was ich tue.*

*Heute wird sehr viel Betonung
auf den Aufbau sexueller Anspannung gelegt.*

*Nur um den Schwall der Erleichterung zu erfahren,
der darauf folgen mag,
erklimme den Gipfel
schnell,
dann spring hinunter,
bergab ist es eine schnelle Fahrt.*

*Die harten Stile von heute
ermuntern zu diesem Umgang.*

*Sanfte Stile
dagegen
ermuntern Entspannung
und Loslassen.*

*Verharre auf dem Gipfel oder im Tal,
bleibe, wo du bist, und laß dich davon erfüllen.*

*Sanfte Stile
sind besonders nützlich,
um den Körper-Geist
darin zu schulen,
sich beim Liebemachen zu entspannen
und
eine höhere Spannung beizubehalten.*

*Dennoch
ist das eine nicht besser
als das andere.*

*Ich persönlich empfinde
Gleichgewicht als schön,*

*ich mag
es sowohl hart als auch sanft.
Anspannung und Entspannung,
Erleichterung und Loslassen.*

*Was ich
ehrlich gesagt
am meisten mag
ist,
die Wahl zu haben.*

Totaler Entspannungs-Orgasmus

*Als dich nach dem Liebemachen
jemand fragte:
»Hattest du einen Orgasmus?«
Was hast du da geantwortet?*

*Du bist ein Individuum,
Orgasmus
meint eine ganze Reihe
möglicher Erfahrungen,
sogar für einen einzigen Menschen... für dich.*

*Zum Beispiel
ist es allgemein bekannt,
daß manche Männer und Frauen,
die kein wissenschaftlich überprüfbares,
körperliches orgasmisches Loslassen erfahren,
dennoch ein köstliches Loslassen
einer anderen Art erleben,
einen Gefühlshöhepunkt.*

*So wie es für den Menschen viele verschiedene Wege gibt,
den vertrauten Orgasmus zu erleben,
so gibt es auch zahlreiche wunderbare Dinge,
die während des Liebemachens geschehen können
und für die es in unserer Sprache
keinen Namen gibt.*

*Es gibt eine zauberhafte unerforschte Welt –
dort drin (dort draußen?).*

*Wo du hingehst,
was du siehst und fühlst,
ist einmalig, ist allein deins,
auch wenn du mit anderen
gemeinsame Erfahrungen teilst.*

*Hier der Weg: entspanne dich völlig
beim Liebemachen
(und damit meine ich: völlig)
und sieh, wohin dich das führt.*

*Wenn du dich wirklich entspannst,
während du Liebe machst,
und den üblichen Orgasmus nicht zu deinem Ziel machst,
wirst du bereit sein
für eine großartige neue Stufe
sexueller Gipfelerlebnisse.*

*Solche Erfahrungen können geschehen,
ohne daß man sich besonders um Entspannung bemüht.
Es gibt viele viele Wege,
doch ist Entspannung ein sehr zuverlässiger Zugang.
Die Strategie der Entspannung ermöglicht es dir,
diese Erfahrungen
immer und immer wieder zu machen.*

Vielleicht hast du solche Höhepunkte schon erlebt.

*Wenn dem so ist,
so weißt du auch,
wie anmutig und schön
dieses ganze neue Spektrum sexueller Möglichkeiten ist.*

*Mit anderen Worten,
es gibt andere Arten von Orgasmen oder Höhepunkten,
die noch nicht wissenschaftlich untersucht wurden,*

*das sind keine reinen Kopftrips
oder bloße Hirngespinste.*

*Sie sind ebenso tatsächlich und wirklich wie
die Orgasmen, die heute in Labors erforscht werden,
nur anders sind sie natürlich.*

*Ihre Haupteigenschaften sind das Gefühl der Einheit
zwischen dir und deinem Liebespartner,
das anhält und anhält.
Das Rauschen mächtiger Energien und wunderbarer Gefühle,
die Erweiterung und Erhöhung des Bewußtseins,
manche Menschen beschreiben es als »heilig«.*

*Doch
Einssein kann viele Gestalten annehmen
und von unterschiedlicher Stufe und Qualität und Dauer sein.
Energie kann auf vielerlei Weise,
in alle Richtungen strömen,
mit vielerlei Auswirkungen.*

*Die schönen Gefühle können von vielerlei Art
und Intensität und Färbung sein.*

*Der Wandel des Bewußtseins schöpft aus dem grenzenlosen
Quell der Möglichkeiten.*

*Es gibt Orgasmen oder Höhepunkte völliger Entspannung,
diese sind die Formen des
Totalen Entspannungs-Orgasmus.*

*Der Totale Entspannungs-Orgasmus
ist ein neues »Etikett«.*

*Eine Form des Orgasmus der völligen Entspannung
ist beschrieben in* Joy of Sex.

Ehrlichkeit

*Wenn unser Körper Liebe macht,
machen Gefühl und Geist
und unser Innerstes
auch Liebe.*

*Im Idealfall
ist in Gegenwart meines/meiner Gemahls/Gemahlin
alles von mir nackt.*

*Gefühl und Geist,
mein innerstes Ich
wie auch
dieses kostbare Fleisch.*

*Ehrlichkeit in Gedanken, Wort und Tat,
unabhängig vom Liebemachen selbst,
ist ebenfalls Liebemachen.*

Gier

Gier ist ein zwangsläufiger Fehlschlag,
Gier entmenschlicht.

Gier nach größeren, besseren, schöneren
sexuellen Erlebnissen

ist immer noch Gier.

Gier will haben, was nicht ist.
Die wahre Armut ist die Gier selbst.

Die Chinesen haben ein Sprichwort:
Reich ist, wer genug hat.

Abfall

Bei der Sexualliebe
wird Gefühlsmüll in Erscheinung treten,

das ist ein Nebenprodukt des Öffnens
der Tür
zum Herzen.

Mein Schmerz, meine Wut, meine Angst, mein Zweifel
werden sich mir entgegenstellen
auf meiner Suche nach dem Herzen aus Gold.

Gut
besser früher als später...
besser jetzt als dann...
besser durch das Liebemachen.

Sex

*Sex
war nicht,
ist nicht
das Problem,
wird es nie sein –
und auch nicht die Lösung.*

*Die Betonung des Sex
in unserer Gesellschaft,
ob man Sex nun
in ein negatives Licht rückt
oder in ein positives,
ist der Versuch, eine gewaltige Leere auszufüllen.*

*Im Grunde ihres Herzens
wollen die Menschen
tatsächlich
bedingungslose Liebe.*

*Bedingungslose Liebe
ist das
höchste Geschenk zwischen
Menschen.*

*Sex ist auch ein Geschenk,
doch die Verpackung
macht den ganzen Unterschied aus.*

*Wird das Geschenk des Sex
in Liebe eingewickelt,
wo bleibt dann das Problem des Sex?*

*Was kann Sex dann lösen?
Die heilende Macht des Sex
ist Liebe in Aktion.*

*Sex ist
weder die Frage noch die Antwort,
sondern ein allumfassendes Geschenk,
verwandt dem großen Geschenk des Lebens selbst.*

*Sex wird betont aus Mangel.
Ist die Tür zum Herzen verrostet und verschlossen
aus Mangel an Gebrauch,
bleiben die Menschen im Keller gefangen.*

*Was immer Menschen auch sagen mögen,
es geht nur
um Geben und Nehmen und Sein,
um bedingungslose Liebe.*

*Die Menschen suchen und suchen und suchen und suchen und
wenn sie sich finden,
finden sie auch bedingungslose Liebe,
wo immer sie suchen mögen.*

*Das Bild des Sex,
das zuvor nur verstohlen geprägt wurde,
um ihren Bedürfnissen zu entsprechen,
so werden sie nun
klar erkennen,
ist ihr eigenes Gesicht.*

*Sex ist schön,
aber seine Schönheit schöpft
aus derselben Quelle
wie der Sonnenaufgang und der Sonnenuntergang,
wie Blumen und Feuer,
Meere und Gebirge,
Geburt und Tod.*

*Sex kann mich zu dieser Quelle führen,
doch muß ich vergessen, Sex zu gebrauchen
und muß mich vom Sex gebrauchen lassen.*

*Ich muß vergessen, Sex zu denken,
Sex soll mich verkörpern.*

*Ich muß vergessen, Sex festzuhalten,
und muß mich vom Sex umarmen lassen,
denn Sex ist nichts anderes als das Leben selbst.*

*Ohne Bindung »Sex zu haben« ist eine Sache,
das Floß der Gedanken zu verlassen
und einzutauchen in einen reinen Ozean der Empfindung,
in einem Meer des Selbst-Verlusts zu schwimmen,
ist etwas völlig anderes.*

*Vor vielen hundert Jahren
schlug die westliche Zivilisation
einen falschen Weg ein.*

*Sex war ein solch brauchbarer Sündenbock,
es gilt als so schwer, Liebe zu empfinden,
als so leicht, Sex zu empfinden.*

*Vielleicht geschah es so:
Weil sie glaubten, die Sünde aus dem Dorf des Menschen
zu vertreiben,
häuften sie ihre Schuld auf den Bock
und trieben ihn hinaus,
bewarfen ihn mit Steinen und Abfall.*

Sie waren so stolz auf sich.

*Da fragte die Mutter,
wo ist die Ziege, die den Abfall fraß
und Milch gab
und mit meinem Sohn spielte?*

*Nun ist die Zeit gekommen, auf den Pfad zurückzukehren,
der zum Glück führt.*

*Wird der Sextrieb unterdrückt,
und versagt man ihm die Fähigkeit,
Ausdruck der Liebe zu sein,
so erschafft man Gewalt.*

Laßt uns den Bock bedingungslos lieben,

*laßt uns die Liebe lieben, die den Bock liebt,
bedingungslos,*

*dann wird alles wieder gut sein im Dorf des Menschen,
und Friede wird
wieder herrschen.*

Sexuelle Freiheit

*Die sexuelle Freiheit des einen
ist das sexuelle Gefängnis
des anderen.*

*Die sexuelle Wahrheit des einen
ist die sexuelle Lüge
des anderen.*

*Puritanische Organisationen verkaufen »Nein zum Sex!«
Pornographiebetriebe verkaufen »Ja zum Sex!«
Beide möchten, daß wir glauben,
daß wir unsere sexuelle Integrität dadurch entdecken werden,
indem wir ihnen zuhören und ihre Produkte kaufen.*

*Beide haben unrecht,
nur die Liebe hat recht.*

SEXSEXSEXSEXSEXSEXSEX
ist
der schöpferische Urtrieb,
der spielt.

Er läßt sich nicht in Gesetze pressen,
er läßt sich nicht kontrollieren,
er läßt sich nicht verkaufen.

Was sich kaufen läßt
ist nur die Trauer.

Träume sterben, und ihre toten Leiber werden aufgestellt
am Straßenrand und verkauft
an müde Reisende
blind von Hunger und Durst.
Die manikürten Hülsen von Liebe, Sex und Freiheit
verkaufen sich am besten.

Laß dich nicht täuschen,
wahre sexuelle Freiheit gibt es nirgendwo zu kaufen,
und doch genießen ehrliche, verwundbare Gemahle/Gemahlin-
nen sie umsonst.

Liebe

Wir wollen Liebe. Und geben uns mit Angst zufrieden. Nun müssen wir uns der Angst stellen und ihr die Fänge ziehen. Die Panzer haben uns lange genug gedient.
Wacht auf!
Wir wollen Liebe. Wir schieben sie beiseite, um ihre Stärke zu prüfen.
Liebe ist unendlich stark und zart.
SEID LIEBE, UM LIEBE ZU ERHALTEN.

Cheryl Pappas, Psychotherapeutin
Brentwood, Kalifornien

Der Liebespunkt

In unserer Gesellschaft werden die Genitalien derart stark betont, daß es eines Gegenschwerpunkts bedarf. Dieser ist der Liebespunkt.

Die Drüse, die dem Liebespunkt entspricht, ist der Thymus, der etwas oberhalb des Liebespunkts in der Mitte des Brustknochens liegt. Diese Drüse läßt sich aktivieren, indem man sie mit der Faust schlägt (siehe »Liebesstoß«). Dem Thymus kommt eine entscheidende Rolle im Selbstverteidigungssystem des Körper-Geists zu. Er ist dabei behilflich, physische Energie zu bewahren und zu verteilen. Er ist das Drüsenäquivalent zum »Ich liebe mich«.

Um Ihren Liebespunkt genau zu lokalisieren, ziehen Sie eine gedachte Senkrechtlinie, die entlang der Mitte ihres Brustknochens verläuft. Dann ziehen sie eine weitere gedachte waage-

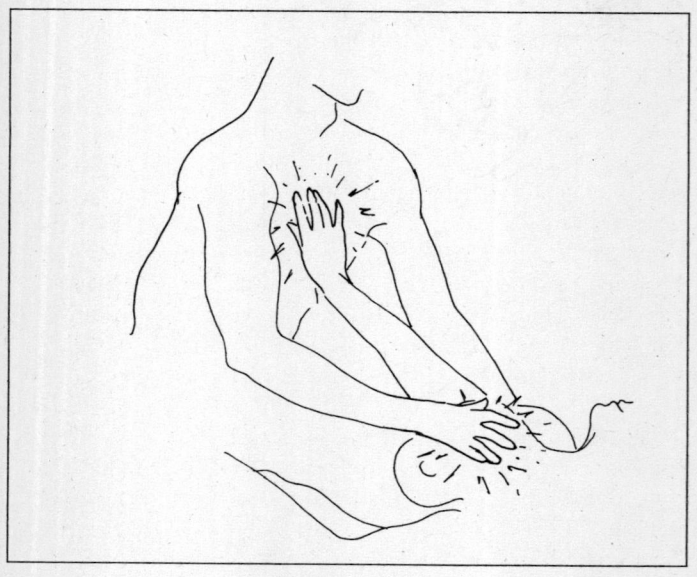

Der Liebespunkt

rechte Linie von Brustwarze zu Brustwarze. Ihr Liebespunkt befindet sich an der Schnittstelle zwischen beiden Linien.

Sollten Ihre Brüste etwas schlaff sein, ziehen Sie die waagerechte Linie ein kleines Stück höher. Das gilt gleichermaßen für Männer wie für Frauen.

Der Liebespunkt entspricht dem Punkt *Danchu* in der Akupunktur (Dienergefäß bzw. Konzeptionsmeridian, Punkt 17). Darüber hinaus entspricht er dem Anahata Chakra oder Herzzentrum des Yoga.

Der Liebespunkt ist einfach eine Tür, die in einen großen Raum führt. Diese Tür läßt sich leicht öffnen, dazu bedarf es nur eines sanften Anstoßes.

Er ist mit der Wirbelsäule verbunden. Lassen Sie sich von einem Freund oder einer Freundin eine Handfläche auf den Liebespunkt, die andere auf gleicher Höhe hinten auf die Wirbelsäule legen. Vielleicht spüren Sie dann das Strömen zwischen diesen beiden Punkten.

Der große Raum, zu dem der Liebespunkt den Zugang darstellt, wird gelegentlich auch als Herzensraum bezeichnet. Mystiker, die ihn gründlich erforscht haben, beschreiben ihn als grenzenlos. Ihren Berichten zufolge wird dieser riesige Raum von einem hellen Licht erleuchtet, das ihn mit Wärme und Freude erfüllt. Wird er visualisiert, so gleicht der Liebespunkt eher einer Liebeshöhle. Hier liegt der eigentliche Kern unserer Fähigkeit zu tiefen Empfindungen. An der Oberfläche werden die unwichtigeren Emotionen wahrgenommen, ob sie nun positiven, negativen oder neutralen Inhalts sein mögen. Tief im Inneren des Brustraums werden die Gefühle der Seele empfunden, die tiefen persönlichen und interpersönlichen Gefühle, die ernsthafte Liebespartner erschüttern und bewegen und aneinander binden.

Nicht jeder nimmt diese Stelle oder diesen Kern mit solcher Intensität wahr. Offensichtlich spüren manche Menschen ihn so gut wie überhaupt nicht. Vielleicht fühlen Sie, wie er sich nach hinten zur Wirbelsäule ausdehnt oder umgekehrt, im hinteren Teil der Liebeshöhle anfangend, von der Wirbelsäule zum Brustkorb.

Der bekannte Hinduweise Ramana Maharshi hat darauf hingewiesen, daß Menschen, wenn sie sich selbst identifizieren wollen, auf die Mitte ihres Brustkorbs deuten. Das ist die Stelle, wo sich der Liebespunkt befindet. Versuchen Sie es mal als Experiment, oder beobachten Sie sich einfach einmal selbst in Gesellschaft. Sie werden feststellen, daß Sie und andere tatsächlich so verfahren.

Bei tiefgreifender Energieintimität können ungewöhnlich schöne, edle, inspirierende Emotionen innerlich im Brustbereich entstehen und von dort aufsteigen. Das ist eines der Anzeichen dafür, daß Ihr Liebespunkt durch Ihr Liebemachen aktiviert worden ist. Es gibt viele verschiedene solcher Anzeichen. Positive Veränderungen in Ihrem Leben sind das untrüglichste Indiz für die Aktivierung des Liebespunkts.

Es ist hilfreich, sich auf einen bestimmten Bereich des Körper-Geistes beziehen zu können, wenn man über Liebesgefühle spricht. Wir sprechen gewöhnlich davon, daß das Denken im Kopf entsteht, die Begierde aber in den Geschlechtsteilen. Ebenso sinnvoll ist es, davon zu reden, daß die Liebe dem Herzen entspringt, und somit dieser Liebesaktivität ebenfalls einen bestimmten Ort zuzuweisen.

Die alten Experten lehrten, daß die große Herausforderung darin besteht, Gefühl und Energie zum Liebespunkt emporzulenken und das Herz oder das Zentrum tiefen Empfindens zu öffnen. Hat man dies einmal gelernt, läßt sich die Energie durch den gesamten Körper-Geist leiten.

Was ist der Unterschied zwischen Liebemachen und Sex? Wenn Ihr Liebespunkt stimuliert wird, machen Sie Liebe. Wird der Liebespunkt nicht stimuliert, verbleiben Ihre Energie, Ihre Gefühle und Ihre Aufmerksamkeit also unterhalb der Gürtellinie, so ist das Sex.

Von Ihrem Liebespunkt aus können Sie Ihrem Partner nach Belieben Liebesenergie senden. Versuchen Sie es einfach mal. Je entspannter Sie dabei sind, um so leichter wird es gehen. Dies wirkt besonders bereichernd, wenn Sie es als Vorspiel zum Liebemachen gemeinsam mit einem Partner durchführen.

Die Gegenwart zu fühlen, sie zu atmen und in ihr zu sein, genügt völlig, um den Liebespunkt voll zu aktivieren. Tatsächlich ist es viel schwieriger, einfach nur zu fühlen, zu atmen und zu sein, als irgendeinen der in diesem Buch vorgestellten Stile oder seine Techniken anzuwenden. Indem Sie jedoch mit diesen Stilen und Techniken arbeiten, wird es Ihnen sehr viel leichter fallen, nur zu fühlen, zu atmen und zu sein, während Sie lieben. Dies zu erreichen ist ein gewaltiger Akt der Kraft, der Ihr Leben mit einer solchen Intensität bereichern wird, daß es Sie in Erstaunen versetzen wird!

Erster Teil:
Körper-Geist

Lebensstil

*Lebensstil, Liebesstil, Denkstil
sind derselbe Apfel,
aus verschiedenen Perspektiven betrachtet.*

*Zerteile den Apfel,
und du zerstörst ihn.*

*Ein Apfel ist eine Einheit,
du bist eine Einheit.*

*Iß gesunde Nahrung,
betreibe Körperübungen,
laß dir Zeit zur Entspannung
und reinige den Geist.*

*Sei dir der möglichen Nebenwirkungen bewußt,
welche die Drogen, die du nimmst,
haben könnten,
eingeschlossen Drogen, die vom Arzt verschrieben werden.*

*Wenn deine persönliche Energie
nicht stark und klar ist,
wird auch dein Sexleben
nicht stark und klar sein.*

*Wenn du unter großem Streß stehst,
kann auch dies deine Sexualität
negativ beeinflussen.*

*Du kannst zwar Tricks erlernen,
wie du das andere Geschlecht anziehst,*

*doch nimm dir lieber Zeit,
um das Lieben zu lernen.*

*Dann fällt dir das andere Geschlecht
zu Füßen,*

*dann wirst du ein natürlicher Sexmagnet
der allerbesten Art sein.*

Wie man ein anziehender Körper-Geist ist

Was ist ein sexy Körper-Geist? Ein ganzer Körper-Geist ist ein sexy Körper-Geist.

Ein Körper-Geist, der von Leben und Gefühlswärme förmlich birst, besitzt einen automatischen Sexappeal, einen gesunden Sexmagnetismus. Ein solcher Körper-Geist ist nicht nur ein reiner Sexmagnet, er ist auch ein Lebens-, Liebes- und Glücksmagnet.

Die eigene Einstellung ist jener geheimnisvolle Katalysator, der Ihnen all dies zusammen bescheren wird. Mehr als alles andere entscheidet die Art und Weise, wie Sie in Ihrem tiefsten Inneren sich selbst gegenüber empfinden, darüber, ob Sie ein sexueller Versager sind oder ein sexuell anziehender Körper, der anderen die Köpfe verdreht – oder, im Idealfall, ein vollmagnetischer Körper-Geist, der die Segnungen des Lebens anzieht, einschließlich die köstliche Erfahrung sexueller Zufriedenheit.

Häufig ist das Haupthindernis auf dem Weg zur sexuellen Erfüllung gar nicht geistiger, sondern körperlicher Art. Sexuelle Erfüllung ist eine Synergie, eine komplexe Verbindung vieler Faktoren. Ein gesunder, entspannter Körper-Geist, ein Überschuß persönlicher Energie und eine positive geistige Einstellung sind dabei die wichtigsten Bestandteile.

Die vollständige Atmung

Der Mensch kennt einen natürlichen Atemrhythmus, der vollkommen, schön und ganz instinktiv ist. Wenn Sie den einmal beobachten wollen, so betrachten Sie einmal einen gesunden nackten Säugling.

Die meisten Menschen gehören in eine der beiden Kategorien: Brustatmer und Bauchatmer. Brustatmer behaupten sich besser als andere, sind dafür aber weniger geerdet. Bauchatmer sind besser geerdet, müssen sich aber dafür mehr behaupten und selbst darstellen. Es leuchtet wohl ein, daß der Ausgleich darin besteht, sowohl die Brust als auch den Bauch vollständig zu beatmen. Beim vollständigen Atmen, wie auch bei anderen Atemübungen, werden auch die oberen Lungenlappen aktiv genutzt.

Sowohl Männer als auch Frauen neigen dazu, beim Liebemachen die Luft anzuhalten. Geschieht dies bewußt, etwa beim Zurückhalten des Samens oder in einer Anspannungsstellung, so kann es sehr nützlich sein. Der Atem kann auch vor oder während des Orgasmus absichtlich angehalten werden, um den Orgasmus zu intensivieren oder diese Erfahrung anderweitig zu beeinflussen.

Das ungewollte Anhalten der Luft dagegen ist häufig ein unwillkommener Ausdruck von Verspannung. Dies läßt sich am einfachsten dadurch beheben, daß man sich daran erinnert, vollständig und tief zu atmen. Oft erweist sich das jedoch als erstaunlich schwierig, weil sich alte Gewohnheiten nur sehr schwer ausrotten lassen.

Die leichte vollständige Atmung

*Setzen Sie sich aufrecht, aber bequem
auf einen Stuhl,
die Hände auf den Hüften oder in den Schoß gelegt.*

*Schließen Sie die Augen,
atmen Sie durch die Nase,
entspannen Sie sich.*

*Nun ziehen Sie bewußt den Atem
tief ein,
so daß er den hinteren Teil Ihres Rachens kratzt
und Ihre Wirbelsäule entlang hinabströmt.*

*Lassen Sie ihn ganz nach unten gleiten,
bis es nicht mehr weiter geht
und alles von sich aus emporströmt
in Ihren Unterbauch
und Nabel.*

*Ist der Bauch bequem gefüllt,
lassen Sie die Luft emporsteigen
und weiten die Rippen
und heben die Brust.*

*Wenn Ihre Schultern sich dabei ein wenig heben
ist das in Ordnung... aber es darf nur ein wenig sein.*

*Jetzt sind Sie
voll Luft.*

*Sie haben sich selbst gefüllt,
von unten bis oben,
vom Bauch bis zur Brust.*

*Nun leeren Sie sich selbst,
von oben nach unten,
von der Brust bis zum Bauch.*

*Drücken Sie den Brustkorb fest zusammen,
als würde eine unsichtbare Hand
gegen seine Mitte pressen
(benutzen Sie am Anfang dazu Ihre eigene Hand,
wenn das helfen sollte).*

*Vielleicht haben Sie
die Schultern gehoben,
dann lassen Sie sie nun sinken.*

*Atmen Sie ganz langsam aus, ganz sanft,
keine Eile,
Sie atmen 21 600 Mal am Tag.*

*Ihr Bauch zieht sich
automatisch zusammen.*

Nun haben Sie einen vollständigen Atemzug beendet.

Sie können auch auf dem Rücken liegend das vollständige Atmen durchführen. Machen Sie diese Übung täglich ein paar Minuten lang. Wenn Sie wollen, lassen Sie sich die obigen Anweisungen dabei von einem Freund oder einer Freundin vorlesen.

Die beste Zeit für das Atemtraining ist der frühe Morgen. Damit meiden Sie dann auch die schwerste Luftverschmutzung. Führen Sie das vollständige Atmen durch, sobald Sie aus dem Bett gestiegen sind oder sogar noch vorher, wenn Ihnen das lieber ist. Sollte Ihnen bei dieser oder irgendeiner anderen Atemübung schwindlig werden, so hören Sie damit auf.

Wenn Sie das vollständige Atmen nur wenige Minuten täglich einige Wochen lang üben, werden Sie sich Ihrer gegenwärtigen Atemgewohnheiten bewußt. Beispielsweise wäre es nützlich zu bemerken, ob Sie beim Einatmen den Atem daran hindern, vollständig in Sie hineinzuströmen, indem Sie nämlich unwillkürlich den Bauch anspannen. Viele Menschen neigen zu dieser Gewohnheit. Eine neugewonnene Bewußtheit um diese Dinge kann übrigens auf völlig unerwartete Weise auch Ihr Liebemachen bereichern.

Abwechselndes Atmen durch die Nasenlöcher, wie der Yoga es kennt, ist eine gute Vorbereitung auf das Liebemachen. Swami Vivekananda von der indischen Yogaschule in Bihar stellt fest, daß fünf Minuten des abwechselnden Atmens durch die Nasenlöcher die Gehirnhälften miteinander ins Gleichgewicht bringt, die Emotionen beruhigt und das Denken fördert. Wenn man ausschließlich durch das linke Nasenloch atmet, wird vor allem die rechte Gehirnhälfte stimuliert, und es entsteht ein Zustand, der ideal für feinfühliges Liebemachen ist. Dies wurde, so berichtet er, durch Gehirnwellentests bestätigt.

Das abwechselnde Atmen ist ganz einfach: Legen Sie Mittel- und Zeigefinger Ihrer rechten Hand auf die Stirn. Verschließen Sie das rechte Nasenloch mit dem Daumen. Atmen Sie leicht durch das linke Nasenloch ein. Schließen Sie danach mit Daumen und Ringfinger beide Nasenlöcher. Nun heben Sie den Daumen an, behalten das linke Nasenloch jedoch mit dem Ringfinger noch immer geschlossen und atmen sanft durch das rechte Nasenloch aus. Atmen Sie gelassen durch das rechte Nasenloch ein. Schließen Sie beide Nasenlöcher. Nun heben Sie den Ringfinger an, behalten das rechte Nasenloch mit dem Daumen immer noch geschlossen und atmen ruhig durch das linke Nasenloch aus. Das ist ein vollständiger Zyklus. Wiederholen Sie die Übung, jedoch maximal vier oder fünf Minuten lang. Wenn Sie nur durch das linke Nasenloch atmen wollen, verschließen Sie das rechte mit dem Daumen.

Das abwechselnde Atmen und das Atmen durch das linke Nasenloch allein sind sehr wirkungsvolle Übungen. Fangen Sie mit ein oder zwei Minuten an und steigern Sie die Übungsdauer nach und nach auf fünf Minuten. Die Yogis lehren, daß dies der Reinigung des Nervensystems dient. Wenn Sie sich intensiver mit diesen Techniken befassen wollen, sollten Sie sich persönlich von einem Fachmann darin unterweisen lassen.

Tiefentspannung

Die Freuden der Tiefentspannung unmittelbar vor, während und nach dem Liebesakt sind so unglaublich, daß man oft das Gefühl dabei hat, in eine völlig andere Welt eingetreten zu sein. Die Verbindung von Tiefentspannung und Liebemachen verbessert nicht nur die Sexualität, sie setzt auch jenes verborgene Potential des Liebemachens frei, das von Liebespartnern nur selten angezapft wird. Es mag Ihnen schwerfallen zu glauben, daß diese neue Wunderwelt nur zwanzig Minuten von Ihnen entfernt ist, eben die Zeit, die man braucht, um eine einfache Tiefentspannung durchzuführen. Doch es stimmt! Aber wie kann ein solch einfacher Akt wie der einer gezielten Entspannung einen derartigen Unterschied machen?

Den meisten Menschen eignet ein inneres Drängen, das sie in einem Strudel kurzsichtiger Sorgen an der Gegenwart vorbeihetzen läßt. Sie stürzen durch die kostbaren Augenblicke des Lebens, als würde die Belohnung für die Existenz nur am Ende des Rennens ausgeteilt. Sie schlucken alles hinunter, was ihnen in den Weg kommt, ohne es jemals zu schmecken. Wen wundert es da noch, daß der Mensch von heute als »Konsument« bezeichnet wird?

Die Beliebtheit von Schnellimbißrestaurants gibt Zeugnis ab für diese wilde Jagd nach Sofortbefriedigung. Ernährungs- und Sexualgewohnheiten hängen eng miteinander zusammen, und die heutigen Schlafzimmerpraktiken spiegeln diesen Zusammenhang wider. Die Liebenden von heute springen miteinander ins Bett und grabschen nach dem Vergnügen, als wäre ihr Schlafzimmer ein Sex-Schnellimbiß und ihr Partner ein »Instant-Orgasmus-Burger« in einer schlichten weißen Tüte.

Wenn Sie sich die Zeit nehmen, sich tief zu entspannen, unterbinden Sie auf wirkungsvolle Weise diesen zwanghaften Trieb, durch alle Erfahrungen nur so zu hetzen. Je öfter Sie das tun, um so lockerer wird auch die Schlinge, die sich um Ihre Sinne gelegt hat. Dann wird Zwanghaftigkeit durch Genießen ersetzt, und Ihr Leben – das Liebesleben eingeschlossen – erfährt auf alle Zeiten eine Veränderung zum Besseren.

Es gibt sehr, sehr viele Methoden der Tiefentspannung. Dazu gehören unter anderem Yoga, Meditation, Gebet, Massage, Selbsthypnose, Biofeedback, progressive Entspannung, Autogenes Training und das Schweben im Entspannungstank. Finden Sie heraus, was bei Ihnen am besten funktioniert, und bleiben Sie dann dabei.

David Ramsdale hat im Tank geschwebt. Das Schweben erzeugt einen Zustand tiefer körperlicher Entspannung und geistiger Klarheit, die er als ideal für das Liebemachen empfindet. Untersuchungen am Medical College of Ohio haben ergeben, daß das Schweben im Entspannungstank [auch: »Samadhi-Tank«, »Psycho-Tank«, »Traum-Tank« usw. Anm. d. Übs.] Endorphine freisetzt, gehirneigene Opiate, die eine euphorisierende Wirkung haben. Da man dazu kein besonderes Training benötigt, können Sie sich sofort dieses Durchbruchs holistischer Technologie bedienen. Dazu ein praktischer Tip: Suchen Sie Ihren Liebespartner sofort nach dem Schweben auf, wenn Ihr natürliches High sich noch auf dem Höhepunkt befindet.

Tiefentspannung und Tiefenmeditation sind nicht dasselbe. Durch Tiefentspannung wird innere Ruhe bewirkt, eine der Voraussetzungen für die Tiefenmeditation. Diese Ruhe ermöglicht es, die Dinge klarer zu sehen. Bei der Tiefenmeditation wird diese Klarheit noch weiterentwickelt.

Diese Kombination von Ruhe und Klarheit setzt auf nützliche Weise tiefliegende persönliche Kräfte frei. Menschen, die regelmäßig meditieren, können dadurch eine immense Beschleunigung ihrer persönlichen Entwicklung erfahren. Ebenso wie bei der Tiefentspannung, gibt es auch bei der Meditation viele verschiedene Zugänge.

Es folgen nun unsere drei Lieblingsmethoden. Wir haben übrigens auch festgestellt, daß Suggestionen mit Hilfe von Kassetten sehr hilfreich sein können.

Einfache Tiefentspannung (20 Minuten)

Legen Sie sich mit dem Rücken auf einen Teppich oder eine Decke,
schließen Sie die Augen.

Die Arme bequem vom Körper abgestreckt,
die Handflächen zeigen nach oben.

Die Beine bequem gespreizt,
die Füße von den Fersen ab auswärts gekehrt.

Wenn Ihnen das bequem genug ist,
können Sie das Gesäß leicht gegen den Boden pressen,
wenn nicht,
ist das auch in Ordnung
(vielleicht versuchen Sie es mal mit einem
untergelegten Polster und stellen fest,
ob Ihnen das Gefühl gefällt).

Atmen Sie durch die Nase,
langsam und sanft,
einige Minuten lang.

Achten Sie einfach nur auf das Strömen
der Luft
in die Nasenlöcher hinein
und wieder heraus,
sonst nichts.

Wenn Gedanken Sie ablenken
lassen Sie sie einfach sein,
und kehren Sie zu Ihrem Atmen zurück,

die Gedanken werden verschwinden, wenn sie merken,
daß Sie sich nicht für sie interessieren.

Nun
spüren Sie das Gewicht Ihres Körpers,
den Zug der Schwerkraft,
geben Sie ihm nach,
geben Sie der Schwerkraft nach.

Lassen Sie sich dafür viel Zeit,
um der Schwerkraft nachzugeben.
Es ist eine schöne Erfahrung,
die Sie wieder mit der Erde verbindet.

Nun
spüren Sie den Boden,
werden sich des Kontakts genau bewußt
zwischen dem Boden und Ihnen.

Von den Fersen
bis zum Hinterkopf,
und alle Stellen dazwischen,
entdecken Sie es langsam.

Lassen Sie sich dafür viel Zeit,
vielleicht haben Sie noch nie gespürt,
wie der Boden Sie stützt.

Spüren Sie wieder
das Gewicht Ihres Körpers.

Sie sinken,
sinken,
sinken,
in den Boden hinein,
es ist ein wunderbares Gefühl.

Der Boden,
die Erde
sorgt für Sie,

die große Mutter
hält Sie in
ihrer liebenden Hand.

Lassen Sie Ihre Sorgen los,
Sie haben nichts zu tun,
außer hier zu liegen
im Nest ihrer Hand.

Lassen Sie los,
genießen Sie es,
das Gefühl
völlig und ohne jede Anstrengung
gestützt zu werden.

Obwohl Ihr Körper schwer ist,
fühlen Sie sich vielleicht,
als würden Sie schweben.

Das ist normal,
das ist natürlich.

Nun, da Sie Ihre Sorgen
haben fahrenlassen,
sind Sie leicht geworden,
damit endet
die einfache Tiefentspannung.

Eine weitere wirksame Methode, um Tiefentspannung zu erlangen, besteht darin, die Körpermuskel anzuspannen und bis drei zu zählen. Man kann die Muskelgruppen einzeln anspannen, angefangen bei den Fußmuskeln bis hinauf zum Nacken, man kann sie aber auch alle gleichzeitig anspannen. Wenn Sie Zeit dafür haben, sollten Sie beides tun und die Übung damit beenden, daß Sie noch einmal den ganzen Körper an- und entspannen.

Halten Sie beim Anspannen die Luft an, und atmen Sie beim Entspannen aus. Atmen Sie bequem, etwa die Hälfte Ihrer gewöhnlichen Luftkapazität. Strengen Sie sich nicht übermäßig dabei an – dies ist kein Wettbewerb!

Nachdem Sie die Spannung jeder Muskelgruppe gelöst haben, verstärken Sie die Entspannung, indem Sie sie auch noch verbal bestätigen und affirmieren. Zum Beispiel können Sie nach der Entspannung des linken Fußes sagen: »Mein linker Fuß ist entspannt, mein linker Fuß ist entspannt, mein linker Fuß ist entspannt. Mein linker Fuß ist jetzt völlig entspannt.« Sie können diese Technik der totalen Anspannung durchführen, sobald Sie sich hingelegt haben, um dann mit der oben beschriebenen Übung fortzufahren, das führt zu optimalen Ergebnissen.

Das Anspannen des ganzen Körpers ist in sich bereits ein schneller und praktischer Ersatz dafür. Besonders nützlich erweist sich diese Technik bei Gelegenheiten, wo Sie sich zwar entspannen und energetisieren müssen, sich aber nicht hinlegen können oder nicht genügend Zeit zur Verfügung haben, um die langwierigen Übungen durchzuführen.

Einfache Meditation (20 Minuten)

Sitzen Sie aufrecht mit geradem Rückgrat,
wie es Ihnen bequem ist.

Wenn Sie auf einem Stuhl sitzen,
stellen Sie die Füße flach auf den Boden,
kreuzen Sie sie nicht miteinander.

Legen Sie die Hände auf Oberschenkel oder Knie,
so, daß es bequem ist.

Die Handflächen nach oben,
die Handflächen nach unten,
als kleine Schale
zusammengefaltet,
verschlungen,

was Ihnen gerade bequem ist,
ist auch richtig.

Das Kinn neigt zum Emporschweben,
ziehen Sie es also leicht herab und nach innen,
aber nur leicht.

Nun atmen Sie durch die Nase,
langsam und sanft.

Achten Sie einfach nur auf das Strömen der Luft
in die Nasenlöcher hinein
und wieder heraus,
sonst nichts.

Wenn Gedanken Sie ablenken,
lassen Sie sie einfach sein,
und kehren Sie zu Ihrem Atmen zurück.

Die Gedanken werden verschwinden, wenn sie merken,
daß Sie sich nicht für sie interessieren.

Achten Sie einfach nur auf das Strömen
der Luft
in die Nasenlöcher hinein
und wieder heraus,
sonst nichts.

Kehren Sie sanft
zu dieser körperlichen Empfindung
zurück.

Sie brauchen Ihr Atmen
nicht zu verändern,
es genügt,
sich des Atems
bewußt zu sein.

Es gibt nichts zu interpretieren
oder zu erraten,
nichts geschieht,
nur der Atem,
und der geschieht
von allein.

Da ist nur diese körperliche Empfindung
von Luft,
die durch Ihre Nasenlöcher strömt,
hinein, hinaus.

In diesem Augenblick,
und in diesem Augenblick,
und in diesem Augenblick,
kehren Sie sanft zu dieser körperlichen Empfindung
zurück,
so oft wie erforderlich.

Seien Sie nett zu sich selbst,
wenn Ihre Aufmerksamkeit
vom Atem abschweift.

Dem Atem macht das nichts aus.

Kehren Sie einfach nur zurück
nach Hause,
zum Atem.
Sie werden ihm willkommen sein.

Achten Sie einfach nur auf das Strömen
der Luft
in die Nasenlöcher hinein
und wieder heraus,
sonst nichts.

Kehren Sie sanft
zu dieser körperlichen Empfindung
zurück.

Sie brauchen Ihr Atmen
nicht zu verändern.

Es genügt,
sich des Atems
bewußt zu sein.

Damit endet
diese einfache
Atemmeditation.

Kehren Sie langsam wieder in die Alltagswelt zurück. Ihre Sinne werden weit geöffnet sein. Genießen Sie diesen unschätzbaren persönlichen Luxus der Entspannung. Sie haben ihn sich verdient.

Diese Übungsanweisung können Sie sich bei der Durchführung von Freund oder Freundin vorlesen lassen. Sie können sie auch selbst auf Band sprechen. Oder Sie merken sich einfach das Grundgerüst der Instruktionen und lesen sie vor oder nach einer Entspannungs- oder Meditationssitzung noch einmal durch.

Drogen, die die Sexualität behindern

Eine ganze Reihe von legalen Drogen, die für gänzlich andere Zwecke verschrieben werden, können nachweislich die Sexualität beeinflussen, eingeschlossen Beruhigungsmittel, Sedativa, Barbiturate und bestimmte Schlaftabletten. Ironischerweise gibt es Berichte darüber, daß ausgerechnet die Pille bei Frauen den Sextrieb bremsen kann. Dies könnte ein Nebenprodukt der depressiven Stimmungen sein, welche von oralen Verhütungsmitteln ausgelöst werden.

Drogen, welche überhöhten Blutdruck senken, gehören zu den häufigsten Übeltätern, dicht gefolgt von Psychopharmaka. Marihuana, Alkohol, Kokain und Heroin können den Sextrieb negativ beeinflussen, wie auch die Erektions- und Ejakulationsfähigkeit beim Mann, sofern die Dosis hoch genug ist und/oder häufig genug eingenommen wird. Sogar Antihistamine können die sexuelle Leistungskraft beeinträchtigen, indem sie nämlich die Nervenimpulse von Geschlechtsorganen und Drüsen abblocken.

Impotenz ist zwar eines der am häufigsten berichteten Symptome, doch ist dies keineswegs der einzige unerwünschte Nebeneffekt. Es gibt auch andere, beispielsweise: verminderter Geschlechtstrieb; Schwierigkeiten, eine längere Erektion aufrechtzuerhalten; Ejakulationsunvermögen; schmerzhafte Ejakulation; unkontrollierbare Ejakulation; Injakulation (in die Blase); vermindertes Verlangen sowohl beim Mann als auch bei der Frau und Orgasmusverzögerung oder Orgasmusschwierigkeiten bei der Frau.

Der Alkohol ist einer der schlimmsten Missetäter. Er dämpft die Tätigkeit des zentralen Nervensystems. Eine der möglichen Folgen ist die Unfähigkeit zur Erektion oder zum Aufrechterhalten derselben. Fortgesetzter Genuß von Alkohol führt zu hormonellem Ungleichgewicht beim Mann. Koffein und Nikotin können die sexuelle Leistungskraft ebenfalls beeinträchtigen.

Frauen sind davor jedoch ebensowenig verschont: Viele Drogen beeinträchtigen ihr Triebverlangen und ihre sexuelle Leistungsfähigkeit, einschließlich Alkohol, Tabak, Kaffee, Medikamente und illegale Drogen. Da sich die Minderung der weiblichen Leistungskraft im sexuellen Bereich schwieriger vorführen läßt als die der männlichen, haben sich die bisherigen Untersuchungen vor allem mit anderen Gesundheitskriterien befaßt.

So kann beispielsweise sogar ein mäßiger Alkoholgenuß während einer Schwangerschaft beim Fötus zu einem Alkoholsyndrom führen, was in Gesichtsmißbildungen, Untergewicht nach der Geburt und/oder geistiger Retardierung Ausdruck finden kann. Das Koffein, das in Kaffee, Tee, Cola, Schokolade und einigen verschreibungspflichtigen Kopfschmerzmitteln enthalten ist, wurde als eine der möglichen Ursachen für gutartige Brustknotenbildung erkannt.

Frauen, die empfängnisverhütende Pillen einnehmen, neigen zu Vitamin-B_6- und Vitamin-C-Mangel, ebenfalls fehlt es ihnen an Zink und Folsäure. Das Rauchen verbindet sich mit dem Altern und der Pille, um diese Mängel noch zu verstärken.

Manche Drogen erzeugen Depressionen oder geistige Verwirrung, die wiederum die sexuelle Leistungskraft des Mannes beeinträchtigen. Einige dieser Drogen sollen auch das Sexverlangen der Frau reduzieren oder ihren Orgasmus verzögern oder erschweren.

Stellen Sie fest, welche Drogen Ihr Liebespartner einnimmt. Dazu gehören auch orale Empfängnis verhütende Mittel. Die Wechselwirkung von Drogen untereinander, insbesondere mit Alkohol, stellt ein weiteres Problem dar. Besprechen Sie mit Ihrem Arzt detailliert sämtliche möglichen sexuellen Nebenwirkungen der Drogen oder Medikamente, die Sie einnehmen. Wenn Sie wirklich einmal ein diesbezügliches Aha-Erlebnis haben wollen, so sollten Sie mal in einer Bibliothek eine Stunde damit verbringen, die möglichen Nebenwirkungen von Medikamenten in Publikationen für Ärzte nachzulesen...

Wenn Ihnen ein verschriebenes Medikament Schwierigkeiten bereiten sollte, so bitten Sie Ihren Arzt, auf ein anderes umzustellen. Menschen reagieren sehr unterschiedlich auf verschiedene Medikamente. Eine Droge, durch die die sexuelle Leistungskraft des einen gehemmt wird, kann bei einem anderen völlig anders wirken und umgekehrt.

Es gibt auch einige natürliche Mittel, die als Aphrodisiaka gerühmt werden, für deren Gebrauch man jedoch einen hohen Preis zahlen muß. Spanische Fliege, die aus den getrockneten Flügeln des Käfers *Cantharis vesicatoria* hergestellt wird, ist giftig und kann nachweislich sogar tödlich wirken. In Laborversuchen wurde festgestellt, daß Yohimbin zu einem gefährlichen Anstieg des Blutdrucks führen kann. Diese Gefahr steigert sich noch, wenn Yohimbin mit Alkohol kombiniert wird. *Datura stramonium* (Stechapfel) kann ein mehrtägiges Koma erzeugen und sogar zum Tod führen.

Natürlich sind die Drogen selbst oft nur eine Nebenursache. Viele der Gründe, aus denen Menschen Medikamente nehmen, etwa Diabetes, Bluthochdruck, Arterienverkalkung und Nierenerkrankungen, hängen an sich bereits mit sexuellen Problemen zusammen.

Körperliche Betätigung für sexuelles Wohlbefinden

Eine ganzheitliche Betrachtung der Liebeskunst wäre nicht vollständig, wenn sie nicht auch körperliche Betätigung, sei es nun Sport oder andere Formen derselben, mit in Betracht zöge. Da jeder Mensch biochemisch gesehen einmalig ist, lassen sich auch keine standardisierten Körperübungen für jedermann angeben. So muß jeder selbst herausfinden, was für sein allgemeines und sexuelles Wohlbefinden am besten geeignet scheint. Sollten Sie Veränderungen dieser Art beabsichtigen, so besprechen Sie diese zuvor mit Ihrem Arzt; vor allem dann, wenn Sie gerade erst mit einem Trainingsprogramm beginnen wollen.

Es gilt als allgemein gesichert, daß ein regelmäßiges, maßvolles Körpertraining der Gesundheit und dem körperlichen Wohlbefinden förderlich ist. Entsprechend werden dadurch auch die sexuelle Gesundheit und das sexuelle Wohlbefinden positiv beeinflußt. Nicht erwiesen ist jedoch, daß rigorose Trainingsprogramme, die ohnehin nicht jedem liegen, für eine vollständige sexuelle Erfüllung unbedingt erforderlich wären.

Andererseits ist die sexuelle Erfüllung mit Sicherheit unwahrscheinlicher, wenn man keinerlei regelmäßiges Trainingsprogramm absolviert. Da eine maßvolle Körperertüchtigung den Stoffwechsel positiv beeinflußt, verbindet sie sich mit der Nahrungsaufnahme und der Einnahme von nahrungsergänzenden Stoffen, so daß der Mensch in den vollen Genuß beider Vorteile und Wirkungen gelangt. Darüber hinaus stellt die körperliche Betätigung nachweislich einen wichtigen Faktor beim Abbau von Übergewicht dar. Da Übergewicht die Sexualität beeinträchtigen kann, was sich sogar bis in den Hormonhaushalt hinein auswirkt, ist es sinnvoll, wenn Sie Ihrem durchtrainierten Schlankheitsideal möglichst nahekommen.

Maßvolle, die Herzgefäße stimulierende Betätigung wie Gymnastik oder Laufen kann sowohl bei Männern als auch bei Frauen den Sextrieb fördern. Allzu anstrengende Körperübungen können dagegen das genaue Gegenteil bewirken und die Libido hemmen. Das konnten wir beide an uns selbst feststellen. Männer, die zu früh ejakulieren, vermögen jedoch aus ebendiesem Grund von häufiger, intensiver sportlicher Betätigung zu profitieren. Sport kann aber auch andere Nebenwirkungen haben, etwa das Aufhören der Menstruation bei weiblichen Athleten. Dies beruht wahrscheinlich auf Veränderungen des Sexualhormonhaushalts und der Umverteilung der Vitalkraft.

Einem Artikel zufolge, der im Jahre 1982 in der amerikanischen Ausgabe des *Playboy* erschien, ist der »harte« Stil des Liebemachens keine geeignete Methode, um die Herzgefäße zu trainieren. Wenngleich der Puls beim Liebesakt bis zu 120 mal pro Stunde schlagen kann, ist dies doch nur das Ergebnis hormonaler Veränderungen; das ist der negative Aspekt. Der positive Aspekt ist die Tatsache, daß europäische Forscher festgestellt haben, daß sexuelle Erregung und Aktivität den Testosteronspiegel erhöhen. Testosteron wiederum spielt eine entscheidende Rolle für das sexuelle Wohlbefinden beider Geschlechter. Vielleicht könnte man dieses Ergebnis so zusammenfassen: Das beste Körpertraining für den Sex ist der Sex selbst!

Es gibt auch noch gänzlich andere Formen der Körperbetätigung. So zielen beispielsweise die auf das Nerven- und Drüsensystem ausgerichteten Disziplinen, etwa Hatha Yoga und T'ai Chi, auf eine Harmonisierung des menschlichen Nervensystems ab.

Diese Trainingsarten fördern Gesundheit und Langlebigkeit, indem sie Nerven und Drüsen auf sanfte Weise stimulieren. So sind beispielsweise viele Stellungen im Hatha Yoga dazu entwickelt worden, um ganz bestimmte Nervenzentren oder Drüsen zu stärken. Diese Methode wird darüber hinaus noch durch geeignete Atempraktiken ergänzt und abgerundet, um sowohl den gesamten Körper-Geist als auch einzelne seiner Bestandteile zu energetisieren und ins Gleichgewicht zu bringen.

Das ideale Trainingsprogramm schließt sowohl harte Übungen ein, die die Herzgefäße belasten, als auch sanfte Techniken, mit denen Nerven und Drüsen behandelt werden. Doch sollte der Anteil, den jede dieser Richtungen am Gesamtprogramm haben soll, aufgrund individueller Gegebenheiten, Präferenzen und Bedürfnisse festgelegt werden. Es gibt also keinen allgemeingültigen Standard, an den Sie sich unbedingt anpassen müßten.

Das Training wird dadurch ganzheitlich oder holistisch, daß der Geist sich in den Bewegungen des Körpers konzentriert. Am Anfang fällt es sehr viel leichter, den Geist auf die langsamen, ruhigen Bewegungen der sanften Disziplinen zu lenken. Hat man jedoch genügend Übung, so läßt sich die gleiche Konzentration auch in die schnellen, dynamischen Übungen der harten Disziplinen integrieren.

Schon ein Minimum an ganzheitlichem Körper-Geist-Training kann sehr viel bewirken. Es ist besser, nur so lange zu üben, wie Sie hinreichend Konzentration dafür aufbringen können, auch wenn dies bedeutet, daß Sie dadurch weniger üben. Üben ohne Konzentration läßt den Geist fahrig werden, die Vorzüge des Übens werden gemindert, und es kommt häufiger zu Verletzungen.

Liebemachen ist auch eine Form der Körperbetätigung. Wenn Sie dies auf ganzheitliche Weise erfahren möchten, so müssen Sie auch hierbei Körper und Geist miteinander vereinen, ob Sie nun den sanften oder den harten Stil vorziehen mögen.

Körper und Geist in physischer Bewegung zusammenzuführen, stellt einen bedeutsamen Schritt in Richtung Ganzheit dar. Verwirklichen Sie dies, so werden Sie vollkommene Gesundheit erfahren und ein Einssein von Körper und Geist, das zum Einssein mit dem Universum führt. Diese Erfahrung des Einssein ist das Endziel aller ganzheitlichen Übungen.

Sexuelles Wohlbefinden und Ernährung

Eine ganzheitliche Betrachtung der Liebeskunst wäre unvollständig, wenn sie nicht auch die Diät mit in Betracht zöge. Da jeder Mensch biochemisch gesehen einmalig ist, lassen sich auch keine standardisierten Diätvorschriften für jedermann angeben. So muß jeder selbst herausfinden, was für sein allgemeines und sein sexuelles Wohlergehen am besten geeignet scheint. Sollten Sie Veränderungen Ihres sexuellen Verhaltens oder Ihrer Ernährung beabsichtigen, so besprechen Sie diese zuvor mit Ihrem Arzt. Nach Möglichkeit sollten Sie auch einen Ernährungsberater konsultieren.

Nehmen Sie frische, gesunde Nahrung zu sich. Essen Sie, um zu leben; leben Sie also nicht, um zu essen. Zucker, Salz, gesättigte Fettsäuren und chemische Nahrungsmittelzusätze, wie sie die heutige Durchschnittsernährung so oft kennzeichnen, könnten Ihre sexuelle Leistungskraft und Erlebnisfähigkeit beeinträchtigen. Essen Sie so wenig rotes, konserviertes und geräuchertes Fleisch wie möglich, denn dieses enthält Giftstoffe, belastet die Leber und führt zu einem gesteigerten Blutdruck, was dem sexuellen Wohlbefinden abträglich ist.

Chronischer übermäßiger Zuckerkonsum kann zu Hypoglykämie oder Diabetes führen, die beide wiederum die sexuelle Leistungsfähigkeit beeinträchtigen können. Ein Mensch, der beispielsweise Hypoglykämie (Verminderung des Blutzuckers) aufweist, leidet häufig unter Kopfschmerzen, geistiger Verwirrung, Depressionen, Energieverlust oder häufigen Stimmungswechseln. Aufgrund eines Nebeneffekts der Nierendialyse müssen viele männliche Diabetiker zusätzlich Zink einnehmen, um sexuell normal funktionieren zu können. Regelmäßiger Konsum von Alkohol, Tabak oder Kaffee fordert seinen Preis. Sind Sie beispielsweise Raucher, so kann es sein, daß Sie fünfzehnmal mehr Vitamin C brauchen als ein Nichtraucher, um Ihre gesundheitliche Widerstandskraft aufrechtzuerhalten. Diese Stoffe saugen förmlich wie die Blutegel Vitamine und Minerale aus Ihrem Körper-Geist, die lebenswichtig für Ihr sexuelles Wohlbefinden sind, so daß Sie sie zusätzlich einnehmen müssen.

Einige Bestandteile von Alkohol, Tabak und Kaffee reizen die männliche Prostata. Es gibt auch Hinweise darauf, daß dasselbe für Zucker und Salz gilt, die vom heutigen Mann häufig in großen Mengen verzehrt werden. Diese Reizung der Prostata erhöht das Ejakulationsbedürfnis. Ein Mann, der weniger ejakulieren und die sexuelle Energie wieder in den Kreislauf einbringen will, sollte deshalb nur sparsam mit diesen Stoffen umgehen. Auch Harnsäure, die sich in rotem Fleisch findet, sollte aus demselben Grund vermieden werden. Einige Frauen, die vor ihrer Periode unter starken Beschwerden litten, konnten diese dadurch beheben, daß sie zehn Tage lang vor der Menstruation auf eine salzarme Diät überwechselten. Generell kann leichte, gutbekömmliche Nahrung unangenehme Menstruationsbeschwerden lindern.

Obwohl diese Ansicht nicht allgemein geteilt wird, sind einige ganzheitliche Mediziner doch der Auffassung, daß viele der sexuellen Probleme, unter denen Männer wie Frauen zu leiden haben, das Ergebnis einer Art physiologischen Funktionsaustauschs sind: Sie gehen nämlich davon aus, daß toxische Bestandteile der Nahrung häufig nicht mehr allein über die Verdauungs-, sondern auch über die Geschlechtsorgane ausgeschieden werden. Probleme wie Frigidität, mangelnde Sensibilität im Brust- und Scheidenbereich, Orgasmusunfähigkeit und sogar das Gefühl, nur noch mechanisch Sex zu haben, könnten alle weitaus mehr mit unserer Ernährung zu tun haben, als allgemein erkannt wird. Auch Probleme wie Impotenz, vorzeitige Ejakulation und verminderter Libidopegel könnten in vielen Fällen auf die Ernährung zurückzuführen sein. Diese Theorie wird durch eine wohlbekannte Tatsache gestützt: Der Geschmack des männlichen Samens spiegelt die Ernährung, den Genuß von Alkohol und Tabak des Mannes wider. Auch die weiblichen Scheidensekrete sollen die Ernährungsgewohnheiten widerspiegeln.

Zahlreiche sexuelle Probleme gründen auf Energiemangel. Der Orgasmus ist beispielsweise eine angenehme Form der Energiefreisetzung. Kämpft der Körper-Geist jedoch schon mit Mühe darum, gerade einmal genug Energie aufzubringen, wie für sein Überleben unbedingt erforderlich ist, so wird er den Energieverlust durch den Orgasmus meistens vermeiden wollen.

Viele sexuelle Probleme, die als psychologisch angesehen werden, und zwar nicht nur Orgasmusstörungen, könnten durchaus allein auf einen niedrigen Energiespiegel zurückzuführen sein. Das sogenannte Libidohemmungssyndrom, das heute so weit verbreitet ist, kann oft sehr viel mehr damit zu tun haben, was der Kandidat für die Sexualtherapie in seiner Küche stehen hat als damit, was in seinem Kopf vorgeht!

Die *Society for Clinical Ecology* (Gesellschaft für klinische Ökologie) schätzt, daß etwa zehn Prozent aller sexuellen Funktionsstörungen auf Allergien beruhen. Das Spektrum der Allergien auslösenden Stoffe reicht vom Chlor im Trinkwasser bis zu Parfümen und Apfelsinen.

Ergänzungsstoffe für die Sexualität

Sie leben in einer mehr und mehr vergifteten Umwelt. Ergänzen Sie Ihre Ernährung auch dann durch Vitamine und Mineralstoffe, wenn Sie sich im Augenblick einer guten Gesundheit erfreuen.

Für ein optimales Sexualleben benötigen Sie reichlich Vitamine der Gruppen, A, B, C, E und P (Bioflavinoide). Vitamin E sorgt beispielsweise mit dafür, daß das Blut den Geschlechtsorganen genügend Sauerstoff zuführt, um eine Erregung zu erzeugen und aufrechtzuerhalten. Phosphor, Kalzium und Magnesium verbinden sich miteinander, um sexuelles Verlangen und sexuelle Gesundheit zu gewährleisten. Beim Nahen der Menopause bei der Frau kann die hinreichende Versorgung mit diesen Stoffen unangenehme Beschwerden vermeiden helfen. Selen hilft, den hormonalen Respons zu sichern, ist aber nur selten bereits in ausreichendem Maße im Organismus vorhanden und muß dementsprechend ergänzt werden. Mangan wiederum hält den normalen Blutfluß in Gang, der lebenswichtig für die sexuelle Leistungs- und Orgasmusfähigkeit ist.

Zinkmangel stellt eine häufige Ursache der männlichen Impotenz dar. Zugleich ist Zinkmangel entscheidend an der Entstehung von Prostatitis (Prostataentzündung) und Prostatakrebs beteiligt. Eine nicht erkannte Prostatitis kann eine der Ursachen für vorzeitiges Ejakulieren sein. Zinkmangel der Frau kann zu mangelhafter Befeuchtung der Scheide führen. Wenn Sie nicht zusätzlich ein Zinkpräparat einnehmen, ist die Wahrscheinlichkeit, daß Sie unter Zinkmangel leiden, recht hoch, da die Durchschnittsdiät in der Regel nur ein Drittel des von den Gesundheitsbehörden empfohlenen Zinkbedarfs abdeckt.

Pollen und Lezithin sind ebenfalls von großem Wert. Pollen hilft sowohl Männern mit Prostata- als auch Frauen mit Menstruationsproblemen. Besonders Cernitinpollen kann sehr wirkungsvoll sein. Lezithin unterstützt die Produktion von Sexualhormonen. Die Kräuter Ginseng, Damiana, Zwergpalmenbeeren und Kava Kava sollen die sexuelle Leistungsfähigkeit fördern. Damiana wird meistens als Tee getrunken, auch Teekonzentrate können verwendet werden. Damiana und Zwergpalme zusammen soll eine ganz besondere Wirkung haben – eine Mischung, die als zuverlässiges Mittel gegen Prostatabeschwerden gilt.

Viele Nahrungsmittel, die volkstümlich als Aphrodisiaka gelten, enthalten tatsächlich vitale Sexualnährstoffe. Beispielsweise weisen Trüffeln und chinesische Schwalbennestersuppe einen außergewöhnlich hohen Phosphoranteil auf, während Austern die höchste natürliche Zinkkonzentration enthalten.

Die Rolle der Ernährung sollte bei der Orgasmusfähigkeit sowohl des Mannes als auch der Frau nicht übersehen werden. Pearson und Shaw berichten, daß die Einnahme von Niacin (Vitamin B_6) fünfzehn bis dreißig Minuten vor dem Sexualakt den Histaminausstoß des Körper-Geists anregt. Dies kann den Orgasmus intensivieren und Männern und Frauen zu einem Orgasmus verhelfen, die zuvor unfähig dazu waren. Beginnen Sie am Anfang mit einer Dosis von 50 bis 100 Milligramm. Megadosen von Magnesiumorot, asparaginsaurem Salz und Bromelain haben ebenfalls schon impotenten Männern und Frauen, die nicht zum Orgasmus gelangten, geholfen. Die Dosierung verlangt jedoch nach Verabreichung durch einen ganzheitlich behandelnden und beratenden Mediziner.

Dem Vitamin B$_5$ (Kalzium panthothenat) wird eine Erhöhung der sexuellen Leistungsfähigkeit zugeschrieben. Einige Quellen sprechen Vitamin B$_{15}$ (DMG) aphrodisische wie auch allgemein heilende Eigenschaften bei Sexualproblemen zu. Natrium kann ebenfalls als Sexualstärkungsmittel dienen, wie es überhaupt den ganzen Organismus kräftigt. Auch Aloe vera, oral in Kapselform, als Flüssigkeit oder als Gel eingenommen, gilt als Sexualstimulans und bewirkt bei manchen Menschen kurz nach der Einnahme einen schnellen aphrodisischen Effekt. Vor der unkontrollierten Selbstmedikation mit Hilfe von entsprechenden Präparaten, die häufig rezeptfrei erhältlich und per Zeitungsinserat angepriesen werden, soll jedoch gewarnt werden. Ziehen Sie einen Arzt Ihres Vertrauens hinzu, der Sie bei der Lösung Ihrer Sexualprobleme berät.

Ernährungsfaktoren wirken keineswegs im luftleeren Raum: Sie verbinden sich miteinander auf komplizierte Weise, um jenen Zustand hervorzubringen, den wir als »optimales Wohlbefinden« bezeichnen, sei dies nun sexueller oder anderer Natur. Um ein Beispiel zu geben: Wenn Ihr Körper zusätzliche Verabreichungen von Vitamin C und mindestens fünf anderer Nährmittel verarbeiten soll, müssen mindestens fünf andere Nährmittel, einschließlich Vitamin B$_6$, Vitamin B$_{12}$ und Zink, vorhanden sein. Sollen sogenannte Aphrodisiaka und Zusatzstoffe also wirken können, müssen auch zahlreiche andere Ernährungsfaktoren in Ihrem Körper »stimmen«. Eine ausgewogene Vollwert-Ernährung deckt den täglichen Bedarf an Nährstoffen, Mineralien und Spurenelementen Ihres Körpers.

Ellens Tiger-Tonikum

Nehmen Sie ca. 16 Eßlöffel Apfelsaft, eine gefrorene Banane, zwei Teelöffel Proteinpulver, einen Teelöffel Bienenpollen und mischen Sie alles zusammen. Das ergibt ein köstliches Proteingetränk. Schälen Sie die Banane und geben Sie sie vor dem Einfrieren in einen luftdichten Behälter. Sie können auch Nüsse oder einen Teelöffel Nuß- oder Mandelmus hinzugeben. Anstelle von Apfelsaft läßt sich auch Ananassaft oder Milch verwenden.

Becken und Ausdruck

Elvis Presley hat seine Karriere nicht zuletzt auf der Bewegung seines Beckens aufgebaut. Das gleiche läßt sich mit Hilfe eines lockeren, und doch dynamischen Beckens im Bereich des Liebeslebens erreichen. Beckenbewußtsein und Beckenfreiheit spielen eine entscheidende Rolle sowohl für den Mann als auch für die Frau, wenn es um die freie Entscheidung für oder wider den Orgasmus geht. Weiter unten finden Sie drei Grundübungen für das Becken. Besonderen Spaß haben sie uns gemacht, als wir sie zu Rockmusik durchführten. Sie können aber auch Tanz- oder Bewegungsunterricht nehmen, das ist sogar das Wirkungsvollste. Auch Bioenergetik und verschiedene andere Körpertechniken sind sehr hilfreich.

Tragen Sie bei diesen Übungen nur lose Kleidung oder auch überhaupt keine. Sorgen Sie dafür, daß Sie dabei allein und ungestört sind oder daß etwaige Anwesende ebenso an diesen Übungen interessiert sind wie Sie. Lassen Sie alle Hemmungen fahren. Spielen Sie Ihre Lieblingsmusik ab und lassen Sie es »fetzen«.

Beckenstöße und -drehungen

Beckenstöße
können vor- und rückwärts gerichtet sein,
mit den Händen auf den Hüften
oder mit einer Kreisdrehung nach rechts,
und dann nach links,

es funktioniert wirklich gut,
beim Vorwärtsstoßen auszuatmen,
oder vorwärts zu kreisen
und einzuatmen,
wenn Sie zurückstoßen
oder nach hinten kreisen.

Ganz leicht bleiben
richtig hineingehen...

tun Sie dies eine Weile,
besonders viel Spaß macht es mit Musik.

Und nun noch etwas Besonderes:

drücken Sie das Becken ganz kräftig nach hinten,
dann lassen Sie es vorschnellen.
Verbinden Sie das mit dem Einatmen,
während Sie das Becken zurücknehmen,
dann atmen Sie ein scharfes »Huuuuu!« aus,
und zwar aus dem Mund,
während Sie vorschnellen.

Lösen Sie die Hände von den Hüften,
wenn Sie mögen.

Diese Koordination des
Beckeneinziehens mit dem Einatmen
und des Beckenvorstoßens mit dem Ausatmen
ist wirklich nützlich,
vor allem für die Männer.

Zu Anfang mag es sich unnatürlich anfühlen,
ist es aber nicht,
so arbeiten Becken und Atem
nämlich am besten zusammen.

Vielleicht merken Sie, daß Sie dazu neigen,
die Luft anzuhalten, das ist sehr häufig.
Wenn Sie das feststellen,
lassen Sie einfach los
und fahren fort.

Beckensprünge

Beckensprünge werden im Bett oder auf dem Boden liegend durchgeführt. Wie Beckenstöße und -drehungen können auch sie intensive sexuelle Gefühle erwecken. Mit dem Gesicht nach unten Beckensprünge zu vollführen, kommt der Erfahrung des oben liegenden Mannes bei der sogenannten Missionarsstellung vielleicht so nahe, wie es die Frau jemals erleben kann. Mit dem Gesicht nach oben Beckensprünge zu vollführen, kommt der Erfahrung der unten liegenden Frau vielleicht so nahe, wie es der Mann jemals erleben kann.

Um mit dem Gesicht nach unten liegend Beckensprünge durchzuführen, legen Sie sich auf den Bauch, die Handflächen flach neben den Brustkorb gelegt. Während Sie durch den Mund atmen, heben Sie nur Ihr Becken und lassen es wieder sinken, so daß es sanft auf dem Bett oder dem Boden aufprallt. Atmen Sie durch den Mund und stoßen Sie die Luft mit jedem Abwärtsstoß scharf aus. Bei unseren Workshops gibt es einen Standardscherz, den wir bei dieser Gelegenheit den Männern erzählen: »Tu das nicht, wenn du gerade eine Erektion hast!«

Um mit dem Gesicht nach oben liegend Beckensprünge zu vollführen, legen Sie sich auf den Rücken, die Handflächen flach neben die Gesäßbacken gelegt. Während Sie durch den Mund atmen, heben Sie nur Ihr Becken und lassen es wieder sinken, so daß Ihr Gesäß sanft auf dem Bett oder dem Boden aufprallt. Atmen Sie durch den Mund, und stoßen Sie die Luft mit jedem Abwärtsstoß scharf aus. Sie werden ganz von allein die Beine zusammen mit dem Becken heben, so daß Sie bei dieser Variante ein größeres Körpergefühl der Bewegung erleben werden.

Wir haben die Erfahrung gemacht, daß der Beckensprung mit nach oben gewandtem Gesicht einige Improvisationen nahelegt. So können Sie den Beckensprung vollführen, ohne den Boden mit dem Rücken zu berühren, so daß Sie eine Art Limbo-Tanz machen, wobei der Rücken Sie vom Boden fortkrümmt.

Es bedarf wohl keiner besonderen Erwähnung, daß Sie diese Übungen nicht durchführen sollten, wenn Sie Rücken- oder Beckenbeschwerden haben sollten. Diese Bewegungen sind nicht für die Therapie gedacht – es sind Abenteuer, keine Heilkuren.

Die Macht des Pompoir

Die bewußte Kontrolle der Scheidenwandmuskeln während des Geschlechtsverkehrs wird im Tamilischen als *Pompoir* (gesprochen: »Pahm-pohr«) bezeichnet. Die Autoren Herbert und Roberta Otto berichten, daß sich zwischen 1930 und 1950 in den Vereinigten Staaten eine Art Volksmythologie um diese Fähigkeit entwickelte. In der volkstümlichen Sexualliteratur wurde sie oft zitiert, meist unter dem Begriff »Schnapp-Pussy«, im Süden sprach man dagegen von »Schnapp-Schildkröte«.

Im Arabischen gab es ein Wort für eine Frau, die im Dienste der Liebeskunst ihre Scheidenwandmuskeln entwickelt und ihre Beherrschung gemeistert hatte: »Kabbazah«, was soviel bedeutet wie »Halterin«. Wenn Sie jemals diese Erfahrung gemacht haben sollten, sei es nun als Mann oder als Frau, so werden Sie selbst wissen, wie treffend diese Beschreibung ist. Vor allem die Frauen Äthiopiens und Südindiens genossen einen hervorragenden Ruf als Kabbazahs. Man kann sagen, daß diese Fähigkeit früher auf der ganzen Welt weitaus verbreiteter war als heute.

Die erotische Intensität einer durch das Pompoir verstärkten Vereinigung darf nicht unterschätzt werden, ob sie nun im harten oder im sanften Stil stattfindet. Das Pompoir stellt einen äußerst wichtigen Beitrag zum Gesamtspektrum der Liebeskunst dar, einen Beitrag, der uns ein völlig neues erotisches Universum

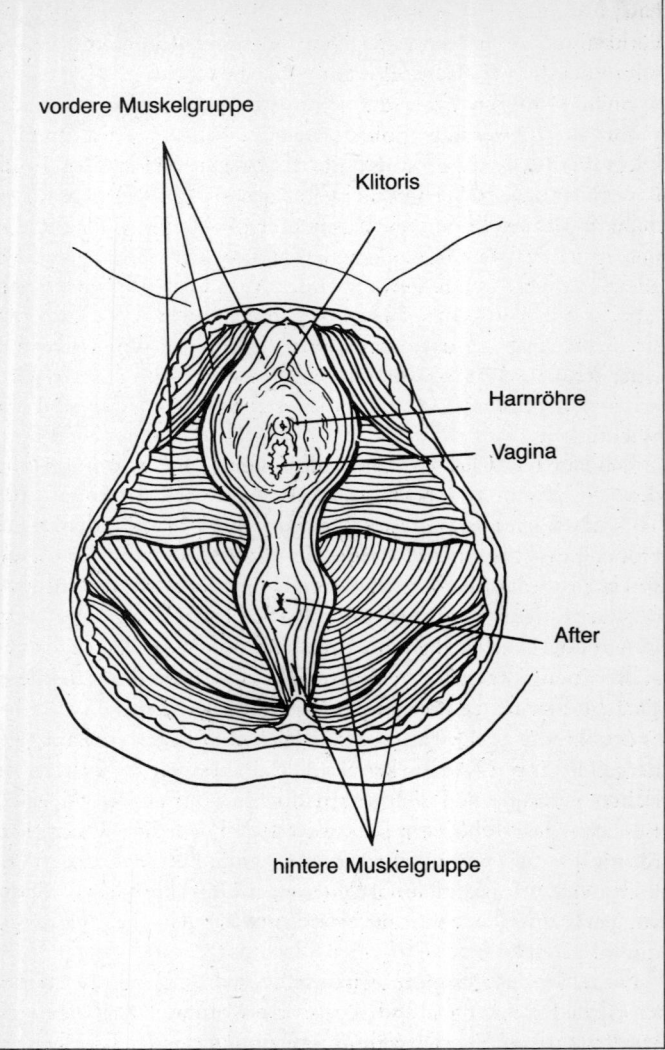

Die Muskeln im Vaginalbereich

eröffnet. Wer sich allein auf die Stoßfähigkeit des Mannes verläßt, um die Höhepunkte erotischer Ekstase zu erreichen, der verhält sich wie jemand, der einen Wettlauf auf einem Bein gewinnen will (siehe »Imsak« und »Kabbazah«).

Beim Pompoir kann der Penis liebkost, gestreichelt, umschlungen, massiert, gemolken, geleckt, überschwemmt und gewiegt werden – und zwar das Glied als Ganzes wie auch Teile davon. Doch sollten Sie nun nicht glauben, daß lediglich der Mann dabei Spaß hat. Durch das Zusammenziehen der Muskeln können Sie als Frau leichter zu einem Genitalorgasmus gelangen, vor allem wenn Sie es mit dem Ein- oder Ausatmen verbinden (siehe Abschnitt »Selbst-Inspiration«). Einige Frauen berichten, daß sie durch bloßes Zusammenziehen der Scheidenmuskulatur in einer Art »händefreier« Masturbation einen Orgasmus erreichen können. Dabei ist vor allem die intensive Konzentration von Wichtigkeit.

Das Zupacken des Pompoir läßt sich mit dem Stoßen des Gliedes verbinden, so daß Sie auf diese Weise alle Vorzüge beider Techniken genießen können. Das Pompoir ist alles andere als ein bloßer exotischer Trick; vielmehr stellt es das weibliche Gegenstück zur Stoßfähigkeit des Mannes dar. Der Mann wird zwar mit dem Penis geboren, dennoch bedarf es einer gewissen Übung, bis er sein Glied mit wirklicher Finesse zu bewegen versteht. Ebenso kann die Frau ihre Scheidenmuskulatur trainieren und die Kunst des Pompoir beherrschen lernen.

Beachten Sie auch die gesundheitlichen Vorteile, die damit einhergehen. Der New Yorker Sexualtherapeut Bryce Britton berichtet nämlich, daß sich durch Pompoir-Übungen zahlreiche Beschwerden verhindern oder sogar beheben lassen. Dazu gehören: Vaginitis (Scheidenkatarrh), Cystitis (Blasenkatarrh), Inkontinenz, Orgasmusunfähigkeit und Unfruchtbarkeit. Schon aus gesundheitlichen Gründen sollten Sie also diese Übungen durchführen.

Wenn Sie das Pompoir anwenden, wird Ihnen dies auch viele köstliche Erfahrungen und psychische Wohltaten bescheren, zusätzlich zu den schon erwähnten gesundheitlichen Vorteilen. Sie werden orgasmischer werden, mehr Freude durch Ihre Vagina erfahren, Ihre sexuelle Gesundheit verbessern, werden sich sexuell besser selbst behaupten und verwirklichen können und sogar im Alltagsleben größeres Selbstbewußtsein entwickeln.

Die sanften Stile des Liebemachens entwickeln sich zu realistischeren Alternativen zu den harten Stilen. Mit dem Pompoir können Sie nun mehr empfinden. Sie brauchen als Frau nicht mehr hart mit einem Penis gestoßen zu werden, um etwas zu fühlen oder einen Orgasmus zu erreichen. Sie haben eine neue Option zur Verfügung. Sie können die Intimität des Eindringens ohne Bewegung genießen, wenn der Penis in der Scheide ruht und von ihr bearbeitet wird.

Vieles davon hängt vom eigenen Bewußtsein ab. Die Fähigkeit, sich auf die angenehmen Gefühle zu konzentrieren und sich an sie zu erinnern, läßt sich auch ohne eingedrungenen Penis in Ihrer Scheide entwickeln. Richten Sie die Konzentration auf die sinnlichen Einzelheiten dieser Erfahrung, visualisieren Sie die Muskeln in Aktion. Britton ist der Auffassung, daß Sie dadurch sogar neue Nervenverbindungen herstellen können.

In einschlägigen Büchern über den G-Punkt finden Sie oft Listen mit Zubehör, welches das Training erleichtert oder zumindest interessanter machen kann. Auch das Training mit einem Dildo (künstlicher Gummipenis) wird oft als hilfreich empfohlen.

Es ist nichts Geheimnisvolles an der Entwicklung der Pompoir-Fertigkeit. Die Kegel-Übungen und einige andere genügen, täglich einige Minuten über mehrere Monate hinweg durchgeführt, um den meisten Frauen zu einer virtuosen Beherrschung ihrer Scheidenmuskulatur zu verhelfen. Sind die Muskeln erst einmal durchtrainiert, bedarf es nicht mehr sehr viel, um sie in Form zu halten.

In seinem Riesenbestseller *Alles, was Sie schon immer über Sex wissen wollten... aber bisher nicht zu fragen wagten* beschreibt David Reuben, wie die Vaginalmuskeln miteinander zusammenarbeiten, um den Pompoir-Effekt hervorzubringen. Der Schlüssel zur Pompoir-Kunst ist die Tatsache, daß dabei zwei Muskelgruppen im Spiel sind. Bei allem Dr. Reuben gebührenden Respekt muß hier doch festgestellt werden, daß seine Beobachtung nicht sonderlich neu ist. Denn schon einige der alten Sexualübungen des Yoga zielten darauf ab, diese Muskelgruppen zuerst getrennt zu entwickeln, um sie schließlich miteinander zu koordinieren.

Die erste dieser Gruppen wird von den äußeren Vordermuskeln nahe der Klitoris gebildet. Dazu gehören der Bulbocavernosus, der Ischiocavernosus und die Schließmuskeln der Harnröhre. Die zweite Gruppe besteht aus den inneren Hintermuskeln in der Nähe des Afters. Zu ihnen zählen der Pubococcygeus, der Ileococcygeus und der Musculus levator ani.

Gemeinsam bilden diese Muskelgruppen den weiblichen Beckenboden. Sie sind keineswegs so deutlich voneinander getrennt, wie es unsere Analyse nahelegt. Der Pubococcygeus oder PC-Muskel erstreckt sich vom Schambein bis zum Steiß. Wichtig ist in unserem Zusammenhang, daß diese Muskelgruppen getrennt voneinander aktiviert und beherrscht werden können.

Das volle Pompoir besteht aus einer abschnittsweisen oder gleichzeitigen Kontraktion der beiden Muskelgruppen. Diese Bewegung kann von vorne nach hinten, von hinten nach vorne oder sowohl hinten als auch vorne gleichzeitig verlaufen. Am häufigsten findet sich dafür die Bezeichnung »Melk«-, »Saug«- oder »Massierbewegung«.

Das *Ananga Ranga* des Kalyana Malla beschreibt einen zweistufigen Prozeß, der auf der Konzentrationsfähigkeit der Frau fußt. Die erste Stufe besteht aus der einfachen Kontraktion und dem Loslassen, womit ein Penis oder ein anderer zylindrischer Gegenstand in der Scheide fest umklammert wird. Die zweite Stufe besteht aus der berühmten Melkbewegung.

Sexualübungen

Sexualübungen [im Amerikanischen als »Sexercises« bezeichnet, eine Verbindung von »sexual« und »exercise«, Übung, Körperübung, Training; Anm. d. Übs.] dienen der optimalen Stärkung und Beherrschung der Sexualmuskulatur.

Schwache, schlaffe Muskeln können ihre Funktion nicht richtig erfüllen. Ihre Armmuskeln zum Beispiel funktionieren recht gut, weil Sie sie täglich gebrauchen. Ihre Sexualmuskeln jedoch werden im Alltag nur selten eingesetzt. Mit ihrer Hilfe halten Sie den Harn oder den Stuhl ein, bis Sie zur Toilette gelangt sind, doch damit erschöpft sich das Training auch schon.

Der König der Sexualmuskeln ist der Pubococcygeus oder PC-Muskel. Dieser Muskel zieht sich während des Orgasmus bei beiden Geschlechtern etwa einmal pro 0,8 Sekunden zusammen. Die Aftermuskeln kontrahieren dabei ebenfalls.

Die Wiederentdeckung oder Bedeutung dieser Muskeln für die sexuelle Gesundheit und das sexuelle Vergnügen wird einem Arzt aus Los Angeles zugeschrieben, Arnold Kegel. Er entwickelte in den 50er Jahren die berühmten *Kegel-Übungen*.

Möglicherweise ist Ihnen die Tatsache nicht neu, daß Sie Ihre Sexualmuskeln trainieren können. Dafür haben die Beliebtheit und Bekanntheit der Kegel-Übungen schon gesorgt. Wußten Sie aber auch, daß es sich bei den Kegel-Übungen um eine Wiederentdeckung handelt? In China und Indien wurden schon seit Tausenden von Jahren wirkungsvolle Sexualübungen gelehrt und praktiziert.

Die alten Wissenden betrachteten den menschlichen Körper-Geist als Eimer voller Energie, der unten Löcher aufweist, durch welche die Lebensenergie entweicht. Diese Löcher sind die Harnröhren- und die Afteröffnung sowie, bei der Frau, die Scheidenöffnung. Man ging davon aus, daß eine Kräftigung der Sexualmuskeln durch entsprechendes Training den unteren Teil des Eimers versiegeln konnte.

Die östlichen Sexualübungen entstanden in Kulturen, die weniger Betonung auf den Genitalorgasmus legten als unsere. Heutzutage empfehlen Sexualkundler die Entwicklung des PC und anderer Sexualmuskeln, um damit den Genitalorgasmus beider Geschlechter zu sichern, zu intensivieren, zu verlängern und zu beherrschen. Keiner dieser beiden Angänge ist, für sich allein betrachtet, bereits besser als der andere. Legt man allerdings weniger Betonung darauf, die »Belohnung« des Orgasmus zu erhalten, so werden oft andere persönliche Vorteile offenbar, die daraus zu ziehen sind, beispielsweise ein Wachstum der Gefühlsfähigkeit oder auch eine Förderung der Gesundheit.

Ob Sie sich nun auf den Orgasmus konzentrieren oder nicht, ist nicht das eigentliche Problem. Das ist eine Frage des persönlichen Stils. Unabhängig von Ihrem Stil lohnt sich jedoch die Beantwortung der Frage: »Welchen Wert haben Sexualübungen für mein inneres Wachstum als Mensch?«

Die Kegel-Übungen

Bevor Sie mit den Muskelpreßübungen nach Kegel beginnen, ist es von großer Wichtigkeit, daß Sie den Muskel, um den es jeweils dabei geht, genau orten. Die anatomische Bezeichnung des sogenannten Kegel-Muskels lautet »Pubococcygeus«. Viele Menschen, die damit arbeiten, nennen ihn kurz den »PC«.

Wie finden Sie nun Ihren PC-Muskel? Er erstreckt sich zwischen Ihren Beinen von den Geschlechtsorganen bis zum After und ist bei beiden Geschlechtern Teil des Beckenbodens.

Die übliche Methode, um den PC-Muskel ausfindig zu machen, besteht darin, den Urinfluß anzuhalten und sofort wieder loszulassen. Tun Sie dies mehrere Male. Sehen Sie – nun haben Sie Ihren PC-Muskel schon gefunden! Frauen sollten dabei die Beine weit spreizen, damit die Muskeln in den Gesäßbacken den Eindruck nicht verfälschen. Eine weitere Möglichkeit besteht darin, so zu tun, als wollten Sie den Stuhl zurückhalten, indem Sie die Aftermuskeln anspannen. Sie können sich aber auch für den direkten Angang entscheiden: Führen Sie einen gleitfähigen Finger (verwenden Sie dafür Speichel, Pflanzenöl oder Vaseline) in den After ein und drücken Sie damit zu. Dann spüren Sie sowohl die Aftermuskeln als auch den PC.

Männer sollten sich vor den Spiegel stellen und durch das Pressen des PC-Muskels das Glied auf und ab bewegen. Frauen können den Zeige- und/oder den Mittelfinger vorsichtig in die Scheide einführen und die Muskeln zusammendrücken. Die Vagina wird den oder die Finger umschlingen, möglicherweise sogar sehr fest. Es kann sogar vorkommen, daß der Finger von der Scheide ausgestoßen wird. Der PC selbst wird etwa 3–4 cm im Inneren der Vagina als gestreifter Muskel wahrgenommen.

Benutzen Sie dazu nicht Ihre Magenmuskeln! Wenn Sie die Sache erst einmal »raus« haben, können Sie die Kegel-Übungen beim Schreiben und Lesen, im Gehen und Sitzen, bei der Arbeit, beim Fernsehen, beim Musikhören und so weiter durchführen.

Vielleicht stellen Sie zu Anfang fest, daß sich trotz aller gegenteiligen Bemühungen die Muskeln im Bauchbereich und in den Oberschenkeln dennoch anspannen. Das ist nichts Ungewöhnliches. Nach den ersten paar Tagen oder Wochen des Übens jedoch, nachdem Sie den Muskel völlig isoliert haben, dürften diese Kontraktionen kaum noch zu bemerken sein.

Haben Sie Ihren PC-Muskel erst einmal lokalisiert, beginnen Sie mit den schnellen oder kurzen Kegel-Kontraktionen. Ziehen Sie die Muskeln pro Übung zwanzigmal hintereinander an, und zwar etwa einmal pro Sekunde oder noch schneller. Am ersten Tag sollten Sie zwei solche Übungsrunden absolvieren. Steigern Sie sich nach und nach auf zweimal 75 Kontraktionen pro Tag. Wenn Sie bequem zweimal 75 Kontraktionen pro Tag schaffen, ergänzen Sie Ihr Training durch die verlängerten Kegel-Bewegungen.

Lange Kegel-Kontraktionen sind ebenso einfach. Anstatt pro Muskelanspannung nur bis eins zu zählen, halten Sie die Anspannung aufrecht, bis Sie bis drei gezählt haben. Beginnen Sie Ihr Training mit zweimal zwanzig Kontraktionen pro Tag und steigern Sie dies auf zweimal 75 Kontraktionen pro Tag. Lassen Sie sich jedoch Zeit, und vermeiden Sie jede Überanstrengung. Der PC-Muskel ist wie alle anderen Muskeln auch: Wenn Sie es übertreiben, beginnt er zu schmerzen.

Nach und nach schaffen Sie also insgesamt 300 Kontraktionen pro Tag. Dies sollte sehr konzentriert geschehen. Richten Sie

Ihre ganze Aufmerksamkeit auf die körperliche Wahrnehmung. Das fällt oft leichter, wenn Sie die Augen geschlossen halten.

Lernen Sie auch, sich zwischen den Kontraktionen zu entspannen. Ohne diese Entspannung werden die Muskeln nicht so schnell wachsen. Die Entspannung ist ebenso wichtig für Ihre Kontrolle wie die Kontraktion. Lernt der Mann, diese Muskeln während des Liebesakts zu entspannen, steigert dies seine Ausdauer erheblich.

Oft erweist es sich als hilfreich, im Rhythmus mit den Kontraktionen zu atmen oder die Atemzüge zu zählen. Es kann nämlich sein, daß Sie ständig die Luft anhalten, ohne es überhaupt zu bemerken.

Männer können ihre Kegel-Übungen durch Gewichtheben ergänzen: Nachdem Sie eine Erektion hergestellt haben, legen Sie ein kleines feuchtes Handtuch oder einen Waschlappen auf das Glied. Bewegen Sie dieses Handtuch nun mit dem Glied auf und ab. Mit der Zeit können Sie zu größeren Handtüchern übergehen. Es gibt sogar Männer, die mit kleinen Sandsäcken arbeiten. Einer unserer Workshopteilnehmer erzählte uns, daß die Jungen in seinem Internat Schlafsaalwettbewerbe durchzuführen pflegten, bei denen es darum ging, wer die meisten Handtücher heben konnte!

Frauen können mit zylinderförmigen Gegenständen arbeiten, die einen gewissen Widerstand aufweisen (siehe Abschnitt über »Die Macht des Pompoir«).

Verwenden Sie auch die Kraft der Visualisation. Der bekannte Bodybuilder Arnold Schwarzenegger arbeitete mit präzisen geistigen Bildern, um damit die Entwicklung seiner Muskeln zu steuern. Frauen können ihre Scheide als Tunnel visualisieren, der aus mehreren Muskelbändern besteht, die sich nach Belieben zusammenziehen oder ausdehnen können. Mit jeder Kontraktion sieht man, wie diese Muskeln größer und kräftiger werden. Männer können sich vorstellen, daß der PC-Muskel ein Stahlseil ist, das zwischen ihren Beinen verläuft und von ihnen nach Belieben angespannt und gelöst werden kann. Auch das Stahlseil sollte visualisiert werden, wie es mit jeder Wiederholung dicker und kräftiger wird.

Sie können beim Anspannen auch mit Affirmationen arbeiten. Bei jeder schnellen Kegel-Kontraktion sprechen Sie eine kurze Affirmation wie »Ja« oder »Liebe« aus. Bei den längeren Kegel-Kontraktionen können Sie auch eine längere Affirmation verwenden. Im *Ananga Ranga* wird den Hindufrauen geraten, bei jeder Kontraktion den heiligen Namen des »Hindu-Amors« *Kamadeva* zu wiederholen.

Positive Gedanken und Kontraktionen schließen einander nicht etwa aus, sondern ergänzen sich sogar auf angenehme, intensivierende Weise. Sie werden dabei feststellen, daß Sie die Affirmation *mit dem ganzen Körper* aussprechen oder daß die Kontraktion in Ihrem Körper und Geist tiefe Schichten der Gefühlsintensität und Sensibilität freilegt.

Seien Sie nicht überrascht, falls Übungen in Ihnen erotische Gefühle erzeugen sollten. Das ist auch Teil des Vergnügens, das man damit haben kann. Wie Sie die Sache auch angehen wollen – entwickeln Sie Ihre Fähigkeit weiter, sich voll auf Ihre Gefühle und Wahrnehmungen zu konzentrieren, um auf diese Weise ein Maximum an Erfolg und Freude zu erlangen.

Die Vorzüge der Kegel-Übungen sind vielfältiger Art. Dazu gehört unter anderem die Tatsache, daß Sie einen stärkeren Bezug zu Ihren Genitalien und sexuellen Empfindungen entwickeln, eine verbesserte Durchblutung der trainierten Körperbereiche (was an sich bereits sehr heilsam sein kann), und schließlich auch die gesteigerte Fähigkeit zum gewollten Orgasmus erreichen.

Frauen können mit Hilfe dieser Übungen nach der Geburt die Scheidenmuskulatur wieder festigen. Durch die Kegel-Übungen wurden schon viele Frauen, die zuvor nie zum Orgasmus gelangten, von ihren Beschwerden geheilt. Durch die stärkere Muskelbeherrschung wächst die Fähigkeit zum gewollten Orgasmus während des Geschlechtsverkehrs oder bei der Masturbation. Ein Optimum an Kontrolle erreichen Sie, indem Sie die Kegel-Übungen mit Atembeherrschung, Visualisation und Konzentration kombinieren.

Männern dienen die Übungen zur Ejakulationsverzögerung. Spannen Sie den PC-Muskel intensiv an und entspannen Sie ihn danach wieder vollkommen. Allerdings wird eine Kontraktion unmittelbar vor der Ejakulation diese eher beschleunigen.

Wenn Sie zwei Monate intensiv geübt haben, dürften Sie Ihren PC-Muskel beherrschen. Sollte dem so sein – das werden Sie im Bett schon von allein feststellen –, so können Sie die Übungen gelegentlich durchführen, um einen guten Muskeltonus beizubehalten. Zum Virtuosen wird man jedoch nur durch tägliches Üben.

Die chinesische Hirsch-Übung

In der alten chinesischen Gesundheitslehre gelten die Sexualdrüsen als Ofen, der das Haus des Körper-Geists heizt. Wird der Ofen mit reichlich Holz gespeist (d. h. werden die Sexualdrüsen durch Liebemachen und/oder Sexualübungen energetisiert), so bleibt das Haus warm und lebendig.

Die *Hirsch-Übung* ist eine alte chinesische Gesundheitspraktik. Dabei werden die Muskeln im Afterbereich kontrahiert, was ein gutes Training für die Sexualmuskeln bedeutet. Die Afterkontraktion wird zudem mit weiteren Techniken koordiniert. Diese Techniken sorgen dafür, daß die Hitze des Sexualofens in andere Teile des Körpers weitergeleitet werden kann.

Tatsächlich findet diese Energieverteilung ganz automatisch statt. Der Überschuß aus den erwachten Sexualdrüsen steigt zum Thymus empor. Die Thymusdrüse wiederum leitet die Energie zur Schilddrüse, zur Hypophyse und zur Zirbeldrüse weiter.

Wer geschwächt und kraftlos ist, muß zunächst die Sexualdrüsen stärken. Nachdem durch wochen- und monatelanges Durchführen der Hirsch-Übung der Sexualofen geschürt worden ist, beginnt die Hitze sich zu verteilen. Erst dann kommt es zur Energetisierung und Revitalisierung. Denn ein kalter Ofen heizt nichts und niemanden, nicht einmal sich selbst.

Die Hirsch-Übung ist Teil eines chinesischen Gesundheitstrainings, zu dem auch zwei weitere Grundübungen gehören, der *Kranich* und die *Schildkröte* sowie eine große Zahl weiterer Techniken.

Die Hirsch-Übung für Frauen

Zu Anfang wird die Hirsch-Übung in zwei Stufen durchgeführt. Später werden diese beiden Stufen dann miteinander kombiniert. Wenn möglich, sollten Sie die Übung unmittelbar nach dem Aufwachen und vor dem Einschlafen durchführen. Sollte dies nicht gehen, so üben Sie einmal am Tag. *Führen Sie diese Übung nicht während der Menstruation oder der Schwangerschaft durch!*

Setzen Sie sich nackt auf eine gerade Fläche, beispielsweise auf den Boden Ihres Schlafzimmers, die Beine vor sich ausgestreckt. Beugen Sie eines der Beine und legen Sie die Ferse an die Vagina, so daß sie fest gegen die Klitoris preßt. Sollte Ihnen dies unbequem sein, so legen Sie statt dessen einen harten Ball an diese Stelle. Der Druck sollte dauerhaft und fest sein.

Nun ziehen Sie das andere Bein an den Körper. Heben Sie den Fuß und legen Sie ihn auf die Wade des anderen Beins. Schieben Sie die Zehen zwischen die Wade und Oberschenkel. Sollte Ihnen dies zu schwerfallen, legen Sie das Bein vor sich auf den Boden. Sitzen Sie so gerade, wie es, ohne weh zu tun, geht. Am wichtigsten ist, daß es Ihnen bequem ist. Es kann auch hilfreich sein, ein kleines Kissen unter das Gesäß zu legen. Wenn Sie Yoga praktizieren sollten, kennen Sie diese Stellung vielleicht unter der Bezeichnung *siddha yoni asana*.

Übrigens kann es dabei zu einer sexuellen Erregung kommen, was Sie durchaus fördern können. Sie können die Übung auch als etwas komplizierte Form der Masturbation durchführen, wobei die erste Stufe aus der Selbstreizung durch die Ferse besteht. Doch ist dies keineswegs erforderlich.

Reiben Sie schnell die Hände gegeneinander, um so viel Hitze wie möglich zu erzeugen. Legen Sie dann die Hände auf Ihre Brüste und spüren Sie die Reibungswärme. Von der Mitte, dem Liebespunkt, aus bewegen Sie nun die Hände auswärts nach oben in einer kreisförmigen Bewegung, mit der Sie Ihre Brüste sanft massieren.

Behalten Sie den Druck gegen Ihre Klitoris bei, während Sie mindestens 36 Drehungen, maximal aber 360 durchführen. Möglicherweise spüren Sie in Brüsten oder Genitalien nun ein angenehm warmes Gefühl. Das ist ein gutes Zeichen, denn es zeigt, daß Sie Energie zu speichern beginnen.

Diese Bewegung soll heilend auf die Brüste einwirken. Dr. Stephen Chang in San Francisco ist der Auffassung, daß damit Knoten und Brustkrebs vermieden und sogar beseitigt werden können. Außerdem kann es zu einer Verkleinerung der Brüste kommen.

Zum zweiten Teil der Übung lassen Sie die Hände in eine bequeme Lage sinken und halten den sanften, aber festen Druck auf die Klitoris aufrecht. Die zweite Stufe verlangt nach einer Kontraktion der Vaginal- und Analmuskeln. Kontrahieren Sie diese so lange, wie es ohne Anstrengung geht. Korrekt gehen Sie dann vor, wenn Sie dabei das Gefühl haben, als würden Sie versuchen, Luft in die Scheiden- und Afteröffnung einzusaugen.

Überanstrengen Sie sich nicht, gehen Sie locker vor. Vielleicht nehmen Sie ein wunderbares Gefühl wahr, das von den Genitalien zum Scheitel emporströmt. Das ist ein Anzeichen dafür, daß Ihre Sexualdrüsen nun die Hirnanhang- und Zirbeldrüse mit Energie speisen.

Nach etwa einmonatigem Üben wird es Ihnen leichtfallen, die Muskelkontraktionen durchzuführen. Kombinieren Sie sie nun mit dem Reiben der Brüste. Die Kontraktionen können auch separat durchgeführt werden. Es ist eine zusätzliche Hilfe, wenn Sie sich die entsprechenden Muskeln wie Fäuste vorstellen, die Sie ballen.

Konzentrieren Sie sich geistig auf das Tun Ihres Körpers. Möglicherweise entwickeln Sie nämlich sonst die Angewohnheit, beim Üben den Geist abschweifen zu lassen. Es kann jedoch gar nicht eindringlich genug darauf hingewiesen werden, wie wichtig die Konzentration für diese Übungen ist!

Dieser Technik werden zahlreiche Vorzüge zugesprochen: unter anderem die Vermeidung oder Beseitigung von Hämorrhoiden, Menstruationsunregelmäßigkeiten, Vaginitis und Unfruchtbarkeit. Ihre sexuelle Leistungskraft wird dadurch gestärkt, und Ihr Leben kann durch viele Jahre der Gesundheit verlängert werden. Sie entwickeln dadurch auch die Pompoir-Kraft.

Ihre körperliche Schönheit und ihre sexuelle wie persönliche Anziehungskraft werden gesteigert. Doch ist es auch möglich, daß Sie zunächst beobachten, wie Sie durch die Übung in eine Reinigungsphase eintreten, in der Ihr Organismus Giftstoffe ausscheidet.

Die Hirsch-Übung dient dazu, den Hormonausstoß im Interesse eines allgemeinen und sexuellen Wohlbefindens auf natürliche Weise anzuregen. Infolgedessen kann es geschehen, daß Sie weniger menstruieren oder daß Ihre Menstruation völlig ausbleibt. Nach Dr. Chang ist dies ein Vorteil, weil auf diese Weise lebenswichtige Nährstoffe und Energien, die sonst verlorengingen, wieder in den Kreislauf eingespeist werden.

Sollte Ihre Menstruation aufhören oder nachlassen, obwohl Sie ihre normale Fortsetzung wünschen, so stellen Sie einfach diese Übung ein. Oft genügt es, nur einen einzigen Tag auszusetzen, um wieder voll zu menstruieren.

Die Hirsch-Übung für Männer

Förderliche Stimulierung des Hormonausstoßes ist auch das Ziel der *Hirsch-Übung* für Männer. Wie bei der Übung für Frauen, wird auch diesmal in zwei Stufen vorgegangen. Später werden diese beiden Schritte miteinander kombiniert. Wenn möglich, sollten Sie die Übung unmittelbar nach dem Aufwachen und vor dem Einschlafen durchführen. Sollte dies nicht möglich sein, so üben Sie einmal am Tag.

Führen Sie die Übung nackt im Sitzen, Liegen oder Stehen durch. Wählen Sie die Stellung, die Ihnen am bequemsten ist. Wenn Sie Yoga praktizieren sollten, so ist die Stellung *siddhasana* für Sie ideal.

Reiben Sie die Hände gegeneinander, so daß Reibungswärme entsteht. Dann umfassen Sie mit der rechten Hand entweder den Hodensack (das Skrotum) allein oder zusammen mit dem Penis. Lassen Sie den Hodensack in der Handflächenmitte ruhen.

Vollführen Sie mit der Handfläche der linken Hand unmittelbar unterhalb des Nabels eine kreisförmige Bewegung, und zwar

81mal in eine beliebige Richtung. Dadurch entwickelt sich ein Gefühl von Wärme.

Nun wechseln Sie die Hände und die Drehrichtung. Haben Sie die linke Hand also beim ersten Mal in Uhrzeigerrichtung bewegt, so drehen Sie die rechte nun gegen den Uhrzeigersinn. Vollführen Sie auch diese Kreisbewegung 81mal. Wenn Sie wollen, können Sie dabei imaginieren, wie sich in den Genitalien ein Feuer entwickelt. Dies ist die erste Stufe.

Für die zweite Stufe können Sie die Hände entweder senken oder an der gleichen Stelle belassen. Ziehen Sie nun die Aftermuskeln zusammen. Korrekt gehen Sie dann vor, wenn Sie dabei das Gefühl haben, als würden Sie versuchen, Luft in die Afteröffnung einzusaugen. Es genügt jedoch nicht, die Muskeln einfach nur anzuspannen, Sie müssen mit ihnen richtig saugen. Dadurch wird auch der PC-Muskel wirkungsvoll kontrahiert.

Vergessen Sie nicht, sich zwischen den Kontraktionen zu entspannen. Spannen Sie jedesmal die Muskeln so lange an wie möglich. Führen Sie so viele Kontraktionen durch, wie es Ihnen angenehm ist. Dies ist die zweite Stufe.

Nach einmonatigem täglichem Üben (vielleicht sogar schon früher) werden Sie die Kontraktion der Aftermuskeln gemeistert haben. Nun kombinieren Sie beide Stufen miteinander. Dabei werden Sie möglicherweise ein angenehmes Gefühl wahrnehmen, das Ihre Wirbelsäule emporsteigt, vielleicht aber auch andere Gefühle angenehmer Art. Dies ist das Ergebnis des sanften Drucks, den die Aftermuskeln bei der Kontraktion auf die Prostata ausüben.

Konzentrieren Sie sich geistig auf das Tun Ihres Körpers. Möglicherweise entwickeln Sie nämlich sonst die Angewohnheit, beim Üben den Geist abschweifen zu lassen. Es kann jedoch gar nicht eindringlich genug darauf hingewiesen werden, wie wichtig die Konzentration für diese Übungen ist!

Dieser Technik werden zahlreiche Vorzüge zugesprochen: unter anderem die Vermeidung oder Beseitigung von Hämorrhoiden, Prostataproblemen und Unfruchtbarkeit. Sie sensibilisiert den Penis und kann sogar die Eichel vergrößern. Wenn Sie diese Übung regelmäßig durchführen, können Sie dadurch Impotenz oder vorzeitige Ejakulation mindern oder sogar völlig beheben.

Sie können sich bis kurz vor den Orgasmus bringen, um dann diese Technik anzuwenden. Da dadurch ein größerer Hormonausstoß stattgefunden hat, ist dies auch förderlicher. Andererseits kann sich die dafür erforderliche Disziplin als unüberwindbares Hindernis erweisen. Die Ejakulation gehört nicht zu dieser Übung. Doch gilt diese Version als außerordentlich wirksam in Fällen von Impotenz, sofern sie gewissenhaft über einige Wochen oder Monate hinweg täglich durchgeführt wird.

Sexualübungen des Yoga

Diese Übungen haben eine ebenso heilsame Wirkung auf die Geschlechts- und Ausscheidungsorgane wie die chinesischen Techniken. Wie jene sind auch sie Bestandteile eines umfassenden Systems des Körper-Geist-Trainings. Sie lassen sich auch mit beruhigenden Übungen wie der Totenlage verbinden, um die freigesetzte Energie in die wichtigen Drüsen im Brust-, Nacken- und Hirnbereich zu lenken.

Die weiter unten beschriebenen Sexualübungen sind: die *Pferdehaltung*, der *Wurzelverschluß* und die *Donnerkeilhaltung*. Diese stellen eine Verbindung aus kontrollierter Muskelanspannung mit bewußter Atmung dar, die zu schnellen Ergebnissen führt. Ein Optimum an Wirksamkeit und Energetisierung wird erreicht, wenn die Aftermuskeln so kräftig geworden sind, daß sie auch bei anderen, spezialisierten Übungen blockiert werden können. Im Gegensatz zu den Kegel- und Hirsch-Übungen werden hierbei die After- und die Harnschließmuskeln getrennt bearbeitet.

Sie sollten niemals Yoga-Atemübungen – die hier vorgestellten eingeschlossen – durchführen, bis Sie Schmerzen, Schwindelgefühle oder Benommenheit empfinden! Führen Sie niemals Yogaübungen durch, wenn Sie Drogen eingenommen haben. Tragen Sie nur lose Kleidung oder überhaupt keine. Üben Sie vorzugsweise am frühen Morgen oder spät am Abend, vor allem dann, wenn Sie in einem Gebiet großer Luftverschmutzung leben sollten. Üben Sie stets mit nüchternem Magen. Der Gebrauch einer Decke aus Naturfasern oder ein Wollkissen mit einem Baumwollüberzug als Unterlage soll noch förderlicher für den Biomagnetismus sein.

Das Geheimnis des Afterverschlusses

Das Geheimnis des *Afterverschlusses* besteht in dem Wissen um die Tatsache, daß der Schließmuskel des Afters nicht aus einem einzigen Muskel allein besteht, sondern vielmehr aus zwei Muskeln oder Muskelringen, nämlich einem inneren und einem äußeren. Werden die *Pferdehaltung* und der *Wurzelverschluß* korrekt ausgeführt, so bedeutet das, daß beide Ringe gleichzeitig voll kontrahiert sind.

Der innere Schließmuskel befindet sich knapp zwei Zentimeter über dem Rektalkanal. Um sich selbst von der Existenz der beiden Schließmuskeln zu überzeugen, beginnen Sie damit, den After ganz langsam von außen nach innen zusammenzuziehen. Dabei werden Sie eine gewisse Spannung wahrnehmen, doch keine sonderlich große. Fahren Sie mit dem Anspannen fort. An einer knapp darüber liegenden Stelle werden Sie plötzlich eine viel stärkere Kontraktion des Becken- und Afterbodens verspüren. Nun haben Sie den zweiten, den inneren Muskelring kontrahiert. Die Kontraktion des zweiten, inneren Rings ist von ganz besonderer Wichtigkeit, und zwar wegen der zahlreichen Nervenverbindungen zu anderen Organen, die hier zusammenlaufen.

Die Pferdehaltung

Als erstes wollen wir uns der guten alten Yogaübung mit der Bezeichnung *Pferdehaltung* zuwenden, die ihren Namen von der starken Kontrolle ableitet, die das Pferd über seine Afterschließmuskeln ausübt. Die Pferdehaltung ist der erste Schritt in unserem Trainingsprogramm von Yoga-Sexualübungen. Sie stellt die Vorbereitung zum *Wurzelverschluß* dar. Bei der Pferdehaltung spannen wir gezielt die analen Schließmuskeln an und entspannen sie wieder. Beachten Sie die große Betonung, die dabei auf Konzentration und bewußte Kontrolle gelegt wird.

Setzen Sie sich mit geradem Rückgrat bequem auf einen Stuhl. Das Gefühl Ihrer Gesäßbacken, die gegen die Sitzfläche drücken, bietet Ihnen ein wertvolles Feedback, mit dessen Hilfe Sie die richtigen Muskeln schneller identifizieren und kontrollieren können. Ein dünnes Kissen als Sitzunterlage kann ebenfalls hilfreich sein. Stellen Sie die Füße flach auf den Boden, die Hände mit den Handflächen nach oben auf die Oberschenkel gelegt. Sie können sich aber auch mit gekrümmten Knien auf den Rücken legen, die Füße ungefähr dreißig Zentimeter auseinander, das Gesäß flach auf den Boden gedrückt. Schließen Sie nun die Augen und entspannen Sie sich.

Erste Variante: Atmen Sie tief ein, aber so, daß es noch angenehm ist, und halten Sie kurz die Luft an. Nun atmen Sie langsam aus und kontrahieren dabei die Schließmuskeln des Afters, ziehen den After also hoch und ein.

Zweite Variante: Atmen Sie tief ein, aber so, daß es noch angenehm ist, und halten Sie die Luft an. Kontrahieren Sie, so schnell Sie können, die Schließmuskeln des Afters. Nun atmen Sie wieder aus.

Die volle Konzentration auf die analen Schließmuskeln unterscheidet die Pferdehaltung von den anderen beiden Übungen. Vergessen Sie nicht, die Muskeln hinterher auch wieder zu entspannen.

Die Pferdehaltung soll Hämorrhoiden verhindern oder beheben, ebenso Vergrößerung der Prostata, Gebärmuttersenkung und Menstruationsbeschwerden; außerdem erhöht sie die Stoßkraft des Penis und die Haltekraft der Vagina. Hat man gelernt, den Schließmuskelring des Afters isoliert zu kontrahieren, so erhöht dies die Beherrschung der Ejakulation und verstärkt den

Orgasmus. Beginnen Sie mit fünf Wiederholungen und erhöhen Sie diese Zahl nach Belieben. Wenn Sie die beiden Muskelgruppen erst einmal eindeutig identifiziert haben, können Sie in jeder beliebigen Körperstellung üben, sofern das Rückgrat dabei gerade bleibt.

Die Pferdehaltung dient als Vorbereitung auf den *Wurzelverschluß* und die *Donnerkeilhaltung.* Wenn Sie das Verschließen der analen Schließmuskeln beherrschen, können Sie auf diese Übung in Zukunft verzichten. Leider neigen jedoch die meisten Menschen dazu, bereits zum Wurzelverschluß vorzupreschen, lange bevor sie die Pferdehaltung voll gemeistert haben. Wenn Sie die Pferdehaltung beherrschen, sind Sie auch fähig, aufgrund der gesteigerten Kraft dieser Muskeln deutlich ein Schließen wahrzunehmen. Dann werden Sie auch keine Schwierigkeiten damit haben, während dieser und anderer Übungen eine kraftvolle Kontraktion beider Schließmuskelgruppen aufrechtzuhalten.

Der Wurzelverschluß

Der *Wurzelverschluß* konzentriert sich ebenfalls auf die analen Schließmuskeln, erweitert die Kontraktion darüber hinaus jedoch durch den gesamten Beckenboden. Erinnern Sie sich einmal an das Gefühl, als Sie den Stuhl oder ein Klistier einbehalten mußten – es hat große Ähnlichkeit mit der Empfindung bei dieser Übung. Der Wurzelverschluß hat die gleichen förderlichen Auswirkungen wie die Pferdehaltung.

Setzen Sie sich so, wie schon bei der vorherigen Übung. Lenken Sie Ihre Aufmerksamkeit auf den Afterbereich, indem Sie zunächst fühlen, wie die Sitzfläche des Stuhls oder der Fußboden gegen Ihr Gesäß drückt, dann konzentrieren Sie sich voll auf den Anus. Vielleicht schließen Sie auch die Augen, um alles innerlich besser wahrnehmen zu können.

Atmen Sie etwa die Hälfte Ihrer normalen Luftkapazität ein. Sie können die Luft herunterschlucken, wenn Ihnen dies angenehm ist. Als Alternative zum Schlucken oder auch als Ergänzung dazu beugen Sie das Kinn leicht einwärts. Nun spannen Sie den Afterschließmuskel so fest an, wie Sie nur können. Tun Sie dies langsam, nach und nach fester werdend. Sollten diese Atemverschlußübungen für Sie unangenehm sein, so genügt es, sich nur zu konzentrieren.

Nun weiten Sie die Kontraktion vom After aus über den Beckenboden bis zu den Geschlechtsorganen aus. Als Frau werden Sie dabei ein deutliches Zucken oder Beben der Schamlippen wahrnehmen. Als Mann verspüren Sie ein Ziehen in den Hoden.

Immer noch den Atem anhaltend, entspannen Sie After, Beckenboden und Genitalien vollständig. Die Reihenfolge des Entspannens ist nicht weiter wichtig, bedeutsam ist vielmehr, dabei ein Gefühl des Loslassens zu erzeugen, als würden die Muskeln wie Butter in der Sonne schmelzen. Nun schnaufen Sie ein wenig frische Luft ein und atmen ruhig und vollständig aus. Auf diese Weise haben Sie einen vollständigen Wurzelverschluß beendet. Nun führen Sie die *Donnerkeilhaltung* durch, die als nächstes beschrieben wird.

Die Donnerkeilhaltung

Während die Pferdehaltung nur die analen Schließmuskeln bearbeitet, der Wurzelverschluß dagegen sowohl die Schließmuskeln als auch den Beckenboden, konzentriert sich die *Donnerkeilhaltung* auf den Harnschließmuskel. Um den Harnschließmuskel genau zu lokalisieren, trinken Sie zuvor einen Liter Wasser. Während Sie den darauffolgenden Urin entleeren, halten Sie den Fluß fünfzehn- bis zwanzigmal an und lassen wieder los. Nun wissen Sie, wo sich der Schließmuskel befindet.

Setzen Sie sich hin wie bei den vorherigen Übungen. Richten Sie die Aufmerksamkeit auf den Schließmuskel der Harnröhre. Atmen Sie bis zur Hälfte Ihrer Lungenkapazität ein. Schlucken Sie diese Luft hinunter oder behalten Sie sie auf andere Weise ein. Nun pressen Sie Ihren Harnschließmuskel zusammen, als wollten Sie den Urinfluß aufhalten; gleichzeitig ziehen Sie den Unterbauch hoch und ein. Tun Sie so, als wollten Sie Ihre Geschlechtsorgane ins Becken einziehen. Nun lösen Sie die Kontraktion wieder vollständig.

Führen Sie so viele Harnschließmuskel-Unterbauch-Kontraktionen durch, wie Sie bei einmaligem Einatmen können. Dabei sollen Sie das Gefühl sexueller Erregung, vom Beckenbereich aus, durch die Nerven die Wirbelsäule empor ins Gehirn strömen lassen, vor allem in den Bereich der Hirnanhangdrüse.

Wenn Sie die Luft nicht mehr länger anhalten können, entspannen Sie Harnschließmuskel, Becken und Unterbauch völlig. Nun schnaufen Sie ein wenig frische Luft ein und atmen ruhig und vollständig aus. Auf diese Weise haben Sie eine vollständige Runde der Donnerkeilhaltung beendet.

Die Donnerkeilhaltung dient den Harnausscheidungs- und Geschlechtsorganen als Ganzes. Vor allem wird dadurch die Fähigkeit, den Urin zu halten, verbessert. Frauen erfahren durch sie eine verstärkte Reaktionsfähigkeit der Klitoris. Männer können eine Erhöhung der Stärke und Schnelligkeit der Erektion beobachten.

Frauen überprüfen die korrekte Donnerkeilhaltung folgendermaßen bei sich: Führen Sie behutsam den Zeigefinger- und/oder Mittelfinger in die Scheide ein. Führen Sie nun die Donnerkeilhaltung durch. Wird die Übung korrekt durchgeführt, so werden die Scheidenmuskeln ihre(n) Finger sanft umschließen, möglicherweise auch sehr fest.

Männer überprüfen die korrekte Donnerkeilhaltung folgendermaßen bei sich: Stellen Sie sich in unbekleidetem Zustand vor einen Spiegel. Führen Sie die Donnerkeilhaltung durch. Wird die Übung korrekt durchgeführt, wird die Spitze Ihres Penis zucken oder sich heben.

Das Yoga-Sexualtrainingsprogramm

Führen Sie dieses Programm durch, nachdem Sie die *Pferdehaltung* gemeistert haben.

Führen Sie Wurzelverschluß und Donnerkeilhaltung stets zusammen durch, und zwar die Donnerkeilhaltung immer *nach* dem Wurzelverschluß. Beginnen Sie mit zehn Runden jeder Übung, und steigern Sie diese Zahl pro Woche um weitere fünf Runden. Nach etwa drei Monaten werden Sie dann das empfohlene Maximum von sechzig Wiederholungen pro Tag erreicht haben.

Sie können auch mit dem Luftvolumen experimentieren, welches Sie einatmen. Vielleicht fallen Ihnen die Übungen auch leichter, wenn Sie dreiviertel Ihres normalen Volumens einatmen oder sogar Ihr gewöhnliches Maximum.

Die Entspannung ist bei diesen Übungen ebenso wichtig wie die Kontraktion. Sorgen Sie stets für eine vollständige Entspannung der betroffenen Muskeln, nachdem Sie sie wieder gelöst haben. Entspannen Sie sie ebenso gründlich und intensiv, wie Sie sie zuvor kontrahiert haben. Entsenden Sie Gedanken der Entspannung in die jeweiligen Körperbereiche. Sie werden feststellen, daß dies nicht nur die Wirksamkeit der Entspannung erhöht, sondern daß die nächste Kontraktion nach der Entspannungsphase dadurch noch kräftiger wird.

Diese Übungen sollten vorzugsweise als lockere Meditation durchgeführt werden, als Reise auf dem Weg zur Selbsterforschung, als Abenteuer der Liebe zu sich selbst. Sie stellen eine Form persönlicher Kreativität dar, einen selbstgeschaffenen Lustgewinn, der Ihr Leben im allgemeinen ebenso durch Kraft und Zuversicht bereichern wird wie Ihr Liebesleben im besonderen.

Eine weitere Yogaübung von beachtlichem sexuellem Wert ist das *Magenheben*. Das Magenheben lindert Verstopfung, Menstruations- und Verdauungsprobleme. Ferner verhindert oder beseitigt es Hämorrhoiden, Vergrößerung der Prostata, Libidoschwäche, Unfruchtbarkeit, Impotenz und vorzeitiges Ejakulieren. Das *Magenpumpen* oder blasebalgartige *Magenrühren* stellt eine fortgeschrittene Variante dieser Übung dar, die während oder nach dem Geschlechtsverkehr ausgeführt werden kann, um die Sexualenergie wieder in den Kreislauf einzuspeisen. Diese Techniken sollten nur unter kundiger Anleitung eines Fachmanns erlernt werden.

Weitere Sexualübungen

Es gibt noch zahlreiche weitere Übungen, die dem Geschlechts- und Beckenbereich förderlich sind. Dazu gehören das Vorwärts-, Seitwärts- und Rückwärtstreten und das Beckenheben, die zum Grundstock des Aerobictrainings zählen. Gut ist es auch, beim Schwimmen heftig auszutreten. Förderliche Übungen aus dem Hatha Yoga sind das *Kamel*, die *Heuschrecke*, der *Kopfstand*, die *Kobra*, die *Zange*, der *Schulterstand* und der *Pflug*, wie sie auch im Yogaunterricht gelehrt werden. Streckgymnastik- und Tanzunterricht bieten ebenfalls oft ein wirksames Beckentraining.

Das Recycling sexueller Energie

Recycling bedeutet, etwas seiner eigenen Quelle wieder zuzuführen: das Rad (engl. »cycle«) kehrt an den Anfang seiner Kreisbewegung zurück. Es weist einiges darauf hin, daß der Zyklus sexueller Energie beim Menschen in zwei Stufen abläuft. Die erste Stufe beginnt im Gehirn in der Hirnanhang- und der Zirbeldrüse und endet in den Sexualdrüsen. Die zweite Stufe, das eigentliche Recycling, führt diese Energie wieder in die Steuerdrüsen des Hirns zurück. Diese Phase wird oft völlig vernachlässigt.

Wenngleich Gesundheit, ausgewogene Ernährung, sportliche Betätigung, positive geistige Einstellung und andere Faktoren ganzheitlicher Gesundheit dabei eine wichtige Rolle spielen, ist der wichtigste Einzelaspekt bei der Sexualität doch die eigene Einstellung zur Sexualenergie im allgemeinen und zum Orgasmus im besonderen. Positive Ergebnisse werden stets durch einen respektvollen, ja ehrfürchtigen Umgang mit dieser Form schöpferischer Energie erreicht. Ob Sie nun enthaltsam leben oder täglich Geschlechtsverkehr mit Genitalorgasmus haben mögen – es liegt vor allem an Ihrer Einstellung, ob die Sexualenergie sich in Ihrem Leben als Segen entfalten und aufblühen kann. Abhängig von notwendigen individuellen Nuancen, ist es wohl in erster Linie Ihr geistiger Zustand, der darüber bestimmt, ob Sie durch sexuelle Gedanken, Gefühle und Aktivitäten – vor allem durch den Orgasmus – gewinnen oder verlieren werden.

Wir sind der Überzeugung, daß jeder Mann und jede Frau ein einmaliges Individuum für sich ist, das seinen eigenen Weg sexueller Energie gehen und seinen eigenen Orgasmusbedürfnissen folgen muß. Diese können sich verändern, wie der Mensch sich ja auch ändern kann. Es gibt keinen absolut richtigen oder falschen Umgang mit Sexualenergie. Es gibt nur die individuelle Reaktion, die schlußendlich in ebendem Ausmaß von Wert sein kann, in dem sie dem persönlichen Wohlbefinden zuträglich ist.

Es ist möglich, daß die Art, *wie* Sie einen sexuellen Orgasmus haben, einen größeren Unterschied für Ihre persönliche Energie macht als die Frage, ob Sie überhaupt einen Höhepunkt haben oder nicht. Laugen sich ichzentrierte Liebespartner, die den Orgasmus für oberflächliche Freuden ausbeuten, energetisch selbst aus? Gewinnen ekstatisch intime, verletzliche Liebespartner durch den Orgasmus dagegen Energie?

Auch durch andere Formen der sexuellen Aktivität wird Energie verbraucht. Es bedarf Energie, um an Sex zu denken, nach Sex Ausschau zu halten, sich über Sex Sorgen zu machen und so weiter. Die Sexualenergie läßt sich kanalisieren, umleiten: in künstlerische, geschäftliche, religiöse, dienende Aktivitäten. Doch wie immer Sie mit Ihrer Sexualenergie umgehen, entscheidend ist in allererster Linie Ihre persönliche Einstellung dazu.

Die alten Sexualübungen dienten dazu, Energie und biochemische Stoffe, eingeschlossen Hormone, aus den Sexualdrüsen wieder in den Zwischenhirn/Hirnanhang-Bereich zurückzuführen, wie auch in die Zirbeldrüse. Der Zwischenhirn/Hirnanhang-Bereich ist verantwortlich für das geregelte Funktionieren der Sexualdrüsen, der Nebennieren und der Schilddrüse, die alle eine große Rolle für die sexuelle Gesundheit spielen; auch andere Drüsen werden von hier aus gesteuert. Wenngleich die Funktion der Zirbeldrüse weniger eindeutig bestimmt ist, weiß man doch immerhin, daß sie eine lebenswichtige Rolle für das sexuelle und emotionale Wohlbefinden spielt. Dem Zwischenhirn/Hirnanhang-Bereich und der in seiner Nähe befindlichen Zirbeldrüse

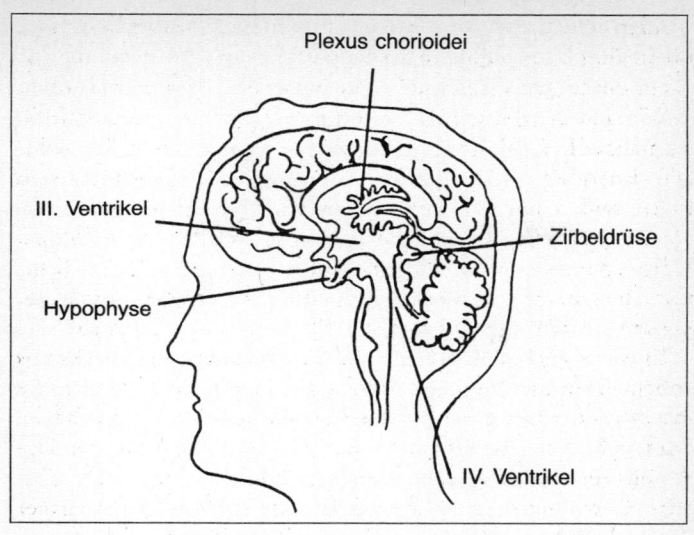

Hirnanhang- (Hypophyse) und Zirbeldrüse

Vitalfaktoren zurückzuführen, ist biologisch gesehen Recycling.

Die alten Weisen glaubten, daß diese Sexualübungen zu einer gesunden Langlebigkeit beitragen konnten. Gibt es jedoch irgendwelche wissenschaftlichen Beweise für die Vermutung, daß solche Praktiken dies tatsächlich leisten?

Zwar weiß man noch nichts Genaues über die Ursachen für das Altern und die Senilität, doch gibt es inzwischen beweiskräftige Anhaltspunkte dafür, daß es vor allem die Sexualdrüsen und der Zwischenhirn/Hirnanhang-Bereich sind, in denen die sogenannte »Altersuhr« tickt. Die Lebensverlängerungsforscher Pearson und Shaw berichten, daß die Kahlköpfigkeit bei Männern teilweise auf ein bestimmtes männliches Hormon zurückzuführen ist, das so lange latent bleibt, bis eine innere Uhr es durch ein Signal aktiviert. Die Leydig-Zwischenzellen in den Hoden, die Testosteron produzieren, gelten als wahrscheinlichste Lokalisation dieser Altersuhr. Daß männliche Hormone daran beteiligt sein müssen, wird durch die Tatsache untermauert, daß die Kastration den Haarverlust beendet.

Ein bekannter Wissenschaftler, Dr. W. Donner Denckla, glaubt, daß die Zirbeldrüse ein bisher nicht identifiziertes Todeshormon ausstößt. In Laborversuchen konnte zahlreiche Male nachgewiesen werden, daß die Entfernung von Zirbeldrüse und/oder Zwischenhirn die Lebensdauer von Tieren verlängert. Aale, Mäuse, Lachse und weibliche Tintenfische haben nach der operativen Entfernung des Hirnanhangs oder seines Äquivalents eine beeindruckende Verlängerung ihrer Lebensdauer unter Beweis gestellt.

Die alten Sexualübungen wurden traditionsgemäß als Teil eines umfassenden Verjüngungsprogramms für den Körper-Geist durchgeführt, etwa bei der Inneren Alchemie Chinas oder im Hatha Yoga Indiens. Diese Programme stimulieren systematisch das Drüsen- und Nervensystem von innen heraus.

Sexuelle Stimulierung setzt Hormone frei, die eine äußerst förderliche Wirkung haben. So berichtet beispielsweise der Rheumatologe Dr. George Ehrlich in einem Artikel im *Forum*-Magazin davon, daß viele Arthritispatienten nach dem Geschlechtsverkehr bis zu 8 Stunden beschwerdefrei bleiben. Die sexuelle Energie zu recyclen bedeutet, sich der hervorragenden Segnungen sexueller Stimulierung bewußt zu bedienen und sich auf sie einzuschwingen.

Wenn Sie dies auch tun wollen, sollten Sie körperlich aktiv sein. Anstelle der alten Sexualübungen lassen sich auch Übungen durchführen, die die Herzgefäße trainieren, beispielsweise Gymnastik. Manche sexuellen Probleme sind, vor allem bei Frauen, das Produkt eines Energiemangels. Regelmäßiger Sport jeder Art erhöht diese Energie.

Erfolgreiches Recycling sexueller Energie ist das Ergebnis von Selbst-Bewußtheit, Sensitivität und einer positiven geistigen Einstellung. Von besonderer Wichtigkeit ist Ihre Einstellung gegenüber dem Orgasmus. Sehen Sie im Orgasmus lediglich einen angenehm bequemen Reiz, der keinen anderen Sinn und Wert hat als den, gewissermaßen auf Knopfdruck Freude zu bereiten? Oder betrachten Sie den genitalen Orgasmus mit Ehrfurcht,

Staunen, Feierlichkeit, ja sogar als etwas Heiliges? Unsere Erfahrung hat uns gelehrt, daß die Art, wie wir einen Orgasmus erleben, einen bedeutsamen Einfluß auf seine Nachwirkungen hat, also auch darauf, ob wir danach Ermattung oder Kraftaufladung wahrnehmen, Gereiztheit oder inneren Frieden, Langeweile oder Angeregtsein.

Einer der Vorzüge, gemeinsam auf den genitalen Orgasmus zu verzichten, besteht darin, daß man auf diese Weise das Verlangen nach dem anderen auf einem hohen Niveau hält. Auf diese Weise erfahren Sie möglicherweise eine erotische Intensivierung und Intimität, wie Sie sie noch nie zuvor erlebt haben. Dann merken Sie, wie sich die Energieladung aufbaut, wie Ihre Lustempfindung und das Gefühl des Einsseins gesteigert werden. Wenn Sie dann doch einen genitalen Orgasmus erleben, so hat das den Charakter eines ganz besonderen Ereignisses. Davon können Sie sich leicht selbst überzeugen, indem Sie einmal *ohne* genitalen Höhepunkt und einige Stunden später oder am anderen Tag *mit* Genitalorgasmus Liebe machen. Voller Hunger nach einander werden Sie und Ihr Liebespartner die erotische Intensität des Höhepunkts erleben.

Sexueller Orgasmus und persönliche Energie

Die moderne Sexualwissenschaft und Psychologie haben uns einen großen Dienst erwiesen, indem sie die tiefsitzende Negativprogrammierung gegen sexuelles Vergnügen und Orgasmus entmystifiziert haben. Andererseits sind sie dabei vielleicht auch ein wenig über das Ziel hinausgeschossen. Denn Theorien, die besagen, daß wir Menschen alle gleich sind, sind immer suspekt. Schließlich ist es eine unleugbare Tatsache, daß wir biochemisch völlig individuell sind, warum sollte dies dann nicht auch für den Orgasmus gelten?

Der weibliche Sexualorgasmus

Einigen Quellen zufolge, beispielsweise den alten chinesischen Weisen, verliert die Frau durch ihren Orgasmus keine nennenswerte Energie. Im Gegenteil, sie gewinnt sogar noch an Energie und erfährt die segensreiche Freisetzung von Heilkraft. Doch wenn sie wiederholt mit Männern schläft, zu denen sie keine harmonische Beziehung hat, oder wenn sie den Orgasmus erzwingt, anstatt ihn auf natürliche Weise kommen zu lassen, so verliert sie den alten Lehren nach ihre Lebenskraft. Die erotischen Abbildungen des Ostens zeigen immer wieder weibliche Masturbation, männliche dagegen nur selten. Dr. Stephen Chang zufolge kannten die alten Taoisten ein Sprichwort: »Der Mann schießt sich zu Tode. Die Frau blutet zu Tode.« Die Taoisten glaubten, daß der weibliche Energieverlust durch den Orgasmus im Vergleich zum Energieverlust durch die Menstruation insignifikant sei. Sie vertraten die Auffassung, daß der weibliche Orgasmus leicht ist und sich verteilt, ganz ähnlich wie Dampf oder Nebel oder feiner Schweiß. Es ist ein Ereignis von großer natürlicher Schönheit wie ein Sonnenuntergang oder Mondaufgang.

Wird der Orgasmus nur für die Freude ausgebeutet, die in der Regel mit ihm einhergeht, so beginnt das Gesetz des sinkenden Gewinns zu greifen. So können Orgasmus und Geschlechtsverkehr als immer weniger befriedigend, als Quelle der Verwirrung, ja sogar als sinnlos empfunden werden. Eine Lösung dieses Problems besteht darin, jede sexuelle Betätigung und/oder jeden sexuellen Orgasmus so lange zu meiden, bis das körperliche, emotionale und geistige Gleichgewicht wiederhergestellt ist.

Der Autor Ashley Thirleby weist darauf hin, daß man Frauen früher in zwei Kategorien einteilte. Frauen des ersten Typs neigen zu Mehrfachorgasmen und ziehen diese vor, wenngleich sie auch den Einzelorgasmus als sehr lustvoll empfinden. Der zweite Typ sieht im Erlangen von Mehrfachorgasmen eine Herausforderung, ja manchmal fällt es ihm recht schwer, dieses Ziel zu erreichen. Frauen dieses zweiten Typs ziehen jedoch in der Regel einen intensiven Einzelorgasmus selbst dann den Mehrfachorgasmen vor, wenn sie ihn erreichen können.

Einige Frauen stellen fest, daß sie es vorziehen, den Orgasmus zu vermeiden, daß er sie energetisch auslaugt. Manche Frauen machen die Beobachtung, daß die Masturbation mit Orgasmus von einem Energieverlust begleitet zu sein scheint. Möglicherweise gewinnen einige Frauen mehr aus einem Einbehalten des eigenen Orgasmus, während sie die Energie des männlichen Orgasmus in sich aufnehmen.

Die »Partnerchemie« kann in diesem Punkt einen gewaltigen Unterschied machen: Ein Orgasmus mit einem »unpassenden« Partner kann sich ermüdend auswirken, während ein Orgasmus mit einem »passenden« Partner wahrhaft inspirierend und energetisierend wirkt.

Viele Mysterienschulen lehrten den Schüler, den weiblichen Partner als Generator oder als offenen Kanal der lebensspendenden Energien zu betrachten. Anstatt in der weiblichen Fähigkeit zur lange anhaltenden Erregung und zum wiederholten Orgasmus eine Bedrohung zu sehen, wurden die Männer dort belehrt, daß es für sie selbst heilsam und belebend sein konnte, der Frau zu einem Zustand des ekstatischen Deliriums zu verhelfen und diesen aufrechtzuhalten.

Die tatsächlichen äußerlichen Grenzen der weiblichen Orgasmusfähigkeit sind nach wie vor nicht endgültig erforscht. Während manche Frauen noch immer darum kämpfen, überhaupt ihren ersten Orgasmus zu erlangen, gibt es wiederum andere, die gelernt haben, durch reine Phantasievorstellungen zu einem Orgasmus zu gelangen, durch sanfte Berührung und rhythmisches Reiben oder Streicheln von solch unwahrscheinlichen Körperstellen wie Kopf, Arm oder Fuß, oder selbst beim Verkehr mit einem überreizten, unkontrollierten Liebhaber, der schon nach wenigen Sekunden ejakuliert.

Was ist für die Frau orgasmisch lohnend? Jede Frau sollte herausfinden, was für sie persönlich natürlich ist, und daran sollte sie sich dann auch halten, ob es nun den allgemeinen Normen entsprechen mag oder nicht.

Der männliche Sexualorgasmus

In der alten chinesischen Tradition des Taoismus (siehe »Tao des Sexus«) galt der Glaube, daß Männer einen erheblichen Energieverlust erleiden, wenn sie öfter ejakulieren, als ihr Alter und ihr allgemeiner Gesundheitszustand erlauben. Bücher mit detaillierten Instruktionen erfreuten sich großer Beliebtheit. Man hielt die Harmonie zwischen den Geschlechtern nur dann für möglich, wenn der Mann zu einem ausgedehnten, entspannten Verkehr fähig war, so daß die Frau nach Herzenslust zu ihrem Höhepunkt gelangen konnte.

So wird beispielsweise in *Der Meister der tiefgründigen Höhle* als Ideal empfohlen, daß der Mann möglichst häufig Verkehr hat, jedoch nur in zwei oder drei von zehn Fällen ejakuliert. Wenn er diesem Programm folgt, so soll er dadurch strahlende Gesundheit, ein langes Leben und inneren Frieden genießen können. In *Die Geheimnisse des Jadeschlafzimmers* wird ein weniger anspruchsvoller Plan angeraten: Vitale, kerngesunde Männer können im Alter von 15 Jahren zweimal täglich ejakulieren, mit 30 Jahren einmal täglich, mit 40 einmal alle drei Tage, mit 50 einmal alle fünf Tage, mit 60 einmal alle zehn Tage und mit 70 einmal alle dreißig Tage. Kranke Männer sollten nur halb so oft ejakulieren, im Alter von 30 sollte dann also beispielsweise nur alle zwei Tage ein Samenerguß stattfinden.

Trotz aller Unterschiede untereinander sind sich die alten chinesischen Rezepte doch in vier Punkten einig: nämlich über die Auswirkungen des Alterns, der Erkrankungen, der Jahreszeiten und des häufigen Verkehrs. Ein Mann ab 50 Jahre sollte nicht öfter als zweimal pro Woche ejakulieren. Ist er krank oder gefühlsmäßig aus dem Gleichgewicht, sollte der Mann die Ejakulation gänzlich meiden. Außerdem sollte die Frühling/Winter-Regel befolgt werden, die besagt, daß er Mann im Frühling so oft ejakulieren kann, wie es ihm behagt, daß er jedoch in der Winterzeit keine Ejakulation zulassen sollte, vor allem in Zeiten großer Kälte. Ferner sollte der Mann so oft Liebe machen wie möglich.

Die Ergebnisse heutiger Forschungen unterstützen diese taoistischen Vorstellungen teilweise. Winnifred Berg Cutler, der

Mitautor von *Menopause: A Guide for Women and the Men Who Love Them*, zitiert mehrere aussagekräftige Studien, denen zufolge der Sexualhormonausstoß und die Virilität des Mannes in den Zwanzigern nachlassen, ein Prozeß, der sich von diesem Zeitpunkt an unablässig fortsetzt und steigert. Cutler sorgt sich darum, daß es eine Menge sexuell aktiver Damen in den Fünfzigern gibt, die keine potenten Männer mehr finden, mit denen sie noch Spaß haben können.

Das Ejakulat des Mannes hat einen hohen Zink- und Lezithinanteil. Diese Stoffe finden sich in hoher Konzentration im Gehirn. Außerdem kann das Ejakulat auch noch weitere wertvolle Nährstoffe enthalten.

Kein geringerer als Napoleon Hill widmet ein ganzes Kapitel seines klassischen Bestsellers *Think And Grow Rich* der Sameneinbehaltung und preist sie als eines der größten Erfolgsgeheimnisse, deren sich ein Mann bedienen kann.

Einige Männer unserer Zeit praktizieren eine Art instinktiver Sameneinbehaltung. Zwar sind sie selten bewußt an einer Einbehaltung des Samens interessiert, meiden den Samenerguß jedoch intuitiv stets dann, wenn sie unter großem Streß stehen oder einfach nur hart arbeiten müssen. Sie heben sich die Ejakulation für das Wochenende und den Urlaub auf.

Vielleicht durchläuft jeder Mann seinen individuellen Zyklus des wahren Ejakulationsbedürfnisses, der sich von Mann zu Mann sehr unterscheiden kann. Es gibt viele Faktoren, die dieses Bedürfnis beeinflussen können, von Erbanlagen über das persönliche Alter und die Vitalität bis zum Streßpegel und allgemeinen Lebensstil.

Reizbarkeit, schwaches Selbstwertgefühl, Verlust des Selbstbewußtseins, Empfindungen des Verlustes oder der Reue, Depressionen, Widerwillen oder Verachtung gegenüber der Frau oder sich selbst sowie bemerkenswerter Energieverlust sind Anzeichen für völlig unangemessene Ejakulationen. Weniger dramatisch, daher aber wahrscheinlich weitaus häufiger sind eine deutliche Niedergeschlagenheit oder ein niedriger Energiepegel, die auf eine erzwungene Ejakulation folgen und manchmal stundenlang oder sogar volle ein bis zwei Tage andauern können.

Jedes Programm der freiwilligen Ejakulationsvermeidung muß auf die individuellen Bedürfnisse zugeschnitten sein. Jeder Mann muß sorgfältig auf die Stimme seines Körper-Geists achten. Wer zum Beispiel eine stark giftstoffhaltige Ernährung zu sich nimmt, muß zuerst seine Diät verbessern (siehe »Ernährung und sexuelles Wohlbefinden«).

Lockerer, unverkrampfter Verkehr ist besser für die Sameneinbehaltung. Der Mann sollte normalerweise nach kraftvollem Liebemachen ejakulieren, um seine Vorsteherdrüse nicht zu überlasten, vor allem dann, wenn er dabei den »Punkt ohne Rückkehr« mehrmals erreicht hat.

Wer den Bedürfnissen seines eigenen Zyklus folgt und entsprechend ejakuliert, wird feststellen, daß die Ejakulation ihm neue Lebenskräfte erschließt.

Ultra-Intimität und emotionale Reife

Die Empfehlung der griechischen Philosophen (»Erkenne dich selbst«) gilt ebensosehr für das Liebemachen wie für Arbeit, Geld, Nahrung, zwischenmenschliche Beziehungen und das Streben nach persönlicher Wahrheit (dem »Lebenssinn«) und Glück.

Mit der Steigerung persönlicher Kraft und Kreativität durch das Liebemachen nach der Methode der sexuellen Energie-Ekstase geht einher ein Gefühl der Verantwortung sowie die emotionale Reife. Alles, was Sie sagen und tun, wird dadurch für andere an Wichtigkeit und Bedeutung gewinnen, vor allem für Ihre(n) Partner. Sie werden feststellen, daß Sie Ihrerseits auch stärker auf Ihren/Ihre Partner reagieren werden, weil die Praktiken der sexuellen Energie-Ekstase zu einer Intensivierung der Bindungen führt. Dann werden die Höhen und Tiefen und die Spielchen, die Sie früher hingenommen haben, für Sie plötzlich weniger akzeptabel sein.

Sie werden Ihr Hauptmotiv oder Ihre Hauptmotive für die Teilnahme am Geschlechtsakt definieren müssen. Können Sie ehrlich mit sich selbst sein? Stellen Sie Ihre Motive fest, vor allem Ihre emotionalen. Sex wird sehr stark durch das Ausleben der charakteristischsten eigenen Gefühlszustände definiert.

Es spielt eigentlich keine wirkliche Rolle, welche Motive Sie haben. Sie müssen sich lediglich darüber im klaren sein, was Sie genau suchen. Seien Sie einfach sehr, sehr ehrlich zu sich selbst. Tun Sie, was Sie gerne tun möchten, ohne dabei anderen zu schaden.

Sie sollten lange vor dem Liebemachen, beispielsweise beim Essen, Ihren Sorgen, Frustrationen, Zweifeln und Ängsten Luft machen. Sprechen Sie über Ihren Seelenmüll, nehmen Sie ihn nicht mit ins Bett. Gefühlszustände sind ansteckend und können durch die sexuelle Kommunikation vermittelt und übertragen werden. Doch das ist nicht das einzige: Was immer Sie in Gegenwart Ihres Gemahls oder Ihrer Gemahlin im Wohnzimmer zurückhalten, wird Ihnen die Ultra-Intimität (siehe Glossar) im Schlafzimmer verwehren und wird Ihren Partner möglicherweise ebenfalls bremsen und behindern.

Ihre Einstellung und Glaubenssätze hinsichtlich des Liebemachens, des anderen Geschlechts und des Orgasmus spielen ebenfalls eine wichtige Rolle dabei, was Sie beim Liebemachen erleben werden. Ultra-Intimität und die wirkliche Befriedigung sexueller Beziehungen im umfassendsten Sinne des Wortes sind ein direktes Nebenprodukt Ihrer Selbsterkenntnis.

Zweiter Teil:
Vorspiel/Spiel-Spiel

Verträglichkeit

*Ich will genau sein,
Verträglichkeit läßt sich beschreiben,
hier ein paar ihrer Merkmale.*

Zuerst, am allerwichtigsten, Friede.

*Wenn ihr zusammen seid,
ruht ihr da manchmal
in einem Teich
der Stille,
der ruhigen Klarheit?*

*Spürt ihr da manchmal
einen großen Frieden,
ein Seufzen der Erleichterung,
ein Seufzen des ganzen Körpers?*

*Fühlt ihr euch da manchmal
zu Hause
wie bei eurem
idealen Vater,
eurer idealen Mutter?*

*Ihr werdet es wissen,
mit müheloser Klarheit.*

*Trinkt tief von diesem Kuß,
tanzende rote Drachen,
laßt den heilenden Saft strömen,
zecht üppig davon,
leckt euch die Lippen,
rollt die Zunge, drachenkühn
in der Höhle des Mundes.*

*Wie ein Weinkenner, voller gewaltiger Erfahrung,
werdet ihr wissen, ob der Wein
dieses Geliebten,
dieser Geliebten,
die Antwort ist auf eure Fragen,
die Fragen eures Körpers,
die er Tag und Nacht stellt,
in ihrem, in seinem Speichel
die Essenz seiner, ihrer Alchemie,
eine Antwort jenseits des Vermögens
des Hirns,
von Phantasie und Furcht,
der Geschmack seiner oder ihrer Haut
ist wie das Lesen eines Lebenstagebuchs,
geschrieben mit unsichtbarer Tinte,
ein elektromagnetisches Abbild,
Persönlichkeit verteilt sich
wie Öl auf der Leinwand,
bereit, geschaut zu werden.*

*Die Achselhöhlen eines Mannes,
der Nacken einer Frau,
überall sind sie,
die beleuchteten Schreine,
offen für die Gläubigen, deren Schlüssel
sie aufschließen werden
(wahrlich, die Nase weiß darum).*

*Der Geruch ist das Mysterium,
Herr des Hirns,
so unmittelbar seine Botschaft,
so unterschwellig seine Liebkosung,
daß du dich sofort verlierst.*

*Alchemie der Gefühle,
jenseits des Körpers,
enthüllt vom natürlichen Duft*

von Mann und Frau,
ein kräftiger Hauch genügt,
um Gut von Böse zu trennen,
entdeckt euer Schicksal gemeinsam
oder getrennt voneinander
mit der Nase
(nicht mit dem Kopf).

Erzwingt nie die Vereinigung
von Himmel und Erde
von Morgen- und Abenddämmerung.

Die Magie des Zwielichts,
wo alles möglich ist,
einschließlich das Glück
und der vollkommene Ausgleich von Sonne und Mond,
wird nur entdeckt
mit offenen Augen.

Soixante-neuf, 69
vollendet den großen Kreis,
Energie wird frei
durch euren Eifer,
nehmt euch die Zeit, zu kosten
den Schoß eures Geliebten, eurer Geliebten,
die Geheimschrift eurer Vereinigung
ist in den strömenden Säften geschrieben.

Elektrizität ist König
im Land der Liebenden.

Manche Paare, die nach Frieden streben,
opfern die Alchemie,
sie vermeiden den Konflikt
und ziehen einander nicht mehr an.

Manche Paare besitzen die Alchemie,
doch nicht den Frieden,
besser, beides zu besitzen.

Friede ist der Vater, die Mutter der Liebe,
Alchemie ist das Bindemittel der Ekstase.

Wenn ihr beiden überdauern wollt,
so lauscht dem Sang eurer Säfte,
eure biologischen Boten
geben Antwort auf das königliche Begehr.

Kraft nicht Form.

Freund oder Geliebter,
Freundin oder Geliebte,
beides oder beides nicht,
schlußendlich macht es keinen Unterschied.

Du bist dein wahrer Geliebter,
deine wahre Geliebte,
du bist dein bester Freund,
deine beste Freundin.

Schließe die Augen und horche
mit deinem ganzen Körper-Geist.

Dein Herz ist ein Radio,
spielt er, spielt sie
deine Melodie?

Nur der Gedanke zählt

Die höchste aller Disziplinen besteht darin, in der Gegenwart zu leben, sogar unter solch anziehenden, angenehmen Umständen wie dem Liebemachen. Vor allem anderen werden wir durch unsere Gedanken von der Gegenwart abgelenkt, wie sie die Vergangenheit wieder erbrechen und die Zukunft erfinden.

Jenseits des Schleiers allen Alltagsdenkens liegt ein fabelhaft reiches Reich.

»Hm! Dieses Eis war wirklich lecker!«

Hast du das Eis wirklich erlebt? Das Eis war da – warst du es auch?

Welche Konsistenz hatte das Eis? Wie weich oder hart war es? Konntest du die Kälte und Frische des Eises spüren? Welche Farbe hatte es? Welche Farbabstufungen? Wie hast du den Löffel gehalten? Hast du gesehen, wie der Löffel sich ins Eis senkte? Welches Geräusch hat der Löffel gemacht, als er sich in das Eis grub? Wie schmeckte der erste Bissen? Der zweite? Der letzte? Als der letzte Bissen dahinschwand – von welchem Geschmack wurde er da abgelöst?

Der Alltagsverstand erschafft Trugbilder. Wir glauben, daß wir Eis essen. Tatsächlich essen wir jedoch unsere Gedanken daran. Kehre zu dem letzten Mal zurück, da du Eiskrem gegessen hast. Es ist höchstwahrscheinlich, daß dir die Einmaligkeit des Eises entgangen ist. Was du erfahren hast, bestand überwiegend aus deinen Eiskrem-Erinnerungen und deinen Eiskrem-Erwartungen.

In der Regel erleben wir unsere Erlebnisse durch den Schleier unseres Denkens hindurch. Wenn wir nicht große Aufmerksamkeit aufbieten, bemerken wir nicht, wie künstlich es ist, durch einen Gedankenschleier wahrzunehmen und zu erleben.

In der Zeit, die wir für den Verzehr einer Schale Eiskrem benötigen, denken wir tausend Gedanken. Die allermeisten davon haben nicht das geringste mit dem Eis zu tun. Unser Geist schweift ab ins Nirgendwo-Land der vernichteten Vergangenheit und der phantasierten Zukunft. Die Reinheit der Eiskrem-Erfahrung, ja der Sinneserfahrung im allgemeinen, wird durch unwichtige, geringschätzige Gedanken befleckt.

Das gleiche Problem begegnet uns beim Liebemachen. Doch ist das Liebemachen für die meisten Menschen wichtiger als das Eiskremessen.

Wie soll man in der sinnlichen Gegenwart Liebe machen?

Wie soll man im Reich hinter dem Gedankenschleier Liebe machen?

Schalte das Denken nicht aus. Stell den Verstand auf neutral. Wie ein paar flauschige weiße Wolken, die im strahlenden Blau des Sommerhimmels dahintreiben, schweben gelegentliche Gedanken herein und hinaus. Diese Ruhe läßt sich am leichtesten durch eine Tiefenentspannung vor dem oder beim Liebemachen erreichen.

Gedanken sind eine ganz natürliche Erscheinung, genau wie Wolken. Die Wolken am Himmel des Geistes sind kein größeres Problem für uns, als es die Wolken am Himmel der Erde für die Sonne sind.

Manchmal ballen sich die Gedankenwolken zusammen und erzeugen ein Gedankengewitter. Was hast du das letzte Mal getan, als du von einem Gewitter überrascht wurdest? Wahrscheinlich hast du dich einfach hingesetzt und abgewartet, bis es vorbei war.

Ein Gedanke an Impotenz oder daran, keinen Orgasmus zu bekommen, ist kein Problem. Erst wenn sich Impotenz- oder Kein-Orgasmus-Gedanken zusammenballen und ein Gedankengewitter erzeugen, scheinen sie zu einem Problem zu werden. Dann sieht der Himmel des Geistes unruhig und finster aus. Der Donner des Zorns, die kalten Böen der Furcht, der Schnee der Einsamkeit, der Hagel des Zweifels – sie alle erscheinen auf der Bildfläche.

Manchmal erscheinen trotz all unserer Bemühungen Gedankengewitter. Das ist gut so. Vom richtigen Aussichtspunkt aus betrachtet, ist ein Gewitter ein wunderschönes, ehrfurchtgebietendes Naturereignis. Gedankengewitter sind nicht anders: Man braucht nur einen schönen Sitzplatz in sicherer Entfernung, dann kann man das kostenlose Schauspiel genießen.

Wenn ein Gedanke unbedingt hereinkommen will, dann diskutiere nicht mit ihm. Laß ihn herein. Wenn ein Gedanke eine

Weile bleiben will, laß ihn eben bleiben. Wenn er wieder gehen will, laß ihn gehen. Gedanken erscheinen, bleiben und verschwinden wieder. Gedankenstürme erscheinen, bleiben und verschwinden wieder. Das entspricht ihrem Wesen.

Liebemachen ist eine anrührende Erfahrung

Um in der sinnlichen Gegenwart zu bleiben, während du Liebe machst, mußt du dir stets des Wandels bewußt sein.

Sei stets vollkommen gegenwärtig an den Berührungspunkten zwischen Haut und Haut. Sei eins – ganz wörtlich – mit den Sinneswahrnehmungen selbst. Verbleibe an den Schnittpunkten, an denen die Sinne einander grüßen.

Sinnliche Augenblicke beginnen, wachsen, erreichen ihren Höhepunkt, verblassen und enden, nur um von neuen sinnlichen Augenblicken abgelöst zu werden. Mache Liebe im Schattenreich endloser physischer Übergänge. Mache Liebe in der rohen, unverfälschten Realität gedankenloser Körperlichkeit, Körperfülle. Lasse hinter dir die Empfindung des Selbst.

Trinke die ungefilterte Sinneswahrnehmung. Füge den rohen Sinnesdaten nichts hinzu. Sei sensitiv für das Kaleidoskop der sich verändernden Einzelheiten am Schnittpunkt zwischen Fleisch und Fleisch. Gestatte es dem tobenden Meer der Sinnesaktivität, den deutenden Verstand und die Selbst-Bewußtheit davonzuspülen.

Wenn du berührst oder berührt wirst, laß diese Berührung in diesem Augenblick alle Wahrnehmung ausfüllen. Diese Berührung oder, genauer, das Feld der Empfindsamkeit, wo Berührender und Berührter einander kreuzen, um die Berührung zu erschaffen, ist das ganze Universum. Dort findet sich eine Unendlichkeit sinnlicher Nuancen. Wenn der Schleier des Denkens beiseite geschoben wird, so ist dies die natürliche Weise, die Sinne zu erfahren.

An der Schnittkante der sinnlichen Wahrnehmung befindet sich ein Reich von unbeschreiblicher Schönheit, das keine Ent-

sprechung im Geist oder Verstand hat. Es läßt sich nicht mit Worten beschreiben. Der Alltagsverstand kann es nicht erfassen. Es ist ein Mysterium, das jenseits des Glaubens liegt. Es ist ein Wunder der unmittelbaren Erfahrung. Greife danach. Sei alles, was du sein kannst, indem du nur das bist, was ist. Sei die sinnliche Gegenwart und Wirklichkeit selbst. Gehe hinaus über das Berühren und das Berührtwerden. Gehe hinaus über beengende Konventionen. Sei das Berühren selbst.

Berühre nur.

Hier hast du die vollständige Anleitung, um die allerhöchste Erfüllung des Liebemachens zu entdecken: Das Liebemachen ist eine anrührende *Erfahrung.*

Spiel-Spiel

Der Akt des Liebemachens hat einen Anfang, eine Mitte und ein Ende. Beim Spiel-Spiel geht es um den Anfang, Erwachen ist die Mitte und der Höhepunkt das Ende. Dies entspricht ungefähr den Phasen, die uns das Modell von Masters und Johnson anbietet: Erregungs-, Plateau-, Orgasmus- und Resolutionsphase.

Sie kennen das Vorspiel: Es dient als erotische Stimulierung mit einem ganz bestimmten Ziel, der genitalen Vereinigung. Nun ist es zwar eine schöne Sache, miteinander im Hinblick auf dieses Ziel zu spielen, doch ist das nicht die einzige mögliche Art des Spielens.

Anstatt um die Belohnung durch den Orgasmus zu spielen, sollte man um des Spiels selbst willen spielen.

Seien Sie so glücklich und so voller Energie wie die Kinder, wenn Sie beim Liebemachen spielen.

Wie würden Sie sich verhalten, wenn es überhaupt keine geschlechtliche Vereinigung gäbe? Dann wäre die bloße Berührung selbst der Höhepunkt.

Anstatt bewußt zu entscheiden, wann das Vorspiel zu enden und der genitale Verkehr zu beginnen hat, sollten Sie dies Ihren Genitalien überlassen. Handeln Sie, als besäßen Penis und Vagina einen eigenen Verstand und Willen. Legen Sie Penis auf Vagina. Sie sollen sich selbst einander vorstellen. Wenn die beiden beschließen, weiterzumachen, dann tun Sie es auch. Wollen die zwei jedoch nicht, dann tun Sie es auch nicht. Dieses »So-tun-als-ob«-Spiel kann Ihr Liebemachen mit erstaunlicher Energie und Frischheit erfüllen. Sie müssen sich dabei allerdings an die Spielregeln halten.

Es gibt ganz einfache Dinge, mit denen Sie die schwierigen Aspekte Ihrer Liebesbeziehung überbrücken und glätten können; Möglichkeiten, für Ihr Liebemachen eine entsprechende Umgebung zu schaffen; Strategien, mit denen Sie das Beste aus dem anderen herausholen können, ohne ihn dabei auszunutzen. Das bedeutet eine lockere, intelligente, geschickte Anstrengung. Auch die gehört zum Spiel.

Als sie noch ein Teenager waren, hat Sie da die bloße Berührung oder auch nur der Anblick des begehrten Ziels fast verrückt gemacht? Nun, zum Spielen kann es auch gehören, zu dieser Ganzkörpererotik zurückzukehren, die mit einem Blick ihren Anfang nimmt und sich immer und immer mehr steigert.

Denn Sie geben ja nichts auf: Sie nehmen vielmehr alles in sich auf und gewähren sich selbst die Zeit und den Ort und den Raum, um es zu genießen.

Sie haben einfach Vergnügen – hier und jetzt –, Sie spielen um des Spielens willen.

Die Aku-Liebesmassage

Akupressur oder Shiatsu-Massage vor dem Liebemachen gehört zu den kostbarsten Geheimnissen orientalischer Liebeskunst. Die Kurtisanen des Orients haben diese Dienstleistung schon seit Jahrtausenden angeboten. Diese Frauen wurden in der Kunst geschult, eine Ganzkörpermassage mit Akupressur durchzuführen. Vor dieser Massage wurde der Mann von der Kurtisane vollständig gebadet und abgerieben. Einige der geschätztesten Kurtisanen waren auch im Pompoir ausgebildet (siehe »Kabbazah«).

Arme und Hände sind Verlängerungen des Herzens. Sie können nach Bedarf Liebe durch die Hände aussenden (siehe »Der Liebespunkt«).

Es folgt nun eine sehr wirkungsvolle Technik, die vor dem Liebemachen angewandt wird. Die Theorie der Akupunktur besagt, daß Heilungsenergie im gesamten Körper-Geist stimuliert und daß dadurch Tiefentspannung erreicht wird. Es werden auch die inneren Organe massiert, und der derart Behandelte fühlt sich innerlich und äußerlich entspannt und erneuert.

Der Akupressurexperte Michael Blate, Direktor des *G-Jo-Instituts* in Florida, empfiehlt eine Massage der Hände und der Füße. Diese dauert etwa zwanzig Minuten. Danach sollten Sie Ihrem Partner oder ihrer Partnerin gestatten, diese Entspannung einfach nur zu genießen, selbst wenn er oder sie geistig völlig abwesend erscheinen sollte. Nach dreißig Minuten wird der andere erfrischt und belebt zurückkehren und mit größter Wahrscheinlichkeit von einer wunderbaren Bereitschaft zum Liebemachen erfüllt sein.

Ist Ihr Partner verspannt oder teilnahmslos, versuchen Sie es mit dieser Massage. Auch wenn Sie mit jemandem zum ersten Mal Liebe machen, sollten Sie diese Massage versuchen. Denken Sie daran, daß Sie dem anderen damit zu einer zutiefst entspannenden, heilenden Erfahrung verhelfen – es geht also nicht nur darum, jemanden zu verführen. Der andere wird es auch spüren, ob es als Geschenk von Herzen kommt, oder ob Sie mit Hintergedanken darangehen und es nur als Taktik tun. Wenn der andere mit Ihnen überhaupt Liebe machen will, so ist es sehr wahrscheinlich, daß ihn diese Behandlung noch eher dazu bereitmachen wird und Sie dadurch die allerhöchsten Genüsse erzielen werden.

Wenn Sie die Hände massieren, so tun Sie das mit beiden, und zwar vollständig, das Handgelenk eingeschlossen. Massieren Sie erst die eine Hand, dann die andere. Bearbeiten Sie die Handfläche, den Handrücken, die Finger, die Stelle zwischen den Fingern – eben alles. Das gleiche gilt im Prinzip auch für die Füße: Massieren Sie also beide Füße vollständig, eingeschlossen die Fersen, den Bereich unterhalb des Fußknöchels und die Achillessehne. An diesen Stellen befinden sich Aku-Punkte, die die urogenitalen Organe stimulieren.

Die besten Ergebnisse erzielen Sie mit folgender Methode. Pressen Sie so tief und fest Sie können, ohne dem anderen dabei Schmerz zuzufügen. Kneten Sie jedes noch so winzige Stück Hautoberfläche durch, und versuchen Sie, bis tief unter die Haut zu gelangen. Wenn Sie dies die ersten Male tun, kann es hilfreich sein, ein Gitter aus kleinen Quadraten auf der Hand oder dem Fuß zu imaginieren, durch welches der Körperteil in eine Vielzahl winziger Massagestellen eingeteilt wird. Nehmen Sie sich zehn Minuten oder mehr Zeit für jede Hand und jeden Fuß. Kneten Sie jede Stelle gründlich durch.

Gesicht, Ohren und Geschlechtsorgane sind ebenfalls reich mit Nervenreflexzonen bestückt. Eine Massage dieser Stellen ist dem gesamten Körper förderlich. Die Ohrenmassage ist eine Disziplin für sich, die zu beschreiben den Rahmen dieses Buches sprengen würde. Doch genügt zunächst einmal der Hinweis, daß viele Menschen eine Belebung und Kraftzufuhr erfahren, wenn man den oberen Innenteil der Ohrmuschel massiert. Natürlich sollten Sie den Ohrkanal bei der Massage meiden. Die Massage der Geschlechtsorgane wird im Abschnitt »Tao des Sexus« beschrieben.

Die Gesichtsmassage fördert die Entspannung der Gesichtsmuskeln, die sich gerade in spannungsreichen sozialen Begegnungen leicht zu einer Maske verkrampfen. Diese Gesichtsmaske abzulegen, kann zu einer merklich verbesserten sozialen und sexuellen Empfänglichkeit führen. Besonders Männer, die vorzeitig ejakulieren, aber auch Frauen, die beim Verkehr Schwierigkeiten haben, zum Orgasmus zu gelangen, profitieren sehr stark vom Loslassen der Gesichtsverspannungen.

Vor Beginn der Gesichtsmassage bitten Sie den anderen, die Zähne zusammenzubeißen und das Gesicht zur Nasenspitze hin fest zu »verknautschen«, bis es zu einer angespannten Kugel geworden ist. Dann soll der zu Massierende sich mit geschlossenen Augen auf seine Nasenspitze konzentrieren und innerlich bis fünf zählen, während er zugleich den Atem anhält. Dann läßt er wieder los und entspannt sich. Reiben Sie sanft mit Fingern oder

Handfläche die Wangen, Nase und Stirn hinauf und seitwärts. Die Aufwärtsbewegung stellt ein Gegengewicht zum Abwärtszug der Schwerkraft, des Alterns und der negativen Gefühle dar. Die Schläfen reagieren besonders dankbar auf eine sanfte Kreisbewegung. Kneten Sie Kopfhaut und Schädelbasis, um zusätzliche Entspanntheit und Energie freizusetzen.

Beenden Sie die Massage, indem Sie fest, aber zugleich doch sehr sanft die Mulde am oberen und hinteren Teil des Schädels (die Fontanelle) pressen und dabei bis drei zählen. Dieser mächtige Akupressurpunkt entspannt gleichzeitig Gesicht, Kopf und Nacken. Bei der Stimulierung dieses letzten Punktes ist Vorsicht geboten. Bitte gehen Sie zuvor noch einmal die Vorsichtsmaßnahmen durch, die in unserem unten wiedergegebenen Miniführer für die Aku-Liebesmassage angeführt sind.

Wenn Sie bei Ihrem Partner auf schnelle Weise eine Energie der Ruhe und Gelassenheit stimulieren wollen, so bietet sich die Massage des großen Zehs an. Dies kann mit dem Mund geschehen, ganz so als wäre der Zeh ein Penis. Wir nennen dieses Praktik »Fellatio des großen Zehs«. Die Phantasie auszuleben, daß der große Zeh ein Penis ist, kann sehr viel Vergnügen bereiten, vor allem wenn der Mann die großen Zehen der Frau saugt und leckt.

Die Wirkung läßt sich im ganzen Körper spüren, bis hoch zum Scheitel. Die Stimulierung kann unglaublich angenehm sein, so angenehm sogar, daß man das Gefühl mit einem kontinuierlichen milden Orgasmus vergleichen könnte.

Im großen Zeh gibt es eine Reihe spezieller Anregungspunkte für die Hirnanhang- und die Zirbeldrüse. Der Aku-Punkt für die Hirnanhangdrüse befindet sich in der Mitte des Zehenpolsters. Der Stimulierungspunkt für die Zirbeldrüse befindet sich etwas höher und leicht rechts von diesem Punkt. Die genaue Position der Punkte ist von Mensch zu Mensch verschieden. Massieren Sie diese Punkte sanft mit einer kreisförmigen Bewegung der Daumen. Die genaue Stelle finden Sie durch festen Druck im ungefähren Ortungsbereich, was Sie auch mit dem Radierende eines Bleistifts durchführen können. Die präzisen Punkte werden dabei vom Massierten als leicht empfindlich wahrgenommen.

Die Stimulierung der Hirnanhangdrüse harmonisiert die physischen Faktoren des sexuellen Respons; die Stimulierung der Zirbeldrüse harmonisiert dagegen die emotionalen Faktoren. Eine gründliche Massage der großen Zehen verhilft dem gesamten Körper zu einer subtilen Vitalität. Eine Massage von fünf Minuten pro Zeh genügt vollauf. Achten Sie jedoch darauf, stets *beide* Zehen zu massieren.

Natürlich können Sie auch alle zehn Zehen saugen und massieren. Sind Sie des genitalen Oralverkehrs müde, also etwa des 69? Saugen und lecken Sie doch einmal statt dessen beide gleichzeitig die Zehen des anderen und genießen Sie »20«!

Wir selbst verwenden gerne Öl für die Handmassage der Füße, Hände, großen Zehen oder des gesamten Körpers. Unsere Lieblingsöle sind Süßmandel-, Kokosnuß-, Jojoba- *(Simmondsia californica)* und Avokadoöl. Öle auf Petroleumbasis vermeiden wir jedoch. Jojoba und andere natürliche Pflanzenöle sind nützliche genitale Gleitmittel. Für die Gesichtsmassage bevorzugen wir Vitamin-E- oder Aloe-Creme.

Es gibt eine alte Sitte, die man durchaus wiederbeleben sollte, nämlich die Fußwaschung. Die meisten von uns würden vor dem Liebemachen gerne eine Ganzkörpermassage bekommen, doch das kostet viel Zeit. Es kann auch als zu anstrengend empfunden werden. Die Fußwaschung jedoch läßt sich ohne große Mühe durchführen. Sie brauchen dazu nur Schuhe und Strümpfe auszuziehen und können Ihre restliche Kleidung anbehalten. Dies kann als Vorbereitung auf den Liebesakt geschehen oder auch ganz einfach als aufmerksame Geste, die in sich bereits vollkommen ist.

Baden Sie die Füße zunächst in warmem Wasser. Dann trocknen Sie sie sorgfältig ab und salben Sie mit Öl oder Creme. Es gibt allerdings auch spezielle Fußöle. Wir selbst bevorzugen Kräuterlotionen mit Wintergrünöl. Reiben Sie das Öl oder die Lotion sanft in die Haut ein. Lassen Sie die warmen, liebevollen Gefühle, die Sie für den anderen hegen, durch die Hände in ihn hineinströmen. Wenn es beiden zusagt, können Sie danach die Rollen tauschen.

Sehr entspannend ist auch ein warmes Handtuch, das über das

Gesicht gelegt wird, was jeder Mann bestätigen kann, der sich einmal nach alter Manier hat rasieren lassen. Ein warmes feuchtes Handtuch, auf den unteren Rücken (Nierenbereich) gelegt, kann sowohl die Libido stimulieren als auch die Entspannung fördern. Sie können an die Fußwaschung auch eine Fußmassage anschließen.

Psychologisch wirkt sich die Fußwaschung anderer bei vielen Menschen als Respekt, Demut und Gefühl für den Wert des Dienens aus. Die Fußwaschung kann auch als zeremonielle Vorbereitung auf das Liebemachen dienen (siehe »Liebesritus«).

Doch muß man dies nicht unbedingt erkunden. Schon die liebevolle Sinnlichkeit dieser Erfahrung allein macht sie zu einem Erlebnis, das man nicht missen sollte. Beim nächsten Mal sollten Sie Ihrem Partner oder Ihrer Partnerin anstelle eines Bades oder einer Massage (oder auch zusammen mit diesen) eine Fußwaschung angedeihen lassen. Das Waschen der Füße wirkt für beide, den Gebenden und den Empfangenden, entspannend und energetisierend, weshalb es auch eine ideale Vorbereitung auf den Liebesakt ist.

Jeder Mensch hat versteckte individuelle Punkte angestauter Verspannung. Diese müssen sich nicht unbedingt in der unmittelbaren Nähe erogener Zonen befinden. Viele Menschen stauen ihre Spannungen beispielsweise im Kieferbereich, in Nacken und Schultern, im oberen und unteren Rückenbereich, in Oberschenkel und Wade. Wenn Sie diese verborgenen Spannungspunkte ausfindig machen, werden Sie zusammen nicht nur viel sinnliches Vergnügen haben, Sie gewinnen dadurch vielleicht auch einen Freund oder eine Freundin fürs Leben. Wenn man mit diesen Spannungsstaupunkten arbeitet, was sehr leicht schmerzhaft werden kann, so ist es besser, lieber zu sanft als zu hart vorzugehen. Sie können die Stellen dadurch ausfindig machen, daß Sie den Betreffenden fragen, wo er in der Regel Verspannung spürt, und/oder indem Sie bei der Massage sanft nachfühlen.

Unten finden Sie eine Beschreibung weiterer Massagebewegungen und -techniken, die eine ganze Reihe sexueller Aku-Punkte ausnutzen. Einige dieser Aku-Punkte können Sie selbst pressen und aktivieren. Ihre therapeutische Anwendung, etwa zum Zwecke der Behandlung chronischer Impotenz oder Frigidität, übersteigen allerdings den Rahmen dieses Buchs.

Es gibt eine Reihe guter praktischer Bücher über Akupressur, so etwa *Shiatsu* von Tokujiro Namikoshi und *Sexual Secrets. Das große Buch des Tantra* von Douglas und Slinger. Ein ausgezeichneter Führer für freundliche Massage ist das Werk *Partner-Massage* von George Downing, das auch gute anatomische Abbildungen bietet.

Manche Aku-Punkte wirken nur bei Männern, andere wiederum nur bei Frauen. Die meisten sind jedoch für beide Geschlechter wirksam. Einige davon, beispielsweise die Gesäßbakken, die Brustwarzen, der Anal- und der Nierenbereich lassen sich auch beim Liebemachen gut stimulieren (siehe »Orientalische Stimulierung«). Bedenken Sie stets, daß Sie Ihrem Partner zu einer angenehmen erotischen Massage verhelfen wollen, nicht etwa zu einer therapeutischen Behandlung. Die ideale Vorgehensweise ist sanft und spielerisch. Dennoch können Sie so zu erstaunlichen Ergebnissen gelangen. Übrigens kann der Massierte kurz vor Beginn der Massage tief einatmen, um dann beim Massagedruck auszuatmen.

Wiederholen Sie jede der Techniken mehrere Male, bevor Sie zur nächsten übergehen. Es ist besser, weniger Techniken auszuführen, diese dafür aber mit größerer Sensitivität. Wenn Sie die Liebes-Aku-Punkte nicht gerade in eine lockere, entspannte Ganzkörpermassage integrieren, sollten Sie nur einige wenige Bereiche gründlich stimulieren.

Zur Einstimmung eignen sich Rücken oder Füße ganz besonders gut, denn die meisten Menschen haben ein sichereres Gefühl, wenn sie dort berührt werden. Beenden Sie die Massage am Medulla-oblongata-Punkt. Da die Auswirkungen der Aku-Liebesmassage einige Stunden benötigen können, um ihren Höhepunkt zu erreichen, sollten Sie auch mit verschiedenen Zeitabständen experimentieren, um zu einem optimalen Ergebnis zu gelangen.

Regelmäßiges Massieren ist erotisch wirkungsvoll, weil es Ihren Partner entspannt. Eine erotische Massage, die den Partner erregt, ist erregend, weil sie ihn stimuliert. Passen Sie Ihren Massagestil an die jeweiligen Bedürfnisse des Partners an.

Die Akupressur ist ein mächtiges Werkzeug, das mit Sorgfalt und Vorsicht eingesetzt werden sollte. Pressen Sie *keine* Stellen, die gerade erst verheilen oder die vernarbt sind. In folgenden Fällen sollten Sie *keine* Akupressur bei sich zulassen: 1. in der Schwangerschaft; 2. bei chronischen Herzbeschwerden, vor allem dann, wenn Sie einen Herzschrittmacher tragen; 3. wenn Sie Drogen in großen Mengen zu sich genommen haben, einschließlich Alkohol und andere Drogen, auch Medikamente.

Dieser Miniführer beginnt mit der Schädelbasis und endet mit den Fußsohlen. Position der Punkte, empfohlene Massagetechnik, positive Wirkung der Massage und Geschlechtszuordnung werden einzeln beschrieben.

AKU-PUNKT: Medulla oblongata
POSITION: Höhlung an der Schädelbasis
TECHNIK: mit Daumen drücken oder Mittelfinger kreisen lassen
WIRKUNG: energetisiert den gesamten Körper
GESCHLECHT: (M/W)

AKU-PUNKT: Schilddrüse
POSITION: mitten vor dem Hals oberhalb des Schlüsselbeins
TECHNIK: fester Druck mit Daumenballen
WIRKUNG: verstärkt sexuellen Respons
GESCHLECHT: (W)

AKU-PUNKT: Armgelenke
POSITION: gesamtes Armgelenk, vor allem daumenabwärts
TECHNIK: sanfte Massagebewegung
WIRKUNG: verbessert sexuellen Respons
GESCHLECHT: (M/W)

AKU-PUNKT: Thymus
POSITION: Höhlung zwischen den Brüsten, ober- und unterhalb des Liebespunkts
TECHNIK: sanfte Massagebewegung

WIRKUNG: wärmt sexuell und emotional auf
GESCHLECHT: (W)

AKU-PUNKT: Brustbein
POSITION: Knochenbereich zwischen den Brüsten
TECHNIK: sanfte Massagebewegung
WIRKUNG: steigert sexuelle Leistungsfähigkeit
GESCHLECHT: (M)

AKU-PUNKT: Brustwarzen
TECHNIK: federleichte sanfte Berührung
WIRKUNG: sexuell erregend
GESCHLECHT: (M/W)

AKU-PUNKT: Nebennierendrüsen
POSITION: direkt oberhalb der Nieren (zwischen den Thoraxwirbeln 11 und 12)
TECHNIK: zu beiden Seiten mit den Fäusten sanft, aber fest direkt oberhalb der Nebennieren unterhalb der unteren Rippen pressen
WIRKUNG: steigert sexuelle Leistungskraft (W)
stimmungssteigernd (M)

AKU-PUNKT: Leber
POSITION: rechts unterhalb des Brustkorbs
TECHNIK: mit den Fingerspitzen beider Hände unter den rechten Rand des Brustkorbs pressen
WIRKUNG: Verbindung von Leber, Zorn und Sex steigert das sexuelle Bereitsein
GESCHLECHT: (M)

AKU-PUNKT: Solarplexus
POSITION: Magengrube unmittelbar unterhalb des Brustbeins
TECHNIK: verzögert Ejakulation (M)
stärkt und harmonisiert Sexualtrieb (W)

AKU-PUNKT: Nabel
TECHNIK: mit Fingerspitze pressen
WIRKUNG: lindert Libidoverlust durch Blutandrang
GESCHLECHT: (M/W)

AKU-PUNKT: unterer Rückenbereich
POSITION: Nierenbereich
TECHNIK: durch kreisförmiges Drehen der Handflächen Reibung erzeugen, dann beide Seiten der Wirbelsäule emporgleiten; mit verstärkter Reibung wiederholen
WIRKUNG: steigert Libido und entspannt
GESCHLECHT: (M/W)

AKU-PUNKT: Lendenwirbel
POSITION: die fünf Lendenwirbel oberhalb des Kreuzbeins
TECHNIK: Daumen zu beiden Seiten der Wirbelsäule in Höhlung zwischen den einzelnen Lendenwirbeln pressen
WIRKUNG: stimuliert innere Organe und Libido
GESCHLECHT: (M/W)

AKU-PUNKT: Energiemeer
POSITION: ungefähr 5 cm in senkrechter Mittellinie unterhalb des Nabels
TECHNIK: mit Fingern pressen
WIRKUNG: stimuliert unmittelbar die Sexualdrüsen, Energiesteigerung
GESCHLECHT: (M/W)

AKU-PUNKT: Scham
POSITION: obere Schamhaarlinie
TECHNIK: sanfte Massagebewegung
WIRKUNG: stimuliert Libido
GESCHLECHT: (M/W)

Aku-Punkt: Symphysis pubica
Position: kleines Stück unterhalb der Schamhaarlinie, an der Vereinigung der Schambeine; insgesamt fünf Punkte: einer in senkrechter Mittellinie zum Nabel, zwei zu beiden Seiten links und rechts davon in je 2½ bzw. 5 cm Entfernung
Technik: Finger oder Daumen kreisen lassen oder sanft reiben
Wirkung: lindert Verstopfung, stimuliert Blase und Libido, erhöht Sensitivität der Hoden
Geschlecht: (M)

Aku-Punkt: Kreuzbein
Position: umgekehrtes Dreieck am Ende der Wirbelsäule
Technik: Druck mit Fingerspitzen oder Daumen
Wirkung: verzögert Ejakulation (M)
steigert und harmonisiert Libido (W)

Aku-Punkt: Gesäß-Bein-Falte
Position: am Treffpunkt von Gesäßbacken und Beinen
Technik: sanfte Massagebewegung
Wirkung: erhöht sexuelle Vitalität
Geschlecht: (M/W)

Aku-Punkt: Gesäßbackenfalte
Position: zwischen Gesäßbacken nahe Steiß
Technik: sanfte Massagebewegung
Wirkung: erhöht sexuelle Vitalität
Geschlecht: (M/W)

Aku-Punkt: Gesäßmulde
Position: Mulden auf Gesäßbacken nahe Hüften
Technik: eindringliche Knetbewegung
Wirkung: schnelle Erektion nach der Ejakulation
Geschlecht: (M/W)

Aku-Punkt: Leistengegend
Position: innere Oberschenkel oben
Technik: mit Handflächen pressen, dabei Handballen in Richtung Genitalien gelegt
Wirkung: sanfte Erregung, vor allem bei der Frau
Geschlecht: (M/W)

Aku-Punkt: Peniskontrolle
Position: unterhalb des Schambeins, direkt oberhalb des Penis
Technik: mit Mittelfinger pressen
Wirkung: verzögert Ejakulation
Geschlecht: (M)

Aku-Punkt: Lenkergefäß 1
Position: in der Mitte zwischen After und Steißspitze
Technik: sanfte Massagebewegung
Wirkung: stimuliert sexuelle Reizung und Performanz
Geschlecht: (M/W)

Aku-Punkt: Anus
Position: um den Rand und unmittelbar innerhalb des Rektums
Technik: sanfte Massagebewegung
Wirkung: läßt gehemmten Partner auftauen; kann Orgasmus stimulieren
Geschlecht: (M/W)

Aku-Punkt: Perineum (Damm)
Position: fünfzigpfennigstückgroßer Punkt zwischen After und Genitalien
Technik: sanftes kreisendes Reiben oder Druck ohne Bewegung
Wirkung: stimuliert sexuelle Reizung und Performanz
Geschlecht: (M/W)

Aku-Punkt: Nieren 1
Position: Mitte der Fußsohlen unmittelbar unterhalb der
Fußballen
Technik: fester Druck mit Daumen oder Finger
Wirkung: allgemeine Energetisierung, erhöht auch sexuelle
Vitalität
Geschlecht: (M/W)

Aura-Sex

»Wenn Musik die Speise der Liebe ist, so spiel weiter«, schrieb der Barde von Avon in seinem Stück *Die zwölfte Nacht*. Wie Shakespeare lieben viele Menschen es, zu Musik Liebe zu machen. Im Hintergrund abgespielt, erschafft Musik Stimmungen, sie regt die Phantasie an und legt Rhythmen und Bewegungsarten nahe.

Rock and Roll ist eine stimulierende Musikrichtung, und zwar wegen seiner deutlich sexuellen Thematik und seiner hart hämmernden Rhythmen. Rhythmus und Tempo variieren stark von Song zu Song. Der Kenner wird sich selbst eine maßgeschneiderte Kassette zusammenstellen. Hier folgt eine Beispielsequenz, deren Stücke alle denselben Rhythmus aufweisen: »Don't Stop Till You Get Enough« (Michael Jackson); »Heart of Glass« (Blondie); »Urgent« (Foreigner); »Gimme All Your Loving« (ZZ Top) und »Hit Me With Your Best Shot« (Pat Benatar). Sie können Ihr eigenes Band auch so gestalten, daß Sie mit einem ganz sanften, süßen Pop-Sound beginnen und sich nach und nach zu einem Hard-Rock-Crescendo steigern. Rhythmische Tanzmusik und jamaikanischer Reggae haben ebenfalls wunderbare Stücke zu bieten. Anstatt sich Ihr eigenes Band zusammenzustellen, können Sie sich aber auch Gymnastikmusik besorgen, wie es sie etwa für Aerobic gibt. Diese Zusammenstellungen bieten einen kräftigen, beständigen Rhythmus. Achten Sie jedoch darauf, daß Sie nur Instrumentalplatten ohne Instruktorenstimme kaufen!

Einige unserer Lieblingsstücke aus dem Bereich der Klassik sind die Walzer von Strauß, »Bolero« (Ravel), »L'Après-midi d'un faun« (Debussy), »Scheherazade« (Rimski-Korsakoff), »Rite du printemps« (Strawinsky) und »Die vier Jahreszeiten« (Vivaldi). Suchen Sie Intensität, so sollten Sie es einmal mit Wagner versuchen. Uns persönlich sagt auch die Sitarmusik von Ravi Shankar zu, ebenso afrikanische Trommelmusik und Calypso.

Legen Sie eine Aufnahme mit Meeresrauschen auf, und lassen Sie sich davontreiben. Platten und Kassetten dieser Art finden Sie in einschlägigen Geschäften (esoterischer Fachhandel). Man kann die Naturgeräusche auch mit Parfümen verbinden.

Beim Liebemachen können Sie leichte Kopfhörer tragen. Selbst wenn Sie ansonsten kein ausgesprochener Audiophiler sind, kann es köstlich sein, Kopfhörer bei Fellatio, Cunnilingus oder während einer Massage zu tragen, wenn Sie der Empfangende sind!

Lauschen Sie vor oder während dem Liebemachen entspannender, inspirierender Musik. Wir konnten feststellen, daß Aufnahmen wie »Tantra-La« (David Casper); »Eastern Peace« (Steve Halpern); »Wave #1: Inter-Dimensional Music« (Iasos); »Lemurian Sunrise« (Steve Kindler & Paul Warner); »Ambient 1: Musik For Airports« (Brian Eno) und »Music For Zen Meditation and Other Joys« (Tony Scott, Shinichi Yuize, Hozan Yamamoto) für solche Zwecke ideal sind. Energetischer, aber auch sehr mitreißend sind »Oxygène« (Jean Michel Jarre) und »Rainbow On Curved Air« (Terry Riley). Die moderne klassische Komposition »The Photographer« (Philip Glass) endet mit, wie David meint, der besten musikalischen Beschreibung des sexuellen Orgasmus, die es je auf Vinyl gegeben hat.

Bestimmte Musik ist ideal für außersinnlichen Sex (siehe »Stile«). Wenngleich die erwähnte Auswahl dafür sehr gut geeignet ist, empfehlen wir zusätzlich für außersinnlichen Sex Stücke wie: »Angels of Comfort« (Iasos); »Himalayan Bells II« (Karma Moffett) und »Tibetan Bells II« (Henry Wolff & Nancy Hennings). Diese Aufnahmen haben einen einzigartigen kosmischen Effekt. Manche Menschen finden außersinnlichen Sex »langweilig«, weil dadurch nur ein niedriger Stimulanzpegel erreicht wird. Wenn man dabei jedoch beschwörender exotischer Stimmungsmusik lauscht, bildet dies ein Gegengewicht zu dieser Tendenz.

Überspielen Sie Ihre Platten auf eine Seite einer 90-Minuten-Kassette, dann können Sie 45 Minuten ungestört Musik genießen und brauchen nicht aufzustehen, um die Platte zu wenden.

Stellen Sie Ihre Stereolautsprecher am gegenüberliegenden Ende des Schlafzimmers auf Ständer. Steht Ihr Bett mit dem Kopfende an der einen Wand, so positionieren Sie die Boxen in die beiden Ecken der gegenüberliegenden Wand.

Sie können Ihren musikalischen Schlafzimmergenuß zusätzlich durch eine preiswerte Konstruktion erhöhen, die von dem Komponisten Brian Eno entwickelt wurde. Sie befestigen einen kleinen dritten Lautsprecher hinter dem Bett, um eine Art Quadrophonie-Effekt zu erschaffen, bei dem Sie das Gefühl haben, von Klängen umhüllt zu werden. Dieser Lautsprecher sollte an die roten (positiven) Verbindungsstücke Ihres Verstärkers angeschlossen werden. Sollte Ihnen die Box zu laut sein, schließen Sie noch einen Spannungsregler von 6–12 Ohm und 10 oder mehr Watt an. Weitere Informationen dazu finden Sie auf der Rückseite der LP von Brian Eno, »Ambient #4: »On Land«.

Kleine Schlafzimmerkunde

In diesem Abschnitt wollen wir Ihnen einige Ergänzungen für Ihr Schlafzimmer empfehlen. Diese holistischen Schlafraumergänzungen schaffen die psychologischen und elektromagnetischen Bedingungen, die auch unter idyllischeren Umständen vorherrschen, beispielsweise beim Liebemachen im Wald oder an einem tropischen Strand. Subtile Umweltreize spielen eine beachtliche Rolle für den sexuellen Respons. Sie können ohne große zusätzliche Kosten Ihr Schlafzimmer in allen Feinheiten entsprechend ausrichten, um die Vorteile eines individualisierten Schlafgemachs zu genießen, das Vitalität und Entspannung ausstrahlt.

Ein Überschuß an negativen Ionen soll entspannend wirken und kann viele Aspekte der Sexualität förderlich beeinflussen, einschließlich Impotenz, Fruchtbarkeit, Muttermilchproduktion, Menstruation, sexuelle Performanz und sexuellen Genuß. Negativ-Ionisatoren produzieren Milliarden negativer Ionen, die ein Ionengleichgewicht wiederherstellen, wie es in gesunder natürlicher Umgebung zu finden ist.

Sollten Sie gesundheitliche Probleme oder Schwierigkeiten mit Ihrer sexuellen Performanz haben, so stellen Sie einen Ionengenerator in die Nähe Ihrer Genitalien, um den Strom negativer Ionen direkt darauf zu leiten. Versuchen Sie dies über einen Zeitraum von zwei Wochen, wobei die Sitzungsdauer täglich zwanzig Minuten betragen sollte. Italienische und russische Studien haben Hinweise darauf erbracht, daß dies hilfreich sein kann, doch natürlich verbieten es die gesetzlichen Vorschriften, derlei Versprechungen zu machen.

Stellen Sie Ihr Fernsehgerät nicht ans Fußende des Betts. Der Pyramidenkraftforscher Dee Jay Nelson hat darauf hingewiesen, daß die Pyramidenform der Fernsehbildröhre eine schwache schädliche Strahlung abgibt. In seinem Labor hat Nelson den Bildschirm mit einer Kupferbeschichtung abgeschirmt. Das gleiche Ergebnis können Sie mit einer kräftigen Holzplatte erreichen.

Stellen Sie Ihr Bett so auf, daß das Kopfende in den magnetischen Norden zeigt. Legen Sie eine Wolldecke auf das Bett, darüber Baumwollaken. Beides sollte Ihrem eigenen Bio-Elektromagnetismus förderlich sein.

Verwenden Sie Naturfasern für Ihre Bettwäsche, das gestattet den Poren Ihrer Haut das Atmen. Auf diese Weise vermeiden Sie auch mögliche Hautreizungen und/oder allergische Reaktionen.

Anstatt Ihrem Partner ein gewöhnliches Kopfkissen beim Liebesakt unter das Gesäß zu legen, sollten Sie etwas weitaus Besseres verwenden: nämlich ein sichelförmiges Kissen. Sichelförmige Kissen mit wunderbarer Stickarbeit bekommen Sie in Geschäften, die sich auf Indienimporte spezialisiert haben. Fragen Sie jedoch nicht nach Kissen, die als Liebeshilfe dienen sollen, da man sonst wahrscheinlich nicht verstehen wird, was Sie meinen.

Die Tradition spricht manchen Düften eine zuverlässige Wirkung im Schlafzimmer zu. Dazu gehören Moschus, Patschuli, Sandelholz, Jasmin, Rose, Ylang-Ylang und Wacholder in Form von Parfümölessenzen oder Weihrauch. Wenn Sie die subtileren Wirkungen von Ölen erforschen wollen, so sollten Sie auch dazu bereit sein, etwas mehr Geld für Essenzen »erster Qualität« auszugeben.

Frische Blumen im Schlafzimmer sind weitaus mehr als bloße Dekoration. Die rote Rose bietet uns nicht nur ihren besonderen Duft; unter ihren äußeren Schamlippen gleicht die Vagina nichts anderem so sehr wie einer teilweise geöffneten Rose. Die Farbe des Hibiskus – wie auch diese Blume selbst – gilt im Orient schon seit langer Zeit als Symbol höchster sexueller Erfüllung.

Ein hibiskusfarbiges (scharlachrotes) Gewand gilt als ideales Kleidungsstück für die Frau vor dem Liebesakt. So können Sie auf wenig kostspielige Weise die Kraft der Farben in Ihr Liebesleben mit einbeziehen.

Doch was ist nun mit dem Schlafzimmer selbst? Sie brauchen Ihre Schlafzimmerwände nicht unbedingt neu zu streichen und umzudekorieren. Dank der Wunder des elektrischen Lichts läßt sich praktisch jedes Schlafzimmer schnellstens in ein verführerisches, anregendes Liebesnest der Gemütlichkeit und der sinnlichen Kommunikation verwandeln.

Als Edison und Swan im Jahre 1880 die Glühlampe erfanden, haben Sie damit auch das Liebesleben im 20. Jahrhundert verändert. Die gewöhnliche Haushaltsbirne strahlt ein fahlgelbes Licht mit einem kleinen Schuß Orange aus. Diese Art Beleuchtung färbt das Fleisch des Menschen in graue, weiße und gelbe Töne, die, um es vorsichtig auszudrücken, ziemlich unschmeichelhaft sind. Da das Gehirn, wie uns die Wissenschaftler versichern, 75 Prozent seiner Sinnesdaten über die Augen erhält, kann eine Veränderung der Schlafzimmerbeleuchtung gleichzeitig auch Ihr Liebesleben verändern. Man weiß davon, daß Licht die Zirbeldrüse beeinflussen kann, die eine wichtige, wenngleich noch immer nicht gänzlich geklärte Rolle in unserem Sexualleben spielt.

Eine Möglichkeit besteht auch in der Rückkehr ins Primitive, also in die Zeit vor Edison. Kerzenlicht ist sehr heimelig. Kleine und große bunte Glasbehälter, die man in Geschäften für religiöses und okkultes Zubehör erhält, bieten uns einige der Vorteile farbiger Beleuchtung. Zwar ist ihr Licht nicht so intensiv wie elektrisches, doch schmeichelt Kerzenlicht dem menschlichen Körper, indem es ihn fließender und glatter aussehen läßt. Manch einer zieht Bienenwachskerzen oder Petroleumlaternen vor. Auch Kohle in einem Brenner läßt sich verwenden. In einem solchen Brenner läßt sich zudem auch Weihrauch räuchern. Olibanum und Myrrhe kann man in kleinen Klümpchen kaufen und auf die Kohlen geben. Sehr beliebt ist auch der Kamin als Quelle sinneserregenden Lichts. Natürliche Lichtquellen geben manchmal ein geradezu gespenstisches blaues Licht von sich, was die erotische Stimmung erstaunlich fördern kann.

Doch man braucht nicht auf Elektrizität zu verzichten, um die eigenen Schlafzimmeraktivitäten zu erhellen. Eine Swinger-Dame in San Francisco, die Partnertauschpartys zu arrangieren pflegt, ließ sich neulich von einem Farbexperten beraten, welche Farbbeleuchtung sie zur Verschönerung ihrer Veranstaltungen benutzen sollte. Er riet ihr zu magentaroten Birnen in jeder Lampenfassung, auch unter den Möbeln und der Dekoration. Darüber hinaus empfahl er ihr eindringlich, die ersten paar Stunden keine Alkoholika auszuschenken, also nur alkoholfreie Erfrischungsgetränke zu reichen. Während der Orgie, die darauf folgte, machte sich keiner der Teilnehmer über die Alkoholika her...

Magentarot läßt sich auch annäherungsweise erreichen, indem man das Licht einer roten Glühbirne mit dem einer purpurnen mischt. Sie können sich auch einen magentafarbenen Plastikfilter besorgen oder einen Magentaton dadurch erzielen, daß Sie rote und purpurne Filter miteinander kombinieren. Doch sind andere Farbtöne ebenso wirkungsvoll.

Wenn Sie nur eine einzige Farbbirne kaufen wollen, so sollten Sie sich für die Farbe Bernstein entscheiden. Wählen Sie eine niedrige Wattzahl. Orangefarbenes Licht läßt die Haut hell erglühen, doch das wird mit Bernsteinlicht ebenfalls erreicht, das der Haut darüber hinaus auch noch ein luxuriös weiches Aussehen verleiht. Kühlere Farbtöne wie Grün und Blau sind erotisch recht wirkungsvoll. Das widerspricht zwar der gängigen Meinung, derzufolge Rot die Farbe des Sex sein soll, doch werden Sie es selbst bestätigen können, wenn Sie erst einmal mit den kühlen Farben experimentiert haben. Tatsächlich ist Rot ein wenig zuviel des Guten. In rotem Licht nehmen die Hauttöne ein künstliches Aussehen an, und es soll auch eine Überreizung von Drüsen und Emotionen bewirken, was zu labiler Erregtheit und zu grundlosen Zornesausbrüchen führen kann.

Purpurne und ultraviolette Beleuchtung bieten uns einen einzigartigen hinreißenden Effekt. In hinduistischen Texten zum Sexualyoga wird behauptet, daß bestimmte Purpur- oder Violettöne die Farbe der weiblichen Sexualenergie besäßen. In manchen Ritualen wird das weibliche Geschlechtsorgan mit einem kräftigen violetten Licht beschienen, bevor der Verkehr stattfindet. Auch der Rotton, wie der von Hibiskusblüten, wird gerne verwendet.

Vielleicht möchten Sie auch mit mehreren Farben und Lampen experimentieren. So könnten Sie beispielsweise kühle Töne mit warmen kombinieren. Außerdem können Sie die Helligkeit durch Auswahl von Birnen verschiedener Wattzahl beeinflussen. Der Autor Howard E. Smith, Jr. empfiehlt eine Mischung aus hellgrünem und mattrotem Licht.

Die psychologischen Illusionen, die durch farbiges Licht erzeugt werden können, sind beeindruckend. So berichten zahlreiche Männer, daß die Brüste Ihrer Partnerinnen bei blauer und grüner Beleuchtung nicht nur größer aussehen, sondern sich sogar größer anfühlen. Im selben Licht nahmen die Frauen die Glieder der Männer als größer wahr, als es den Tatsachen entsprach. Tests mit Collegestudenten haben erwiesen, daß rote Beleuchtung die Erektion beschleunigt, während grüne sie verzögert.

Öle und Puder können die Wirkungen der Beleuchtung ebenfalls auf spielerische Weise unterstützen oder varriieren. Öle verschärfen die Kontraste, während Puder die optischen Effekte mildern und glätten.

Es gibt eine ganze Reihe preiswerter Partybeleuchtungen, die eine Vielzahl von Farben und Wattstärken aufweisen. Auch Flutlichter gibt es in vielen verschiedenen Farben. Mit Plastikfiltern können Sie subtile Farbtöne zusammenmischen, beispielsweise Magentarot. Auch Ultraviolettbirnen sind leicht zu bekommen. Doch sollten Sie nicht direkt in UV-Licht blicken. Das sollte allerdings kein Problem sein, weil Sie ohnehin die Augen aufeinander gerichtet haben werden. Inzwischen gibt es auch Voll-Spektrum-Beleuchtung.

Ihr Liebesgemach ist vollständig, wenn Sie auch einen kleinen Tisch für Speisen und Getränke bereitstellen. Obst, Brot, eine Karaffe mit leichtem Rotwein, Fläschchen mit Damiana- und Zwergpalmenbeeren-Essenzen sowie frisches Quellwasser dienen zur Stärkung, ohne den Magen übermäßig zu belasten und zur Trägheit zu führen.

Die Aufladung

Es folgt nun eine sehr wirkungsvolle Methode der Aufladung vor dem Liebesakt, wie sie von Betty Bethards von der *Inner Light Foundation* entwickelt wurde. Sie verbindet abwechselnde Atemsynchronisation mit positiven Imaginationen. Sorgen Sie sich nicht, wenn ihre geistigen Bilder nicht allzu deutlich oder lebhaft zu sein scheinen, es kann sogar geschehen, daß Sie überhaupt nichts sehen. Vielleicht haben Sie nur einen gewissen Eindruck davon oder ein entsprechendes vages Gefühl. Das genügt vollauf.

Vereinen Sie sich genital mit Ihrem Liebespartner.

Nehmen Sie auf dem Bett, dem Fußboden oder einem Stuhl oder Sessel die *Yab Yum*-Stellung ein (siehe »Friedvolle Stellungen«). Konzentrieren Sie sich auf den Punkt Ihrer genitalen Vereinigung.

Visualisieren Sie eine Kugel aus goldenem Licht, so groß wie ein Wasserball. Gewähren Sie diesem schönen Bild eine gewisse Zeit, um sich aufzubauen, und genießen Sie es.

Jeder der beiden Partner kann mit dem Atmen beginnen. Gehen wir einmal davon aus, daß es der Mann tut. Beim Ausatmen imaginiert er, wie er das goldene Licht aus den Genitalien durch die Wirbelsäule seiner Partnerin bis an ihren Scheitel stößt. Während er ausatmet, atmet sie ein. Während sie einatmet, imaginiert sie, wie sie zugleich dasselbe Licht aus den Genitalien zu ihrem Scheitelpunkt emporzieht.

Wenn die Partnerin nun ausatmet, atmet der Mann wiederum ein. Sie sieht vor ihrem geistigen Auge, wie das Licht ihre Wirbelsäule hinabströmt, durch den genitalen Vereinigungspunkt in die Wirbelsäule ihres Partners fließt und von dort bis zu seinem Scheitelpunkt gelangt. Sie stößt das Licht mit ihrem Ausatmen empor, während er es mit seinem Einatmen hinaufzieht. Wenn er das Licht schließlich wieder in sie hineinstößt, schickt er es von seinem Scheitel aus die Wirbelsäule hinab durch beider Genitalien und wieder ihre Wirbelsäule empor bis zum Scheitel.

Die Partner können beim Ein- und Ausatmen ein sanftes Geräusch von sich geben, damit der andere orientiert ist und beide ihren Atemrhythmus aufeinander abstimmen können. Sie können einander aber auch die Hände reichen und bei jedem Ausatmen zudrücken. Achten Sie darauf, daß Sie so tief und vollständig wie möglich atmen, doch stets so, daß es noch angenehm ist. Laden Sie sich fünf Minuten lang oder kürzer auf.

Die Auflading ist eine ideale Vorbereitung auf die außersinnliche Sexualität. Ist die Ladung abgeschlossen, legen Sie sich beide in die *Wippen*-Stellung zurück (siehe »Friedvolle Stellungen«). Wir empfehlen, mit der *YabYum*-Stellung zu beginnen, weil Sie sich dabei gegenseitig atmen hören können.

Der Liebesritus

Die Grundvoraussetzung eines jeden Rituals besteht darin, vorhandene Energie und vorhandene Emotion zu mehren.

Die Worte Ritus und Recht/richtig sind miteinander verwandt. Grundlegendes Ziel eines Rituals ist es, Ihnen dazu zu verhelfen, sich in rechtem Einklang mit der Welt und sich selbst zu fühlen. Als Ritualen noch eine sehr große Bedeutung innewohnte, glaubte man, daß der Mensch, wenn er nicht jeden erforderlichen Ritus (jedes Ritual) durchführte, oder wenn er nicht jeden Ritus richtig vollzog, vom Leben Rückschläge zu erwarten hätte. In der alten Zeit bedeutete, etwas richtig zu machen, auch, es rituell zu tun.

Der Hauptnutzen des Rituals für uns Menschen der Jetztzeit liegt in der Auflösung unserer kultivierten Distanziertheit. Angesichts nuklearer Bedrohung, Umweltverschmutzung und sozialer Unruhen schalten wir einfach ab. Wir können nur eine begrenzte Menge deprimierender Fernsehprogramme sehen und auch nur eine begrenzte Anzahl der von Gewaltmeldungen nur so triefenden Zeitungsschlagzeilen lesen, bevor wir uns voller Erleichterung einer milden, selbstverabreichten emotionalen Lobotomie ausliefern.

Es bedarf Mut, um diese Desensibilisierung zu erkennen. Nicht einfach nur Sex zu haben, sondern *Liebe zu machen*, einander von Herzenstiefe zu Herzenstiefe zu begegnen, ist das genaue Gegenteil der Selbstisolierung und Abkapselung. Liebe zu machen verlangt nach jener allerkostbarsten und seltenen und doch so einmaligen menschlichen Erwiderungsfähigkeit, nach tiefem und ehrlichem Gefühl. Doch geht es nicht eigentlich um Fühlen oder Nichtfühlen. Männer und Frauen, die nicht mehr fühlen können, sind keine ganzen Menschen mehr.

Was wir vielmehr brauchen, das ist eine Möglichkeit, um diese emotionalen Zwangsjacken abzuwerfen und endlich wieder dorthin zurückzukehren, wo wir wirklich leben. Doch wie soll das geschehen?

Eine Möglichkeit ist die direkte Konfrontation, wie man sie bei einer Encountergruppe finden würde. Doch der Geschlechtsverkehr ist ohnehin schon viel zu oft verspannt und aggressiv. Also brauchen wir eine raffinierte, gerissene Methode, die es schafft, durch die Hintertür in unsere wirklichen Gefühlstiefen vorzustoßen.

Gibt es eine Taktik, die schön, freundlich, lustig, unterhaltsam, bezaubernd, intelligent und gerissen zugleich ist? Gibt es eine Möglichkeit, sich durch das Kellergewölbe der menschlichen Psyche einzuschleichen und sich dort der Kontrolle über Gas-, Wasser- und Stromzufuhr zu bemächtigen? Ja, es gibt sie. Der Name dieser altbewährten Strategie lautet »Ritual«.

Natürlich ist das sexuelle Ritual nichts für jeden. Doch bevor Sie den Gedanken daran beiseite schieben, sollten Sie einmal über die sexuellen Rituale unserer Jetztzeit nachdenken, etwa über Abendessen bei Kerzenlicht und über romantische Urlaubsreisen. Das sexuelle Ritual in Ihren eigenen vier Wänden, als Vorbereitung auf den Liebesakt, bereitet ebensoviel Vergnügen. Man kann vorher unmöglich wissen, ob es einem nun wirklich gefallen wird oder nicht.

Der Schlüssel dazu besteht darin, eine Mischung aus Staunen, Ehrfurcht gegenüber dem Leben und sorgloser Verspieltheit zu empfinden. Manche Liebespartner beten einander wie Gott und Göttin an, um in diese Stimmung zu gelangen.

Es folgt nun ein leichtes Ritual. Ein leichtes, schlichtes sexuelles Ritual durchzuführen, ist eine großartige Methode, um einander kennenzulernen. Dadurch kann einer alten Beziehung neues Leben eingeflößt werden, wie Liebende es auch mit anderen Spielen tun. Das hier vorgestellte Ritual ist zwar leicht zu vollführen, dennoch ist es äußerst wirkungsvoll und mächtig. Es verbindet die mächtigsten Elemente verschiedener wirkungsvoller Rituale miteinander (siehe »Kleine Schlafzimmerkunde«).

Wählen Sie Ort und Zeit für das Ritual.

Bereiten Sie das Ambiente sinnlich, empfindsam und farbig vor. Denken Sie beim Dekorieren vor allem an Romantik und an eine romantische Liebesbeziehung. Verwenden Sie Blumen, in erster Linie Rosen oder Hibiskus. Wenn möglich, sollten Sie einen starken negativen Ionengenerator im Raum anbringen und ihn vor Beginn des Rituals einschalten. Natürliche Umgebung

verfügt meistens über ein richtiges Gleichgewicht von Negativionen, vor allem in der Nähe natürlicher Gewässer.

Baden oder duschen Sie getrennt. Baden in kaltem Wasser oder auch kaltes Duschen kann erstaunlich erfrischend wirken. Salben Sie den Körper mit natürlichen Ölessenzen. Auch ein teures französisches Parfüm ist annehmbar.

Bereiten Sie einen Tisch mit Blumen und Früchten, Brot und Wein oder einem leichten Lieblingsgetränk vor. Der Tisch sollte niedrig genug sein, daß man auf Kissen sitzend von ihm essen kann.

Kerzen- oder Laternenlicht ist vorzuziehen, normale Glühbirnen sind stimmungstötend.

Musik sollte allenfalls ganz zu Anfang gespielt werden.

Sorgen Sie für ein ungestörtes Zusammensein: keine Telefonanrufe, keine Termine, keine Kinder, nichts, was Sie während der nächsten drei bis vier Stunden erledigen müßten.

Der Mann betritt als erster das Schlafgemach. Er ist lediglich in einen eleganten Hausmantel gekleidet und nimmt an dem Tisch Platz, wobei er an die Freuden der Göttin denkt, die ihm bald zuteil werden sollen.

Schließlich tritt auch die Frau ein. Sie trägt ebenfalls ein betörendes Gewand, eines, das der Mann noch nie zuvor gesehen haben darf.

Schweigend können beide nun eine leichte Mahlzeit teilen, dazu ein paar Gläser Wein. Es genügt aber auch, mit echter Sinnlichkeit einen Pfirsich miteinander zu teilen.

Sie streift ihr Gewand als erste ab, ganz langsam. Er bewundert sie einige Minuten lang. (Diese Phase sollten Sie nicht übereilen!) Er sollte jede Einzelheit ihres Leibes genießen, wie sie ihm Zentimeter um Zentimeter enthüllt wird, als hätte er sie noch nie zuvor erblickt. Dann streift auch er ganz langsam sein Gewand ab, und sie bewundert ihn ihrerseits.

Nun, endlich, berühren die beiden einander. Noch immer wird kein Wort gewechselt. Sie massieren sich gegenseitig. Jeder darf die Geschlechtsteile des anderen verehren und dies auch offen kundtun, sei es mit den Händen oder mit dem Mund. (In dieser Phase werden die Geschlechtsorgane auf den Verkehr vorbereitet. Dabei sollten Sie jede Überreizung vermeiden.)

Jetzt findet die sexuelle Vereinigung statt, vorzugsweise dergestalt, daß die Frau auf dem Schoß des Mannes ruht. Der Mann kann auf einem Kissen sitzen, den Rücken abstützen oder beides. Er kann sich auch halb zurücklegen. Die Frau jedoch sitzt obenauf. All dies sind Varianten der klassischen *YabYum*-Stellung (siehe »Friedvolle Stellungen).

Vielleicht möchten Sie einander Liebesgedichte vorlesen, oder eine mündliche Bekundung (ein Geständnis) der Zuneigung und des guten Willens abgeben. Tun Sie dies, indem Sie einander gegenüber sitzen, die Hände haltend, und sich in die Augen blikken.

Eine weitere wirkungsvolle Ritualstufe könnte auch darin bestehen, irgendwann vor der rituellen Mahlzeit gemeinsam die *Wurzelverschluß*übung als Teil der Zeremonie durchzuführen (siehe »Sexualübungen« und »Energiesteigerung«).

Ebenfalls können Sie durch ausgesuchte Hatha-Yoga-Übungen (Streck-, Entspannungs- oder Energetisierungsübungen) Ihre Geschmeidigkeit steigern. Vielleicht ziehen Sie es vor, ein volles Entstressungs-Programm oder eine Ganzkörperentspannung durchzuführen oder eine beschwingende Musikkassette zu hören (siehe »Aura-Sex«).

Im Orient ist es nicht unüblich, daß die Frau für den Mann tanzt – und zwar so schön, daß er über seine Verspannungen und Sorgen erhoben wird. So nimmt sie für ihn das Aussehen einer Göttin an. Ein solcher Tanz ist keineswegs eine derbe Verführungstechnik, er führt die Liebenden vielmehr beide, schon lange bevor sie die transzendentalen Genüsse der Vereinigung gekostet haben, auf eine Stufe gesteigerter Energie und Bewußtheit.

Seien Sie kreativ, seien Sie *Sie selbst* – vor allem aber gehen Sie dabei leichthändig und unverkrampft vor. Natürlich ist es gut, die Ritualvorbereitungen ernst zu nehmen, doch wenn es erst einmal begonnen hat, sollten Sie spielerisch vorgehen und daran Vergnügen haben. Vielleicht stellen Sie auch fest, daß das wirkungsvollste Ritual für Sie jenes ist, das Sie selbst entwickelt haben. Wenn Sie das Szenar selbst entwerfen, können Sie es auch individuell nach Ihren eigenen Vorlieben ausrichten.

Die ideale Ritualstimmung ist das Gefühl, bereits am Ziel angelangt zu sein: Dann befinden Sie sich schon in einer phantasievollen himmlischen Welt, wo Sie beide als Gott und Göttin unumschränkt herrschen. Frei von Sorgen, Ängsten und Zweifeln, die nur gewöhnlichen Sterblichen eigen sind, haben Sie beschlossen, einander auf diese anmutige Weise zu begegnen – als Ausdruck des Reichtums, den Sie im Überfluß besitzen.

Einander entfalten

Verführung (engl.: »seduction«) ist nicht dasselbe wie Entfaltung (engl.: »eduction«). Verführung ist ein Manöver, Entfaltung ist ein Geben.

Wenn Sie Liebe machen, wollen Sie sich das tiefe, üppige Tal der sinnlichen Gegenwart erschließen. Dort wollen Sie dann so lange verweilen, wie Sie nur können, und zwar beide Partner gemeinsam. Lernen Sie also die hohe Kunst der Entfaltung, helfen Sie einander dabei, sich zu entfalten.

Schaffen Sie sich einen Übergang vom Alltags-Lebenskampf zur liebevollen Atmosphäre des Liebemachens. Der Übergang ist eine Brücke. Um diese Brücke überschreiten zu können, sollten Sie sich vor allem auf nichtverbale Mittel stützen – auf Speisen und Getränke, Kräuter, Massage, zärtliche Gesten, Kuscheln, Spiele. Zwar können auch Worte diese Funktion erfüllen, doch ist die Berührung, die eine universale Sprache darstellt, zuverlässiger und direkter.

Dieser Übergang ist unbedingt erforderlich. Deshalb ist es auch so viel besser, sich im Urlaub der Liebe hinzugeben, dann sind beide Partner entspannter als sonst.

Gestatten Sie es dem Bedürfnis nach sexueller Vereinigung, spontan zu erscheinen, doch sorgen Sie zuvor für eine Atmosphäre des Friedens und der Entspannung. Genießen Sie die Form Ihres gegenwärtigen Beisammenseins. Wie könnte man dieses Beisammensein beschreiben? Welche Farbe hat es? Welche Struktur? Wenn Sie es in Musik ausdrücken sollten, welche Musik würden Sie dann dafür wählen?

Wenn es zum Liebesakt kommt, so ist das schön. Kommt es nicht dazu, ist es ebenfalls schön. Diese Einstellung funktioniert am allerbesten. Mit dieser Einstellung bleiben Sie zusammen mit Ihrem Liebesgemahl / Ihrer Liebesgemahlin im Hier und Jetzt, finden Sie gemeinsam zu Liebe und Frieden. So erfüllen Sie die Vision von Hoffnung und Liebe und Friede in Ihrer beider Herzen.

Doch wird es auch Zeiten geben, da zuerst das Gespräch gefordert ist. Führen Sie es dann aber ganz zu Anfang. Später jedoch, wenn Sie sich beide mehr entspannt haben, wenn Sie beginnen, durch Ihre gemeinsame Berührung miteinander zu verschmelzen, kann es ebenfalls sein, daß Sie etwas sagen wollen. Sprechen Sie es dann einfach aus, unterdrücken Sie es nicht. Sprechen ist ein Weg, um einen anderen Menschen mit Hilfe von Klangschwingungen zu berühren. Geschlechtsverkehr ist eine Berührung empfindlicher Organe.

Wenn Sie die äußere Form nicht forcieren, sie nicht zu erzwingen suchen, wird alles wunderbar reibungslos ablaufen. Schon das bloße Zusammensein ist in sich bereits die totale Erfüllung.

Sie sind bereits erfüllt. Alles, was auf Ihre erste Begegnung folgt, ist eine Weiterentdeckung dieser Erfüllung, dieser Erfülltheit. Doch werden Sie niemals zusammen erfüllter sein als hier und jetzt, in diesem Augenblick.

Sie mögen vielleicht das Gefühl haben, daß Ihr Verlangen spontan und völlig natürlich ist. Doch lehrt unsere Gesellschaft uns das Erzwingen von Sex. Die Welt von heute badet in einem Ozean ausbeuterischer Sex-Aufheizung.

Wo würde uns etwas anderes gelehrt? Wo läßt man das Geschehenlassen des Sex auch geschehen? »Geh aufs Ganze!« – »Grabsch es dir!« – »Hol es dir!« – »Nimm es dir!« – »Jage nach Glück, nach dem sexuellen und anderem!« Das sind die Schlachtrufe der Industrieländer. Doch ist Ihnen schon einmal aufgefallen, daß das, was gejagt wird, davonläuft? Wo endet die Jagd, und wo beginnt das Genießen des Glücks?

Entspannen Sie sich, lassen Sie los, genießen Sie. Es ist gut, ach so gut, einfach nur Hände zu halten! Es ist wundervoll, die Freiheit, die Zwanglosigkeit zu haben, einfach nur den Duft des Partners zu schnuppern, zu lachen und nichts, nicht das geringste »leisten« zu müssen! Nichts beweisen oder tun zu müssen, sondern statt dessen ein sorgloser Erforscher des Unbekannten zu sein. Die beste Garantie dafür, daß Ihr Liebemachen zu etwas ganz Besonderem werden kann, besteht darin, zuerst gemeinsam etwas Entspanntheit und Frieden zu teilen.

Männer und Frauen sind unterschiedliche Wesen.

Die Frau kann die sanfte Rolle des Friedensstifters annehmen, wenn sie mag. Dadurch tritt die Macht des Weiblichen, der nährenden Mutter in Aktion. Wie ein Ritter, der vom Schlachtfeld heimkehrt, ergibt sich der Mann dann willig dem friedbringenden Balsam ihrer sanften Berührung, dem Bad, das sie vorbereitet hat, dem Bett in ihrem Schlafgemach. Da bedarf es nicht eines einzigen gesprochenen Wortes.

All dies hört sich sehr altmodisch, ja archaisch an. Doch viele Paare wollen eben dies erleben. Bei anderen wiederum ist der Mann der Friedensstifter. Dann ist er es, der von beiden dem Frieden besser Ausdruck verleihen kann; und sie ist der Ritter, der nach einem warmen Unterschlupf sucht.

Auch Frauen arbeiten auf Schlachtfeldern. Nun neigen sie allerdings dazu, im Laufe ihres Kampfes, den sie nicht nur überleben, sondern auch gewinnen wollen, hart zu werden, zu verhärmen. So kann es geschehen, daß weder Mann noch Frau Sanftheit übrig haben. Doch Sanftheit, Rundheit, ist lebenswichtig. Es ist die Liebe, die die Welt bewegt. Stoßen zwei Härten aufeinander, zwei Kantigkeiten, so kommt es zum Kampf.

Vielleicht können Sie diese Probleme füreinander lösen, doch sollten Sie zugleich auch verstehen, was Sie da eigentlich tun. Es ist nicht so, daß Sie lediglich massieren, lediglich das Essen servieren würden – vielmehr ermöglichen Sie den kritischen, lebenswichtigen Übergang vom Kampf zur Liebe. Wird dieser Übergang, dieser Wandel nicht vollzogen, so wird der Liebesakt zu einer Art verlängertem Alltagskampf ums Überleben in anderer Gestalt. Dann können die Liebenden »gewinnen« oder »verlieren«, »Orgasmuspunkte« einheimsen oder dabei »versagen«.

Wenn Sie den Frieden und die Geborgenheit herstellen wollen, von denen weiter oben die Rede war, so ist die Aussprache darüber oft die am wenigsten wirkungsvolle Methode. Tiefes Mitgefühl und Sympathie lassen sich auch ohne Worte ausdrükken. In einer Atmosphäre des Friedens und der Zuneigung schmilzt jeder dahin und wird weich. Dann gibt es auch keine Konflikte, weil niemand Forderungen an den anderen stellt. Und wenn Ihr Partner dann in den sinnlichen Tiefen der Entspannung versinkt, wird er es Ihnen zugute schreiben, weil Sie es ja sind, der ihm gibt, was er wirklich haben will.

Tun Sie dies jedoch nicht aus reiner Berechnung, denn sonst geht der Schuß nach hinten los! Niemand will wirklich manipuliert werden. Es kann sein, daß Sie sehr viel Geduld aufbringen müssen. Wenn Sie beide so weit sind, daß es Ihnen schon genügt, einfach nur zusammen zu sein, haben Sie bereits die Tür aufgestoßen. Geben Sie einfach und erwarten Sie keine Gegenleistung, fordern Sie auch keine. Möglicherweise werden Sie über das Ergebnis in Erstaunen geraten!

Bereiten Sie sich auf diese Rolle dadurch vor, daß Sie sich die Zeit nehmen, um in Ihrem eigenen Leben mehr Entspannung und Frieden zu finden. Sie können keinem anderen etwas geben, was Sie selbst nicht besitzen. Nehmen Sie sich auch die Zeit, um sich auf den Übergang vom Kampf zum Lieben vorzubereiten. Nehmen Sie sich in Ihrem Alltag Zeit für Ihr eigenes Glück.

Oft werden wir von Frauen gefragt, was sie denn tun können, um im Bett die sanftere, empfindsamere Seite ihrer Männer hervorzulocken. Nun, als allererstes müssen Sie sich darüber im klaren sein, daß er anders ist als Sie. Er sieht das Leben mit anderen Augen, und höchstwahrscheinlich sieht er sich selbst als Krieger, selbst wenn er von Beruf nur Buchhalter oder Tankwart sein sollte. Für ihn ist das Leben Kampf, und aus diesem Kampf will er als Sieger hervorgehen.

Der Körper des Mannes ist anders: härter und zäher. Der Mann neigt dazu, mit seinem Körper umzugehen wie mit einer mittelalterlichen Ritterrüstung. Er will einen zähen, kräftigen, durchhaltefähigen Körper, der jede Art von Belastung aushält. Diese Art von Körperbeziehung mag im Geschäftsleben recht hilfreich sein, doch in der Welt des Liebens stellt sie ein Hindernis dar.

Es ist sehr wahrscheinlich, daß er selbst nicht genau weiß, wie er seine empfindsame Seite herauslassen und seinen Panzer ablegen soll. Deshalb müssen Sie ihm einen kleinen Anstoß in diese Richtung geben. Vielleicht weiß er gar nicht, wo er anfangen soll. Wahrscheinlich hat er keine Erfahrung damit. Seine Erziehung als Kind und als Heranwachsender hat ihren Schwerpunkt auf andere Dinge gelegt.

Behaupten Sie sich selbst auf sinnliche Weise. Seien Sie sensuell einfallsreich. Gehen Sie auf kreative Weise mit dem Tastsinn um. Wenn Sie möchten, daß er Ihr Gesicht streichelt, so streicheln Sie zuerst seines. Dann erst führen Sie seine Hand sanft an Ihr Gesicht. Wenn Sie Worte gebrauchen wollen, so benutzen Sie sie dazu, um Ihre sinnlichen, sensuellen Botschaften zu unterstreichen. Teilen Sie ihm mit den Augen, mit Ihrem Körper und in Worten mit, wie gut es sich anfühlt. Wir kennen eine sehr sinnliche Frau, die der Meinung ist, daß dieser Angang praktisch jedesmal wie ein Zauber wirkt. Sie sagt dazu:

»Ich verabreiche meinen Männern ein exotisches Bad. Ich wasche ihnen den Rücken, während wir fernsehen. Ich mache nicht sie

für die Sinnlichkeit unseres Zusammenseins verantwortlich. Ich bin die Frau. Ich führe sie in die Herrlichkeiten der Liebe ein. Wo sollten sie es denn auch sonst lernen? Wer bringt ihnen das sonst schon bei? Es ist sehr anstrengend, ein Mann sein zu müssen und mit all den Erwartungen klarzukommen, mit denen einem die Welt begegnet. Ich mache ihnen klar, daß mir Orgasmen unwichtig sind. Was spielt der Orgasmus schon für eine Rolle, wenn man doch soviel Vergnügen hat? Natürlich entschärft dies die Situation, so daß es für beide viel wahrscheinlicher wird, daß wir einen Orgasmus erleben. Schon die bloße Berührung eines Menschen ist ein Wunder für sich, das mich einfach überwältigt. Die Männer sind mir dafür dankbar, daß ich die aktive Rolle übernehme.«

Entspannen Sie sich also erst einmal. Die Freude folgt der Entspannung auf dem Fuß.

Energetisierung der Hände

Das mächtigste Zentrum der Lebensenergie in den Händen befindet sich direkt in der Mitte der Handfläche. Bernard Gunther empfiehlt, daß man zur Energetisierung der Hände diese 30 Sekunden lang gegeneinander klatscht, um sie dann mit nach oben gerichteter Handfläche auf den Knien auszuruhen. Man kann auch mit seinem Liebespartner eine heftige Runde »Backebackekuchen« spielen und dann die Hände auf die Knie des anderen oder auf die eigenen legen.

Eine weitere Methode, mit denen Sie die Hände energetisieren können, besteht darin, einen imaginären Schneeball zwischen die Handflächen zu nehmen und die Hände langsam gegeneinander und dann wieder auseinander zu bewegen. Oft wird dies von einem Gefühl der Wärme oder einem Prickeln begleitet.

Wenn dieses Gefühl erst einmal erreicht wurde, können Sie die Hände noch vielseitiger bewegen, während Sie noch immer auf spielerische Weise gegen das Gefühl der Verdichtung angehen, das sich dadurch aufbaut.

Das ausgedehnte Vorspiel

Ihr größtes und wichtigstes Sexualorgan ist Ihr Gehirn. Das Liebemachen beginnt meistens schon lange, bevor man die Kleider ablegt und der physische Akt stattfindet. Ihre Imagination spielt eine entscheidende Rolle bei der Erschaffung dessen, was Sie beim Lieben erfahren werden. Der physische Akt ist zum Teil ein Ausleben der Filme, die in Ihrem Geist ablaufen, weshalb auch so viele Leute durch Phantasien erregt werden. Der Geist ist ein äußerst mächtiges Werkzeug, das entweder für oder gegen Sie arbeiten kann.

Schon die bloße Bedeutung des Wortes »Vorspiel« läßt sich verändern und erweitern. Möglicherweise verfuhren Sie bisher nach dem Muster: »Ausgehen zum Essen oder ins Kino – Rückkehr nach Haus – Bett.« Sie sollten das alles jedoch von einer neuen Warte aus betrachten und die *ganze* Zeit, die Sie miteinander verbringen, als Vorspiel sehen. Die Art, wie Sie die Hand des anderen berühren, die Tonlage Ihrer Stimme, das ausgewählte Essen – alles gilt dann als Form des »Vorspiels«, das heißt, des Spielens vor dem Verkehr.

Sie können Ihren »gesellschaftlichen Verkehr«, der vornehmlich auf verbalem Austausch beruht, besser nutzen, wenn Sie ihn als Vorbereitung auf den sexuellen Verkehr begreifen, der ja vornehmlich nonverbal verläuft. Je mehr Ihr Verständnis um das Vorspiel/Spiel-Spiel wächst, um so eher dürfte auch Ihre Einsicht wachsen, daß bereits der bloße flüchtige Gedanke an Ihren Liebespartner schon eine Art Vor- oder Nachspiel ist.

Diese Tatsache läßt sich vorteilhaft nutzen. Eine der allerbesten Garantien für eine erinnerungswürdige Liebesbegegnung besteht darin, die Befriedigung hinauszuzögern und eine Erwartungsspannung aufzubauen. Verleihen Sie der ohnehin schon mächtigen Taktik des Neckens und Aufreizens eine zusätzliche Dimension der Wirksamkeit! Verbringen Sie eine Spanne von ein bis sieben Tagen mit Flirten, ohne jedoch einen sexuellen Orgasmus zuzulassen. Und dann, zu einem vorher festgelegten Zeitpunkt, machen Sie Liebe voll wildester Leidenschaft! Lassen Sie sich reichlich Zeit dafür, und machen Sie aus der Begegnung etwas ganz Besonderes, indem Sie Ihr Schlafgemach eigens dafür verändern und ausschmücken (siehe »Kleine Schlafzimmerkunde«).

Spannung läßt sich auch dadurch aufbauen, daß Sie jeden Tag ein paar Minuten damit verbringen, Ihre erfolgreiche Vereinigung zu visualisieren. Sie können ganz besondere Abendessen veranstalten, einander beschenken oder zusammen tanzen, um Ihrer beider Energien auf anmutige, schöne Weise miteinander zu verschmelzen. Je mehr Sie hineinlegen, um so mehr werden Sie wahrscheinlich auch an Gewinn daraus ziehen.

Meistens wird diese Totalität des Vorspiels in etwa nach folgendem Muster ablaufen: Sie stellen sich im Geiste vor, daß Sie Ihren Liebespartner nach einer gewissen Trennung wiedersehen werden. Das kann nach der Arbeit geschehen, bei der ersten Verabredung oder je nachdem, was Ihnen am meisten zusagt. Zuerst denken Sie an den Partner und auch daran, wie Sie mit ihm Liebe machen. Dann sehen und/oder hören Sie ihn in der Wirklichkeit. Sie stellen Augen- und Sprechkontakt zu ihm her. Sie können den Partner berühren, ihn riechen und so weiter, ihm die Hand geben, ihn umarmen oder sein Duftwasser oder Parfüm beschnuppern. Wenn Sie den Partner zu küssen beginnen, werden Sie ihn auch schmecken. Schließlich führt die Begegnung zu einer vollen Umarmung und kann in der sexuellen Vereinigung enden.

Diese Reihenfolge läßt sich auch bei einem entsprechenden Experiment beobachten. Setzen Sie mit Ihrem Partner einen Zeitpunkt für ein Treffen bei Ihnen zu Hause fest. Wenn es soweit ist, ist der Partner bereits anwesend, doch in einem anderen Zimmer, er ist also nicht zu sehen. Wenn Sie nun eintreten, verhalten Sie sich beide schweigend.

Verbringen Sie einige Minuten mit Schweigen und beobachten Sie dabei Ihre erwartungsvollen Gedanken. Dann beginnt jeder damit, ein paar Geräusche zu machen. Kurze Zeit später betritt einer von Ihnen das Wohnzimmer. Sie blicken einander aus der Entfernung an, sagen aber noch immer nichts. Tun Sie dies mehrere Minuten lang. Schließlich stellen Sie Augenkontakt her und nehmen auch diesen mit voller Konzentration wahr. Als nächstes kommt der verbale Kontakt an die Reihe, dann die Berührung und so fort, wobei Sie nach jeder Stufe innehalten, um die sich graduell steigernde körperliche Intimität voll zu erfahren. Es besteht kein Zwang, die Begegnung mit einer sexuellen Vereinigung zu beenden, diese sollte freiwillig sein. Es kann nämlich durchaus vorkommen, daß Sie so viel von diesen einzelnen Stufen haben, die Sie normalerweise wahrscheinlich übergehen würden, daß Sie den Geschlechtsverkehr lieber auf ein anderes Mal vertagen.

Gute Zeiten, schlechte Zeiten

Die beste Zeit für die Liebe ist dann, wenn Sie sich ruhig, ausgeruht und voller Energie fühlen. Dabei sollten Sie emotional neutral sein. Dieser Ratschlag widerspricht dem, was uns die Liebesromane, das Kino und die Schlagermusik empfehlen. Doch wenn Sie genauer hinsehen, werden Sie feststellen, daß die übersexualisierten Heldinnen und Helden dieser Produkte stets heftige Auseinandersetzungen haben, von einem Gefühlsextrem ins andere pendeln und in einer Welt aus Betrug, Wut, Verwirrtheit und Unglückseligkeit leben. Diese Charaktere, ob sie nun erfunden sein mögen oder nicht, sind zu sehr mit ihrem persönlichen Lebensdrama beschäftigt, um die Feinheiten und den Wert einer richtigen sexuellen Zeitabstimmung begreifen zu können.

Die Menschen denken lange und angestrengt darüber nach, wann sie ein Haus erwerben, heiraten, ihren Arbeitsplatz wechseln oder sogar, wann sie einkaufen gehen sollen – da erscheint es doch wohl auch sinnvoll, sich genauer zu überlegen, wann man Liebe machen will!

Manche Paare haben die Angewohnheit, sich zuerst erbittert zu streiten, um sich dann beim Lieben zu versöhnen. Das ist keine gute Idee. Sie sollten lieber warten, bis Sie sich völlig beruhigt haben, bevor Sie sich nach einer Auseinandersetzung lieben. Denn sonst werden Sie nur dem Negativkreislauf, in den Sie geraten sind, weitere Energie einspeisen. Die altchinesische Medizin ist der Auffassung, daß man auf diese Weise Herz-, Nieren-

oder Leberschäden provozieren kann, wenn es wiederholt geschieht.

Tatsächlich raten die taoistischen Sexualkundler davon ab, Liebe zu machen, wenn einer von beiden Partnern übermäßig glücklich, deprimiert, zornig oder müde ist. Die Taoisten haben Gefühlsextreme stets für ungesund erachtet, und sie waren der Ansicht, daß das innere Gleichgewicht stets so schnell wie möglich wiederhergestellt werden sollte. Danach, wenn der Geist nämlich wieder klar ist, kann vernünftig über den nächsten Schritt entschieden werden, einschließlich der Frage, ob man nun Liebe machen sollte oder nicht.

Die taoistischen Sexualkundler glaubten ferner, daß Zeiten natürlicher Unruhe und Störungen schlecht für das Liebemachen seien. Dazu zählten Finsternisse, starke Sonnenfleckenaktivität, Erdbeben, Wirbelstürme und heftige Gewitter. Da wir inzwischen wissen, daß zu solchen Zeiten das elektromagnetische Kraftfeld der Erde erschüttert werden kann, hat diese Theorie heute eine gewisse Unterstützung durch die Wissenschaft erhalten.

Es kann auch nützlich sein, die persönlichen Biorhythmen aufeinander abzustimmen. Dabei sollten Sie Zeitpunkte wählen, da die Biorhythmuskurven entweder einen Höhe- oder einen Tiefpunkt aufweisen, denn sowohl die biorhythmischen Tal- als auch die Gipfelphasen zeigen Zeiten erhöhter Reaktionsfähigkeit an. Möglicherweise werden Sie feststellen, daß die höchste sexuelle Empfänglichkeit durch die Tal- und Gipfelpunkte der Gefühlskurve angezeigt werden, gefolgt von denen der Körper- und der Intellektkurve. Doppel- und Dreifachgipfel beziehungsweise -tiefpunkte sind ein Hinweis auf eine noch viel stärkere Intensität der Empfindung.

Auch die Astrologie kann gute Dienste bei der Zeitbestimmung leisten. Die einfachste Regel lautet, am Tag oder in der Nacht des Vollmondes zu lieben. Astrologisch gesehen, ist eine Sonnen- oder Mondfinsternis ein Zeitpunkt starker Energien, der für das rituelle Liebemachen oder andere Praktiken, welche die Sexualkraft wecken, geeignet sein kann. Die Sommer- und Wintersonnenwende (22. Juni und 22. Dezember) werden ebenfalls empfohlen, weil zu diesen Zeiten gewaltige Energien einströmen.

Sie können sich ohne große Mühe genügend astrologische Kenntnisse aneignen, um die vielen Vorteile planetarer Konstellationen zu nutzen. Dazu gehören beispielsweise Trigonalaspekte und Konjunktionen von Jupiter und Venus (transitär) mit einem oder mehreren Planeten Ihres individuellen Geburtshoroskops. Sonne, Mars, Uranus, Neptun und Pluto können ebenfalls verborgenes sexuelles Potential freisetzen, doch geschieht dies meistens eher auf subtile, unterschwellige Weise und ist auch in der Regel (außer im Falle der Sonne) nicht sehr stabil. Der Mond bietet uns fast täglich günstige Sexualaspekte, weil er Ihr ganzes Geburtshoroskop in nur ca. 28 Tagen durchläuft.

Der hinduistischen Sexualtradition zufolge sind die besten Zeiten zwischen 19.00 Uhr und Mitternacht sowie zwischen Mitternacht und 2.00 Uhr morgens. Ferner wird der fünfte oder achte Tag nach dem Ende der Menstruation empfohlen sowie der achte oder vierzehnte Tag nach Neumond.

Günstig ist auch die Menstruationsphase. Dann ist die Frau empfindsamer als sonst, und durch die sexuelle Aktivität, vor allem wenn ein genitaler Orgasmus stattfindet, können etwaige menstruelle Verspannungen gelöst werden. Zu dieser Zeit sollten Positionen bevorzugt werden, bei denen die Frau auf dem Mann liegt oder sitzt, damit das Blut ungehindert strömen kann.

Verbundenheit und Einschwingung zwischen Paaren

Sie haben sicherlich schon selbst festgestellt, daß jeder Mensch sich von anderen unterschieden »fühlt«. Jeder von uns hat seine eigene, einzigartige und sehr persönliche Schwingung.

Diese Schwingung läßt sich oft auch ohne besondere Anstrengung spüren. Es ist möglich, daß Ihnen gar nicht bewußt ist, worauf Sie sich dabei einschwingen, es kann auch ausschließlich im Unterbewußtsein stattfinden. Und doch fällen Sie über Menschen wichtige Entscheidungen und Urteile, die auf diesen »Gefühlen« beruhen.

Dieser Schwingungsfaktor bekommt großes Gewicht, sobald es darum geht, einen Partner auszuwählen, mit dem man Liebe machen oder zusammenleben will. Können Sie sich in einen anderen Menschen einschwingen und bis hinter seine Persönlichkeitsmaske vorstoßen? Können Sie das Band zwischen Ihnen und dem anderen harmonisieren und festigen, wenn es schwächer zu werden droht? Können Sie ein Band auch dann noch stärker festigen, wenn es bereits gesichert zu sein scheint?

Die Antwort lautet: Ja, all das vermögen Sie, und auch noch sehr viel mehr, und zwar ohne allzu große Anstrengung.

Wir haben viele verschiedene Techniken ausprobiert, mit denen man sich gegenseitig auf die Schwingungen des anderen einstimmt. Die Praktiken, die nun folgen, haben sich als die wirkungsvollsten erwiesen. Sie bedürfen keiner abstrusen Theorien, um wirksam zu sein, denn sie verstärken das Gefühl der Verbundenheit und der Harmonie zwischen den Partnern und sind dadurch sehr mächtig.

Man kann in bekleidetem und unbekleidetem Zustand arbeiten. Sie sollten diese Übungen sowohl abseits vom Liebemachen durchführen als auch unmittelbar davor. Manche Menschen weigern sich, diese Übungen zu praktizieren, weil ihnen die Ergebnisse zu subtil und wenig konkret erscheinen. Das ist zwar verständlich, doch kann die Liebe überhaupt oft sehr subtil und unterschwellig sein. Vielleicht zeichnet sich »wahre Liebe« ja gerade durch die Bereitschaft aus, kleine festliche Feiern der Nähe wie diese miteinander zu teilen.

Der Zustand des »Verliebtseins« wird in unserer Gesellschaft ständig überhöht und imitiert. Radiosender mit Pop- und Rockmusik dröhnen die Botschaft in den Äther, daß »verliebt zu sein« (»being in love«) der herrlichste Zustand ist, den es überhaupt gibt. Mit Hilfe der von uns hier vorgestellten Techniken können Sie diesen Zustand herbeiführen, wann immer Sie wollen.

Wenn man »verliebt« ist, ist es ganz natürlich, einander in die Augen zu blicken, Händchen zu halten, als wolle man nie mehr voneinander ablassen, sich stundenlang eng zu umarmen und anzuschmiegen, schweigend dazusitzen, voller Zufriedenheit über das Gefühl der Nähe. Doch anscheinend findet bei jedem Paar dieses anfängliche magnetische Verschmelzen von Körper und Geist irgendwann ein Ende, bei manchen Liebenden langsamer, bei anderen schneller.

Wenn Sie einen beliebigen Gegenstand anschauen und verehren, können Sie sich immer und immer wieder in ihn verlieben. Dabei bündeln Sie nämlich Ihre Gefühlsenergie. Das kann man mit Tieren, Muscheln, Blumen, Steinen (erinnern Sie sich noch an Ihren »Lieblingsfelsen«?) tun – aber natürlich auch mit Menschen. Dies ist das Prinzip, auf dem unsere Übungen beruhen.

Die *Dreifache Einschwingung* setzt sich aus drei Übungen zusammen: *Solarplexus-Friede*, *Herz-an-Puls* (oder auch *Herz-an-Herz*) und *Zwei-Köpfe-sind-besser-eins* (siehe Abbildungen). Dies ist auch zugleich die Reihenfolge, in der die Übungen vorzugsweise durchgeführt werden sollten. Werden sie auf natürliche und sanfte Weise praktiziert, erhöht dies den Energiepegel. Mit anderen Worten: Sie werden dadurch zunächst das instinktive Gefühl (Solar plexus) genießen, dann das emotionale Gefühl (Herz) und schließlich das inspiriert-geistige Gefühl (Kopf). Nach einer solchen Übung ist es auch empfehlenswert, die Energie zurück in den Bauchbereich zu leiten (siehe »Energie erden und speichern«).

Bei der *Herz-an-Herz*-Übung sitzen beide Partner einander wie bei der *Herz-an-Puls*-Übung gegenüber. Um die *Herz-an-Herz*-Übung durchzuführen, strecken Sie den Arm und legen die rechte Handfläche auf den Liebespunkt Ihres Partners. Legen

Die Übung Solar-Plexus-Friede

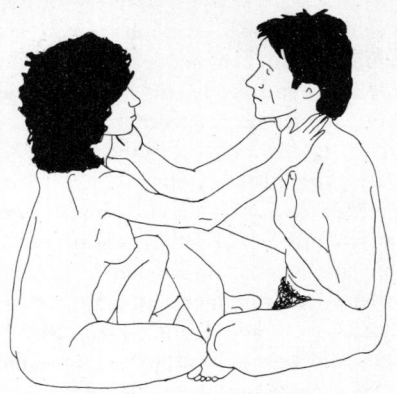

Die Übung Herz-an-Puls

Die Übung zwei-Köpfe-sind-besser-eins

Sie die linke Handfläche auf die rechte Hand des anderen, die auf Ihrem Brustkorb ruht.

Sie können im Einklang miteinander atmen, gemeinsam harmonische Töne von sich geben oder einander auch einfach nur in die Augen schauen. Versuchen Sie, den anderen aus der Tiefe Ihres Herzens heraus zu spüren. Je länger Sie eine dieser Übungen vollführen, um so mehr Nutzen werden Sie daraus ziehen. Versuchen Sie, mindestens zwanzig Minuten für die Reihe der *Dreifachen Einschwingung* aufzubieten.

Ferner empfehlen wir auch die Übung *Rückgrat-Wein*, die nach der berauschenden Wirkung benannt ist, die sie haben kann. Setzen Sie sich Rücken an Rücken zusammen und verhaken Sie Ihre Ellenbogen miteinander, um das Gefühl der Sinnlichkeit zu verstärken. Diese Übung kann eine Menge Hitzeenergie freisetzen, die Sie möglicherweise auch dann noch spüren werden, wenn Sie Ihren Körper von dem des Partners gelöst haben. Sie ist hervorragend dazu geeignet, beide zu energetisieren. Versuchen Sie es mal damit, wenn Sie beide etwas mehr Vitalität gebrauchen können. Manche Liebende meditieren auch in dieser Stellung.

Die Übung *Trespasso* ist ebenfalls sehr alt. Ihre Bezeichnung rührt von der Tatsache her, daß ein beständiger Augenkontakt ein Eindringen in die Persönlichkeit des anderen bedeutet (engl. »to trespass«). Legen Sie Brillen oder Kontaktlinsen ab, und entspannen Sie sich zuerst einige Minuten. Stellen Sie sich vor, daß Ihre Augen so weich wie Gelee werden. Nun starren Sie einander in die Augen oder auf die Mitte der Stirn, und zwar mindestens fünf bis zehn Minuten lang.

Manchmal ist es während des Sexualakts einfach zu schwierig, einen Herzenskontakt zum anderen herzustellen. Das ist auch einer der Hauptvorteile der hier vorgestellten Techniken. Tatsächlich stellen sie eine Art abgeschwächten Verkehr dar, Sex ohne genitale Vereinigung. Geschlechtsverkehr ist eine Frage der Abstufung und der körperlichen Angemessenheit. Die Vereinigung der Genitalien im nackten Zustand ist nicht die einzige Möglichkeit, Liebe zu machen.

David machte einmal mit einer Freundin auf diese Weise

Liebe, während beide an einer stillen, mondbeschienenen Straßenecke standen. Dabei haben sie ihre Kleidung anbehalten. Sie haben sich auch nicht geküßt oder ihre erogenen Zonen gestreichelt. Die Energie ihrer Polarität genügte, um sie beide zur Ekstase zu führen. Verglichen mit diesem gemeinsamen Energiehöhepunkt wäre der Geschlechtsverkehr nur eine Enttäuschung gewesen.

Die Solarplexus-Übung wurde von Betty Bethards entwickelt. Die Herz- und Kopf-Übungen stammen aus der spirituellen Tradition der Sufis (siehe Bethards, Dass und Aparna, und Gold und Cybele in der Bibliographie).

Energieverteilung

Die Energieverteilung ist eine Entspannungstechnik, die nicht nur Spaß macht, sondern zugleich auch energetisiert. Außerdem stellt sie ein gutes Training für die verschiedenen Stile des Liebemachens der sexuellen Energie-Ekstase dar (siehe »Stile des Liebemachens«). Wenn Sie die Energieverteilung üben, können Sie mit der Zeit immer stärkere und bessere Ladungen sexueller Energie aufrechthalten, was das Liebemachen fördert und beschwingt, ob Sie nun den harten oder den sanften Stil bevorzugen mögen.

Der Hauptvorteil der Energieverteilung liegt darin, daß Sie sich völlig auf die Verteilung Ihrer Sexualenergie konzentrieren und die belebende Erregung im ganzen Körper-Geist spüren können. Dazu bedarf es zudem keiner großen Anstrengung und Mühsal.

Wenn Sie der körperlich passive Partner sind, sind Sie zugleich der innerlich aktive. Spüren, fühlen, atmen, lenken, imaginieren und senden Sie die Sexualenergie. Lassen Sie sie ganz sanft von den Geschlechtsteilen in andere Bereiche Ihres Körper-Geists strömen.

Achten Sie darauf, während der ganzen Übung tief und vollständig zu atmen. Das unbewußte, ungewollte Anhalten der Luft ist weitverbreitet, und der körperlich aktive Partner sollte den passiven gegebenenfalls darauf aufmerksam machen. Kehren Sie in diesem Fall wieder auf sanfte Weise zum vollständigen Atmen zurück.

Sollte ein bestimmter Teil Ihres Körper-Geists der Heilung bedürfen oder nach Energie hungern, so können Sie etwas von Ihrer überschüssigen Sexualenergie dorthin lenken. Natürlich läßt sich dieselbe Praktik auch während des Geschlechtsakts anwenden, um sich selbst oder den anderen zu heilen. Die Ergebnisse werden Sie erstaunen!

Partner A ist aktiv, Partner B dagegen passiv.

Partner B legt sich mit entblößten Genitalien im Bett auf den Rücken. B bewegt sich nicht mehr und entspannt sich so tief wie möglich. Um eine optimale Entspannung zu gewährleisten, dreht B die Handflächen nach oben, die Arme liegen in einem Winkel von etwa 45 Grad vom Körper abgespreizt, die Füße leicht auseinander. Die Zehen kippen von allein nach außen. Entspannen Sie den Kieferbereich, so daß die Zähne leicht auseinanderstehen. Wer einmal Hatha-Yoga-Unterricht genommen hat, wird diese Stellung kennen. Es ist die sogenannte »Totenlage«, wie sie für die Tiefentspannung verwendet wird (siehe »Tiefentspannung«).

Partner A sitzt seitlich neben B und streichelt den Körper-Geist des Partners mit glatten, geschmeidigen Bewegungen. Die Berührung sollte stets sehr sanft sein. Wenn sie gegen Schluß der Streichelbewegung endet, sollte der Druck dabei nach und nach gemindert werden. Diese »Hubschrauber«-Bewegung wird während der gesamten Energieverteilung durchgeführt. Dabei werden die Hände etwa ein bis zwei Zentimeter über dem Körper des passiven Partners bewegt.

Partner A stimuliert die Genitalien des anderen, bis dieser deutlich erregt ist, dann »verteilt« er diese Erregung auf den übrigen Körper-Geist von Partner B. Konzentrieren Sie sich nur eine knappe Minute lang auf die Genitalien, es können auch nur ein paar Sekunden sein. Das Hauptgewicht liegt bei dieser Übung auf der Verteilung der Energie.

Ist Partner B erregt, streicht A fünfmal die Beine des liegenden

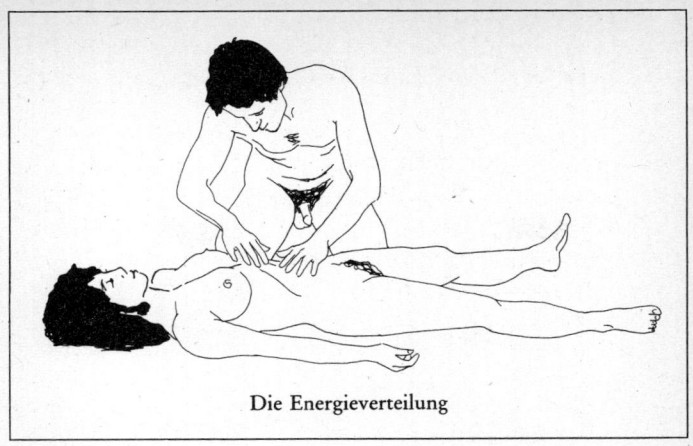

Die Energieverteilung

Partners entlang bis in Nähe der Füße. Dabei berührt Partner A den anderen nur federleicht und mindert den Druck, bevor er den Körper kurz, aber vollständig losläßt.

Als nächstes wiederholt A das Streichen, wobei er die Hände diesmal drei- bis fünfmal von den Genitalien körperaufwärts bewegt.

Vollführen Sie dies zehn bis fünfzehn Minuten lang, dann tauschen Sie die Rollen. Die Übung hat aber auch dann noch ihren Wert, wenn für jeden der Partner nur weniger Zeit zur Verfügung steht.

Wenn Sie erst einmal ein Gespür für diese Übung entwickelt haben, können Sie sie so abändern, daß sie Ihren persönlichen Bedürfnissen entgegenkommt. Doch achten Sie darauf, die »Hubschrauber«-Bewegung beim Beenden jeder Streicheleinheit beizubehalten.

Sexuelle Aktivität, vor allem solche ohne Orgasmus, hinterläßt manchmal Spannungsrückstände. Eine ähnliche Technik wurde uns auf unserem Workshop von einem Trainer für Sexersatztechniken mitgeteilt; sie ist recht wirkungsvoll: Wischen Sie die Verspannungen des Körper-Geists vom Unterleib ausgehend auf- und abwärts. Das können sie allein tun oder es von Ihrem Partner durchführen lassen.

Dritter Teil: Erwachen

Bewußter Konflikt

*Der Mann, die Frau ist ein Traum,
in ihrem innersten Wesen ist zwischen ihnen
kein Unterschied.
Tatsächlich sind sie gleich
still, Feuer und Wasser,
der Unterschied ist notwendig,
damit die Welt sich weiterdreht.*

*Bewußter Konflikt,
aus Liebe erschaffen
im Kontext des Friedens,
ist das Geheimnis
immerwährender Liebe.
Sei es für eine Nacht oder
ein Jahr,
ein Leben.*

*Denn im ganzen Leben
ist Vielfalt
unvermeidlich
und notwendig.
Ungewollter
Konflikt zerstört,
gewollter
Konflikt belebt.*

*Der Konflikt zwischen Feuer und Wasser
ist ein köstliches Spiel,
das Angst, Schuld und Zorn verkochen läßt
in den kühnen, ehrlichen
Helden des Herzens.*

*Sich für das Gegenteil öffnen,
ist der einzig mögliche Pfad,
du bist schon, was du bist,*

deine Verwandlung ist vollständig,
doch kannst du sie von deinem Standort
nicht erkennen.

Dein Gegenteil besitzt Augen,
wo du Zweifel hast.

Die Kunst des erotischen Erwachens

Sie erregen Ihren Partner; sie wecken ihn. Sie erwecken seine Sinne aus jener tiefen Stumpfheit, die der Alltag hervorbringt, führen ihn in die lebhafte, vibrierende Lebendigkeit. Durch Ihre mitfühlende, lebensspendende Berührung durchdringen Sie seine Schutzschichten. Nun ist er zur Gegenwart erwacht. Nun ist er fähig, das Geschenk des Lebens zu schätzen und zu feiern.

Gehen Sie weit hinaus über die üblichen Vorstellungen von »Vorspiel« und »Erregung«. Handeln Sie so, als ob die erweckende Berührung selbst der Höhepunkt sei, als gäbe es überhaupt keine genitale Vereinigung. Das Ergebnis wird eine vollständige Erfüllung während des Liebesakts sein.

Liebespartner, die für das Erwecken begabt sind, vermögen ihren fleischlichen Kosmos stundenlang zu verehren und anzubeten. Lange bevor die Geschlechtsorgane sich miteinander vereinen, erheben sie sich auf die Ebene der Ekstase, und auf diese Weise wird die gemeinsame Ekstase während der geschlechtlichen Vereinigung zur Gewißheit.

In diesem Abschnitt soll eine Reihe von Techniken geschildert werden. Sie werden feststellen, daß einige davon sehr nützlich sind. Dennoch ist und bleibt das *Fühlen* die wertvollste und echteste Fähigkeit beim Liebesakt. Diese Fähigkeit läßt sich, wie jede andere auch, weiterentwickeln.

Wenn das menschliche Herz nach völligem Einssein strebt und den gesamten Körper verzehrt, so daß dieser nur noch eines kennt, nämlich Liebe *jetzt* zu leben, und sei es auch nur für einen kurzen Augenblick, dann genügt oft eine bloße Berührung oder ein Blick, um die Macht der erotischen Verheißung zu übermitteln. Wenn Sie wahre Liebe und nicht einfach nur Sex haben wollen, so müssen zärtliche, aus tiefstem Herzen empfundene Zuneigung, Einssein mit dem Partner und andere Stimmungen, in denen man sich selbst vergißt, auch während des physischen Akts vorherrschen. Dies läßt sich durch Übung erreichen.

Ohne tiefes Gefühl, ohne die Teilnahme des Herzens, werden die tausendundein Techniken der uralten und der modernen Liebeskunst niemals zur völligen Befriedigung führen können. Denn totale Befriedigung verlangt auch nach totaler Beteiligung.

Liebe, oder ein Maximum an Fähigkeit zur Gefühlserwiderung, ist der einzige Weg. Doch Liebe selbst ist keine Methode: Um mit Ihrem ganzen Sein, mit ganzem Geist, mit vollem Herzen fühlen zu können, muß auch der gesamte Körper erwacht sein. Unsere Praktiken werden Ihnen dabei helfen, ebendies zu erlangen, während Sie mit leichter Hand die Freuden des Liebens genießen.

Um ein Verständnis für das sexuelle Erwachen zu erlangen und es auszuweiten, sollten Sie es mit Folgendem versuchen. Verspüren Sie sexuelle Begierde oder Erregung, und ist die Situation auch für die Kontemplation geeignet, so nehmen Sie sich zwanzig Minuten Zeit, um diese Empfindungen zu erforschen. Richten Sie die gesamte Aufmerksamkeit Ihres Körper-Geists darauf. Dann durchdringen Sie die Empfindung, gestatten ihr, sich wie eine Rose zu öffnen. Kontemplieren Sie, wie diese Emanation der Energie ein Teil jener Lebensenergie ist, welche Sie und den Rest des Universums nährt und am Leben erhält.

Wenn Sie diese Kontemplation lange genug durchführen, so wird sich das übliche Gefühl der Erregung plötzlich verwandeln. Sie werden bemerken, wie ein gewisses Prickeln und eine Helligkeit sich durch ihren ganzen Körper-Geist ausbreiten. Seltsamerweise besteht eine der besten Methoden, sich auf das Liebemachen zu konzentrieren, aus der Kontemplation oder Meditation über die Wirklichkeit des Wandels im allgemeinen und über den körperlichen Tod im besonderen. Diese Übung sollten Sie allein etwa eine halbe Stunde lang durchführen. Dadurch erwachen Sie zu der Kostbarkeit dieses Augenblicks und Ihres Partners.

Gemeinsame Inspiration

Inspiration ist ein wunderschönes Wort, das von seiner Sprachwurzel her sowohl den Akt des Einatmens als auch den Akt der Belebung und geistigen Erhebung meint. Gemeinsame Inspiration ist der Akt des sich gegenseitig Belebens und Erhebens, indem man die Vitalität und Persönlichkeit des anderen einatmet und dabei gleichzeitig den eigenen Körper-Geist entspannnt und energetisiert.

Haben Sie schon einmal beim Liebesakt versucht, gemeinsam im selben Rhythmus zu atmen? Oft geschieht dies spontan. Gemeinsame rhythmische Tiefenatmung, während man sich dem Höhepunkt nähert, kann tatsächlich zu einer Erfahrung führen, die alles in den Schatten stellt, was die Phantasie sich nur vorzustellen imstande ist. Gemeinsame rhythmische Tiefenatmung kann auf jeder Stufe des Sexualverkehrs das Gefühl und den Energiepegel intensivieren. Doch bedarf es dazu keiner Bewegung. Sie können einander auch während eines vollständigen Anhaltens (siehe »Das Vollständige Anhalten«) inspirieren.

Das Atmen ist eine sehr schöne Möglichkeit, um nonverbal zu kommunizieren. Gemeinsam zu atmen ist ein Abenteuer für sich. Ganz allgemein gesprochen, hängt schnelles Atmen mit Aufregung zusammen, langsames Atmen dagegen mit Ruhe. Je nachdem welchen Effekt Sie aufeinander ausüben wollen, sollten Sie auch Ihren Atemrhythmus wählen.

Man spricht gerne vom gemeinsamen Strömen oder davon, im Einklang zu sein, denselben Rhythmus zu haben. Es gibt keine bessere Methode, dies zu erreichen, als durch die Atmung. Doch bedarf es dazu keines strengen Zählens: Indem Sie einander Gelegenheit geben, in einen gemeinsamen Rhythmus zu gelangen, geschieht dies oft ganz von selbst.

Zwei Personen können auf verschiedene Weise im Einklang atmen; so können zwei Liebespartner gleichzeitig ein- und ausatmen, sie können aber auch einen versetzten Rhythmus verfolgen wie zwei Zylinderkolben, wobei der eine einatmet, während der andere ausatmet und umgekehrt. Die Kegel-Kontraktionen lassen sich übrigens auch mit dem Ein- oder Ausatmen verbinden, während man geschlechtlich miteinander vereint ist. Wenn Sie dies tun wollen, so konzentrieren Sie sich darauf, den After emporzuziehen. Ebenso können Sie gemeinsam nach dem Ein- oder Ausatmen anhalten, vielleicht auch im Rhythmus zu einer Musik.

Eine Möglichkeit besteht darin, sich einander gegenüber zu setzen oder sich auch nebeneinander auf die Seite zu legen, um die Gesichter so aneinander zu legen, daß die Nasenlöcher Seite an Seite liegen. Ebenso können Sie aber auch einen leidenschaftlichen Mundkuß mit dem gleichzeitigen oder rhythmisch versetzten Ein- und Ausatmen durch die Nase verbinden. Wenn Sie sich Ihrem Partner von Angesicht zu Angesicht gegenüber befinden, so spüren Sie seinen Atem auf Ihrer Haut und hören ihn auch atmen. Indem Sie aufeinander atmen, spenden Sie sich auch gegenseitig Lebensenergie. Eine sehr ruhige Variante dieser Praktik ist die sogenannte »Löffelatmung«, bei der Sie sich Bauch an Rücken nebeneinander legen.

Es bringt Gewinn, etwas über die Feinheiten der Atmung beim Liebesakt zu wissen, wenn man mit einem neuen Partner Liebe machen will. Ein Harmonisieren der gemeinsamen Atmung führt auch schnell zu einer ganz allgemeinen Harmonisierung zwischen den beiden Liebenden. Geben Sie in diesem Fall das Atemtempo an. Sollte Ihr neuer Partner mit dem sanften Stil des Liebemachens noch nicht vertraut sein, so wird er, ohne es bewußt zu bemerken, Ihren Vorgaben folgen und diesen Weg schon bald genießen. Sollte der andere jedoch zu schnell und hastig atmen, so passen Sie sich zunächst an seinen Atemrhythmus an. Schwingen Sie erst einmal auf derselben Wellenlänge, so können Sie damit beginnen, Ihr eigenes Tempo ganz allmählich zu verlangsamen, worauf Ihnen der andere nach und nach folgen wird.

Es kann auch schon eine äußerst angenehme Erfahrung für sich sein, sich einfach nur bewußt zu werden, wie sich der Atem im Zweierkosmos entfaltet. Sie sollten sich Ihrer Atmung wenigstens einige Minuten lang gewahr bleiben, so wie sie ist, um ihr dann dorthin zu folgen, wohin sie Sie führen will. Auf diese Weise erfahren Sie die Auswirkungen verschiedener Atemvarianten aus erster Hand und können eigene Methoden entwikkeln, um sich gegenseitig zu inspirieren.

Die vollständigen biomagnetischen Kreisläufe

Es gibt sowohl biomagnetische Kreisläufe innerhalb des Körper-Geists als auch biomagnetische Kreisläufe, die zwischen zwei Personen stattfinden können. Diese Kreisläufe entsprechen auch dem Fluß der Akupunkturenergie. Wenn Sie mit Ihrem Partner die vollständigen biomagnetischen Kreisläufe herstellen, so sollten Sie sich die Sache so vorstellen, als würden Sie innerhalb eines übergeordneten Körper-Geists solche Kreisläufe vollenden (siehe »Energiesteigerung«, »Verbundenheit und Einschwingen zwischen Paaren«).

Indem Sie biomagnetische Kreisläufe herstellen, kommen Sie einander auch emotional näher. Sie können manchen Augenblick der Glückseligkeit miteinander teilen, wenn Ihre gemeinsamen Energien sich freudig vereinen. Auf diese Weise können Sie auch Ihre Gesundheit und Ihr allgemeines Wohlbefinden verbessern. Dabei brauchen Sie beim Liebemachen noch nicht einmal daran zu denken, daß Sie soeben biomagnetische Kreisläufe herstellen, um ihrer Vorteile teilhaftig zu werden. Dies geschieht oft unbewußt, und schon der bloße Akt des Eindringens des Penis in die Vagina und sein Ruhen darin stellt zahlreiche biomagnetische Kreisläufe her (siehe »Tao des Sexus«).

Biomagnetische Kreisläufe lassen sich allein oder zu zweit bewirken, auf einfache oder komplizierte Weise, in jeder bequemen Stellung. Wenn Sie dies allein erarbeiten wollen, so gibt es eine einfache Stellung, die darin besteht, daß Sie die Hände wie zum Gebet falten oder sie zu einer Schale formen, während Sie gleichzeitig die Füße an den Knöcheln kreuzen oder die Sohlen gegeneinander pressen.

Zu den komplizierteren Solomethoden gehören der *Ring der Ruhe* und der *Zungendruck*. Um den Ring der Ruhe durchzuführen, pressen Sie Daumen und Zeige- oder Mittelfinger einer oder beider Hände zu einem »OK«-Zeichen zusammen. Diese Fingerstellung unterstützt das Kreisen sexueller Energie durch den ganzen Körper. Wir haben festgestellt, daß dadurch ein ruhiger, kontemplativer Zustand von Körper und Geist erlangt wird.

Der *Zungendruck* wirkt auf den ersten Blick etwas unnatürlich, doch tatsächlich handelt es sich dabei um die wohl mächtigste biomagnetische Kreislauftechnik, die ein Mensch allein durchführen kann. Sie kann unter anderem die Aktivität der Gehirnhälften miteinander harmonisieren, den Hauptenergiekreislauf im Körper herstellen (das Diener- und Lenkergefäß der Akupunktur) und den Speichelfluß anregen (erhöhter Speichelfluß kann eine kühlende, beruhigende und heilende Auswirkung haben). Außerdem soll damit die Hirnanhangdrüse unmittelbar stimuliert werden. Der Ring der Ruhe und der Zungendruck können beide auch im Alltag jederzeit durchgeführt werden.

Legen Sie die Zungenspitze gegen den weichen Gaumen an der hinteren oberen Mundhöhle. Sollte Ihnen dies zu unbequem sein, so legen Sie die Zunge einfach hinter die erste Gaumenrille, in die Mulde, wo Ihr Gaumen einen weichen Punkt aufweist. Der rauhe Bereich des harten Gaumens wird hierfür nicht empfohlen, da der Mund sonst allzu leicht austrocknet. Behalten Sie dabei einen lockeren Kiefer. Sollten beide Methoden immer noch zu unbequem sein, so legen Sie die Zungenspitze hinter die beiden vorderen Schneidezähne, wo der Gaumen beginnt, wobei Sie oberes und unteres Gebiß leicht auseinanderhalten. Wenn Mund und Kiefer entspannt sind, geschieht dies automatisch. Ein verspannter Kiefer ist oft ein Anzeichen für genitale oder Hüftverspannung, die sich wiederum dadurch auflösen lassen, daß man den Kiefer in einem nachgeahmten Gähnen löst und lockert.

Die beste Zeit, um das Herstellen der biomagnetischen Kreisläufe im Alleingang zu praktizieren, ist wohl dann gegeben, wenn Sie beim Liebemachen eine passive, empfangende Rolle wahrnehmen (siehe »Die Himmelsleiter«). In dieser Rolle können Sie sich nach innen wenden und auf die Feinheiten Ihrer Empfindungen achten. Eine einzigartige Kombination von Wirkungen erlangt man dadurch, daß man den Zungendruck durchführt, während man gleichzeitig die Augen mit den Fingern und die Ohren mit den Daumen verschließt. Mit Hilfe verschiedener Atemrhythmen können Sie außerdem die Sensitivität noch vertiefen, die von diesen Techniken gefördert wird (siehe »Selbst-Inspiration«). Versuchen Sie dies, während Ihr Partner Sie in den Orgasmus führt (siehe »Klimax«).

Das Kurzschließen biomagnetischer Kreisläufe zwischen Partnern kann ganz einfache Formen annehmen, etwa wenn man gleiche Körper-Geist-Teile miteinander in Einklang bringt. Dies geschieht in gewissem Umfang beim Liebemachen (einschließlich des Vorspiels), doch läßt sich der Effekt dadurch steigern, daß man bewußt darauf hinarbeitet. So können Sie Stirn an Stirn legen, Handfläche an Handfläche, Bauch an Bauch, Brust an Brust, Rücken an Rücken, Fußsohle an Fußsohle und natürlich auch Mund an Mund sowie Zunge an Zunge.

Es lassen sich auch Verbindungen zu verschiedenartigen Körperteilen herstellen. Dazu gehören unter anderem die Kopplung von Händen und Füßen, Händen oder Füßen mit Brustkorb und Händen oder Füßen mit Kopf. Weitere Beispiele: Mund an Hände oder Füße und Mund oder Hände an Genitalien. Manche Stellungen, beispielsweise 69, stellen für beide Partner gleichzeitig diese Kreisläufe her, was den Effekt erhöht.

Es gibt keine festgelegte Zeitdauer für das Aufrechterhalten einer solchen Verbindung. Sie werden selbst spüren, wie die beruhigende Lebensenergie in einem geschlossenen Kreislauf strömt. Lösen Sie sich voneinander, wenn dieses Gefühl nachläßt oder wenn Sie den Impuls verspüren, eine neue Verbindung herzustellen. Sie werden feststellen, daß Sie vielleicht einen jubilierenden biomagnetischen Tanz veranstalten, indem Sie eine Weile eine Position beibehalten, um dann zur nächsten überzugehen. Sollten Sie bemerken, daß Sie dazu neigen, einzelne Stellungen nur fünf oder zehn Sekunden beizubehalten, so sollten Sie versuchen, jede mindestens ein oder zwei Minuten durchzuführen. Wahrscheinlich werden Sie entzückt von den neuen Empfindungen sein, die Sie dadurch machen werden.

Die Augen bieten uns ebenfalls kraftvolle Möglichkeiten, einen Energiekreislauf herzustellen. Einander beim Liebesakt in

Das Herstellen vollständiger biomagnetischer Kreisläufe

die Augen zu blicken, kann sowohl herausfordernd als auch einladend wirken. Ein Augenkontakt, der länger als wenige Sekunden andauert, wird für gewöhnlich als durch und durch intimer Akt gedeutet. Er gilt sogar als derart intim, daß manche Liebespartner, die zwar zur genitalen Vereinigung mit Ihnen bereit sind, es dennoch nicht gestatten, eine Augenverbindung aufrechtzuerhalten. Wenn Sie jemals jemandem des anderen Geschlechts in die Augen geschaut haben, beispielsweise auf einer Party oder in einem Restaurant, dann wissen Sie aus eigener Erfahrung, wie vielsagend Augen sein können. Multiplizieren Sie dies noch mit der Intensität des Liebemachens, und schon haben Sie ein äußerst machtvolles Werkzeug in der Hand, um Ekstase herbeizuführen; und nicht nur Ekstase, sondern auch persönliches und interpersonales Einanderbegegnen und -verstehen. Auch der Atem aus den Nasenlöchern oder dem Mund ist ein Vehikel des Biomagnetismus (siehe »Verbundenheit und Einstimmung zwischen Paaren« – dort: *Trespasso* und »Der schöpferische Sexualorgasmus«).

Energieverstärkung

Diese Übung ist sehr wirksam. Führen Sie sie zusammen mit Ihrem Partner durch, dann verdoppelt sich das Vergnügen daran (siehe »Vollständige biomagnetische Kreisläufe«, »Selbst-Inspiration«).

Zuerst die einfache Variante: Atmen Sie sanft ein, spannen Sie den PC-Muskel und ziehen Sie die Analmuskeln empor. Schließen Sie die Augen und richten Sie die Aufmerksamkeit nach oben, beispielsweise auf den Scheitel. Doch übertreiben Sie es nicht, strengen Sie sich dabei also nicht übermäßig an. Entspannen Sie sich einfach und lassen Sie sich davontreiben.

Und nun die etwas schwierigere Variante: Atmen Sie durch die Nase tief in den Bauch, wobei die Luft tief hinten im Rachen an den Halswänden kratzen muß. Während Sie dies tun, rollen Sie die Augen langsam einwärts nach oben. Dabei spannen Sie Ihre PC- und Analmuskeln an. Pressen Sie die Zunge gegen den weichen Gaumen hinten im Rachenraum. Möglicherweise wird sich Ihr Kopf nun von allein nach hinten lehnen. Sollte dem so sein, lassen Sie es zu. Dies läßt sich sehr nützlich während eines *Vollen Anhaltens* (siehe »Das volle Anhalten«) durchführen. Seien Sie nicht erstaunt, wenn Sie auf diese Weise ein natürliches Hoch ohne Drogen erleben. Die Theorie besagt, daß Sie auf diese Weise zugleich Ihre Hirnanhang- und Zirbeldrüse für ein längeres Leben aktivieren sowie für gesteigerte Vitalität und Persönlichkeitswachstum. Weil zu dieser Technik das Atemanhalten gehört, ist sie *nicht* für Menschen mit überhöhtem Bluthochdruck geeignet.

Konzentration

Ihr wichtigstes und wertvollstes Geschlechtsorgan befindet sich nicht zwischen den Beinen, sondern »zwischen Ihren Ohren«. Die Fähigkeit, sich zu konzentrieren, den Geist auf das zu richten, was im Körper geschieht, oder auf positive Aspekte Ihrer Erfahrung, gilt einhellig als wichtigster Faktor für jede Art sexuellen Erlebens. Die Macht der Konzentration kann den Liebesakt auf außergewöhnliche Weise verschönern und steigern. Das Liebeselixier, nach dem so viele Menschen suchen, ist tatsächlich die Fähigkeit, sich total zu konzentrieren, die Aufmerksamkeit voll auf einen bestimmten Brennpunkt zu richten. Diese Fähigkeit läßt sich durch Übung erreichen. Eine ganz einfache Konzentrationstechnik besteht darin, den Sekundenzeiger einer Uhr zu beobachten.

Die schlichte gegenseitige Berührung kann ebenfalls als Konzentrationsübung dienen, auch beim eigentlichen Liebemachen. Man kann das Berühren auch am eigenen Körper üben oder an Apfelsinen und Äpfeln, man kann Kleider aus verschiedenen Stoffen befühlen und so weiter. Taktile Sensitivität läßt sich ebenfalls dadurch trainieren, daß man sehr langsam barfuß dahinschreitet. Wenn Sie Übung darin haben, bewußter in der sinnlichen Gegenwart zu leben, so wird dies nicht nur Ihr Leben als Ganzes, sondern auch Ihr Liebesleben im besonderen positiv beeinflussen.

Es gibt übrigens noch eine andere Art von Konzentration, die im Zusammenhang mit dem Liebesakt selten erwähnt wird. Dies ist, mit den Worten des Philosophen Franklin Merrell-Wolff, der Zustand der »hohen Indifferenz«. Dies ist kein herzloser, gefühlskalter Geisteszustand, sondern vielmehr eine freudige Losgelöstheit, ein raumumspannendes Ultra-Beteiligtsein, das Sie aus dem Kopf in die Gegenwart hineinholt. Versuchen Sie einmal, zu einer Zeit Liebe zu machen, da Sie dem Sex etwas indifferent gegenüberstehen, da Ihnen nicht unbedingt am genitalen Orgasmus gelegen ist, da Sie ebensogut darauf verzichten könnten, wie ihn wahrzunehmen. Dieser Zustand der Losgelöstheit könnte Ihnen einige Ihrer schönsten Erfahrungen bescheren.

Das vollständige Anhalten

Das *Volle Anhalten* bedeutet, daß man sich die Zeit nimmt, um Bilanz zu ziehen, um einfach nur zu fühlen, zu genießen. Bildlich gesprochen, verlassen Sie den Fahrstuhl der Erregung und erkunden das Stockwerk, das Sie gerade erreicht haben, ob es nun das neunte oder das neunundvierzigste sein mag. Sie nehmen sich diese Zeit, um die Wirklichkeit wiederherzustellen, die Sie beide sind, und nur Sie beide allein, hier und jetzt zusammen.

Blicken Sie einander in die Augen. Spüren Sie einander aus der Tiefe des Bauches und des Herzens. Streicheln Sie sich, hauchen Sie einander an. Werden Sie sich der Tatsache bewußt, daß schon Ihr bloßes Beisammensein ein Wunder ist. Nehmen Sie sich hierfür mindestens ein bis zwei Minuten Zeit. Wenn es geht, sollten Sie lieber fünf, fünfzehn Minuten oder noch länger darauf verwenden. Sollte die Übung mit dem Einschlafen enden, ist das auch in Ordnung. Sie werden sich hinterher vollständig und erfüllt fühlen und keineswegs frustriert. Vielleicht möchten Sie einander drücken, richtig fest drücken, nur um zu sagen: »Ich mag dich!« Manchmal ist es schwierig, sich daran zu erinnern, wenn man aneinander vorbeihetzt, auf der Jagd nach einsamen Höhepunkten. Halten Sie inne, und drücken Sie einander in einer leidenschaftlichen Bärenumarmung. Dehnen Sie diese möglichst lange aus.

Widerstehen Sie der Versuchung, die Umarmung zu lösen, wenn tiefere Gefühle emporsteigen. Schließlich sind Sie dabei, sich zu lieben.

Wir persönlich mögen das Vollständige Anhalten in der YabYum-Stellung. Dann sitzen wir aufrecht in den Armen des anderen, schweigen und richten unsere Aufmerksamkeit nach innen. Diese friedvollen Augenblicke gehören zu jenen, die wir am meisten schätzen. Noch wenige Sekunden zuvor waren wir ein loderndes Feuer. Nun jedoch sind wir eine kühle Bergbrise, die nach Fichten duftet. Dieser Kontrast ist keineswegs ein Nachlassen, er ist vielmehr eine Quelle der Freude. Außerdem bevorzugen wir die Stellung *Die Wippe* für das Vollständige Anhalten (siehe »Friedvolle Stellungen«).

Eine spielerische Variante dieser Übung ist das Einfrieren- oder Weckerspiel. Dafür gibt es zwei Methoden. Die erste besteht darin, einen Wecker oder mehrere im voraus zu stellen. Die zweite wiederum überschreibt einem der beiden Partner die Rolle des Weckers. Sie sollten dabei irgendwann die Rollen tauschen, entweder wenn Sie die Hälfte der Sitzung hinter sich gebracht haben, oder während einer gänzlich neuen Sitzung des Liebemachens.

Wenn der Wecker das Signal gibt, erstarren beide wie eingefroren; erstarren Sie völlig – bewegen Sie sich nicht mehr im mindesten. Bleiben Sie einfach still liegen und werden Sie sich der fortgesetzten Bewegung Ihrer Sinnesorgane bewußt, Ihrer Gedanken und Gefühle. Das Wichtigste dabei ist, sich nicht im geringsten zu bewegen. Das sollten Sie mindestens eine Minute lang tun, möglichst noch länger.

Was ist der Vorteil eines solchen Spiels? Nun, es ist äußerst schwierig, Liebe zu machen, ohne dabei ein gehetztes, zwanghaftes, nervöses Gefühl zu entwickeln. Diese Übung jedoch verschafft Ihnen eine gewisse wertvolle Distanz zu diesem zwanghaften Gefühl.

Sie können auch auf ganz lockere Weise im Einklang miteinander atmen, während Sie auf zärtliche Weise wieder zum Höhepunkt Ihrer Leidenschaft zurückkehren. Dabei können Sie wie eine Zwei-Personen-Dampfmaschine verfahren, indem Sie zunächst langsam atmen und dann immer schneller.

Ohne das Tal ist der Gipfel bedeutungslos. Ohne den Gipfel ist das Tal fruchtlos. Nehmen Sie sich die Zeit, um beide zu genießen.

Die Hochs und Tiefs des Liebesakts sind unvermeidlich. Doch wenn Sie ihn zu einem Akt bewußter Entscheidung machen, ob Sie zu den Gipfeln der Erregung empor- oder in die Täler der Ruhe und des Friedens hinabsteigen wollen, so werden Sie die zyklische Qualität der Ekstase und Intimität beim Liebemachen, also Ebbe und Flut dieser Energie, leichter akzeptieren lernen. Dies gilt übrigens auch für Alltagsbeziehungen aller Art. Wie ein Surfer im Meer lernen Sie, auf den Wellen zu reiten.

Da das Pausieren die Erregung des Mannes unterbricht, läßt

sich auf diese Weise der Sexualverkehr unbegrenzt ausdehnen und verlängern. Liebemachen mit häufigem *Vollständigen Anhalten* bekommt eine rhythmische, fließende, tanzähnliche Qualität (siehe »Der Krieg-und-Frieden-Stil«).

Energie erden und speichern

Heutzutage werden viele Techniken des individuellen Erdens gelehrt. Das Liebemachen kann große Mengen Energie erzeugen. Es kann dabei geschehen, daß Sie sich derart weit öffnen und ausdehnen, daß Sie sich selbst erst sammeln und isolieren wollen, bevor Sie sich erneut der Alltagswelt stellen. Die Erdungstechniken können Ihnen dabei helfen, die erzeugte Energie zu steuern und zu bewahren. Mit ihrer Hilfe erschaffen Sie in sich wieder ein Gefühl der Erdung, das Gefühl, mit beiden Beinen wieder auf dem Boden zu stehen. Ganz allgemein gesprochen, sorgt die Erdung dafür, daß Sie körperlich und psychisch zu Ihrer Mitte finden.

Die erste Technik, die von Betty Bethards entwickelt wurde, sorgt dafür, daß Sie Ihr persönliches Energiefeld versiegeln. Setzen Sie sich dazu in eine bequeme Stellung, legen Sie die Hände auf die Oberschenkel und ballen Sie sie zu Fäusten. Visualisieren Sie sich selbst in einer gewaltigen Kugel aus strahlendem weißem Licht. Tun Sie dies mindestens eine Minute lang oder so lange, bis Sie deutlich spüren, daß Sie sich etwas beruhigt und gesammelt haben.

Eine weitere Technik, die wir Ihnen vorstellen wollen, benutzt die Erde selbst, auch ganz schlicht den Boden als Unterlage. Beugen Sie sich aus der Hüfte nach unten, wobei Sie die Handflächen und die Fußsohlen fest auf den Boden pressen. Atmen Sie tief und rhythmisch aus dem Bauch heraus. Sollte diese Atmung Ihnen allerdings Schwindelgefühle bereiten, so brechen Sie die Übung ab. Nehmen Sie sich Zeit. Diese Übung wird am günstigsten barfuß durchgeführt. Am besten macht man sie zu Sonnenaufgang im taufeuchten Gras.

Das Niederkauern bringt Sie außerdem der Mutter Erde näher. Fangen Sie mit weitgespreizten Beinen an, wobei die Füße leicht nach außen gekehrt werden. Während Sie niederkauern, legen Sie die Hände in der Gebetshaltung zusammen und strecken Sie sie nach vorne aus. Benutzen Sie die Hände als Gegengewicht, um das Gleichgewicht zu halten. Wenn Ihnen dies mühelos gelingt, führen Sie die Handflächen immer näher an den Brustkorb heran. Dies läßt sich auch imaginativ mit dem Ein- und Ausatmen durch die Genitalien verbinden.

Eine Übung, die gerne in Seminaren über Psi-Training gelehrt wird, besteht darin, in entspanntem Zustand dazustehen und sich vorzustellen, daß von jedem Ihrer Füße eine Kordel aus Licht tief in den Mittelpunkt der Erde hinabreicht. Dabei sollten Sie das Gefühl einer völligen Verwurzelung entwickeln.

Manche Menschen machen sich Sorgen darüber, daß sie durch ausgedehntes Liebemachen mehr Energie ansammeln, als sie verkraften können. Der chinesische Tao-Yoga lehrt, daß man große Energiemengen am besten im Bauchbereich speichert.

Eine Methode, um dies zu erreichen, ist äußerst einfach: Richten Sie Ihre Aufmerksamkeit auf den Nabel. Bewegen Sie die rechte Faust kreisförmig sechsunddreißig Mal in eine Richtung, dann vierundzwanzig Mal in die Gegenrichtung. Lassen Sie die Kreise nach und nach größer werden, doch sollten sie maximal einen Durchmesser von etwa fünfzehn Zentimetern erreichen.

Als Mann bewegt man die Faust zunächst im Uhrzeigersinn, danach gegen den Uhrzeigersinn. Als Frau verfahren Sie umgekehrt. Mit anderen Worten: Wenn Sie ein Mann sind, vollführen Sie zunächst eine Spiralbewegung in den Nabel hinein, dann eine Spiralbewegung vom Nabel fort; als Frau wieder umgekehrt.

Tatsächlich ist dies nur eine von vielen verschiedenen Techniken, um Energie in der Nabelgegend zu sammeln und zu speichern. Man kann die Spiralbewegung auch rein imaginativ durchführen, als fände sie tief im Inneren des Nabels selbst statt.

Wir meinen es durchaus ernst, wenn wir Ihnen eine simplere Variante dieser alten chinesischen Übung empfehlen wollen, die wir die *Lecker-Bauch-Übung* nennen. Wie Sie wissen, reiben sich Kinder gerne mit der Hand kreisförmig den Bauch, während sie »Lecker!« sagen. Versuchen Sie es einmal damit. Wenn möglich, beobachten Sie mal ein Kind dabei.

Die Unterbauchregion ist die Speicherbatterie der Lebenskraft im menschlichen Körper, zumindest sieht dies die östliche Lehre so. Die Taoisten glaubten, daß die Energie den Rücken emporsteigt, um im vorderen Körperbereich wieder hinabzuströmen. Sie hielten es für absolut töricht, allein das Emporsteigen der Energie zu fördern, ohne diese zugleich in die Tiefe strömen zu lassen.

Wenn Sie sich energieorientiertem Liebemachen hingeben, kann es geschehen, daß Sie ein äußerst »abgehobenes« Gefühl wahrnehmen. Sollten Sie sich unwohl fühlen oder meinen, daß Sie einer größeren Erdung bedürfen, so nehmen Sie sich nach dem Liebesakt ein paar Minuten Zeit, um sich den Übergang mit einer dieser Erdungstechniken zu erleichtern.

Schließlich bedeutet die vollständige Erdung auch, daß man voll und ganz an der sinnlichen Gegenwart teilhat. Als weitere Erdungshilfe dient alles, was Ihnen dabei hilft, wieder zu Sinnen zu kommen, sei es nun eine Dusche oder ein Abrubbeln des Körpers nach einer ausgedehnten Sitzung des Liebemachens.

Selbst-Inspiration

Im folgenden beschreiben wir eine Reihe spezieller Atmungsmethoden während des Liebesakts. Sie dienen entweder dazu, den Organismus zu erhitzen oder ihn abzukühlen. Hitzeatem erhöht die Erregung und kann dazu eingesetzt werden, um den Orgasmus auszulösen oder zu intensivieren. Kühlungsatem hingegen löst die Erregung ein wenig auf und kann den Orgasmus verzögern oder verfeinern. Die weiter unten beschriebenen Techniken sind alle für Einzelpersonen gedacht, können aber natürlich auch von zwei Personen gleichzeitig durchgeführt werden. (Siehe »Auflading«, »Gemeinsame Inspiration«, »Vollständige biomagnetische Kreisläufe«, »Der vollständige Atem«.)

Tiefenatmung ist viel nützlicher, als den meisten Menschen

klar ist. Sie sollten während des Liebesaktes versuchen, tief und gründlich zu atmen.

Beckenatmung koordiniert das Stoßen, sei es nun männlicher oder weiblicher Art, mit dem Atem. Wenn Sie auf den Partner zu- oder in ihn hineinstoßen, atmen Sie aus. Ziehen Sie sich jedoch von ihm zurück, atmen Sie ein. Dieser Rhythmus mag sich am Anfang ein wenig schwierig anfühlen, doch tatsächlich ist dies die Weise, wie sich Becken und Atmung von Natur aus bewegungsmäßig miteinander verbinden. Dies ist eine grundlegende und äußerst kraftvolle Technik. Man kann mit ihr nicht nur die Ejakulation des Mannes verzögern, wenngleich sie auch diese bewirken kann. (Siehe »Becken-Ausdruck«, »Freiwilliger Orgasmus«, »Männer-Imsak«.)

Um sich aufzuheizen, atmen Sie mit dem Mund. Sie können auch willentlich japsen und schnaufen, wenn Sie schnell warm werden wollen. Atmen Sie schnell vom Bauch aus (nicht aus dem Rachen), und zwar mit offenem Mund. Das Keuchen hilft auch, den Orgasmus herbeizuführen, wenn Sie kurz davorstehen, stehen Sie noch nicht kurz davor, so entspannt es Bauch und Becken und verzögert den Orgasmus.

Eine weitere Methode, um die Erregung zu steigern und den Orgasmus herbeizuführen, besteht darin, die Anspannung des PC-Muskels mit der Tiefenatmung zu koordinieren. Spannen Sie den Muskel beim rhythmischen Ausatmen oder beim Luftanhalten an. Um ein Maximum an Wirkung zu erzielen, ziehen Sie gleichzeitig die Aftermuskeln ein und hinauf. Wenn dies bei Ihnen funktionieren sollte, können Sie das ganze auch durch Affirmationen und/oder Visualisierungen unterstützen.

Um sich abzukühlen, atmen Sie langsam und rhythmisch durch die Nase. Seit Urzeiten hat sich der Mann stets für den Gebrauch von Atemtechniken beim Liebesakt interessiert, denn da er dazu neigt, sich schnell zu erhitzen und dann zu explodieren, ähnlich wie ein Vulkan, suchte er stets nach Methoden, um auch unter Druck und Spannung innerlich kühl zu bleiben. Es gibt aber auch Frauen, die zu »hitzig« sind und sich erst abkühlen müssen, um beim Liebemachen mehr Frieden und Harmonie zu erfahren. Die Fähigkeit, sexuelle Erregung gelassen zu erfahren und wertzuschätzen, ohne von ihr beherrscht zu werden, ist ebenfalls einer der Vorteile, die Ihnen diese Technik bescheren kann.

Noch wirkungsvoller kann freilich der *Kühlungsatem* sein. Dazu öffnen Sie den Mund ein klein wenig, so daß die Zähne leicht auseinanderstehen. Pressen Sie nun die Zungenspitze entweder gegen den Zahnrücken oder schieben Sie sie zwischen den Zähnen hervor. Wenn Sie die Zunge einrollen können, tun Sie dies, so daß sie eine kleine Röhre bildet, und lassen Sie sie leicht aus dem Mund hervorschauen. Jetzt atmen Sie lang und tief durch den Mund ein. Ausatmen tun Sie leicht und ruhig durch die Nase. Lassen Sie die ruhigen, kühlen Gefühle zu. Es kann auch nützlich sein, dabei die Augen zu schließen.

Kühlend wirkt auch das Einatmen durch die Zähne, wobei Sie ein Zischen erzeugen. Diese Atemtechnik wird im *Kamasutra* als *Sitkara* bezeichnet. Dieses zischende Geräusch kann als sinnlich und erregend empfunden werden. Ebenso können Sie auch durch die geschlossenen Zähne ausatmen, wenngleich dies keinen kühlenden Effekt hat.

Die Luft kann auch zwischen geschürzten Lippen eingezogen, geschlürft oder getrunken werden, was der Konzentration förderlich ist. Manche Liebespartner empfinden die dadurch erzeugten Geräusche als sehr erotisch. In Pornofilmen können Sie manchmal beobachten, wie die Darsteller durch geschlossene Zähne und geschürzte Lippen einatmen, um einen dramatischen Effekt zu erzielen. Mit solchen Methoden läßt sich auch die Erregung besser beherrschen. Vielleicht experimentieren Sie auch einmal damit, gleichzeitig aus Nase und Mund zu atmen.

Die genitale »Luftverschlußtechnik« verzögert wirkungsvoll den Orgasmus, indem sie den gesamten Beckenraum und den Genitalbereich entspannt. Gleichzeitig bereitet sie Sie auf einen späteren tieferen und volleren Orgasmus vor. Füllen Sie dabei den Unterbauch mit Luft, dann ziehen Sie After und Penis (anale und urethrale Schließmuskeln) ein. Es wird sich anfühlen, als wollten Sie sie hoch ins Becken saugen, um sie nie wieder freizulassen. Als nächstes lösen Sie die Kontraktion und pressen mit den Beckenmuskeln nach unten und außen. Dann atmen Sie aus.

Genießen Sie das Gefühl der Entspannung, das darauf folgt. Führen Sie diese Übung jedoch nicht durch, wenn Sie kurz vor dem Orgasmus stehen, es sei denn, Sie wollen ihn herbeiführen. Sollten Sie an diesem Punkt sein, so lassen Sie den Körper erschlaffen, oder Sie entspannen sich auf andere Weise, ohne zuvor eine Anspannung herbeizuführen. Mit dieser Technik kann der Mann seinen Orgasmus hinauszögern, während die Frau den ihren beschleunigen kann, was den gemeinsamen Orgasmus wahrscheinlicher macht (siehe »Sexualübungen«).

Die *Spitzbauchatmung* dehnt den Unterleib sowohl beim Ein- als auch beim Ausatmen aus. Mit ihrer Hilfe vermögen Mann und Frau eine höhere Sexualenergieladung längere Zeit aufrechtzuerhalten.

Eine sehr spaßige Variante ist der *Löwenatem*. Diesen führen Sie am besten dann durch, wenn Sie oben liegen oder sitzen. Beim Ausatmen öffnen Sie den Mund weit und strecken die Zunge heraus. Gleichzeitig rollen Sie die Augen nach oben und legen den Kopf zurück. Atmen Sie ruhig und sanft aus, wobei Sie ein schnarrendes Geräusch erzeugen können. Vielleicht möchten Sie auch brüllen wie ein Löwe. Wenn Sie nicht laut brüllen wollen, können Sie dies auch im Geiste tun. Nach dem Ausatmen verbleiben Sie in dieser Stellung und genießen das Gefühl der Ausdehnung.

Die Körpermuskeln können sich im Rhythmus mit dem Atem an- oder entspannen. Folgende Technik stärkt den Unterbauch und die Genitalien und erhöht sowohl die Vitalität als auch die Ausdauer: Indem Sie durch die Nase atmen, ziehen Sie beim Ausatmen die Bauchmuskeln fest ein, um so viel Luft wie möglich hinauszupressen. Nach dem Ausatmen lassen Sie das Einströmen der Luft ungesteuert zu. Auch die PC- und Analmuskeln können während des Ausatmens angespannt werden.

Eine andere Methode besteht darin, den Bauch und die Beckenregion so weich und entspannt wie möglich zu machen. Der ganze Körper kann sich dabei im Einklang mit dem Ein- oder Ausatmen ent- oder anspannen. Imaginieren Sie, wie die erotische Energie sich durch Ihren Körper verteilt.

Der *Anschlußatem* führt sehr schnell zu einer gesteigerten

Sensitivität. Normalerweise machen Menschen nach dem Ein- oder Ausatmen eine kleine Pause. Beim Anschlußatem wird diese Pause ausgeschaltet. Dies kann durch die Nase oder den Mund geschehen. Atmen Sie tief aus dem Bauch heraus. Hören Sie jedoch sofort auf, wenn Ihnen bei dieser Übung unwohl werden sollte.

Versuchen Sie auch einfach, nach dem Ein- oder Ausatmen willentlich anzuhalten, ohne einen bestimmten Atemrhythmus zu forcieren. Viele Menschen neigen dazu, dies unbewußt zu tun. Wenn Sie es während des Liebesakts bewußt durchführen, gewinnen Sie auf diese Weise Einsicht darin, wie Sie mit Hilfe des Atems Ihren Sinnesgenuß auf kreative Weise beeinflussen und gestalten können.

Der *Atemverschluß* ist ebenfalls eine Möglichkeit, die Energie zu steigern. Dies wird dadurch erreicht, daß man einatmet und dann den Atem anhält, während man gleichzeitig den PC-Muskel anspannt und den After einzieht. Der Verschluß wird noch vor dem Ausatmen gelöst. (Siehe »Sexualübungen: Yoga – der Wurzelverschluß«.) Menschen mit zu hohem Blutdruck sollten diese Übung nicht durchführen.

Der *Feueratem* ist eine weitere wertvolle Atemtechnik, die stark energetisiert. Diesen sollten Sie jedoch nur bei einem qualifizierten Lehrer lernen.

Zusammen mit dem Atem lassen sich auch positive, kreative Bilder koordinieren. Imaginieren Sie, daß Sie ganz leicht atmen, wenn Sie das Gefühl der Inspiration oder Beschwingtheit bekommen wollen. Wollen Sie sich aufwärmen, so imaginieren Sie ein Feuer, dessen rote Flammen um Sie herum emporlodern. Mit dem Ein- und Ausatmen fächeln Sie den Flammen Luft zu. Wollen Sie sich dagegen abkühlen, so imaginieren Sie einen kühlen Wind.

Die *Genitalatmung* nutzt die Imagination, um das Gefühl zu entwickeln, wie Luft oder Wasser in die Genitalien ein- und aus ihnen wieder hervorströmt. Das Gefühl der Erregung läßt sich durch den ganzen Körper verteilen, indem Sie imaginieren, wie Ihr Ausatmen sich aus dem Beckenbereich in alle Richtungen ausdehnt.

Andere Varianten der Ganzkörperatmung sind beispielsweise die *Porenatmung* und die *Knochenatmung*. Dabei stellen Sie sich vor, wie Sie gleichzeitig durch alle Poren Ihres Körpers atmen. Bei der Knochenatmung imaginieren Sie, daß die Luft durch die Fußsohlen in Ihren Körper eindringt und sich beim Einatmen zum Scheitel bewegt, um dann beim Ausatmen wiederum auf demselben Weg hinabzuströmen. Stellen Sie sich ebenfalls vor, daß der Atem die Beinknochen emporströmt, durch das Becken die Wirbelsäule empor und durch den Schädel. Versuchen Sie den Atem zu spüren, wie er das Mark der Knochen durchdringt.

Eine ähnliche Technik besteht darin, die Aufmerksamkeit auf die Fußsohlen zu richten. Genaugenommen geht es dabei um einen Punkt in der Mitte der Sohle, etwas oberhalb in Richtung der Zehen, dicht unter dem Fußballen. Hier befindet sich ein wichtiger Energiebrennpunkt, der in der chinesischen Akupunktur als »Großsprudelnder Quell« (Nierenpunkt 1) bekannt ist. Vielleicht spüren Sie das sanfte Fluten und Verebben des Atems in den Fußsohlen. Es kann auch Freude machen, sich einen sprudelnden Quell vorzustellen, der die Fußsohlen badet. Dies ist übrigens derselbe Punkt, der bei der Aku-Liebesmassage der Füße gepreßt wird. Sie können ihn auch beim Liebemachen drücken.

Der Liebesstoß

Die Mulde zwischen den Brüsten wird beim Liebemachen oft vernachlässigt. Dabei ist sie sowohl für den Mann als auch für die Frau eine erogene Zone. An ihrem oberen Rand befindet sich der Thymus, der sich leicht durch kräftiges Klopfen, Stoßen, Pressen, Reiben und so weiter stimulieren läßt (siehe »Der Liebespunkt«, »Aku-Massage für Liebende«).

Dr. John Diamond, der die Rolle dieser Drüse für die allgemeine Gesundheit erforscht hat, berichtet, daß das Schlagen der Brust mit der Faust – er nennt dies den »Thymus-Schlag« – auf der Stelle die Fähigkeit verstärkt, richtig mit Streß umzugehen, daß es ferner die rechte und linke Gehirnhälfte miteinander ins Gleichgewicht bringt und die verfügbare Lebensenergie erhöht. Dieselbe Wirkung hat er beim *Zungendruck* beobachtet (siehe »Vollständige biomagnetische Kreisläufe«). Dr. Jacquelyn McCandless, eine Psychiaterin und Sexualtherapeutin, betont, daß das Öffnen des Herzens und die Liebe zu sich selbst und anderen den Gesundheitszustand der Thymusdrüse verbessert. Eine gesunde Thymusdrüse ist äußerst wichtig für die allgemeine Gesundheit, da der Thymus die körpereigene Abwehr steuert.

Fünfundneunzig Prozent der Patienten, die Dr. Diamond untersuchte, wiesen einen Aktivitätsmangel des Thymus auf. Wenn Sie den Thymus stimulieren, betreiben Sie damit eine wirkungsvolle Prophylaxe und steigern möglicherweise Ihre Fähigkeit, sich selbst und andere zu lieben. Was wäre da wohl besser, als den Thymus während des Liebemachens zu stimulieren? Im *Kamasutra* wird eine Technik für den Sexualverkehr beschrieben, bei der der Thymus auf diese Weise angeregt wird. Nach dem Eindringen beginnt der Mann damit, die Mulde zwischen den Brüsten der Frau mit dem Handrücken zu beklopfen, zuerst sehr langsam und sanft, dann immer schneller und kraftvoller.

Auch für die Frau gibt das Kamasutra eine entsprechende Technik an. Wenn sie spürt, daß der Mann sich der Ejakulation nähert, schlägt sie ihm mit den Handflächen auf Gesäßbacken und Brustkorb. Tut sie dies kräftig genug, so wird seine Ejakulation dadurch verzögert. Dies sollte sie so lange wiederholen, bis sie einen sexuellen Orgasmus erreicht hat. Das *Ananga Ranga* gibt den Rat, mit geballter Faust sanft gegen den Brustkorb des Mannes zu hämmern, was seine Freude erhöhen soll. Auch sonst fühlt es sich sehr gut an, wenn der Partner den Liebespunkt einfach streichelt oder reibt. Mit sanfter Berührung werden Gefühle der Zuneigung von Herz zu Herz übertragen.

Musik, gesprochene rhythmische Poesie, Gesang und das Betrachten schöner Landschaftsbilder sollen den Thymus ebenfalls anregen. In seinem Buch empfiehlt Diamond außerdem die »Thymus-Geste«, eine mütterliche Haltung, wie man sie auf manchen mittelalterlichen Bildern findet, auf denen die Madonna beide Arme ausstreckt.

Liebemachen mit dem Geist

Für viele Menschen ist Sex lediglich etwas Körperliches. Doch beim Liebesakt müssen Körper und Geist gemeinsam etwas schaffen. Wir wollen uns in diesem Abschnitt auf einige Methoden konzentrieren, mit deren Hilfe Sie Gedanken und Imaginationen auf kreative Weise einsetzen können, um auch Ihre geistige Beteiligung beim Liebemachen zu fördern.

Oft wird man beim Liebesakt von zahlreichen ablenkenden Gedanken gestört. Am liebsten gehen wir mit diesen ungebetenen Gästen so um, daß wir uns darauf konzentrieren, in der sinnlichen Gegenwart zu bleiben (siehe »Liebemachen ist eine anrührende Erfahrung«).

Eine mögliche Vorgehensweise besteht darin, negative Gedanken durch positive zu ersetzen. Wenn Sie beispielsweise denken: »Ich fühle mich verspannt«, so ersetzen Sie dies durch: »Ich fühle mich entspannt.« Unerwünschte Gedanken können durch ganz einfache, positive ersetzt werden, wie zum Beispiel: »Ich bin erfüllt von Frieden« oder ganz schlicht: »Ja«. Eine andere Methode besteht darin, einen Gedanken einzusetzen, der für Sie selbst keine Bedeutung hat, wie etwa »Mmmmm« oder »Ooohhh«. Solche Gegengedanken lassen sich auch mit dem Atemrhythmus koordinieren. Diese Taktiken können Sie allein für sich, also stumm durchführen; wenn Sie es allerdings so wollen, kann es auch laut geschehen.

Eine Affirmation ist eine kurze positive Feststellung, die immer und immer wieder wiederholt wird. Auf diese Weise werden negative oder unerwünschte Gedanken in Schach gehalten, und die Einheit von Körper und Geist wird verstärkt.

Bei manchen Menschen sind Affirmationen sehr beliebt. Sie können entweder eigene formulieren oder es mit Standardaussagen versuchen wie »Gott ist Liebe« oder »Wir sind eins« oder »Ich bin du« oder »Du bist ich« oder »Liebe umgibt uns allenthalben« oder »Wir sind Liebe«. Affirmationen lassen sich mit der Atmung und dem Kontrahieren der PC- und Analmuskeln koordinieren. Zugleich können Sie sie auch in harmonische Imaginationen Ihrer Wahl einbauen. Es ist ganz natürlich, beim Liebemachen Affirmationen zu verwenden. Warum sollte man eine gute Sache nicht auch noch besser machen? Führen Sie die Affirmationen entweder allein für sich durch, oder gemeinsam mit Ihrem Partner, je nach Wunsch schweigend oder laut.

Die beste Affirmation ist jene, die für Sie selbst eine Bedeutung hat. Experimentieren Sie einmal mit folgenden Formulierungen: »Ja«, »O Gott«, »Feuer«, »Meingasmus«, »Komm«, »Mmh«, »Mama«, »Papa« oder »Eins«. Oder Sie versuchen es mit diesen beliebten Beispielen: »Du liebst mich«, was nur die andere und allzu oft vernachlässigte Seite von »Ich liebe dich« ist; oder auch mit »Danke«.

Affirmationen lassen sich auf mindestens zwei verschiedene Weisen anwenden. Eine besteht darin, mit der wörtlichen Bedeutung zu arbeiten. Bei der zweiten spielt man mit dem Klang. Beispielsweise ist der Satz: »Wir sind eins« im Deutschen eine kraftvolle Aussage. Der Klang: »Wiiiaa sinnn aaiins« hat auch unabhängig von der Wörterbuchbedeutung seine eigene Kraft. Wenn Sie eine Affirmation aus einer fremden Sprache benutzen wollen, so lassen Sie sich von einem Kenner in die Feinheiten der richtigen Aussprache einweihen, oder Sie nehmen an einer Mantragruppe unter fachkundiger Anleitung teil.

Sie sollten es auf jeden Fall vermeiden, mit ungewollten Gedanken krampfhaft zu ringen. Wenn ein Gedanke darauf beharrt, weiter bei Ihnen zu bleiben, so lassen Sie das einfach zu. Das kann zwar dazu führen, daß es Sie eine Weile stört, doch früher oder später wird der Gedanke Sie aufgrund Ihres mangelnden Interesses schon von allein verlassen. Je tiefer Sie innerlich in das Liebemachen versinken, um so eher werden Sie möglicherweise feststellen, daß Ihre Gedanken wie die Schale einer Apfelsine sind. Man muß die Schale erst entfernen, bevor man die köstliche Frucht darunter genießen kann. Sogar Gedanken wie: »Ich bin ein Mann«, oder: »Ich bin eine Frau« werden mit der Zeit beiseite gelegt, je tiefer und tiefer die Liebenden in das Mysterium im Herzen des Liebemachens eindringen.

Wenngleich Gedanken Sie ablenken oder beunruhigen können, so sind die Gedanken selbst dennoch nicht das eigentliche Problem. Man sollte sich darüber im klaren sein, daß jeder Gedanke, den wir haben, nur deswegen da ist, weil wir ihn herbeigerufen und eingelassen haben. Zugleich steht es uns aber auch frei, jeden unerwünschten Gedanken jederzeit zu verbannen, denn unser Geist ist schließlich unser eigenes Zuhause.

Phantasien erweisen sich für viele Menschen als äußerst wirkungsvoll. Hätten Sie nicht einmal Lust, mit einem lebendigen Gott aus Fleisch und Blut Liebe zu machen oder mit einer Liebesgöttin? Möchten Sie vielleicht einmal dieser Gott oder diese Göttin selbst sein? Nun, das können Sie alles – mit Hilfe Ihrer Imagination! Ebenso können Sie imaginieren, wie Blut, Energie und Erregung in Ihre Geschlechtsteile einströmen. Die Imaginationen sollten so lebendig, farbig, detailliert und bewegt wie möglich sein, um optimale Ergebnisse zu erzielen.

Sehr sinnvoll ist es auch, den Atem im Einklang mit der Phantasie oder der Visualisation, die Sie geschaffen haben, einzusetzen. So kann sich das Bild (oder die Vision) beim Einatmen ausdehnen, oder es kann erscheinen, beim Ausatmen dagegen sich zusammenziehen oder verschwinden.

Der Welt der Imagination und ihren Möglichkeiten sind keine Grenzen gesetzt. Sie können sich in der Phantasie von goldenem Nebel umhüllen lassen, einen anderen Planeten besuchen, durch die Luft fliegen oder auch im Sonnenkern Liebe machen. Es folgen nun einige Vorschläge. Diese können Sie allein im eigenen Geist durchführen oder zusammen mit Ihrem Partner. Will man eine Phantasie miteinander teilen, so sollte einer der Partner als Führer fungieren, der das Tempo für das Szenario angibt. Vielleicht möchten Sie aber auch gemeinsam ein solches Szenario erschaffen, eine bestimmte, vorher festgelegte Phantasie ausbauen oder neue Phantasien entwickeln. Solche gemeinsam erschaffenen Phantasien lassen sich schweigend oder auch sprechend genießen, mit Hintergrundmusik und anderen Hilfsmitteln, aber auch völlig ohne.

Die Blase: Stellen Sie sich vor, daß Sie eine Blase sind, die auf dem Meer treibt. Jede Welle trägt Sie höher und höher empor. Beim Orgasmus oder zu einem anderen geeigneten Zeitpunkt zerplatzen Sie dann und werden zu ...

Der Glanz: Beim Einatmen ziehen Sie strahlende Energie aus einem Glänzen ein, das über Ihrem Kopf leuchtet. Inhalieren Sie diese Atemenergie vorne den Körper hinab zum Damm (zwischen Genitalien und After) und beim Ausatmen wiederum lassen Sie den Atem die Wirbelsäule emporsteigen, hinauf zu der unendlichen, namenlosen Quelle des Glanzes über Ihrem Kopf.

Der Feuerwerkskörper: Sie sind ein Feuerwerkskörper, der an den Genitalien entzündet wurde. Ihr Rückgrat ist die Lunte. Wenn das Glimmen Ihren Kopf erreicht, explodieren Sie. Oder umgekehrt: Sie werden am Kopf angezündet, und wenn das Feuer Genitalien oder Füße erreicht, explodieren Sie.

Der Garten: Sie machen Liebe in einem tropischen Garten. Sie können den nahen Wasserfall hören und auch das ferne Rauschen der Wellen. Üppige tropische Vegetation, exotische Vögel und eine wunderbar angenehme Temperatur erhöhen den Reiz dieser tropischen Insel für zwei (siehe »Aura-Sex«).

Der goldene Nebel: Ein goldener Kreis aus nebligem Licht umgibt Sie. Das Licht verwandelt sich in einen goldglühenden Nebel, der Ihren ganzen Körper umhüllt. Sie verschmelzen mit ihm, bis Sie selbst zum Nebel geworden sind.

Die blaue Lotosblüte: In der Mitte Ihres Brustkorbs befindet sich eine blaue Lotosblüte. Während Sie Liebe machen, dehnt sie sich immer mehr aus und gibt ein wunderschönes blaues Licht von sich. Sie dehnt sich beim Einatmen aus und zieht sich mit dem Ausatmen wieder zusammen. Wenn Sie beim Liebemachen den Höhepunkt erreichen (was Orgasmus bedeuten kann, aber nicht muß), so dehnt sich dieses blaue Licht noch weiter aus, um Sie und Ihren Partner in eine blaue Blase des Friedens, der Liebe und der Glückseligkeit zu hüllen. Vielleicht ziehen Sie es aber auch vor, anstelle der Lotosblüte einen glitzernden blauen Edelstein zu visualisieren.

Der Rubinlaser: Nabel, Liebespunkt, Hals und Stirn senden funkelnde rubinrote Laserstrahlen aus, mit denen Sie beide auf unerklärliche, aber wunderbare Weise verbunden und gezeichnet werden. Sie können aber auch aus Ihren Brustwarzen austreten.

Superpenis und Supervagina: Der Penis des Mannes ist ein wahrer Berg oder ein Donnerkeil oder einfach nur von gewaltiger Größe. Er besteht aus hartem, schönem Fels oder Gestein, beispielsweise aus Diamant oder Jade. Die Vagina der Frau ist der Schlund des Vulkans oder eine Lagune, die sich zum unendlichen Meer öffnet. Sie besteht aus goldenen Bändern, die ständig größer und stärker werden, so daß sie eine gewaltige Klammerkraft bekommen (siehe »Pompoir«). Oder die Frau nimmt ihn auf und wird immer tiefer und tiefer durchdrungen, bis hinein in unglaubliche Tiefen. Dies können Sie auch allein, also ohne Ihren Partner durchführen. Verwenden Sie dazu ein Bild, das Ihnen zusagt.

Die orientalische Erregung

Zwar hat keine Kultur der Welt ein Monopol auf subtile Erregungstechniken, doch waren es die orientalischen Sexologen, die uns auf Stimulierungspunkte aufmerksam gemacht haben, um deren Existenz viele Liebende nicht wissen. Einige dieser Punkte werden erst wirksam, nachdem der zu stimulierende Partner bereits erregt worden ist. Andere wiederum verlangen nach feinfühliger und methodischer Stimulierung, die oft sehr viel länger dauert als der übliche Sex, bei dem es um schnelle Befriedigung geht (siehe »Aku-Liebesmassage«, »Liebesstoß«).

Genaugenommen ist der gesamte Körper-Geist vom Scheitel bis zur Sohle, eingeschlossen die Gefühle, der Verstand und der Geist, eine einzige erogene Zone. So fühlt es sich auch an, wenn man die erotische Erregung unmittelbar erfährt, also ohne kulturelle Vorprogrammierung und andere Erwartungshaltungen. Die Grenzen erogener Zonen existieren eigentlich nur im Verstand. Stellt man einmal das Alltagsdenken beiseite, und sei es nur für ganz kurze Zeit, so nimmt man das Fleisch als vollkommenes Ganzes wahr, ohne jede Unterteilung. Um ein Beispiel zu geben: Man kann zwar die Ingredienzen eines Schokoladenkekses dadurch bestimmen, daß man ihn analysiert; doch läßt sich sein »Kekssein« nur unmittelbar erfahren, und zwar dadurch, daß man ihn als Kekseinheit ißt.

Auf der anderen Seite handelt es sich hierbei nicht um einen Standard der Erregbarkeit, an dem Sie sich persönlich ständig messen müßten. Jeder Mensch weist ein anderes Muster körperlicher Empfindlichkeit und Sensitivität auf. Was für den einen sehr erregend ist, berührt den anderen überhaupt nicht und umgekehrt. Machen Sie sich den Spaß, die individuellen Reizpunkte Ihres Körper-Geists kennenzulernen – bei sich selbst und auch beim Partner. Ganzkörpermassage, ob sie nun der Erotik oder der Entspannung dient, ist eine ausgezeichnete Methode, um diese Punkte zu entdecken.

Die orientalischen Sexuallehren betonen den Wert persönlicher Reinlichkeit. So ist der After beispielsweise eine wunderbare erogene Zone – doch nur, wenn er vollkommen sauber ist. Geht es nach dem östlichen Ideal, so sollte ein Partner den anderen von Kopf bis Fuß berühren, lecken, drücken und reiben können, ohne sich auch nur im geringsten über Sauberkeit Gedanken machen zu müssen. Schon die bloße Vorstellung, daß Sie den Körper Ihres Partners nicht von oben bis unten erforschen können, weil dem hygienische Gründe entgegenstehen, wirkt sich von vornherein auf das Liebesleben hemmend aus.

Sie sollten sich wenigstens ein einziges Mal zwei Stunden Zeit dafür nehmen, um diese sekundären erogenen Zonen zu erforschen, bevor Sie sich genital vereinigen. Höchstwahrscheinlich werden Sie auf diese Weise entdecken, daß Sie von Natur aus ein großer Sexkünstler sind. Die meisten Liebenden brauchen dafür eigentlich nur ein wenig Zeit, ein paar Kenntnisse und einen Schuß Feinfühligkeit.

Wir haben in der folgenden Liste einige der üblichen erogenen Zonen aufgeführt, weil wir eine ungewöhnliche Methode der Stimulierung vorschlagen. Wenn hinter einer Zone keine besonderen Stimulierungsanweisungen folgen, so bedeutet dies, daß wir entweder keine bestimmte Methode dafür empfehlen oder daß eine solche bereits im Abschnitt »Aku-Liebesmassage« erwähnt wurde.

Achselhöhle: leichtes Beißen; Penis einfügen
After: zum Höhepunkt des genitalen Orgasmus Finger einführen
Arm-Schultergelenk: Bisse
Augenlider: leicht mit Fingerspitzen oder Zunge bestreichen
Brustkorbmulde
Brustwarzen: können manuell und oral beliebig stimuliert werden, auch durch Behauchen, ohne daß die restliche Brust gereizt wird
Damm
Daumen und kleiner Finger
Ellenbogen, hinter den
Fingerspitzen
Fußknöchel: Streicheln und Knabbern
Fußsohlen
Gaumen (harter): Zungenspitze verwenden
Gesäßbacken/Gesäßmulde: tief hineingreifen
Handflächen, Mitte und Grube der
Hindureihe: Wiederholte Reizung der weiblichen Nasenspitze, Achselhöhlen und des Nabels in dieser Reihenfolge, bevor zur Stimulierung der Genitalien übergegangen wird
Knie, hinter dem
Kopf: Hände zu Klauen krallen, mit Fingerspitzen Kopfhaut kräftig reiben
Kreuzbein
Lippen: Mann kaut sanft die Oberlippe der Frau, während Frau das gleiche mit Unterlippe des Mannes tut
Nabel: mit gestreckter Handfläche kreisförmig um den Nabel fahren
Nackenansatz: aus Rachenhöhle langes ausgedehntes Schnüffeln/Behauchen
Nasenkuß: mit angelegtem Gesicht durch die Nase den Atem des anderen einnehmen; dabei Nasenreiben möglich
Nasenspitze: Knabbern und sanfte Bisse oder Nasenreiben (erstaunlich wirksam)
Nieren: kräftig mit Handflächen reiben, dann mit Handflächen bis zur Wirbelsäule massieren und öfter wiederholen

Oberschenkel, oben/innen
Ohrläppchen: ziehen, beißen, kauen oder saugen
Penisspitze: Mann drückt kurz vor dem Eindringen in die Vagina die Penisspitze, um Ejakulation zu verzögern
Schambein
Schamhaargrenze und darüber
Steiß: wiederholt sanft reiben bis zur Erwärmung
Stirn zwischen Augenbrauen: sanft reiben oder lecken
Unterarm, vorderer
Unterlippe, unterhalb der: kräftig pressen und bis drei zählen, um Lippensensitivität zu erhöhen
Wirbelsäule zu beiden Seiten: reiben und kneten
Zehen, große und kleine

Friedvolle Stellungen

Sie können das Liebemachen erfüllender gestalten, wenn Sie sich Zeit dazu nehmen, um sich einmal richtig bewußt zu machen, was Sie beide da eigentlich tun. Unterlassen Sie einmal jede Bewegung, und genießen Sie einfach die Gegenwart des Partners. Nehmen Sie alles bewußt wahr, was Sie sehen, riechen, hören, schmecken und fühlen. Entspannen Sie sich, und gestatten Sie Ihren zärtlichen Gefühlen, Wurzeln zu schlagen und aufzublühen. Sie sollten auch nicht nur die übliche Missionarsstellung im Repertoire haben. Seitenlage und Stellungen, bei denen sich die Frau oben befindet, sind nicht nur Ausdruck körperlicher und seelischer Gleichheit, sie sind zudem auch sehr bequem und können über längere Zeiträume beibehalten werden.

Solche Stellungen sind besonders für den sanften Stil des Liebemachens geeignet (siehe »Die Stile des Liebemachens«). Sie können auch als Übergangsstellungen zwischen aktiveren oder spannungsreicheren Positionen verwendet werden. Man kann sie genießen als passive Möglichkeit, sich füreinander zu erwärmen, oder auch, um das Nachglühen miteinander zu teilen, das auf den Höhepunkt folgt.

Die hier vorgestellten friedvollen Stellungen sind äußere Symbole inneren Friedens und der Zufriedenheit. Wonach immer Sie auch suchen mögen, ob es nun beim Sex, beim Erfolgsstreben oder auf dem Gebiet der Selbsterkenntnis sei, Sie besitzen es bereits! Indem Sie äußerlich eine friedvolle Stellung annehmen, stellen Sie auch innerlich einen friedvollen Zustand her. Reglosigkeit hat den psychologischen Effekt, den Verstand oder den Geist zu beruhigen, Ängste zu mindern – wie auch Gedankenaktivität und Streß.

Jede dieser Stellungen ist eine raffinierte Form »eingefrorener« Körpersprache, eine Hieroglyphe des Fleisches. Wenn Sie genug Zeit mit verschiedenen Stellungen verbringen, werden Sie am eigenen Leib erfahren, daß jede ihre eigene, einzigartige Wirkung auf Sie beide haben wird und Ihnen als Tor zu den Mysterien des Unterbewußten dienen kann (siehe »Das vollständige Anhalten«, »Zusammenbleiben«, »Spannungsstellungen«).

Die friedvollen Stellungen fördern das gegenseitige Aufgeben. Vielleicht erscheint Ihnen Aufgeben als ein recht kontroverses, ja sogar angsteinflößendes Wort. Doch eignet dem Aufgeben eine Freude, die Sie sich nicht entgehen lassen sollten. Aufgeben bedeutet, daß der Kampf ein Ende gefunden hat. Nun herrscht Friede vor. Sie geben nach. Sie implodieren anstatt zu explodieren. Sie schaffen Raum für neue Fülle. Sie werden zum leeren Kelch. Nun können Sie vollständig erfüllt werden.

Die wichtigsten friedvollen Stellungen sind *Yab Yum, die Schere, der Wagen* und *die Wippe* (oder auch »X«-Stellung). Sie finden im folgenden auch Abbildungen der exotischen Stellungen *Heiterkeit* und *das Denkmal*.

Zur Stellung *die Schere* legt sich der Mann auf die Seite, während die Frau das innere Bein hebt. Liegt er beispielsweise auf der linken Seite, so hebt sie also das rechte Bein. Die *Wippe* läßt sich leicht einnehmen, indem man zuerst *Yab Yum* annimmt und sich dann jeder nach hinten sinken läßt. Yab Yum wiederum kann man auf verschiedene Weise erreichen, beispielsweise indem man mit der Missionarsstellung beginnt, bis der Mann dann, während beide Partner einander umarmen, für beide die sitzende Stellung herstellt. Yab Yum ist auch leicht herzustellen, wenn die Frau

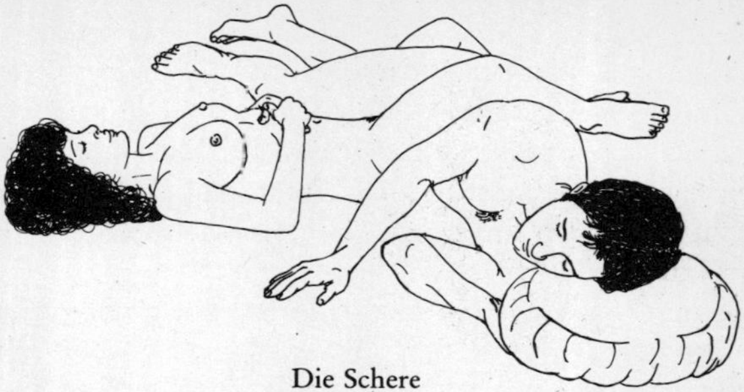

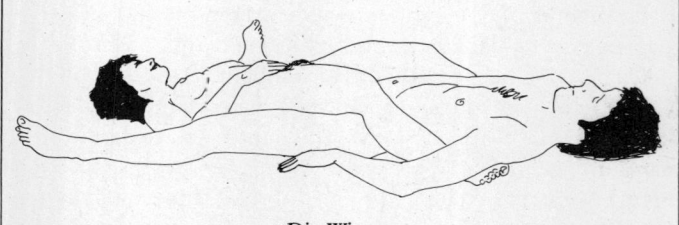

Die Schere

Der Wagen

Die Wippe

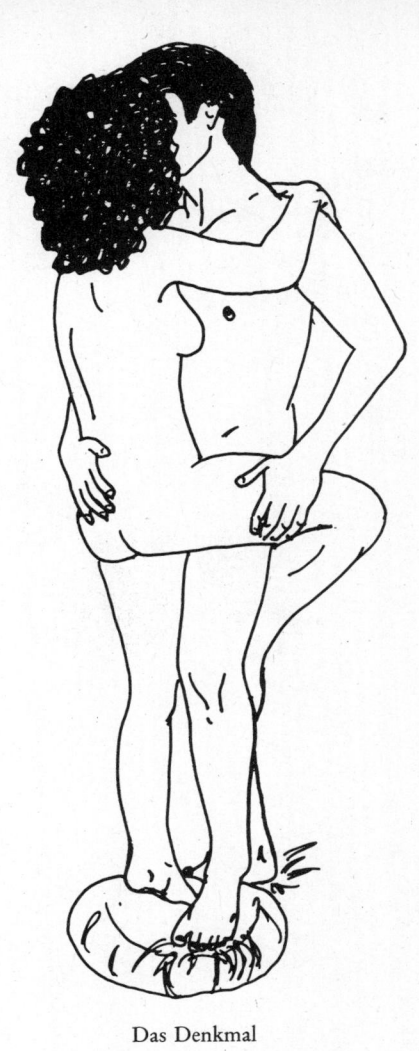

Das Denkmal

Die Heiterkeit

Yabyum

sich oben befindet, vorausgesetzt, daß sie dem Mann das Gesicht zukehrt. Für den *Wagen* legt sie sich auf den Rücken und hebt beide Beine, während er in der Seitenlage von hinten in sie eindringt.

Weitere Abbildungen friedvoller Stellungen finden Sie in folgenden Abschnitten dieses Buches: »Die vollständigen biomagnetischen Kreisläufe«, »Zusammenbleiben«, »Kreativer Sex«, »Außersinnlicher Sex« und »Kabbazah-Sex«.

Die Zeitlupe

Die *Zeitlupe* bedeutet, daß Sie sich beim Liebesakt so langsam bewegen wie möglich. Ganz gleich, was Sie unter langsam verstehen mögen, versuchen Sie auf jeden Fall, noch langsamer zu sein. Gelegentlich kann es geschehen, daß Sie in völligen Stillstand verfallen. Dann sollten Sie das auch zulassen. Der nächste Bewegungsimpuls wird tief aus Ihrem Inneren emporsteigen. Dadurch werden Sie auch eine größere Tiefe des Liebemachens erfahren, vielleicht viel größer, als Sie sich vorgestellt haben, weil Sie sich nun nämlich aus den tiefsten Tiefen Ihres Inneren heraus bewegen.

Vielleicht fällt Ihnen diese Übung schwerer, als Sie erwartet haben. Es ist recht sinnvoll, sich vorher darauf zu einigen, wie lange man die Zeitlupe durchführen will. Sie sollten mindestens fünf Minuten vorsehen, ideal wären zwanzig bis vierzig Minuten. Die Zeitlupe läßt sich auch in Ihr bevorzugtes Liebemachen einbauen, entweder als Vorspann, um sich zu sensibilisieren, oder als Zwischenspiel, um das Tempo zu drosseln. So ist die Zeitlupe zugleich sowohl eine Übung als auch eine echte Liebestechnik.

Einer der Vorteile dieser Technik besteht darin, das Bewußtsein um Einzelheiten zu erhöhen. Wenn Sie sie anwenden, bemerken Sie vielleicht Hunderte von neuen Details an Ihrem Partner: Das Pulsieren des Blutes in seiner Halsschlagader, die Weichheit seines Bauches, einen grünen Fleck in der ansonsten blauen Iris – und ebenso fallen Ihnen Dinge über sich selbst auf. So machen Sie die Entdeckung, daß der normalerweise ruhige Strom nichtverbaler Signale, der beim Liebemachen zwischen Ihnen fließt, plötzlich zu einem Wasserfall aus Sinnzusammenhängen und Bedeutungen geworden ist.

Die Zeitlupe kann sogar schon beginnen, noch bevor Sie einander überhaupt berührt haben. Legen Sie sich Seite an Seite aufs Bett. Erst wenn aus Ihrem tiefsten Inneren das Bedürfnis emporsteigt, nach dem anderen zu greifen, geben Sie ihm nach, und auch dann nur mit allerhöchster Langsamkeit. Vielleicht fühlt sich das zu Anfang ein wenig merkwürdig an, doch dieses Gefühl vergeht bald.

Führen Sie mehrere Zeitlupen-Sitzungen des Liebemachens hintereinander durch, damit sich die Wirkung akkumulieren kann. Danach können Sie dies gelegentlich wiederholen, wenn Ihnen danach ist. Sie werden selbst sehen, daß die positiven Auswirkungen dieser Übung ihr Liebesleben verschönern, und das gilt möglicherweise auch für Ihr Leben als Ganzes.

Sexualität und Töne

Klänge und Geräusche können dazu angetan sein, den Körper in eine Schwingung zu versetzen und Energie zu verteilen, was dem sexuellen Orgasmus eine größere Freiwilligkeit verleiht. Wenn man mit dem ganzen Körper Töne von sich gibt, so weckt dies die Erregung und die Energie auf solch wirkungsvolle Weise, daß dadurch die männliche Ejakulation ohne jede Anstrengung vollkommen zu einem Akt der Freiwilligkeit wird (siehe »Liebemachen mit dem Geist«).

Fühlen Sie, was Sie tun, und dann gestatten Sie diesem Gefühl, Klang zu werden. Lassen Sie alles heraus, was auch heraus will – ein Stöhnen, ein Grunzen, ein Knurren, ein Seufzen, ein Schreien, ein Lachen. Und senden Sie Ihrem Partner ebenfalls Energie durch den Ton.

Wenn Sie allerdings beim Liebesakt mit einer speziellen Geräuscherzeugungs*technik* vorgehen wollen, so haben Sie die Sache falsch verstanden. Manche Menschen sind von Natur aus laut im Bett, andere dagegen ruhig. Ob ein Geräusch Ausdruck des ganzen Körpers ist, hängt weniger von seiner Lautstärke und Häufigkeit ab als vielmehr von seiner Qualität.

Der Impuls, Ganzkörpergeräusche von sich zu geben, rührt aus tiefster Tiefe. Dies fühlt sich dann so an, als würden die Geräusche ebensosehr von Ihren Zehen und Ihrem Haar ausgehen wie von den Stimmbändern. Möglicherweise gewinnen Sie auch den Eindruck, als würden Sie von den Geräuschen überwältigt, als könnten Sie sie nicht bewußt steuern. Es mag Sie erstaunen, welche Geräusche Sie von sich geben können, ja welcher Gefühle Sie überhaupt fähig sind. Eine solche Erfahrung kann Ihr Liebesleben zu einem völlig neuen, verblüffenden Erlebnis machen.

Der ganze Körper ist ein einziges menschliches Sexualinstrument. Um mit diesem Instrument schöne Musik hervorzubringen, sollten Sie die Töne und Geräusche ermutigen, sich zu artikulieren, ohne es jedoch zu forcieren. Vielleicht ist sogar das Liebemachen selbst, mit all seinen Klängen, Rhythmen, Pausen, seinen verschiedenen Tempi und Crescendi, seinen emotionalen Tönungen und Schwingungen in gewisser Weise ein Musizieren. Sie können, als eine Art von Therapie, die lautesten, primitivsten Geräusche von sich geben. Mag sein, daß sich das zunächst künstlich anfühlt, dennoch kann es Ihnen dabei helfen, über Ihre Hemmungen hinwegzukommen, beim Sex Geräusche von sich zu geben, was wiederum sehr heilsam ist.

Machen Sie Geräusche, die total Ihr Gefühl des Zusammenseins mit dem Partner ausdrücken, Geräusche, die sowohl Produkt Ihrer genitalen Erregung als auch Ihrer tieferliegenden Gefühle sind. Benutzen Sie die Stimme, um Ihr Verlangen nach dem Einssein mit dem anderen auszudrücken.

Tiergeräusche: Tiergeräusche können großen Spaß machen. In der Regel haben Tiere keine Hemmungen, wie sie für uns Menschen so oft zum Hindernis werden. Wenn Sie sich wie ein Tiger oder eine Tigerin fühlen wollen, sollten Sie sich auch so anhören.
Lachen: Gutmütiges Lachen vor, nach oder sogar während des

Liebesakts kann das ganze Geschehen sehr viel lockerer werden lassen. Natürlich macht nervöses oder abfälliges Gelächter alles nur viel schlimmer. Die meisten Menschen nehmen den Sex doch ein bißchen zu ernst, meinen Sie nicht auch?

Geräusche der Kraft: Geräusche der Kraft sind Grunzen, Grollen, Knurren, Heulen und Gebrüll sowie auch knappe emotionsgeladene Worte wie »Ficken«. Man reagiert auf sie vor allem mit den Eingeweiden. Zwei Geräusche, die wegen ihrer Fähigkeit bekannt sind, Kraft aus dem Solarplexus (dem Speicher der Vitalenergie) freizusetzen, sind »Gaa« und »Kiyai«. Solche Töne können die Erregung herbeiführen, und man kann mit ihnen auch den Orgasmus auslösen oder verstärken.

Geräusche der Befreiung: Das Liebemachen vermag einen sehr emotionalen, sehr intimen Zustand zu erzeugen. Sie entdecken dabei manchmal Gefühle, die Sie normalerweise verdrängen. Dies können Gefühle der Bedürftigkeit sein, die sogar noch aus unserem Säuglingsalter stammen können, aber auch Gefühle der Einsamkeit und Verlassenheit, Gefühle der Angst. Gestatten Sie ihnen, an die Oberfläche emporzusteigen, und verleihen Sie ihnen eine Stimme. Sie werden feststellen, daß dies Ihre Fähigkeit fördern kann, sich in Streßsituationen besser zu entspannen, etwa bei der Arbeit, oder wenn Sie irgendeine unerwünschte Gewohnheit ablegen wollen.

»Ah« ist ein Ton, der schon seit Urzeiten dazu benutzt wird, um tiefsitzende Gefühle und Freuden des Ganzkörpers freizusetzen. Die Sexualtherapeuten Klein-Graber und Graber empfehlen, den Ton »Ah« tief im Rachenraum zu bilden. Lassen Sie ihn einfach heraus. »Ah« ist ein unglaublicher Ton, der eine ganze Sinfonie der Entspannung umfaßt. Experimentieren Sie mehrere verschiedene Male beim Liebemachen mit dem »Ah« und erforschen Sie seine subtilen Varianten.

Das schlichte Summen mit zusammengepreßten Lippen, gefolgt von einem ausdrucksstarken Geräusch – einem Stöhnen, einem Seufzen, einem Heulen – kann auch etwas ganz Besonderes sein. Drücken Sie mit dieser Art von Summen viele verschiedene Gefühle aus. Vielleicht machen Sie die überraschende Feststellung, daß sich der Ton durch Ihren gesamten Körper-Geist ausbreitet und in den Zehen und der Kopfhaut ein angenehmes Prikkeln hervorruft. Das Summen läßt sich auch mit dem *Zungendruck* verbinden, wodurch Gehirn und Schädel in Schwingungen versetzt werden.

Töne der Ganzheit: Affirmationen können ausgesprochen werden, als seien sie Bestandteil eines normalen Gesprächs, Sie können sich aber auch ausschließlich auf ihren Klang konzentrieren. So kann beispielsweise aus einem »Wir sind eins« ein »Wiiiiiiiaaahhh sssiiiiiiiinnnddd Aaaaaiiiiiiinnnsss« werden. Beachten Sie die zusätzlichen Töne am Ende jeder Silbe, die dem besseren Schwingen dienen.

In den letzten Jahren erfreuen sich auch östliche »heilige Klänge« steigender Beliebtheit. Wenn Sie gemeinsam auf harmonische Weise ein Mantra vibrieren, harmonisiert dies auch Ihr Einssein. Ausgezeichnet lassen sich Mantras gemeinsam intonieren, indem sich beide Partner einander gegenüber setzen, die Hände wie zum Gebet an die Brust gelegt. Auf diese Weise gerät der Brustkorb in Schwingung, was die tieferen Empfindungen des Liebespunkts erschließt und gleichzeitig den Thymus stimuliert. Die Resonanz läßt sich noch dadurch steigern, daß man die Klänge leicht nasaliert.

Mantras lassen sich als Teil des Vorspiels vor dem Liebesakt intonieren oder aber auch während eines *Vollen Anhaltens.* Intonieren Sie sie zwanzig Minuten lang oder länger, wenn Ihnen dies paßt, doch genügen manchmal schon fünf Minuten, um die Gefühlswelt zu erschließen und die Emotionen zu harmonisieren. Damit der Klang weiterschwingt, können Sie eine richtige Klangkulisse dadurch aufbauen, daß Sie Ihren Atemrhythmus dergestalt versetzen, daß der eine Partner gerade einatmet, während der andere ausatmet und das Mantra intoniert. Andererseits kann es aber auch sehr schön sein, gemeinsam das Mantra zu intonieren und zusammen beim Einatmen eine Pause einzulegen.

Einige der besten Mantras sind zugleich auch die schlichtesten. Dazu zählen beispielsweise: »Om Mani Padme Hum« oder »Om Ah Hum« und »Yam«.

Das tibetische Mantra: »Om Mani Padme Hum« läßt sich auf verschiedene Weise korrekt aussprechen. Diese Klänge sind sehr alt und haben ihre eigene Entwicklung durchlaufen. Vielleicht beginnen Sie einmal mit folgender Version: »Aaaooom Maaahhni Paddme Huuumm«. Zwischen dem »Mani« und dem »Padme« wird eingeatmet, und natürlich werden die Worte so lange wie möglich vibriert. Man kann das Mantra aber auch sehr schnell intonieren. Wenn möglich, sollten Sie einmal an einer Gruppensitzung teilnehmen, wo dieses Mantra gebraucht wird, damit Sie ein Gespür für die Nuancen der Aussprache und das kreative Verschmelzen der Klänge bekommen. Es gibt aber auch Schallplatten und Kassetten, auf denen dieses Mantra zu hören ist.

Die Klangsequenz »Om Ah Hum« kommt auch im Alltag häufig vor. Wenn Sie beispielsweise plötzlich jemandem begegnen, den Sie jahrelang nicht mehr gesehen haben, sagen Sie erstaunt: »Oh!« Wenn Sie ihm dann erzählen, was Sie gerade so machen, erwidert er zustimmend: »Ah!« Und weil er sich über das Wiedersehen freut, gibt er seiner Zufriedenheit Ausdruck: »Hmmm.« Diese Geräusche drücken Gefühle aus, Bedürfnisse und Bestätigungen, die zugleich natürlich und universal sind, aber auch religiöser Art. Um ihrer Vorteile teilhaftig zu werden, bedarf es keines intellektuellen Verständnisses.

Ebenfalls sehr beliebt ist »Yam«. Dies ist ein Mantra, mit dessen Hilfe das tieffühlende Herzzentrum, der Liebespunkt, geöffnet werden kann. Interessant daran ist auch, daß dieses Mantra »Yam« sich, wenn man es schnell hintereinander intoniert, in »Yummy« (engl. etwa »lecker« oder »hm«) verwandelt, was für viele Menschen, vor allem in der angelsächsischen Welt, Ausdruck tiefster Zufriedenheit ist. »Yam« ist ein Beispiel für einen wohlbekannten spontanen Klang, aus dem man eine Technik entwickelt hat.

Die Himmelsleiter

Traditionellerweise wird die aktive Rolle vom männlichen Partner, die passive Rolle vom weiblichen übernommen. Dies läßt sich nicht nur umkehren, es läßt sich auch abwechseln. Der Effekt des Wechselns von aktiv zu passiv und zurück kann zu einem Zustand führen, den wir gerne die *Himmelsleiter* nennen (siehe »Der kreative Sexualorgasmus«).

Der Schlüssel zu dieser Technik besteht darin, daß der passive Partner vom aktiven bis kurz an die Grenze zum Orgasmus stimuliert wird, um dann mit dem anderen die Rollen zu tauschen. Zwar wird der Erregungszyklus durch die Ejakulation des Mannes gestoppt, nicht jedoch durch den weiblichen Orgasmus. Die Stimulierung können Sie auf jede beliebige Weise durchführen.

Der Höhepunkt zum Schluß gestattet einen gleichzeitigen männlichen und weiblichen Orgasmus. Natürlich ist dies nur eine von vielen verschiedenen Möglichkeiten.

Sie können dieses Geben und Nehmen ohne festgelegte Regeln oder Ziele einfach in Ihr Liebesleben integrieren. Es kann sein, daß der Mann die Erfahrung, der passive Partner zu sein, als willkommene Erleichterung erlebt, möglicherweise fühlt er sich aber dadurch auch bedroht. Der Vorteil besteht hier darin, daß die Frau nicht nur die Chance erhält, dominant und aggressiv zu sein, sondern daß sich der Mann durch den Rollentausch weniger bedroht fühlt, weil er ja weiß, daß er gleich wieder an der Reihe sein wird.

Zusammenbleiben

Nach dem Liebesakt sollten Sie zusammenbleiben. Dies ist eine wichtige, kostbare Zeit. Selbst wenn einer von Ihnen oder sogar beide einschlafen sollten, stärken Sie dadurch doch das Band der Intimität (siehe »Friedvolle Stellungen«, »Spannungsstellungen«).

Das Liebemachen ist wie alles andere im Leben auch: Man

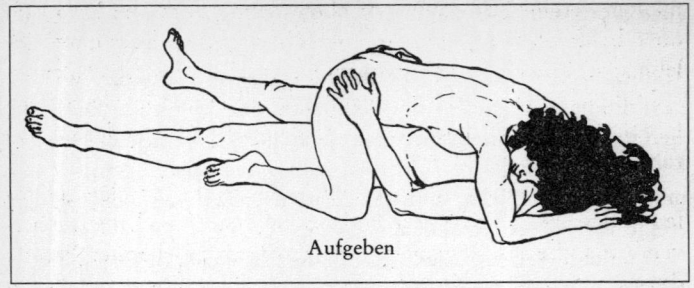

Aufgeben

braucht Zeit, um hineinzukommen, und man braucht Zeit, um wieder hinauszugelangen.

Das Hauptgericht einer Feinschmeckermahlzeit wird von einer ganzen Reihe kleinerer Vorspeisen angekündigt. Auf den Hauptgang folgt dann der Nachtisch, der Kaffee und vielleicht ein Likör. Einfach nur gerade noch rechtzeitig zum Hauptgericht zu kommen, es hinunterzuschlingen und sofort wieder zu verschwinden, ist einfach nicht die richtige Art. Doch genauso verfahren Leute in Schnellimbißrestaurants.

Die Zeit, die Sie nach dem Liebesakt zusammen verbringen, immer noch genital vereint, sind der Nachtisch, der Kaffee und der Likör. Nun könnte man auch einwenden, daß der Orgasmus eigentlich der Nachtisch sei. Dem mag vielleicht so sein, doch der schönste, süßeste Teil des Liebemachens ist die Süße der Herzen, die miteinander verschmolzen sind.

Wir sind der Auffassung, daß die friedvolle Stellung *Aufgeben*, bei der die Frau auf dem Mann und dieser auf dem Rücken liegt, ideal für diese Phase des Ausklingens ist. Er kann die Beine ausstrecken oder in den Knien beugen. Sie liegt auf seinem Bauch und Brustkorb, die Knie gebeugt. Versuchen Sie es beim nächsten Liebemachen einmal mit folgendem Zyklus: Beginnen Sie mit einer Stellung, bei der sich der Mann oben befindet, wechseln Sie dann über in eine Seitenlage, ins *Yab Yum* oder in die *Wippe*, und enden Sie mit der Frau oben.

Lassen Sie sich dafür mindestens zehn bis fünfzehn Minuten Zeit, wenn nicht gar zwanzig oder dreißig. Sollte es zur Ejakulation gekommen sein, wird es etwas schwieriger werden, die Genitalien vereint zu halten, vor allem dann, wenn die Frau sich oben befindet. War es ein besonders bewegendes oder tiefes Erlebnis, so braucht Ihr Organismus diese Zeit des Abkühlens.

In der Regel wird die Obenstellung der Frau oder die Seitenlage das bequemste dafür sein, es sei denn, die Frau ist der schwerere Partner.

Zusammenzubleiben ist der ideale Zeitpunkt, um den genitalen Orgasmus zu verlängern und auszudehnen. Nach der intensiven Anfangsphase lenken Sie die Energien belebender Freude durch den ganzen Körper-Geist. Diese Energiewogen werden auf Ihren Willen reagieren, Ihr Vergnügen verfielfältigen und die Vorzüge des sexuellen Orgasmus verstärken.

Spannungsstellungen

Spannungsstellungen bieten ein Vergnügen, das weder die ruhigen friedvollen Stellungen noch die dynamischen Stoßstellungen verleihen können. Sie können eine solche Position lange beibehalten oder sich darin mit prickelnder Langsamkeit bewegen. Spannungsstellungen stimulieren. Wenn Sie eine Weile in einer

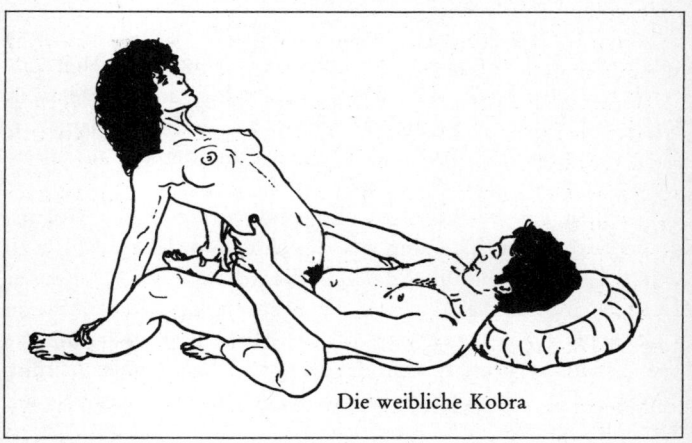

Die weibliche Kobra

ruhigen friedvollen Stellung geruht haben, können Sie damit erneut Erregung aufbauen, während Sie gleichzeitig das Gefühl der Nähe und der Ruhe aufrechterhalten (siehe »Friedvolle Stellungen«).

Es folgen nun einige Beispiele für Spannungsstellungen.

1. *Die Kobra:* Die Frau befindet sich oben mit dem Gesicht zum Mann und streckt sich so weit zurück, wie sie kann.

2. *Der Penetrator:* Der Mann befindet sich oben und preßt kräftig in die Frau hinein, während er sich mit den Füßen an einer Wand abstützt.

3. *Die Streckbank der Liebenden:* Mann oder Frau befinden sich oben, alle vier Arme und Beine sind so weit auseinandergestreckt, wie es nur geht.

4. *Eindringen von hinten:* Beide Partner knien. Manche Frauen berichten, daß das Eindringen von hinten den G-Punkt stärker stimuliert.

Einige der friedvollen Stellungen haben auch stimulierende, erregende Varianten. So gibt es beispielsweise für die *Wippe* eine wunderschöne aktive Version, bei der die Liebenden Hände und Handgelenke miteinander verschränken und einander langsam reiben, bis sie, dabei auf und ab wippend, zum genitalen Orgasmus kommen. Man kann diese Position auch als stationäre Spannungsstellung halten.

Die *Wippe* ist eine Art »entfaltetes« *YabYum,* und der Übergang von einer Stellung zur anderen ist reibungslos (siehe »Zusammenbleiben«). Ein Gefühl der Intensität stellen Sie beim YabYum her, indem Sie fünfzehn bis zwanzig Minuten lang Augenkontakt aufrechterhalten (siehe »Verbundenheit und Einschwingung zwischen Paaren«).

Wenn Sie einigermaßen gelenkig sind, wird es Ihnen Vergnügen bereiten, Streckstellungen anzunehmen und diese länger zu halten. In der Abbildung geben wir die *Kobra* wieder. Mit dieser Stellung läßt sich die Klitoris der Frau stimulieren. Die Partnerin kann auch gegen den Brustkorb des Mannes drücken, um die Streckspannung zu erhöhen. Bei der Kobra hat man das Gefühl, daß man sich weit aufstreckt. Sie läßt sich auch mit der Technik der Energiesteigerung verbinden.

Es gibt auch andere yogaähnliche Streckübungen, die sich vorzüglich ins Liebemachen integrieren lassen, wodurch Sie die schiere körperliche Freude anmutiger Bewegung mit dem erotischen Feuer Ihrer Vereinigung verbinden können. Tatsächlich können viele solcher Yogastellungen unverändert im Schlafzimmer praktiziert werden. Ein Beispiel für eine fortgeschrittene Übung könnte so aussehen, daß die Frau oben ist, um mit dem Rücken zum Gesicht des Mannes auf seinem liegenden Körper den Spagat zu vollführen. Diese Stellung wird natürlich nur kurz gehalten.

Vierter Teil:
Der Höhepunkt (Klimax)

Wo kommst du her, wo gehst du hin?

Wo kommst du her, wo gehst du hin?

Es ist inzwischen wissenschaftlich nachgewiesen worden, daß der Orgasmus ein veränderter Bewußtseinszustand ist.

Mit anderen Worten, der Orgasmus ist in Wirklichkeit ein natürliches High.

Manche Menschen haben davon berichtet, daß zum Höhepunkt der Höhepunkte eines Orgasmus ihr Denken vollständig aufhörte, oder daß ihr Ego-Sinn, sie selbst zu sein, dabei verschwand.

Wenn du einen Orgasmus hast, vor allen Dingen einen solch intensiven, wer bist du dann? Was bist du? Wo bist du?

Während eines Augenblicks des Nichtdenkens – welches Geschlecht hast du da? Existierst du überhaupt?

Dieser Augenblick ist natürlich nur sehr kurz.

Doch das macht ihn nicht weniger wirklich.

Wir können feststellen, daß jeder, der einen solch intensiven Orgasmus hat, so intensiv, daß er sich in der Erfahrung wirklich selbst verliert und den Höhepunkt der Höhepunkte erreicht, in diesem Augenblick ein Mystiker ist.

Selbst die krudesten sexuellen Beziehungen bieten dir eine solche Möglichkeit mystischer Erfahrung, mystischer Augenblicke.

Natürlich gehen die meisten Menschen so schnell wie möglich darüber hinweg. Ein Augenblick des Nichtdenkens kann recht beunruhigend sein, vor allem dann, wenn du nicht danach gesucht hast, wenn du dich nicht darauf vorbereitet hast.

Andererseits kultivieren manche Menschen dieses Potential der sexuellen Vereinigung im allgemeinen und des sexuellen Orgasmus im besonderen, Menschen, die diese mystische Freiheit jenseits des Verstandes suchen. Doch macht Sex allein natürlich noch keinen Mystiker.

Sex ist eine der wenigen Aktivitäten im Leben, die uns mehr oder weniger automatisch in eine ungehemmte, und doch völlig konzentrierte Teilnahme und Beteiligung führen. Wenn du also das nächste Mal einen Orgasmus hast, so frage dich hinterher, wohin du da gegangen bist.

Kreativer Sex und prokreativer Sex

Wenn du ein Baby machen willst: Prokreativer Sex.

Wenn du Liebe machen willst: Kreativer Sex.

Die Funktion des prokreativen Sex ist es, Babies zu machen.

*Die Funktion des kreativen Sex ist es,
zu erschaffen, was immer du willst,
mit der Energie, die dir zur Verfügung steht.
Wie etwa
mehr Harmonie und Ganzheit,
bessere Gesundheit und besseres Leben.
Oder einfach nur erfüllenderes Liebemachen.*

*Nutzt die Ratschläge dieses Buches,
um ein kreatives Paar zu sein.
Nicht einfach nur ein Paar,
das sich für
oder wider
Prokreation, also Zeugung entscheidet.*

*Physische Schöpfung,
durch sexuelle Vereinigung,
kann viele Formen annehmen,
wovon das Baby
nur eine ist.*

*Heilung durch Sexualliebe,
von Körper und Herz,
kann dabei ebenfalls geschehen.
Vor allem dann,
wenn ihr die Kraft des Lebens einladet,
wie immer ihr sie auch nennen mögt,
oder auch durch stummes Fühlen,
einladet in euer Einswerden.*

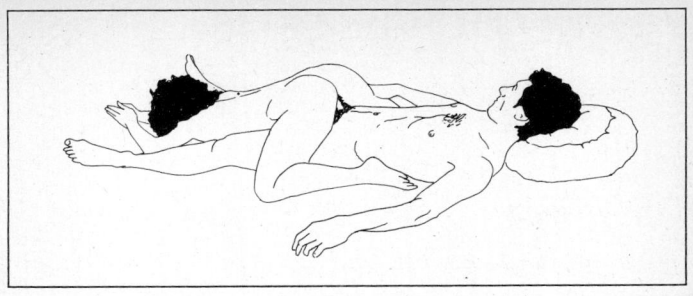

*Vergeßt nicht,
ihr könnt auch Erfolg haben,
ohne irgend etwas zu tun oder zu glauben,
das eurem gegenwärtigen Verständnis
zuwiderläuft,
wie immer dieses auch aussehen mag.*

*Beim Orgasmus,
oder kurz davor,
schaut vor dem geistigen Auge,
was immer es sein mag,
wonach euer Herz strebt.*

*Dies ist ein mächtiger Augenblick,
dieses orgasmische Pulsieren,
die Freude ist nur ein Teil von dem,
was es zu bieten hat.*

*Seht während des Liebemachens
das erwünschte Ergebnis,
was immer es sein mag.*

*Nehmt euch die Zeit, auf dem Gebetsteppich des Fleisches
um Führung von innen
zu bitten.*

*Liebemachen heißt »Liebe machen«,
aus dieser Grundtatsache
leitet alles andere sich ab.*

Arsch-Friede

*»Was würde ich heute abend nicht für ein Stück Arsch geben!«
  Die Worte sind richtig, die übliche Bedeutung ist falsch.
  Was kann der Teil eines Frauenkörpers diesem Mann Gutes tun?
  Wenn sie ihm ein »Stück ihres Geistes« geben will, so will er es nicht haben.
  Er will ihren Geist ganz – ein Teilstück des Geistes eines anderen kann gefährlich werden.
  Nein, er will ein Stück Arsch, ein Stück Arsch-Friede.
  Höchstwahrscheinlich wird sein Orgasmus kurz sein.
  Von intensivster Freude und doch vergänglich, so ist der Orgasmus.
  Wie kann dies nur sein Ziel sein?
  Das größte Geschenk der Frau an den Mann ist ihr Friede.
  Friede, Zufriedenheit, Entspannung, Loslassen, Wärme, Heiterkeit.
  Ejakulationsorgasmen kann er fast immer haben.
  Die liebliche Heiterkeit ihres Schlafgemachs, die ruhige Zufriedenheit ihrer ekstatischen Gipfel, der unbeschreibliche Friede ihres schlechthinnigen Jadepalasts, ihr heiliges geöffnetes O, ihr transzendentaler Mund, ihr unglaublicher Rastplatz, ihr Tempel des Fleisches, der den Geist des Mannes überwältigt.
  Hier kann er in den Wassern der Ganzheit baden. Die Wellen ihrer Leidenschaft sind die Liebkosung der friedvollen Tiefen eines Ozeans. Die Ganzheit des Liebemachens kann sein dieser ekstatische Friede, der Tiefe ist, Aufnahme, Aufgabe, Hinabsteigen in der Natur endloses Tal der Schwerkraft.
  Doch immer folgt auf den Orgasmus des Mannes dieser Friede, den er sucht.*

Dies ist der Augenblick, um wach zu werden. Bleibe bei ihr. Sei jetzt bei ihr.
Hier ist es, was du gesucht hast.
Die Süße, der kühle Friede, die beruhigende Salbung der Liebe.
Sieh in ihre Augen. Dort ist er zu finden. Auch wenn sie gelernt haben sollte, ihn zu verstecken, so ist er dennoch dort. Er ist dort.
Arsch-Friede.

Was ist ein freiwilliger kreativer Höhepunkt (Klimax)?

Das Wort Klimax stammt ursprünglich aus dem Griechischen und bedeutet »Leiter«. Klimax deutet an, daß ein Aufstieg stattgefunden hat, daß Sie die Leiter sexueller Energie auf eine höhere Stufe emporgeklommen sind, dem Himmel entgegen. Klimax oder Höhepunkt eines sexuellen Aktes kann auch etwas anderes sein als ein konventioneller sexueller Orgasmus. Darauf wurde ausführlich im Prolog eingegangen. Abgesehen von dem sexuellen Orgasmus, der Ihnen als Höhepunkt vertraut sein dürfte, kann der vollkommene Höhepunkt (Klimax) ein weites Spektrum umfassen, von Welle um Welle endloser ekstatischer Einheit bis zum tiefen und wunderbar erfrischenden Schlaf. Darüber hinaus gibt es auch verschiedene Möglichkeiten, um Ihre subjektive Erfahrung des Orgasmus selbst zu variieren.

Der Höhepunkt, ob er nun von jener Art ist, wie ihn Masters und Johnson studiert haben, oder nicht, kann ein geradezu phantastisch origineller und ausdrucksstarker Akt sein. Wie in der Malerei oder beim Musizieren ist der schöpferische Höhepunkt eine Kunst für sich. Und wie bei anderen Formen der Kunst bedeuten auch hier Können und Gespür alles. Mit nur geringer Anstrengung werden Sie zu gewaltigen, erfüllenden neuen Erfahrungen gelangen. Eine kleine Änderung in Ihrer Sicht des sexuellen Höhepunkts, auf der Grundlage des in diesem Buch vorgestellten Zugangs, genügt, um sie auszulösen.

Wenn Sie einen größeren und beglückenderen sexuellen Orgasmus haben wollen, so werden Ihnen die Techniken in diesem Abschnitt auch dazu verhelfen. Die Fähigkeit zum freiwilligen Orgasmus macht auch den gemeinsamen genitalen Orgasmus während des Verkehrs wahrscheinlicher.

Sie besitzen als Mensch ein einzigartiges sexuelles Potential, das auf einzigartige Weise gesteigert werden kann. Werden Sie intim mit Ihren eigenen erotischen Organen und mit Ihren persönlichen Mustern sexueller Reaktionen. Streben Sie nach dem Gipfel. Ob es sich dabei um das körperliche, emotionale, intellektuelle oder spirituelle Wohlbefinden handeln mag. Streben Sie nach der Erfüllung Ihres höchsten Potentials als Mensch. Auf diese Weise werden Sie auch Ihre höchste orgasmische Kapazität ausfüllen.

Seien Sie alles, was Sie sein können, dann werden Sie den Stellenwert verstehen, den sexuelle Orgasmen in Ihrem Leben einnehmen. Dann werden Sie sich für oder wider den sexuellen Orgasmus entscheiden können, Sie werden die Freiheit haben, ihn zuzulassen oder ihn auszulassen. Sie werden die Freiheit haben, freiwillige kreative Höhepunkte zu erforschen und zu genießen, ob diese nun die Form des sexuellen Orgasmus annehmen mögen oder nicht. Auf diese Weise wird Ihnen die ultra-intime Ekstase zuteil.

Zorn und sexueller Orgasmus

Gibt es zwischen Zorn und Wut und dem Orgasmus eine Beziehung? Menschen, denen es leichtfällt, Zorn zu empfinden und auszudrücken, neigen auch dazu, stark orgasmisch zu sein. Umgekehrt können Orgasmusschwierigkeiten mit einer Verdrängung von Wut oder ihren Ausdrucksmöglichkeiten zusammenhängen. Menschen, die auch so schon leicht zum Orgasmus gelangen, können durch eine verbesserte Beziehung zu Zorn und Wut diesen noch steigern.

Wut und Orgasmus sind sich physiologisch sehr ähnlich. Gerät ein Mensch in echte Wut, die sich auch ausdrücken will, so wallt ihm das Blut in die Organe dieses Ausdrucks also etwa ins Gesicht, in die Hände und in die Füße. Die Stimme wird lauter, manchmal gibt man stöhnende Geräusche von sich. Das Gesicht kann sich verzerren, wie das auch bei vielen während des Orgasmus vorkommt. Viele Menschen, die darin geübt sind, Wutanfälle auszutoben, geben zu, daß diese sich oft ebensogut anfühlen wie ein genitaler Orgasmus. Wütend zu werden und dies auch auszudrücken, kann eine gesellschaftlich akzeptable Methode sein, in aller Öffentlichkeit eine orgasmusähnliche Erfahrung auszuleben, eine Art »Zorn-Orgasmus«.

Vielleicht hilft es Ihnen, vor dem Masturbieren auf ein Kopfkissen einzuprügeln oder vor dem Liebesakt einen gespielten Streit auszutoben. Wenn Sie auf diese Weise der Wut ein Ventil bieten, kann dies Energien freisetzen, ohne irgend jemandem zu schaden.

Wird aufgestaute Wut freigesetzt, so wird dadurch gelegentlich der Orgasmus auch voller, nicht nur leichter. Das Freisetzen von Zorn setzt zugleich auch Energie der Nebennierendrüsen und des Solarplexus frei. Dieser erfrischende Strom der Lebenskraft gelangt zunächst zum Liebespunkt und dem Thymus im Brustbereich. Von dort aus strömen eine prickelnde Wärme, Energetisierung und ein Gefühl des Wohlbehagens durch den ganzen restlichen Körper, vor allem durch Hals, Kopf, Hände und Füße. Gestattet man dem Orgasmus, von den erotischen Organen ausgehend auf- und abwärts zu strömen, so setzt dies auch mehr von seiner Heilungsenergie frei. Der Zorn ist eine Emotion, die unter den richtigen Umständen sehr viel erreichen kann. Indem Sie den Zorn bewußter in Ihr Liebesleben einbauen, ermöglichen Sie es sich selbst, verborgene Energien für Ihre eigenen Zwecke zu nutzen, einschließlich des Genitalorgasmus.

Der kreative Sexualorgasmus

Der Genitalorgasmus stellt eine Gelegenheit dar, kreativ und einfallsreich zu sein. Er ist sowohl ein Zustand des Geistes als auch des Körpers. Sie können den konventionellen Orgasmus ausdehnen und steigern, indem Sie Ihre Partizipation daran verändern.

Ein sexueller Orgasmus kann Ihr Persönlichkeitswachstum fördern. Er kann eine Gipfelerfahrung sein, die für Sie als einer der dramatischsten, erfüllendsten und schönsten Augenblicke des ganzen Lebens in der Erinnerung haften bleibt. Abgesehen von der sexuellen Stimulierung, können Sie mit Hilfe Ihrer Imagination den Orgasmus steigern. Üben Sie dies, indem Sie, in entspannter Haltung sitzend oder liegend, das Gefühl des Orgasmus in Ihre Erinnerung zurückrufen. Lassen Sie mit Hilfe der Imagination das Gefühl durch den ganzen Körper-Geist strömen und sich verteilen. Psychologische Forschungen haben ergeben, daß das lebhafte Imaginieren einer Erfahrung das Nervensystem fast ebenso stark stimuliert wie das eigentliche Ereignis selbst.

Es folgen nun einige machtvolle Techniken, die darauf abzielen, Ihren Bewußtseinszustand zu verändern, während Sie in den sexuellen Orgasmus eintreten. Denn so wie Sie Eß- und Sprechgewohnheiten haben, haben Sie auch Genitalorgasmusgewohnheiten. Mit Hilfe dieser Techniken können Sie neue Orgasmusgewohnheiten entwickeln und damit Ihren Entscheidungsspielraum im Bereich der Ekstase ausdehnen.

Affirmation: Wiederholen Sie im Geiste Sätze oder Gedanken wie: »Wir sind eins«, »Ich bin du« oder ähnliche, während Sie von der Orgasmuswoge getragen werden. Sie können mit Ihrem Partner vorher einen Gedanken des Einsseins absprechen, wie auch ein Bild, die Sie beide beim gemeinsamen Orgasmus miteinander teilen wollen.

Das Nachglühen: Während die Intensität Ihres Gipfelerlebnisses nachläßt, lassen Sie die Wogen der lebenspendenden Freude sich durch Ihren gesamten Körper-Geist verteilen, so daß sie Ihren

Brustkorb, den Bauch, die Arme, die Beine und den Kopf erfüllen. Spüren Sie, wie das Prickeln oder andere angenehme Gefühle sich bis zum Scheitel verteilen wie auch in die Spitzen von Ohren, Fingern, Zehen und Steißbein. Sie können sich diese Energiewellen auch als gischtende Wogen aus weißem Licht vorstellen oder als schimmernden goldenen Nebel, der Sie gleichzeitig erfüllt und umhüllt.

Das Nachglühen ist einer der schönsten Aspekte des Liebesaktes. Bleiben Sie bis zu zwanzig Minuten lang nebeneinander liegen, bevor Sie sich trennen. Einige der allerschönsten Empfindungen finden erst nach dem genitalen Orgasmus statt. Liebenden, die nach diesem schnell wieder in die Alltagsaktivität überwechseln, entgeht dieser unerwartete Bonus oft.

Weinen: Hierbei handelt es sich nicht wirklich um eine Technik, doch um eine wunderbare Sache. Männer wie Frauen können beide als Teil des Orgasmus weinen. Während die pulsierenden Wogen des Orgasmus innere Blockaden auflösen, werden Emotionen freigesetzt. Auch nachher können Tränen vergossen werden, manchmal erst viele Stunden später. Dies ist ein besonderes Indiz dafür, daß sich die tiefste Gefühlstiefe, das Herz, öffnet, daß Sie diese verborgene Kraft angezapft haben.

Traum-Magie: Suchen Sie sich ein Bild oder ein Symbol von etwas aus, was Sie gerne im Leben hätten, sei es ein Auto, ein Urlaub, mehr Liebe oder ein höherer Bewußtseinszustand. Stellen Sie sich vor, wie dieses Bild auf einer Woge orgasmischer Glückseligkeit aus Ihrem Scheitel herausschießt und wie eine Brieftaube davonfliegt, um Ihren Wunsch zu erfüllen. Benutzen Sie diese Technik, um sich alles im Leben zu verschaffen, was Sie gerne hätten, allerdings nicht auf Kosten anderer.

Ausdehnung: Dehnen Sie mit Hilfe des Geistes die angenehmen Empfindungen des Orgasmus aus, machen Sie sie viel größer. Benutzen Sie die Imagination, um sie wie einen Ballon aufzublasen. Sie werden feststellen, daß diese angenehmen Empfindungen plötzlich viel mehr Raum einnehmen als zuvor. Es kann sein, daß sich die Gefühle und die Räumlichkeit weit über Ihren physischen Körper hinaus ausdehnen. Eine ähnliche Technik besteht darin, sich vorzustellen, daß die Explosion des Orgasmus weit

über den eigenen Körper-Geist hinausführt, um den ganzen Raum auszufüllen, vielleicht sogar das ganze Haus, die ganze Welt, das Universum.
Augen-Orgasmus: Halten Sie während des sexuellen Orgasmus den Augenkontakt aufrecht. Der Orgasmus muß nicht gleichzeitig stattfinden. Mit dieser Technik erschließen Sie sich möglicherweise einige der intimsten und prickelndsten Augenblicke Ihres Lebens.
Fliegen: Der Genitalorgasmus wird oft mit einer fliegenden Rakete verglichen. Geben Sie sich dem Gefühl des Fliegens hin, wenn es auftritt. Versuchen Sie festzustellen, ob Sie über die üblichen Grenzen Ihres Körper-Geist-Universums hinausgelangen können. Beispielsweise können Sie die Erfahrung machen, hoch oben in der Luft als Adler um die Erde zu kreisen.
Den Orgasmus weitergeben: Die Freude des genitalen Orgasmus kann sich noch erhöhen, wenn man ihn an den Partner weitergibt. Anstatt sich auf die angenehmen Empfindungen in den eigenen Genitalien zu konzentrieren, leiten Sie die Glückseligkeit und die Energie, die Sie spüren, an Ihren Partner weiter. Nehmen Sie die Aufmerksamkeit völlig von Ihrer eigenen Freude fort und konzentrieren Sie sich darauf, diese dem anderen zu übermitteln. Dies kann man auch gegenseitig tun, was zu einem wahrhaft erstaunlichen Höhepunkt glückseliger Vereinigung führen kann.

Eine Hilfe ist es auch, kurz vor dem Orgasmus eine Hand auf den Liebespunkt des Partners und eine andere auf seinen Kopf zu legen. Identifizieren Sie sich so vollständig wie möglich mit dem anderen, werden Sie zu ihm. Geben Sie ihm alles, was Sie empfinden, als wäre er im wortwörtlichen Sinne Sie und als wäre sein Körper-Geist Ihr eigener. Religiös ausgedrückt würde man dies »segnen« nennen (siehe »Liebespunkt«).
Süßes Vergessen: Das nächste Mal, wenn Sie kurz vor dem Genitalorgasmus stehen, machen Sie Ihren Geist völlig leer und verbannen alle Gedanken der Erwartung. Vergessen Sie alles, was Sie darüber gelernt haben, was der Orgasmus ist oder was er sein sollte. Gehen Sie den Orgasmus an, als hätten Sie noch nie einen gehabt, als wäre es eine völlig neue Erfahrung für Sie und als wüßten Sie nicht im geringsten, was Sie erwartet.

Geleeorgasmus: Wenn Sie normalerweise einen Orgasmus genießen, indem Sie den Körper-Geist anspannen, so versuchen Sie es beim nächsten Mal mit dem Gegenteil: Werden Sie also völlig schlaff. Lassen Sie den Orgasmus einfach geschehen, ohne ihn in irgendeiner Weise zu beeinflussen.

Wenn Sie dagegen normalerweise beim Orgasmus schlaff werden, versuchen Sie statt dessen, den ganzen Körper anzuspannen. Eine andere Variante besteht darin, den Körper-Geist völlig steif werden zu lassen. Werden Sie so hart und steif wie ein Eisenträger.

Loslassen: Eine der Fahrkarten zu einem erinnerungswürdigen Orgasmus kann darin bestehen, jede Konzentration auf die Empfindungen in den Genitalien zu vermeiden. Richten Sie die Aufmerksamkeit statt dessen auf einen anderen Körperteil, beispielsweise auf den Liebespunkt oder auf eine Stelle oberhalb Ihres Kopfes. Es kann sein, daß dies Ihnen einige Willenskraft abverlangt. Wenn man sich zu sehr auf die angenehme genitale Empfindung konzentriert, verhindert dies leicht die Verteilung der Energie im restlichen Körper, was sowohl die Freude als auch den Nutzen mindert.

Passiver Orgasmus: Einer der Partner bleibt völlig passiv und wird vom anderen zum genitalen Orgasmus geführt. Der passive Partner kann jede beliebige Methode anwenden, um diese Erfahrung zu vertiefen und Ablenkungen zu vermeiden, beispielsweise indem er mit Kopfhörern Musik hört, sich die Augen verbinden läßt, Ohrenpfropfen verwendet oder sich vorher in einen Zustand der Tiefentspannung versetzt.

Kopfstand: Lassen Sie sich von Ihrem Partner zum Orgasmus masturbieren, während Sie sich selbst im Kopfstand befinden. Verwenden Sie die Wand als Stütze, es sei denn, Sie beherrschen den Kopfstand bereits sehr gut. Eine leichtere Variante dieser Technik besteht darin, den Kopf über den Bettrand nach unten hängen zu lassen.

Beim Orgasmus die Stellung *Yab Yum* im Sitzen einzunehmen oder aufrecht als *Denkmal* zu stehen, kann Ihnen ebenfalls zu einer völlig neuen Erfahrung verhelfen. Ganz allgemein gilt die Regel, daß verschiedenartige Körperstellungen auch zu verschie-

denartigen Orgasmuserfahrungen führen, wenn auch die Unterschiede oft recht subtil sein dürften.
Weißes Licht: Stellen Sie sich vor, daß Ihr Orgasmus ein blendendes, gleißendes weißes Licht ist, das durch Ihren Körper tobt. Leiten Sie das Licht die Wirbelsäule empor nach oben ins Gehirn und darüber hinaus. Versuchen Sie es auch mit stahlblauem, sonnengoldenem und rubinrotem Licht.

Der emotionale Höhepunkt

Wenn Sie sich Ihrem Partner mit hingebungsvoller Ehrlichkeit und emotionaler Intensität ausliefern, so können Sie vielleicht das erfahren, was wir einen »emotionalen Höhepunkt« nennen. Dabei wird die Gefühlsintensität derart gesteigert, daß in diesem Augenblick die Notwendigkeit oder das Bedürfnis eines Orgasmus davon völlig überschattet werden. Selbst wenn der Genitalorgasmus dann noch auftritt, so wird er möglicherweise kaum noch bemerkt, weil er mit dem übergeordneten Drama emotionaler Hingabe an den Partner völlig verschmilzt.

Der große Orgasmus

Selbst wenn Sie jedesmal beim Liebemachen gerne einen Sexualorgasmus haben, sollten Sie doch vorher die Spannung erst aufbauen, bevor Sie sie entladen. Nutzen Sie das universale Prinzip von Spannung und Entspannung. Eine der besten Garantien für einen großen Sexualorgasmus besteht darin, vorher sehr viel Spannung oder Energieladung aufzubauen.

Die Sexualverkehrtaktiken des *Imsak* und des *Kabbazah*-Stils sind sehr gut geeignet, um diese erotische Spannung aufzubauen. Selbst wenn Sie danach trachten sollten, einen konventionellen Orgasmus zu erreichen, so sollten Sie doch versuchen, nicht daran zu denken. Machen Sie sich selbst das Gefühl vor, daß Sie mit dem Rücken an der Wand stehen und keinen Ausweg mehr haben. Wenn der sexuelle Orgasmus dann tatsächlich eintritt, wird er von geradezu phantastischer Qualität sein.

Als Mensch haben Sie nicht nur eine Schmerz-, sondern auch eine Freudenschwelle. Je mehr Freude Sie aufrechterhalten können, um so mehr Energie-Ekstase können Sie auch genießen. Nehmen Sie sich vor, über Ihre übliche Toleranzschwelle hinauszugelangen.

Der Sexualorgasmus kann entweder geplant oder als Überraschung eintreten. Wir haben die Erfahrung gemacht, daß das Vermeiden des Orgasmus bei manchen Zusammenkünften ihn beim nächsten Mal um so schöner macht. Heben Sie sich die nichtorgasmischen Zusammenkünfte für Zeiten auf, da Sie einen niedrigen Energiepegel haben, hart arbeiten müssen oder einfach nicht in der richtigen Stimmung sind.

Mit dem Genitalorgasmus einmal zu pausieren, hat überhaupt nichts mit Selbstverleugnung zu tun. In Wirklichkeit erforschen Sie dadurch lediglich andere Dimensionen Ihrer Welt des Liebemachens. Wenn Sie dann zum Orgasmus zurückkehren, können Sie recht sicher sein, daß Sie einen großen Orgasmus erleben werden.

Eine Möglichkeit, um aus einem sogenannten »Quickie«, also einer kurzen Schnellbegegnung, mehr Gewinn zu ziehen, besteht darin, kurz vor der tatsächlichen genitalen Vereinigung den Kontakt wieder zu lösen, also gerade dann, wenn sich der Druck aufgebaut hat. Dies kann geschehen, bevor oder nachdem der Mann in die Frau eingedrungen ist. Da der Drang zum Orgasmus bei solchen Gelegenheiten ungeheuer stark ist, kann eine kurze, dramatische Trennung dazu führen, daß beide Partner fast wahnsinnig vor Lust werden. Wenn Sie allerdings zu lange pausieren, dann könnte Ihr Verstand damit beginnen, eine Analyse durchzuführen, was Ihrem »Dschungelfieber« leider den Todesstoß versetzen könnte.

Der gewollte Sexualorgasmus

Für Männer wie Frauen ist es ein wichtiges Anliegen, zum Genitalorgasmus zu gelangen. Wir wollen in diesem Abschnitt einige ganzheitliche Taktiken und Strategien vorstellen, die sowohl von Männern als auch von Frauen angewandt werden können. Allerdings raten wir Ihnen dazu, zuvor alle drei Abschnitte über den gewollten Orgasmus durchzulesen, denn viele Techniken, die bei Männern funktionieren, sind auch für Frauen wirkungsvoll und umgekehrt. In weiteren Abschnitten, beispielsweise »Selbstinspiration« oder »Liebemachen mit dem Geist«, finden Sie noch zusätzliche Angänge.

Bach Blütenessenzen: Die von dem mittlerweile verstorbenen Edward Bach entwickelten Blütenessenzen finden inzwischen immer weitere Verbreitung. Der Nutzen, der sich aus dem Gebrauch dieser Heilmittel für die Sexualität ziehen läßt, ist gewaltig. Stechpalme soll gegen Mißtrauen gut sein sowie gegen Negativität, und sie soll auch dabei helfen, das Herz zu öffnen und es offenzuhalten. Espe (Zitterpappel) kann gegen Angstgefühle eingenommen werden, Walnuß dagegen ist für übersensible Menschen geeignet. Diese Blütenessenzen, vor allem Stechpalme, können wertvolle Hilfen darstellen, wenn man zum ersten Mal zum Orgasmus gelangen will oder diesen häufiger oder vollständiger erfahren möchte. Die Bach-Blütenessenzen sollen über die Gefühle auf körperliche Zustände einwirken, und sie gelten als völlig harmlos und ungiftig (siehe Anhang).

Tiefatmung/vollständige Atmung: Sie sollten mit jedem Atemzug tief und vollständig einatmen. Beharrliches tiefes, vollständiges, rhythmisches Atmen beim Liebemachen durch den Mund und/oder die Nase ist vielleicht eine der wirkungsvollsten Techniken von allen. Eine nützliche Variante: Denken Sie ans »Auffüllen«, während Sie einatmen, dagegen ans »Loslassen«, wenn Sie ausatmen (oder an »Aufladung« und »Abstrahlen«). Es gibt eine direkte Kausalbeziehung zwischen der Unfähigkeit, tief, vollständig und rhythmisch beim Liebemachen zu atmen, und der Unfähigkeit, sexuelle Energieladungen aufzubauen und zu halten. Das Erlangen eines Genitalorgasmus beim Geschlechtsverkehr, wie auch das Erlangen und Aufrechterhalten einer Erektion, hängt von der Atmung ab, wenngleich das Training des PC-Muskels, die persönliche Einstellung, die Körperchemie des Partners, Ernährung, der persönliche Energiepegel und die Konzentration ebenfalls von großer Wichtigkeit sind. Siehe die Abschnitte »Vollständiges Atmen«, »Gemeinsame Inspiration«, »Selbstinspiration«.

Das Augenschließen: Schließen Sie die Augen, und lassen Sie Ihre Sinneswahrnehmungen der Berührung, des Hörens, des Schmeckens, des Riechens und der Kinästhesie (Bewegung) erwachen. Schwingen Sie sich auf die Hunderte von körperlichen und emotionalen Wahrnehmungen ein, die in Ihrem Inneren stattfinden, vor allem im Genitalbereich. Anstatt Außenereignisse zu beobachten, erforschen Sie mit Ihrem Gefühl Ihr eigenes Inneres. Darüber hinaus sollten Sie sich auch auf die Ereignisse im Körper-Geist-Universum Ihres Partners einschwingen. All dies läßt sich in der Regel leichter mit geschlossenen Augen durchführen.

Das Sichelkissen: In der Missionarsstellung kann ein sichelförmiges Kissen, unter die Gesäßbacken der Frau gelegt, eine maximale Penetrationstiefe gewährleisten und zugleich ihre Klitoris stimulieren. Statt dessen kann der Mann seine Hände auch unter ihr Gesäß oder das Kreuzbein (Ende der Wirbelsäule) legen.

Tanzen: Nehmen Sie Tanzunterricht oder tanzen Sie ganz einfach zu Hause zu Musik. Tanzen Sie auch zusammen mit Ihrem Partner, als würden Sie Liebe machen, doch nicht nur, indem Sie Becken an Becken reiben, sondern indem Sie das gesamte erotische Ritual auf nonverbale Weise mittels Körperbewegungen durchspielen. Die Bewegungen des anderen zu spiegeln, traditionelle Tänze wie den Tango zu tanzen und gleichzeitig Bewegungssequenzen aus Karate, T'ai Chi, Yoga usw. durchzuführen, kann ebenfalls sehr wirkungsvoll sein. Partner, welche die Kunst erlernt haben, subtile erotische Energie durch das Tanzen auszutauschen, können mit nur wenig oder gar völlig ohne körperlichen Kontakt zu einer total erfüllenden sexuellen Erfahrung gelangen. Natürlich können Sie beim Tanzen selbst so viel Körperkontakt haben, wie Sie nur wollen.

Weiches Eindringen: Diese Praktik wird wahrscheinlich den meisten Lesern und Leserinnen als sehr naheliegend erscheinen, und tatsächlich handelt es sich dabei um eine der besten. Mit ein wenig Übung und hinreichend Gleitmittel, ob dies nun von der Natur »gespendet« wurde oder nicht, ist das Eindringen mit völlig oder halbweichem, schlaffem Penis durchaus machbar. Der Vorteil dieser Technik besteht darin, daß Sie ganz von vorne anfangen. Viele Frauen lieben es, wenn sie spüren können, wie sich das männliche Glied in ihrem Inneren auszudehnen beginnt. Mit Hilfe von pflanzlichen Ölen, mit denen die Geschlechtsteile eines oder auch beider Partner geschmeidig gemacht werden, wird das Eindringen erleichtert. Leichter kann das weiche Eindringen auch dann sein, wenn die Frau auf der Seite liegt, und der Mann das Glied von hinten in ihre Vagina einführt. Die alte chinesische Formel der Ejakulationskontrolle lautet: »Weich eindringen, hart herauskommen.« In der Regel führen Männer die Penetration nur mit steifem Glied durch. Wenn man statt dessen jedoch mit weichem, schlaffem Penis eindringt, so wird die Zeit bis zur Erektion dazu genutzt, zugleich die Frau zu stimulieren.

Fasten: Fasten erzeugt einen Zustand emotionaler und körperlicher Heiterkeit. Wenn wir während des Fastens Liebe machen, erweist sich dies stets als eine Erfahrung ganz besonderer Art. Machen Sie nach eintägigem Fasten entweder am Abend oder am nächsten Morgen Liebe. Wenn Sie einen Tag fasten, sollten Sie nicht nur feste Nahrung vermeiden, sondern auch flüssige wie Obst- und Gemüsesäfte. Trinken Sie einfach nur Wasser oder Kräutertee. Längeres Fasten intensiviert die Wirkung. Während des Fastens vermeiden wir den konventionellen Orgasmus.

Kräuter: Kräuter sind eine Wissenschaft für sich. Zu diesem Thema gibt es zahlreiche gute Bücher. Ginseng und Damiana gelten als Mittel, die sowohl beim Mann als auch bei der Frau die erotische Erregung fördern und die Orgasmusfähigkeit steigern, da sie die Östrogenproduktion anregen können. Ginseng ist ein Stimulans und sollte nicht jeden Tag eingenommen werden. Man kann es aber auch über mehrere Monate hinweg einnehmen, wenn sein Effekt am dringendsten benötigt wird, um dann wieder mehrere Monate auszusetzen. Damiana gibt es auch als Teekonzentrat, von dem Sie nur einige Tropfen kurz vor dem Liebemachen Ihrem Drink hinzuzufügen brauchen.

Die Freisetzung von Histaminen: Pearson und Shaw berichten, daß die Einnahme von Niacin (Vitamin B_6), wenn sie fünfzehn bis dreißig Minuten vor dem Sexualakt stattfindet, den Histaminausstoß im Körper anregt. Dies wiederum kann den Orgasmus intensivieren und erweist sich bei vielen Männern und Frauen, die zuvor nicht zum Orgasmus gelangen konnten, als echte Orgasmushilfe. Experimentieren Sie mit einer Anfangsdosis von 100 mg. Walker und Walker empfehlen, dreimal täglich 50 mg zu sich zu nehmen (also 150 mg am Tag) sowie weitere 50 mg vor sexueller Aktivität. Sie berichten ferner, daß hohe tägliche Dosen von Vitamin C den Sexualtrieb anregen und den Orgasmus intensivieren können. Sollten Sie diesem Plan folgen, so nehmen Sie auch reichlich Vitamine des B-Komplexes zu sich.

Negative Ionen: Eine Häufung von negativen Ionen an dem Ort, wo Sie Liebe machen, kann entspannend wirken, Streß reduzieren und die sexuelle Empfindsamkeit erhöhen (siehe »Kleine Schlafzimmerkunde«).

Beckendruck: Der Mann dringt in die Frau ein, doch ohne Stoßbewegung. Er drückt so fest mit Becken und Penis gegen sie, wie er nur kann, ohne daß es ihm dabei unbequem wird. Die Hebelwirkung erhöht sich noch, wenn er dabei die Füße gegen eine Wand oder eine Couch stützen kann. Einer von beiden kann ihre Klitoris stimulieren. Verbinden Sie dies mit dem Pompoir (siehe »Pompoir« und »Imsak«).

Reines Empfinden: Werden Sie völlig eins mit den Empfindungen Ihres Körpers. Das ist mehr als bloße Konzentration, wir sprechen nämlich vom *Einswerden*. Dann hört Ihr Intellekt vorübergehend auf zu funktionieren. Erforschen Sie die Körperwahrnehmungen und -empfindungen um ihrer selbst willen, und Sie werden in Ihrem eigenen Inneren ein neues Universum entdecken. Es ist hilfreich, sich dabei zumindest am Anfang nur sehr langsam zu bewegen, um jede Feinheit und Nuance wahrzunehmen.

Entspannung (Meditation): Wissen Sie, wie Sie bei sich einen Zustand der Tiefentspannung herstellen? Wenn nicht, sollten Sie es jetzt gleich lernen. Tiefentspannung vor sexueller Aktivität führt zu beeindruckenden Erlebnissen, weil sie das Einschwingen auf den eigenen Körper-Geist sehr erleichtert. Das Erlangen des Orgasmus und seine gezieltere Beherrschung sind beide eine Frage der Einschwingung in den Körper-Geist.

Entspannung und Energetisierung während des Verkehrs: Lassen Sie jede Anspannung aus Ihrem Atem entweichen. Spüren Sie, wie der Atem von Nase oder Mund in den oberen, dann in den mittleren Brustbereich und in den Bauch strömt, um dann wieder ins Freie hinauszutreten. Das Atmen durch die Nase vertieft die Energie und hilft Ihnen, sie besser einzubehalten und zu lenken. Die Mundatmung dagegen stimuliert und fördert das Freilassen und Freisetzen von Energie. Lassen Sie nun Beckenbereich, Hüften, Oberschenkel und Gesäßbacken los. Als nächstes entspannen Sie Hände, Füße, Finger und Zehen. Der vierte Schritt besteht darin, beim Ausatmen die Sexualmuskeln anzuspannen und zu pressen. Lassen Sie sie angespannt, während Sie zwei- bis fünfmal voll ein- und ausatmen, dann entspannen Sie die Muskeln. Wiederholen Sie den vierten Schritt zehn- bis zwanzigmal.

Gemeinsame Einnahme eines Aphrodisiakums: Ein großer Teil der Wirkung von Aphrodisiaka beruht auf der Macht der Suggestion. Diese Wirkung läßt sich verstärken, wenn das Mittel als Teil eines gutgeplanten und abgestimmten Rituals eingenommen wird. Champagner werden aphrodisische Eigenschaften zugesprochen (siehe »Ernährung«).

Energieverteilung: Mit Geist, Atem und/oder Händen verteilen Sie die Energie gezielt, fort vom Genitalbereich empor zum Rumpf und zu den Extremitäten. Dabei können sich die Partner gegenseitig sanft streicheln. Dies wird wahrscheinlich leichter sein, wenn Sie sich dabei langsam bewegen oder ein *Vollständiges Anhalten* durchführen (siehe »Das vollständige Anhalten«, »Energieverteilung«).

Streßpegel beachten: Alles, was Ihnen im Leben widerfährt, beeinflußt auch Ihr Sexualverhalten. Wenn Sie völlig gestreßt sind, sollten Sie von Ihrer sexuellen Performanz nicht allzuviel erwarten. Sprechen Sie ehrlich mit Ihrem Partner über jeden Druck, unter dem Sie gerade leiden. Es ist mehr als wahrscheinlich, daß er dafür Verständnis haben wird, und der Austausch der Gefühle wird Sie einander näherbringen.

Das nächste Mal, wenn Sie ein oder zwei Wochen Urlaub machen können, versuchen Sie es mit einem Tropenurlaub, der absolut dem Faulenzen gewidmet ist. Liegen Sie Tag für Tag in Ihrem Strandliegestuhl. Beobachten Sie den Ozean. Trinken Sie Mai Tais. Lesen Sie Romane. Wenn Sie dies eine Woche getan haben, fangen Sie wirklich an, sich zu entspannen. Sehr belebend kann auch ein Urlaub sein, bei dem Sie unter Aufsicht ganzheitlich eingestellter Mediziner ein bis zwei Wochen fasten.

Obenlage der Frau: Wahrscheinlich sind Sie sich bereits der Vorteile bewußt, die es haben kann, wenn die Frau sich oben befindet. Es ist dies eine bewährte Methode, um die männliche Ejakulation zu verzögern und der Frau gesteigerte Befriedigung zu verschaffen. Der Mann braucht dabei die Muskeln nicht anzuspannen, um sich selbst abzustützen und in die Frau immer wieder hineinzustoßen. Wenn die Frau aufrecht sitzt, kann einer der beiden Partner ihre Klitoris streicheln. Manche Paare gelangen auf diese Weise zum gemeinsamen Orgasmus. Wenn die Frau sich oben befindet und sich bewegt, kann dies beiden eine ganze Reihe einzigartiger Empfindungen bescheren. Zudem stimuliert es den G-Punkt der Partnerin stärker. Außerdem kann sie auf diese Weise, sofern sich beide darauf geeinigt haben, das Tempo angeben. Liebemachen in der Seitenlage weist einige sehr ähnliche Vorteile auf.

Der gewollte Sexualorgasmus für Männer

Der männliche Genitalorgasmus verbindet meistens Ejakulation, Pulsieren der Prostata und Kontraktionen des PC-Muskels mit außerordentlich angenehm, aber kurzzeitigen Empfindungen. Nun gibt es auch sehr angenehme andere Formen des männlichen Orgasmus, die an anderer Stelle in diesem Buch behandelt werden, doch bisher haben sich die Wissenschaftler bei ihren Forschungen auf den konventionellen männlichen Genitalorgasmus konzentriert.

Die Frage nach dem gewollten Orgasmus läßt sich nicht von den persönlichen, ökonomischen, politischen und spirituellen Realitäten trennen, welche die Stellung des Mannes in der heutigen Welt bestimmen. Als Individuen ist es für Männer sehr wichtig, sich der Gefühle anderer bewußter zu werden und ihre eigenen Emotionen freier auszudrücken. Sie müssen ihre eigene Identität unabhängig von den Erwartungen und Forderungen der Frauen und ihrer eigenen Geschlechtsgenossen entwickeln. Als Gruppe können Männer einander unterstützen und leiten, um einen sich immer weiter ausdehnenden Kreis friedliebender männlicher Kraft zu erzeugen, der nicht nur den Männern allein dient, sondern auch den Frauen und der Gesellschaft als Ganzes. Je mehr Männer und Frauen Ekstase und Intimität im Privaten und in der Öffentlichkeit auszudrücken vermögen, um so glücklicher, freier und friedlicher wird die Welt werden. Siehe »Der gewollte Sexualorgasmus« (einschließlich des Abschnitts für Frauen), »Schwellensex«, »Das Tao des Sexus«, »Imsak«.

Die gewollte Ejakulation

Die gewollte Ejakulation ist ein Begriff, der von Michael Castleman geprägt wurde, einem Redakteur des *Medical Self-Care* Magazins. Diese Bezeichnung soll den älteren und weniger präzisen Begriff »Ejakulationskontrolle« (auch »Ejakulationsbeherrschung«) ersetzen. Das Wort »Kontrolle« assoziieren viele Männer mit einem Zustand der Anspannung, obwohl es doch in Wirklichkeit bei der freiwilligen Ejakulation, bei der wirklichen Kontrolle also, um Entspannung geht. Dies gilt gleichermaßen, wenn Sie die Ejakulation verzögern oder herbeiführen wollen.

Ziel des Trainings der gewollten Ejakulation besteht darin, aus der Ejakulation eine Option zu machen, einen Akt der Freiwilligkeit. Das soll freilich nicht bedeuten, daß Sie danach nicht mehr vom Ejakulationsorgasmus überrascht werden. Denn auch dafür können Sie sich entscheiden, wenn Sie wollen. In der Regel steigert es das maskuline Selbstwertgefühl, wenn die Ejakulation gewollter stattfindet.

Ein wichtiger erster Schritt zur gewollten Ejakulation besteht darin zu erkennen, daß Sie nicht jedesmal beim Sexualverkehr ejakulieren müssen. Wenn Sie das nämlich glauben sollten, bedeutet dies, daß die Ejakulation für Sie ein Zwang ist. Um Shakespeares berühmtes Hamlet-Zitat einmal abzuändern, können Sie die Freiheit der Wahl genießen: »Ejakulieren oder nicht ejakulieren?« Zu den Kritikern des Glaubens an einen Zwang zur »jedesmaligen« Ejakulation gehörten Michael Castleman, der Begründer der *Men's Reproductive Health Clinic* in San Francisco, sowie der bekannte Sexualtherapeut Bernie Zilbergeld.

Wir haben einmal einen jungen Mann kennengelernt, der seine Ejakulation dadurch zu verzögern pflegt, daß er im Geist eine Karte der Vereinigten Staaten von Amerika zeichnet und sich jeden Staat einzeln vorstellt. Männer, die zur Ejakulationsverzögerung mentale Konzentrationstechniken einsetzen, werden dadurch in der Regel eher zu Zuschauern als zu Beteiligten, wodurch ihnen viel an Vergnügen und Befriedigung verlorengeht. Oft versagen solche Techniken ohnehin.

Sie können »loslassen« und dennoch so lange weitermachen, wie Sie möchten.

Die gewollte Ejakulation ist keine Frage bloßer mentaler Aktivität. Es handelt sich dabei vielmehr um einen Prozeß des Körper-Geists. Es folgen nun einige Übungen und Fertigkeiten, die Ihnen dabei helfen können, Ihre Peniskraft zu steigern, je nach persönlichen Bedürfnissen.

Das Training

Sie müssen dazu bereit sein, regelmäßig zu arbeiten, möglichst täglich, und zwar mindestens ein bis zwei Monate lang. Sie können die Kegel-Übungen, die männliche *Hirschübung*, den *Wurzelverschluß* mit der *Donnerkeilhaltung* anwenden oder auch andere Trainingsmethoden. Auf jeden Fall müssen Sie ein regelmäßiges Trainingsprogramm absolvieren, um die Muskeln, die beim Geschlechtsverkehr gebraucht werden, zu entwickeln und zu trainieren. Diese Muskeln sind der Pubococcygeal-Muskel (PC) und die Aftermuskulatur. Wenn Sie einer sitzenden Tätigkeit nachgehen oder im Laufe Ihrer Arbeit sehr viel Auto fahren müssen, können Sie das Training durchaus während der Arbeit absolvieren.

Strengen Sie sich an, um Ihre Fähigkeiten optimal zu entwikkeln. Wahrscheinlich rangiert das Liebemachen weit oben auf Ihrer Liste der Lieblingsaktivitäten. Doch wieviel Zeit haben Sie im letzten Jahr darauf verwandt, um zu lernen, wie Sie ein besserer Liebhaber werden können? Vergleichen Sie dies einmal mit dem Zeitaufwand, den Sie Ihrem beruflichen Fortkommen, der Verbesserung Ihrer Autoreparaturkenntnisse oder irgendeiner anderen Lieblingsaktivität gewidmet haben. Schon mit einem Minimum an Hausaufgaben und Do-it-yourself-Training können Sie sehr weit kommen. Verglichen mit den Ergebnissen, ist der Zeit- und Energieaufwand dafür der reinste Klacks!

Allerdings hat die Sache noch einen anderen Haken, und der besteht in der Gefahr, die reine Technik überzubetonen. Der Mann glaubt ohnehin sehr oft, daß er lediglich die rechte Technik zur rechten Zeit anwenden muß. »Man braucht nur auf die richtigen Knöpfe zu drücken, dann folgt die sexuelle Erfüllung automatisch.« Gewiß, auf diese Weise werden Sie vielleicht zu einem großartigen Techniker, was manche Partnerin sogar schätzen wird, doch ist es sehr wahrscheinlich, daß Ihre Erfahrung dann rein oberflächlicher Natur bleiben wird. Die wahren Tiefen sexueller Freude werden Ihnen versagt bleiben.

Technik ist nicht das einzig wichtige. Mindestens ebenso wichtig ist nämlich die Frage, inwieweit Sie Dinge spüren und erfühlen können. Beim Menschsein geht es schließlich vor allem darum, daß man gefühlsfähig ist – und daß man seine Gefühle auf sensible Weise auszudrücken vermag. Tatsächlich gibt es Männer, die zu derartigen Gefühlstiefen fähig sind und die so viel von diesen tiefen Gefühlen vermitteln können, daß die Frauen sich zu ihnen hingezogen fühlen wie der dürstende Wüstenreisende zur Oase.

George Leonard hat dies in seinem Buch *The End of Sex* auf wunderschöne Weise veranschaulicht. Charles, ein alter schwarzer Jazzpianist im Stadtteil North Beach von San Francisco, war für seinen Erfolg bei Frauen berühmt. Als er ihn nach seinem Geheimnis fragte, erfuhr Leonard zu seinem Erstaunen, daß Charles dies auf sein eigenes Weinen zurückführte. Charles sagte, daß die Schönheit der Frauen ihn zum Weinen rührte, einfach weil es sich so wundervoll anfühlte. Charles sagte ferner, daß er selbst gar nichts dagegen tun könne. Er benetzte den Körper der Partnerin mit seinen Tränen, und die Frau genoß es. Noch nie waren diese Frauen einem Mann begegnet, der ihretwegen geweint hatte.

Wenn Sie in Gegenwart von Frauen ohnehin schon gefühlsmäßig verwundbar sein sollten, so haben Sie wahrscheinlich oft die Feststellung machen können, daß die Frauen Sie dafür zutiefst respektieren und begehren. Emotionale Verwundbarkeit erhöht den persönlichen und sexuellen Magnetismus. Das Wort Verwundbarkeit hat für manchen furchteinflößende Assoziationen, doch in der Praxis bedeutet es einfach, sich zu entspannen und Geist, Gefühle und Körper weich werden zu lassen. Der sanfte Stil des Liebemachens erleichtert den Zugang zu der Verwundbarkeit.

Im Beruf ist der Konkurrenzkampf mörderisch, dort wird eine solche Verwundbarkeit als Schwäche ausgelegt. Doch wenn die Zeit für die Liebe naht, ist es auch an der Zeit, von der Unverwundbarkeit zur Verwundbarkeit überzuwechseln.

Im Mittelalter mußte der Ritter seine Rüstung ablegen, um mit seiner Herzensdame intim werden zu können. Dadurch wurde er jedoch nicht zu einem Ziel seiner Feinde. Die Rüstung, den Panzer abzulegen, bedeutet, daß Sie bereit sind, sich gefühlsmäßig von Ihrer Partnerin anrühren zu lassen, bereit, Liebe zu machen.

Allerdings beruht das Optimum der Peniskraft auf weitaus mehr als bloßer emotionaler Verwundbarkeit. Es handelt sich dabei um eine Synergie vieler scheinbar unzusammenhängender Faktoren, und dazu zählen unter anderem Ihre eigene Bewußtheit Ihres Körper-Geists, der allgemeine Gesundheitszustand, Ernährungsgewohnheiten, Drogen, Allergien, körperliche Betätigung, Hormonspiegel, Energiepegel, Autosuggestion, Lebensstreßpegel und die Körperchemie des Partners.

Wie erreicht man eine Ejakulation?

Nehmen Sie sich etwas Zeit, um mit Erregung, Erektion und Ejakulation zu experimentieren. Die wohl beste Möglichkeit, sich darüber bewußt zu werden, ist die Masturbation, wenn Sie allein sind. Verwenden Sie ein Schmiermittel und masturbieren Sie mindestens zwanzig Minuten lang. Gehen Sie dabei mindestens dreimal bis kurz vor den Orgasmus. Zum Schluß der Übung können Sie entweder ejakulieren oder die Erektion einfach abschlaffen lassen. Tun Sie dies an mehreren verschiedenen Tagen, übrigens auch ohne den Gebrauch von Gleitmitteln.

Stellen Sie sich folgende Fragen: Was passiert in meinem Körper, während ich mich dem Orgasmus nähere? Wie atme ich dabei? Halte ich die Luft an? Gerate ich ins Keuchen? Welche Muskeln spanne ich dabei an? Kontrahiere ich den Becken- und Genitalbereich? Dies sind die Methoden, um den ejakulatorischen Orgasmus zu beschleunigen.

Männer haben oft gelernt, unter großem Streß zum Orgasmus zu kommen. Haben Sie sich als Kind vielleicht einmal unerlaubt ein schmutziges Buch Ihres Vaters »ausgeliehen«, um dann im Bad damit zu masturbieren, völlig lautlos, um nicht entdeckt zu werden? Dies ist nur eines von Tausenden verschiedener Muster, doch das Ergebnis ist stets das gleiche: Heranwachsende lernen, so schnell wie möglich den ejakulatorischen Orgasmus zu erreichen, um Spannungen abzubauen, den Gipfelpunkt zu erreichen und möglichst schnell Erleichterung und Freude zu finden.

Der Sex auf der Schule stellte auch nicht eben eine Verbesserung dar. Wie eine dicke, schwüle Spannung hing er in der Luft. Wenn Sie Gelegenheit hatten, Sex zu bekommen, haben Sie auch sofort danach gegrabscht. Und wieder mußte alles in kürzester Zeit ablaufen. Sex auf dem Autorücksitz bedeutete, schnell zum Ende kommen zu müssen. Schließlich hätte man Sie ja entdecken können. Sex war knapp, und wenn Sie ihn bekamen, haben Sie ihn hinuntergeschlungen, selbst wenn das Ziel Ihrer Zuneigung auch nur ein neues Pornomagazin war, das Sie im Laufe eines Nachmittags bei einer Marathonmasturbation konsumierten.

Das Allerbeste, was Sie tun können, besteht darin, sich ein detailliertes Wissen darüber zu verschaffen, wie Sie zur Ejakulation gelangen. Das bedeutet aber, sich Zeit zu lassen, langsam vorzugehen. Hüten Sie sich vor der Tendenz, alles möglichst schnell durchzuziehen, vor dem Zwang, unbedingt ans Ziel zu gelangen. Genießen Sie statt dessen die Vorbereitungen. Erforschen Sie die Freuden ganz sanfter, milder Erregung, die angenehmen Gefühle, die bereits auftreten, lange bevor die Ejakulation unvermeidlich geworden ist. Tun Sie dies allein und/oder mit Ihrer Partnerin. Achten Sie besonders auf Ihren Atem, Ihre Muskeln und Ihre Gedanken und darauf, wie diese zusammenarbeiten, um Erregung und schließlich den Höhepunkt herbeizuführen.

Techniken für den Sexualverkehr

Die nun folgenden Techniken sollen Ihre Fähigkeit steigern, den Sexualverkehr zu genießen und dem Partner genußvolle Befriedigung zu verschaffen. Dabei geht es keineswegs nur um Techniken, mit deren Hilfe die Erektion erlangt und aufrechterhalten wird, und auch nicht allein um das Erlangen einer gewollten Ejakulation. Nein, diese Techniken verlangen zugleich nach Ihrer völligen mentalen und emotionalen Beteiligung. Einiges wird an anderer Stelle in diesem Buch noch ausführlicher beschrieben.

Nasenatmung: Der Mann neigt dazu, schnell erregt zu werden und zu explodieren, ganz ähnlich wie ein Vulkan. Die beste Einzeltechnik, um unter Druck kühl und gelassen zu bleiben, ist die langsame, tiefe und rhythmische Nasenatmung. Dazu müssen Sie allerdings sehr tief, vollständig und regelmäßig atmen. Gewiß, ein paar tiefe Atemzüge hier und da, während Sie Liebe machen, können ebenfalls hilfreich sein, doch sollten Sie sich darauf allein nicht verlassen. Bei manchen Männern wirkt diese Technik noch effektiver, wenn sie sich darauf konzentrieren, das Ausatmen zu verlängern.
Nelkenöl: Geben Sie vor dem Verkehr einen winzigen Tropfen Nelkenöl auf die Eichel und verteilen Sie ihn mit den Fingern. Meiden Sie dabei allerdings die Harnröhrenöffnung. Tun Sie dies auch nicht unmittelbar vor dem Eindringen, da Sie sonst die Genitalien der Partnerin mit Nelkenöl benetzen könnten. Das mag nicht jede Frau, deshalb sollten Sie zuerst auch nachfragen. Das prickelnde Gefühl wird Ihnen wahrscheinlich gefallen. Zudem hilft der leicht betäubende Effekt, die Ejakulation zu verzögern. Manche Männer verwenden rezeptfreie anästhetische Salben, um den gleichen Effekt zu erzielen. Zwar ist diese Technik kein Ersatz für die Entwicklung der Ejakulationskontrolle, sie stellt aber eine recht schöne Variante dar.
Kondome: Abgesehen davon, daß sie eine Schwangerschaft verhüten können, bieten Kondome ferner den Vorteil, die Reizung des Penis zu reduzieren, was wiederum die Ejakulation verzögert. Manche ultradünne Kondome bieten hinreichend Schutz,

ohne einen größeren Verlust der Penissensitivität zu fordern. Sie sollten allerdings zusammen mit Kondomen keine Krems auf Petroleumbasis benutzen. Es gibt aber andere ausgezeichnete Gleitkrems und -gelees. Vermeiden Sie Kondome in beschädigter Verpackung. Kaufen Sie grundsätzlich nur Kondome, die am Ende eine kleine Ausbuchtung (das »Reservoir«) für die Samenflüssigkeit haben. Legen Sie das Kondom vor dem Eindringen an. Befindet sich die Frau in der Obenlage, kann es geschehen, daß sie mit ihren Vaginalmuskeln das Kondom abstreift.

Emotionale Losgelöstheit: Zwar wird die emotionale Beteiligung in diesem Buch immer wieder betont, doch hat auch die emotionale Losgelöstheit oder Distanz ihren Wert. Die Erregung und das Vergnügen bei der Sexualität sind für beide Partner überwiegend emotionaler Natur. Mit dieser Tatsache können Sie auch spielen. Geben Sie sich kühl, ein wenig distanziert, und sehen Sie selbst, was passiert. Seien Sie jedoch nicht kalt oder selbstsüchtig, sondern eben einfach nur ein wenig kühl und gelassen.

Der folgende Rat läßt sich am wirkungsvollsten beherzigen, wenn man ihn nur in kleinen Dosen befolgt. Einige der alten chinesischen Schulen empfehlen nämlich, daß der Aspirant des taoistischen Sexualyoga sich die Frau als häßlich und abstoßend vorstellen sollte, um eine übermäßige Erregung und eine unfreiwillige Ejakulation zu vermeiden.

Fellatio als Dessert: Wir möchten wohl alle ganz gerne sexuelle Supermänner sein und zuerst eine halbe Stunde lang Fellatio genießen, um hinterher immer noch dazu fähig zu sein, der Frau, die unser Instrument der Freude derart gekonnt geehrt hat, die schönsten Augenblicke ihres Lebens zu schenken. Doch bleiben wir realistisch. Alles hängt davon ab, was Sie wollen, sowohl gemeinsam als auch einzeln. Wenn beide vor allem wollen, daß der Mann so lange wie möglich in der Frau bleibt, damit sie gemeinsam den Orgasmus erreichen oder beim Karezza Erfolg haben oder was auch immer, so wird es in der Regel notwendig sein, Fellatio entweder zum »Nachtisch« aufzuheben oder sich nur auf Fellatio zu beschränken. Aus ebendiesem Grund sieht man in alten chinesischen Liebesdarstellungen auch nur sehr selten Fellatio praktiziert – es erregt den Mann eben zu sehr.

Wilder Ausdruck: Der Wilde Ausdruck ist eine unserer Lieblingstechniken, gerade weil er beim Liebemachen so verrückt wirkt. Es handelt sich dabei um eine alte chinesische Technik. Schneiden Sie eine Grimasse, die das Gefühl des »RAHRRR«, das sich während des Liebemachens vielleicht in Ihrem Inneren aufgestaut hat, voll auszudrücken vermag. Dann brüllen Sie einfach los. Dieses Brüllen ist nicht einfach nur ein Spannungsabbau, es ist auch ein Siegesschrei und ein Ausdruck des Jubels darüber, daß Sie Ihre Frau nehmen. Vielleicht fühlen Sie sich die ersten Male dabei ein wenig gehemmt, doch die meisten Frauen lieben das.

Hier ein Beispiel für eine wilde Grimasse: Reißen Sie den Mund weit auf, strecken Sie die Zunge hervor wie ein Löwe, und lassen Sie die Augen rollend oder schielend hervortreten, während Sie die Gesichtsmuskeln anspannen. Wenn Sie einmal die grauenerregenden Fratzen fernöstlicher Tempelwächterstatuen gesehen haben, so wissen Sie, um welchen Gesichtsausdruck es geht.

Die Logik, die dahinterliegt, lautet, daß das Gesicht jener Bereich des Körper-Geists ist, der am stärksten unter der Kontrolle unseres gehemmten gesellschaftlichen Ego steht (beachten Sie beispielsweise den Ausdruck »sein Gesicht verlieren«). So kann es notwendig sein, zuerst die Gesichtsmuskeln zu entspannen, um an die irrationalen Urkräfte heranzukommen, welche beim Liebemachen freigesetzt werden. Einen ganz ähnlichen Effekt erzielen Sie vor dem Liebemachen durch eine Tiefenmassage des Gesichts. Sie können ein Spiel daraus machen, Fratzen und Grimassen zu schneiden, sei es allein oder zusammen mit dem Partner, um auf diese Weise negative Gefühle lieber vor dem Liebemachen als dabei abzubauen.

Körperkonzentration: Konzentrieren Sie sich vollständig auf Ihre Körperbewegungen, ebenso auf die Körperwahrnehmungen und -empfindungen, vor allem im Hinblick auf den Tastsinn. Liebemachen ist eine anrührende/berührende Erfahrung. Lassen Sie den Verstand zu Hause und verbleiben Sie an der scharfen Schnittkante der sinnlichen Gegenwart. Mehr bedarf es nicht – Sie brauchen nur eins, die Berührung.

Häufiger Verkehr: Häufiger Verkehr mit oder ohne ebenso häufigem Ejakulationsorgasmus ist hilfreich. Doch was für Sie häufig sein mag, muß noch lange nicht für einen anderen gelten. Es geht darum, in Ihren sexuellen Beziehungen zu einem Rhythmus zu finden. In beschränktem Umfang kann es förderlich sein, eine Routine zu entwickeln, genauso wie das Leben reibungsloser verläuft, wenn Sie stets zur gleichen Zeit zur Arbeit müssen – doch das gilt natürlich nur in sehr beschränktem Umfang für das Liebemachen.

Der schwere Bauch: Kurz vor der Ejakulation kommt es oft zu einem Gefühl, als würde Kraft zum Kopf emporwallen. Dies ist nur ein Teilindiz dafür, daß die Ejakulation stärker in dieselbe Richtung gelenkt werden muß, in die sich Ihre persönliche Energie bewegt. Bei der gewöhnlichen Ejakulation verläuft diese Richtung zuerst nach oben und dann nach außen, zumindest in Davids Erfahrung.

Stellen Sie sich vor, daß Ihr Körper-Geist ein Brunnen ist, in den Sie einen kleinen, aber sehr schweren Stein oder eine Eisenkugel geworfen haben. Diese Kugel versinkt immer tiefer und tiefer und tiefer im Brunnen Ihres Körper-Geists. Je tiefer sie sinkt, um so tiefer sinkt mit ihr zusammen auch Ihre Aufmerksamkeit. Immer tiefer und tiefer und tiefer versinkt sie. Endlich trifft sie mit einem sehr festen, hallenden Aufprall auf den Boden auf, wo sie liegenbleiben wird.

Ihr persönlicher Körperschwerpunkt befindet sich ungefähr fünf Zentimeter unterhalb des Nabels. Dort liegt auch der Masseschwerpunkt des Beckenbereichs. Vielleicht haben Sie einmal Stehaufmännchenpuppen gesehen, die ihren Schwerpunkt im unteren Teil der Konstruktion haben und deshalb nicht umgeworfen werden können. Diese Puppen sind beispielsweise in Japan äußerst beliebt. Solange Sie in einem Zustand der Sammlung im Körperschwerpunkt verbleiben, wird Ihre Energie sich nicht davonbewegen. Eine Ähnlichkeit zwischen Ejakulation und Wutausbruch besteht darin, daß beide anscheinend durch die gleiche Aufwärtsbewegung der Energie gekennzeichnet sind, die durch ihr explosives Zerstreuen endet. Das können Sie sehr genau beobachten, wenn Sie dabei im Körperschwerpunkt bleiben.

Es gibt auch eine besondere Atemtechnik, mit deren Hilfe Sie in Ihrer Mitte bleiben können. Dazu müssen Sie beim Ausatmen den Unterbauch fest einziehen. Die Bauchmuskeln werden dabei fest die gesamte Luft herauspressen, und Sie werden völlig automatisch wieder einatmen.

Tiefes Eindringen und Kreisen: Ein ständiges Ein und Aus und Ein und Aus ist nicht unbedingt die beste aller Stoßtaktiken. Legen Sie die Hände unter die Gesäßbacken der Partnerin. Statt dessen können Sie dort aber auch ein Kissen unterlegen. Hilfreich ist es ferner, wenn Sie sich mit den Füßen abstützen können, beispielsweise an der Wand. Sie können sogar die Schultern der Partnerin ergreifen und sie zu sich herunterziehen, wenn ihr das bequem genug erscheint. Kreisen und tanzen Sie nun mit dem Becken. Auf diese Weise wird Ihr Penis vielleicht weniger stimuliert, doch dafür können beide eine Steigerung der Befriedigung erleben.

Sport und intensive Körperbetätigung: Eine der besten Methoden, um die Erektion zu verlängern und die Ejakulation ohne große Mühe beim Verkehr zu beherrschen, besteht darin, sich ein kraftvolles tägliches Übungsprogramm zuzulegen. Athleten sind für ihre Fähigkeit bekannt, während des Verkehrs die Ejakulation zu verzögern. Dies mag vielleicht teilweise daran liegen, daß sie ohnehin dafür begabter sind, doch hat ihr intensives Trainingsprogramm sicherlich auch damit zu tun. Konsultieren Sie aber auf jeden Fall zuerst Ihren Arzt, bevor Sie sich an ein solch rigoroses Trainingsprogramm machen.

Kreislauf und Herzgefäße belastender Sport ist jedoch nicht die einzige Möglichkeit, um diesen Effekt zu erlangen. Intensiver täglicher Hatha Yoga, T'ai Chi und andere weiche, sanfte Techniken können ähnliches bewirken. Intensives tägliches Training kann die Ejakulationskontrolle fördern, weil dadurch geistige und sexuelle Spannungen abgebaut, Körperenergien harmonisiert und in ein Gleichgewicht gebracht und Giftstoffe im Organismus verbrannt werden.

Es gibt Berichte darüber, daß konzentriertes Üben unmittelbar vor dem Liebemachen ebenfalls die Potenz und die Ejakulationskontrolle erhöht. Doch spielt es keine allzu große Rolle, um welche Sportart es sich dabei handelt. Wichtig ist vielmehr, daß Sie sich bei der Bewegung geistig auf den Körper konzentrieren und Bewegungsabläufe wählen, die Ihnen wirklich Freude machen.

Der Damm: Hier möchten wir Ihnen eine Konzentrationstechnik an die Hand geben, mit welcher der ejakulatorische Orgasmus erfolgreich verzögert werden kann. Möglicherweise erleben Sie dadurch einige höchst ungewöhnliche und beglückende neuartige Orgasmuserlebnisse. Visualisieren Sie auf halber Strecke zwischen After und Hodensack einen kleinen roten Punkt. Konzentrieren Sie sich auf diesen Punkt. Beim Mann befindet sich unmittelbar oberhalb dieser Stelle ein sehr wichtiges Zentrum der Körperenergie (der entsprechende Punkt bei der Frau befindet sich am Genick). Indem Sie sich auf diesen Punkt konzentrieren, gelangen Sie möglicherweise zu einer völlig neuen Anschauung darüber, wie Sie Erregungsenergie genießen und nutzen können. Auf diese Weise wird es Ihnen viel leichter fallen, zu einer gewollten Ejakulation zu gelangen, eine Erektion herbeizuführen und sie aufrechtzuerhalten.

Herausziehen: Sie haben richtig gelesen – ziehen Sie das Glied einfach heraus. Wenn Sie dies auf kraftvolle Weise tun, können Sie dadurch den Drang zur Ejakulation mühelos mindern und den Verkehr verlängern. Darüber hinaus kann es die erotische Spannung erhöhen, woraus der Liebesstil des *Imsak* eine wahre Kunst entwickelt hat. Wenn das einfache Herausziehen jedoch den Ejakulationsdrang nicht genügend bremsen sollte, so wenden Sie die Drucktechnik von Masters und Johnson an. Dabei legt die Frau den Daumen hinter die Eichel und drückt fest zu. Mit anderen Worten, ihr Daumen befindet sich an der Ihnen zugekehrten Seite der Penisspitze, während sie mit den Fingern die gegenüberliegende Seite anfaßt. Dies läßt sich sowohl mit einer als auch mit zwei Händen durchführen. Dabei muß sie sehr fest drücken, und es wird recht hilfreich sein, wenn Sie ihr mitteilen, wie es sich anfühlt – und sei es auch nur deshalb, weil sie sonst Angst hat, daß sie Ihnen weh tun könnte. Diese Methode des Herausziehens wird verwandt, wenn Sie danach wieder in die Partnerin eindringen wollen. Die Ejakulation läßt sich außerdem durch Druckausübung auf den Schambereich unmittelbar oberhalb der Peniswurzel verzögern.

Vorhergehende Entspannung: Wenn Sie eine gute Mahlzeit vorbereiten wollen, so brauchen Sie dazu oft Stunden; warum nehmen Sie sich also nicht auch einmal eine halbe Stunde Zeit, um sich auf den Liebesakt vorzubereiten? Zum Teil besteht das Problem darin, daß in unserer Gesellschaft wenig Verständnis dafür herrscht, daß sich jemand Zeit zur Entspannung nimmt. Zu den vielen Möglichkeiten, deren Sie sich bedienen können, gehören Massage, vor allem Akupressurmassage, Tiefenmuskelentspannungstechniken und Meditation. Heißwasser- und Strudelbäder können ebenfalls sehr entspannend sein, leider ermüden Sie aber auch ein wenig, deshalb sollten Sie es damit nicht übertreiben und zum Abschluß stets eine kalte Dusche nehmen. Tatsächlich können eine kalte Dusche oder ein kaltes Bad allein, kurz vor dem Liebesakt, das erotische Verlangen ebenfalls intensivieren.

Speichelschlucken: Dieser Rat mag Ihnen zunächst unsinnig erscheinen, dennoch ist das dahinterliegende Grundprinzip durchaus vernünftig. Einem Mann, der den ganzen Tag in der Sonne verbracht und das Gefühl hat, innerlich zu verbrennen, kann man mit einem Glas Wasser wirklich helfen. Auf ähnliche Weise kann Speichel einen Mann abkühlen, der sich beim Liebemachen überhitzt hat. Bewegen Sie die Zunge im Mund hin und her, um den Speichelfluß zu erhöhen; dies erreichen Sie ebenfalls, indem Sie die Zunge gegen den weichen Gaumen drücken. Der Überlieferung zufolge, sollte man den Speichel mit drei Schluckvorgängen hinunterbewegen. Vielleicht mag es Ihnen zivilisierter erscheinen, statt dessen nach Ihrem Glas Perrier mit Zitronenscheibe zu greifen, doch mitten im »Gefecht« wäre dies schlechter Stil. Außerdem soll Speichel, der wieder verwendet wird, heilende Eigenschaften aufweisen. Förderlich ist es auch, wenn beide Partner miteinander Speichel austauschen, was sie ja beim Küssen tun können.

Hodenziehen: Aus naheliegenden Gründen fühlt sich dies viel angenehmer an, wenn die Frau es durchführt. Dazu muß sie einen festen Halt herstellen, und weitaus fester ziehen, als sie es eigentlich für richtig hält. Dies hilft bei der Verzögerung der Ejakulation, weil die Hoden sich bei den meisten Männern zum Ejakulieren zum Körper emporheben müssen, wenngleich dies bei älteren Männern nicht so häufig zu beobachten ist.

Stoßsequenzen: Stoßsequenzen verleihen dem Wahnsinn sozusagen Methode. Seit vielen Jahrhunderten sind Frauen von diesem Stil des Liebemachens begeistert, so daß es sich schon aus diesem Grund lohnt, damit zu experimentieren. Die sogenannten »chinesischen Neuner« bedeuten in der Praxis neun flache Stöße, gefolgt von einem tiefen. Gut sind aber auch drei, fünf und sieben flache Stöße. Zudem lohnt es sich, Tiefe, Winkel und Geschwindigkeit des Stoßens oder Herausziehens zu variieren.

Unterteilen Sie die Vaginaltiefe mental in drei oder mehr Ebenen, beispielsweise in »flach«, »mittel« und »tief«. Die alten chinesischen Weisen arbeiteten mit einer Achtereinteilung. Der tiefste Punkt wurde passenderweise als Nordpol bezeichnet. Sowohl beim Eindringen als auch beim Zurückziehen kann der Winkel verändert werden, so daß man gerade, diagonal, im Zickzack usw. verfahren kann. Manche Frauen ziehen es vor, daß der Mann noch nach der Ejakulation weiterstößt. Siehe den Abschnitt über »Imsak« und die Bücher von Jolan Chang im Anhang.

Die Schildkröte: Die Schildkröte ist eine alte chinesische Gesundheitsübung, deren Name daher rührt, daß man dabei die Streckbewegung der Schildkröte nachahmt, wenn diese den Kopf aus der Schale steckt. Um die Schildkröte durchzuführen, ziehen Sie das Glied so weit zurück, daß es gerade noch in der Scheide bleibt. Strecken Sie den Rücken zurück, ebenfalls den Nacken, legen Sie den Kopf weit zurück und lassen Sie die Schultern sinken. Schließen Sie Augen und Mund, gehen Sie im Geiste in sich, pressen Sie mit der Zungenspitze gegen den weichen Gaumen (der *Zungendruck*), blähen Sie die Nüstern und atmen Sie mehrere Male vollständig durch. Führen Sie die Schildkröte durch, wenn Sie extrem erregt sind, um die Ejakulation zu verzögern. Man sagt dieser Übung nach, daß sie Energie in den Thymus, die Hirnanhangdrüse und in das Gehirn leitet.

Eine etwas einfachere taoistische Technik besteht darin, plötzlich den Kopf zu heben, die Augen weit aufzureißen und nach rechts, links, nach oben und nach unten zu blicken. Gleichzeitig wird der Unterbauch eingezogen. Mit dieser Technik können Sie die Ejakulation verzögern.

Die alten Taoisten rieten dem Mann außerdem, die Augen kreisförmig zu rollen oder vierundzwanzig- bzw. sechsunddreißigmal während des Verkehrs die Zähne zu knirschen oder klappern zu lassen, um die Ejakulation zu vermeiden. Im *Klassiker der Unsterblichen* werden Zähneknirschen, langes Ausatmen und festes Pressen der Prostata mit Zeige- und Mittelfinger der linken Hand miteinander verbunden, um die Samenenergie zurück ins Gehirn zu führen.

Diese Techniken galten als wirkungsvoll, um die Vitalkraft nach oben ins Gehirn zu befördern und im Körper-Geist zu verteilen, anstatt sie einfach nur in den Genitalien zu belassen. Wie dem auch sein mag, auf jeden Fall wird zumindest die Neuartigkeit dieser Techniken Sie ablenken und unterhalten.

Liebesdienst an der Vagina: Der Cunnilingus ist eine häufig vernachlässigte Kunst. Moderne Forschungen haben ergeben, daß die Frau im allgemeinen zwanzig Minuten lang erregt werden sollte, bevor sie einen Orgasmus erlangen kann, zumindest während des Geschlechtsverkehrs. Wenn Sie die Partnerin stark erregen, bevor Sie Ihren eigenen Ejakulationsorgasmus haben, so wird sich das auch für Sie selbst als befriedigender erweisen. Die Beherrschung der Penistechnik während des Verkehrs ist zwar wichtig, dennoch müssen Sie feinfühlig auf die individuellen Bedürfnisse Ihrer Partnerin reagieren können, um sie wirklich zu befriedigen. Fragen Sie sie, was sie gerne mag. Eine sehr einfache, zuverlässige Technik besteht darin, die Zunge oder den befeuchteten Mittelfinger (verwenden Sie zur Befeuchtung Öl oder Speichel) auf der Klitoris von einer Seite zur anderen zu bewegen. Die taoistischen Sexualweisen schätzten den Cunnilingus sehr hoch ein, weil sie der Auffassung waren, daß das Aufsaugen der weiblichen »Flut des Yin« (Genitalorgasmus) die Männlichkeitskraft stärke und dem glücklichen Mann viele gesunde Jahre beschere.

Der Prostatapunkt

Sexuelle Stimulierung bewirkt, daß die Prostata (Vorsteherdrüse) von ihren eigenen Säften anschwillt. Ist dies geschehen, so muß sie davon erleichtert werden. Die Prostata kann aus eigener Kraft pumpen, doch können Sie oder Ihre Partnerin das Pumpen auch manuell durchführen. Hat die Prostata diese Stufe erreicht und beginnt sie zu pumpen oder von allein Säfte auszustoßen, so nähern Sie sich der Ejakulation. Schon bald wird der Drang der Prostata nach Entleerung seinen Höhepunkt erreichen, was den Ejakulationsorgasmus auszulösen hilft. Vorausgesetzt, daß Sie das Pumpen der Prostata eine gute Weile vor diesem Zeitpunkt beginnen und es häufig und fest durchführen, läßt sich Ihre Ejakulation unbegrenzt verzögern. Sind die PC- und Analmuskeln des Mannes ungewöhnlich kräftig, so kann er zum selben Ergebnis gelangen, indem er die Sexualmuskeln betätigt. Dann ist auch keine äußere Unterstützung mehr nötig.

Die männliche Prostata ist eine muskulöse Drüse von der Größe und Form einer Kastanie. Sie befindet sich innerhalb des Körpers an der Peniswurzel. Sie trägt zu dem Vergnügen bei, das während der Erregung und des ejakulatorischen Orgasmus empfunden wird. Der Blasenhals führt durch sie hindurch. Eine Seite der Prostata läßt sich manuell durch die Afterwand gegenüber dem Penis fühlen. So gehen auch Ärzte bei einer Prostatauntersuchung vor. Man kann auch Druck auf die Prostata ausüben, indem man den Damm zwischen After und Hodensack preßt. Hier befindet sich der sogenannte Prostatapunkt.

Die von der Prostata ausgestoßene Flüssigkeit ist der Hauptbestandteil des männlichen Samens. Die Prostata erfüllt eine Mischfunktion, indem sie die Sekrete der Nebenhoden und der Samenblase mit ihren eigenen vermengt. Hinzu kommen die Sekrete der Cowper Drüsen, die sich unmittelbar vor der Prostata entlang des Harnleiters befinden. Diese vier Bestandteile bilden zusammen das, was wir herkömmlich Samen nennen.

Die Ejakulation ist ein zweistufiger Prozeß. Während der ersten Stufe, der Sekretausschüttung, beginnen sich Prostata und Samenblase zusammenzuziehen und ihren Inhalt in die Harn-

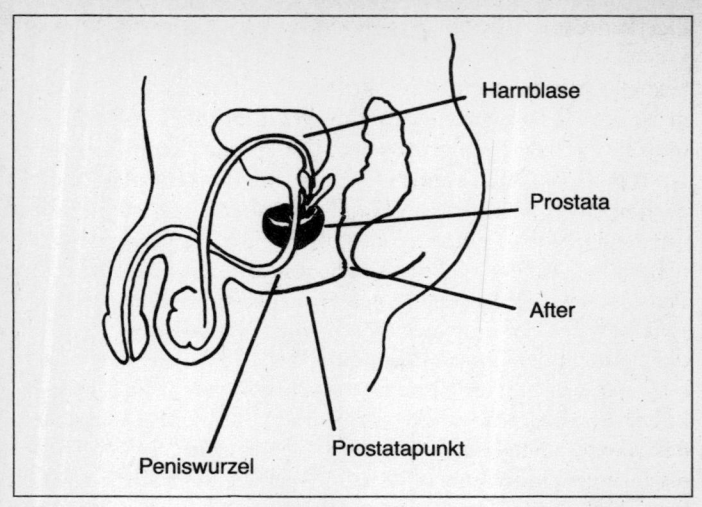

Der Prostata-Druckpunkt

röhre auszustoßen. Die zweite Stufe ist der eigentliche Samenerguß, bei dem die pulsierenden Muskeln das Sperma aus dem Körper treiben, was normalerweise von sehr angenehmen Gefühlen begleitet wird. Beide Stufen lassen sich getrennt voneinander mühelos erfahren, indem man beim Masturbieren bis kurz vor den Punkt ohne Umkehr geht, um sich dann zu entspannen. Dann spürt man die Kontraktionen von Prostata und Samenblase sehr deutlich. Möglicherweise tritt dann auch eine klare Flüssigkeit aus der Penisspitze aus, die ein Teil der freigesetzten Sekrete ist.

Obgleich die Praktik der Druckausübung auf den Prostata-Punkt schon sehr lange bekannt ist, ist sie bisher noch nicht medizinisch erforscht worden. Es handelt sich dabei also um eine experimentelle Technik, und bevor Sie Ihr Sexualverhalten ändern, um sie zu integrieren, sollten Sie vielleicht erst einmal Ihren Arzt konsultieren.

Die Technik selbst ist recht einfach. Drücken Sie mit einem oder zwei Fingern nach oben und in den Damm hinein. Der richtige Punkt liegt in der Mitte zwischen After und Hodensack, unmittelbar hinter der Peniswurzel. Die Akupunktur ordnet hier einen sehr wichtigen Punkt zu (DG-1). Der altchinesischen Sexualwissenschaft zufolge soll der Mann, wenn er diesen Punkt allein aktiviert, dazu den Zeige- und Mittelfinger der linken Hand benutzen. Einige Paare werden vielleicht die Feststellung machen, daß diese Technik leichter anzuwenden ist, wenn der Mann dabei das Glied für kurze Zeit aus der Vagina herauszieht.

Die Aktivierung kann aus einem langen, festen Druck bestehen, begleitet vom Ausatmen. Dabei sollten Sie es anstreben, ein Gefühl der Erleichterung wahrzunehmen. Das Drücken kann aber auch in rhythmischem Pulsieren erfolgen. Höchstwahrscheinlich werden Sie es als angenehmer empfinden, wenn die Frau den Druck für Sie ausübt. So praktizieren es die Araber schon seit vielen Jahrhunderten.

Als angenehmer Begleiteffekt sorgt der manuelle Druck dafür, daß der Penis anschwillt und die Erektion kraftvoller wird, etwas, was die Frau zu ihrem großen Vergnügen deutlich bemerken wird. Schon aus diesem einzigen Grund ist es durchaus angebracht, daß die Frau den Druck mitten in der »Hitze des Gefechts« ausübt. Das nimmt dem Mann auch einiges von der Last ab, durch konzentrierte Kontrolle seine Ejakulation zu verzögern.

Doch was geschieht denn eigentlich mit den nichtejakulierten Inhaltsstoffen der Prostata? Nun, der männliche Körper nimmt die auf diese Weise geschonten Stoffe durch die Lymphkanäle wieder auf, welche diese kostbaren Hormone zugunsten des Gesamtkörpers wieder in den Blutkreislauf einspeisen.

Das rhythmische Drücken gegen den Prostata-Punkt imitiert das Pumpen der Vorsteherdrüse selbst, wenn diese sich dem Höhepunkt nähert oder ihn bereits erreicht hat. Man kann die Prostata auch unmittelbar aktivieren, indem man einen mit Gleitmittel behandelten Finger in den After einführt und gegen den Penis drückt. Vorausgesetzt, Sie sind hinreichend erregt, können diese Techniken nicht nur Prostataverspannungen lösen und dadurch die Ejakulation verzögern, sie können zudem auch als recht angenehm empfunden werden. Sollte eine kleine Menge Prostataflüssigkeit aus der Penisspitze austreten, so ist dies kein Grund zur Besorgnis: Das ist ein ganz normaler Vorgang.

Einige Bestseller aus dem Bereich der Sexualführer weisen auf die Freude hin, welche die Stimulierung der Prostata auf diese Weise bescheren kann. Tatsächlich empfinden es viele Männer als äußerst angenehm, wenn die Prostata über den Prostatapunkt oder direkt durch die Afterwand angeregt wird. Wir sind allerdings der Auffassung, daß diese Stimulierung darüber hinaus den Orgasmus verzögert, wenn der Mann ihm noch nicht zu nahe ist, während sie jedoch einen Orgasmus herbeiführen kann, wenn der Mann bereits in stark erregtem Zustand sein sollte. Das Drücken des Prostatapunkts kann dabei behilflich sein, die Ejakulation gewollter stattfinden zu lassen, indem das Stadium der Erregung, welches der Mann schon lange vor dem »Punkt ohne Umkehr« genießt, verlängert wird.

Wenn Sie während eines heftigen Liebesakts nicht ejakuliert haben sollten, oder wenn Ihnen nicht der Sinn danach steht, dies zu tun, so ist es nur vernünftig, wenn Sie oder Ihre Partnerin eine dieser Techniken anwenden, um das Anschwellen der Prostata zu vermindern. Wiederholte Sexualakte, bei denen Sie sich bis an den Rand der Ejakulation treiben, ohne diese jedoch tatsächlich zuzulassen, können allerdings eine Verstopfung der Prostata bewirken, ebenso eine Vergrößerung und/oder Prostatitis. Wenn Sie jedoch eher auf sanfte, lockere Weise Liebe machen, ohne den Punkt ohne Umkehr zu erreichen, so wird häufiges Ejakulieren wahrscheinlich nicht erforderlich sein.

Die Technik der Druckausübung auf den Prostatapunkt unterscheidet sich völlig vom *Coitus saxonus*, der von einigen östlichen Experten empfohlen wird. Der Coitus saxonus wird dadurch erreicht, daß derselbe Punkt unmittelbar vor der Ejakulation gepreßt wird. Dadurch wird diese blockiert und in die Blase umgeleitet.

Wenngleich wir auch der Auffassung sind, daß durch den Coitus saxonus Energieverlust weitgehend verhindert wird, so können wir allerdings doch nicht der Meinung zustimmen, daß diese Technik völlig gefahrlos sei. Deshalb wollen wir sie auch nur für Männer empfehlen, die sie als letzten Ausweg brauchen, weil sie die eigene Lebenskraft (siehe »Tao des Sexus«) um jeden Preis erhalten und recyclen wollen, oder aber als interessantes Experiment, das man ein paarmal durchführen kann. Diese Methode kann die Gefühlswahrnehmung des Orgasmus auf interessante Weise verändern.

Eine andere Variante des *Coitus saxonus,* und zwar eine vom Typ »Guck mal, Mami, ohne Hände!« ist das, was wir die »Samenbremse« nennen. Diese kann während des Geschlechtsverkehrs stattfinden und ist sehr viel leichter durchzuführen, wenn der Mann dabei auf dem Rücken liegt. Unmittelbar vor der Ejakulation ziehen Sie PC- und Aftermuskeln zusammen und halten die Luft an. Dabei werden Sie alle Empfindungen des Orgasmus erfahren, während Sie gleichzeitig nur äußerst wenig ejakulieren, wenn überhaupt.

Diese Technik hat noch einen sehr viel dramatischeren Effekt, wenn man sie beim Masturbieren anwendet, weil trotz der orgasmischen Gefühle nichts aus dem Penis austritt. Wie der Coitus saxonus ist dies eine interessante Variante, mit der man ein wenig spielen kann; doch kann man dadurch die Prostata überanstrengen, wie auch weitere Teile des Urogenitaltrakts. Doch ist die Samenbremse an sich bereits eine überzeugende Demonstration der Macht, über welche die Sexualmuskulatur des Mannes verfügt.

Weder der Coitus saxonus noch die Samenbremse sollten als Mittel zur Empfängnisverhütung benutzt werden. Beide stellen eine Art Nothilfe für den Mann dar, dem es um Erhaltung seiner Lebenskraft geht, doch eigentlich gehören sie auf die Anfangsstufe des Trainings.

Der gewollte Sexualorgasmus für Frauen

Für viele Frauen ist es heute ein wichtiges Anliegen, zum Orgasmus zu gelangen, und dies zu Recht. Manche Frauen können zwar allein zum Orgasmus kommen, haben aber Schwierigkeiten damit beim Verkehr mit einem Partner. Weiter unten wollen wir einige praktische Hinweise zur gewollten Erlangung des konventionellen Orgasmus anbieten, die Ihnen vielleicht neu sind. Methoden zur Erlangung andersartiger orgasmischer Erfahrungen werden an anderer Stelle in diesem Buch behandelt.

Die Frage nach dem gewollten Orgasmus läßt sich nicht von den persönlichen, ökonomischen, politischen und spirituellen Realitäten trennen, welche die Stellung der Frau in der heutigen Gesellschaft bestimmen. Als Individuum ist es für Frauen sehr wichtig, daß sie größere Selbstbehauptung und Selbstausdruck lernen, um ihre Identität unabhängig von den Erwartungen und Forderungen der Männer und ihren eigenen Geschlechtsgenossinnen zu entwickeln. Als Gruppe können Frauen einander unterstützen und leiten, um einen sich immer weiter ausdehnenden Kreis friedliebender weiblicher Kraft zu erzeugen, der nicht nur den Frauen allein dient, sondern auch den Männern und der Gesellschaft als Ganzes. Je mehr Frauen und Männer Ekstase und Intimität im Privaten und in der Öffentlichkeit auszudrücken vermögen, um so glücklicher, freier und friedlicher wird die Welt werden. (Siehe »Pompoir«, »Sexualübungen«, »Der gewollte Sexualorgasmus«, »Der gewollte Sexualorgasmus für Männer«, »Kabbazah«.)

Der leichte Weg zum Orgasmus

Es gibt viel ausgezeichnete Literatur, die sich mit der Erlangung des Orgasmus befaßt. Auch Sexualtherapeuten und -therapeutinnen gibt es in allen größeren Städten. Wir empfehlen eindringlich, die Möglichkeiten zeitlich befristeter Sexualtherapie zu nutzen. Aktuelle Studien haben bewiesen, daß kurzfristige Sexualtherapie eine Erfolgsrate von ungefähr achtzig Prozent aufweist.

Der Kernsatz »Erkenne dich selbst« ist der Grundpfeiler des gewollten Orgasmus. Vor allem die Selbsterforschung der Vagina kann einen wichtigen Schritt zur Orgasmusfähigkeit bedeuten. Die Frauenbewegung hat ein äußerst wertvolles Netzwerk einschlägiger Dienstleistungen und Beratungsstellen aufgebaut.

Was geht bei Ihrem Orgasmus vor?

Wahrscheinlich kennen Sie das vierstufige Modell von Masters und Johnson, nach dem die menschliche Sexualität eingeteilt wird: Erregungs-, Plateau-, Orgasmus-, und Resolutionsphase. So wertvoll dieses Modell auch ist, ignoriert es doch die Tatsache, daß der Orgasmus eine Art »Twostep« des Nervensystems darstellt. Jener Teil Ihres Nervensystems, der am meisten am Herbeiführen und Auslösen des Orgasmus beteiligt ist, ist in zwei Teile eingeteilt, von denen immer nur einer vorherrscht.

Der parasympathische Teil Ihres (unwillkürlichen) Nervensystems ist vor allem für die Erregungs- und Plateauphase zuständig. Der entscheidende Übergang von der Plateau- zur Orgasmusphase wird jedoch vom sympathischen Teil des Nervensystems gesteuert. Betrachten Sie einmal den Lichtschalter an Ihrer Wand. Um das Licht anzumachen, müssen Sie den Schalter drücken. Ähnlich müssen Sie, um den Orgasmus herbeizuführen, den Schalter betätigen, der Sie vom parasympathischen zum sympathischen Nervensystem führt.

Das sympathische Nervensystem ist verantwortlich für Ihre Kampf- oder Fluchtreaktionen. Zorn, Streß, Überlebenstrieb, Aggression usw. fallen in seinen Entscheidungsbereich. Wenngleich eine Form des Streß und der Verspannung wie Furcht oder Sorge die Orgasmusfähigkeit beeinträchtigen kann, so ist doch Streß in Form von Kraft oder Intensität, über welche Sie Kontrolle ausüben können, höchst wünschenswert. Muskuläre, emotionale und mentale Kraft, die genau im richtigen Augenblick eingesetzt wird, ist der Tropfen, der das Faß zum Überlaufen bringt, gewissermaßen also die Hand, die den Lichtschalter betätigt und damit das Licht aktiviert.

Kraft, im richtigen Augenblick angewandt, löst den Übergang von der Plateau- zur Orgasmusphase aus. Wird sie jedoch zu früh eingesetzt, so reduziert die konzentrierte Kraft in der Regel die Erregung. Ein Beispiel für konzentrierte oder Konzentrationskraft ist die Anspannung des ganzen Körpers, vor allem der Muskeln im Vaginalbereich wie auch das laute Stöhnen.

Man kann sich die Situation auch in den Gegensatzpaaren Sanftheit/Härte und Kühle/Wärme veranschaulichen. Die Körper-Geist-Energie einer Frau, die Orgasmusschwierigkeiten hat, kann also beispielsweise zu weich und zu kühl sein. In diesem Fall wird es notwendig sein, daß sie sich körperlich, emotional und geistig stählt und ganz allgemein mehr Energie entwickelt. Stählende Aktivitäten wie beispielsweise Kampfsport oder Selbstbehauptungstraining, vorzugsweise von einem weiblichen Lehrer unterrichtet, kann ihre innere Härte und Wärme freisetzen. Aerobic-Gymnastik ist ebenfalls ein gutes Training, und auch die Kegel-Kontraktionen können zusammen mit den Gesäßstößen geübt werden. Diese zusätzliche Härte und Wärme vermag die sexuelle Erregung zu steigern und die Frau über die Schwelle zum Orgasmus zu tragen. Wenn sie ohnehin bereits häufig einen Orgasmus erlangt, wird dies den Höhepunkt kontrollierbarer, freiwilliger und/oder gewollter machen. Natürlich gibt es auch Frauen, die zu hart und zu heiß sind und demzufolge weicher und kühler werden müssen. Yoga ist ausgezeichnet dazu geeignet, ein hormonales Gleichgewicht herzustellen oder zu erhalten, und kann besonders für jene harten, heißen Frauen dienlich sein, die sonst intensiven Leistungssport betreiben. Stellen Sie das Gleichgewicht zwischen »Hart« und »Sanft« her, zwischen »Warm« und »Kühl« – jenes Gleichgewicht, das für Sie persönlich ideal ist.

Das Blut nimmt eine wichtige Funktion bei der Befähigung zum Orgasmus ein, und Ihr Blut strömt stets dorthin, wohin sich Ihre Aufmerksamkeit richtet. Wenn Sie lernen, Denken und Fühlen besser in den Sexualorganen zu konzentrieren, gelangen Sie auch leichter zu einem *gewollten* Orgasmus. Da der Sauerstoff, der vom Blut befördert wird, ebenfalls wichtig für die Erregung vor dem Orgasmus wie auch für die Orgasmusauslösung selbst ist, kann die Tiefatmung in vielerlei Varianten äußerst hilfreich sein. So können Sie beispielsweise visualisieren, wie das rote heilende Blut voller Sauerstoff und erotischer Energie Ihren Sexualorganen entgegenwallt und diese während der Aufbauphase der Erregung durchflutet.

Der PC-Muskel ist der »Star« des Teams, das für den Genitalorgasmus verantwortlich ist. Wenn Sie ihn gewollt kontrahieren, so hilft dies, die Erregung bis zum gewünschten Höhepunkt zu steigern, während es gleichzeitig den Muskel stärkt. Dadurch gelangen Blut und Energie in die Vagina, die Klitoris und zum G-Punkt. Während des Genitalorgasmus kontrahiert der PC-Muskel einmal alle 0,8 Sekunden. Wenn Ihnen der gewollte Orgasmus ein ernstes Anliegen ist, so sind Übungen des PC-Muskels unabdingbar (siehe »Sexualübungen«).

Stellen Sie die richtigen Bedingungen her, dann gelangen Sie auch zum Orgasmus. Indem Sie auf die Reihenfolge der Ereignisse achten, die zum Orgasmus in Ihrem Körper-Geist führen, lernen Sie auch, wie Sie diese Erfahrung mehr oder weniger gewollt wiederholen können.

Zum Orgasmus kommt es, wenn sich im Genital- und Beckenbereich hinreichend Erregung aufgebaut hat. Der Orgasmus beruht auf dem Prinzip von Anspannung und Loslassen: Wenn Sie Erleichterung spüren wollen, müssen Sie zuerst Spannung durchleben. Natürlich ist damit nicht die Verspannung im Sinne von Streß gemeint, sondern eher die Muskelspannung, wie sie beim Zusammenballen einer Faust auftritt. Gestatten Sie es Ihrer zusammengeballten »genitalen Faust«, sich in einem explosiven Orgasmus zu öffnen.

Manche Frauen, die beim Masturbieren durchaus zum Orgasmus gelangen, haben jedoch beim Sexualverkehr mit einem Partner ihre Schwierigkeiten. Dafür kann es viele Gründe geben. Die Sexualwissenschaftler sind sich keineswegs sicher, daß wirklich jede Frau, selbst unter idealen Bedingungen, dazu fähig ist, beim Geschlechtsverkehr den Orgasmus zu erreichen. So haben beispielsweise in jüngsten Studien weniger als fünfzig Prozent der befragten Frauen berichtet, daß sie beim Sexualverkehr mit einem Partner zum Orgasmus kommen. Manche Frauen, die häufig mit Vibratoren masturbieren, äußern die Sorge, daß der Gebrauch des Vibrators ihre Toleranzschwelle gegenüber erotischer Stimulierung zu sehr angehoben hat, als daß der Orgasmus noch während des Verkehrs stattfinden könnte.

Ein Teil der Problems mag auch darin bestehen, daß man dem Irrglauben anhaftet, bei jedem Sexualakt müsse es unbedingt zum Orgasmus kommen. Diese Erwartungshaltung baut ein unrealistisches Ziel mit allen damit verbundenen Forderungen auf, was seinerseits wiederum nur weiteren unerwünschten Streß hervorruft. Versteift man sich auf ein solches Ziel, so kann dies zu einer regelrechten Obsession werden, was Sie nur noch weiter von der echten, totalen sexuellen Erfüllung fortführt.

Eine der besten Methoden, um mit Sicherheit während des Verkehrs zum Orgasmus zu gelangen, besteht darin, alle Erwartungen einfach zu vergessen und sich dem Sex so sinnlich und gefühlsbetont hinzugeben, wie man nur kann. Wenn Sie dann im Hier und Jetzt ganz erfüllt sind, stellen Sie plötzlich fest, daß Sie einen Orgasmus haben! Sie fühlen sich dabei nämlich derart gut, daß es Ihnen völlig gleich ist, ob Sie nun einen bekommen oder nicht. Wenngleich der geschickte Einsatz von Stimulierung und Gefühl Ihnen bei der Erlangung des Genitalorgasmus zum gewünschten Zeitpunkt und am gewünschten Ort verhelfen kann, so ist der Schlüssel zum gewollten Sexualorgasmus doch die Entspannung des Körper-Geists.

Praktizieren Sie die Sexualübungen, die am Anfang dieses Buchs beschrieben wurden. Alles, was Sie tun können, um Ihren Körper-Geist einzuschwingen, zu harmonisieren und anzuregen, wird zu Ihrem Erfolg beitragen. Der gewollte Orgasmus ist ein Akt des Selbstausdrucks und der Selbstbehauptung. Arbeiten Sie mehrmals wöchentlich mit Ihrem Körper-Geist, nach Möglichkeit sogar täglich. Entspannen Sie ihn, kräftigen Sie ihn, entwickeln Sie ihn, lernen Sie ihn besser kennen.

Was Ihnen am Anfang vielleicht als lästige Disziplin erscheinen mag, wird sich bald als Weg zur Freiheit erweisen. Hinter dem Problem des gewollten Orgasmus für Frauen verbirgt sich oft das Problem der Frau, zu einem erfüllenden Selbstausdruck zu gelangen.

»Gewollter Orgasmus« meint die Fähigkeit, den Orgasmus sowohl zu verzögern als auch ihn herbeizuführen. Diese Fähigkeit, den Orgasmus zu verzögern, entwickelt sich automatisch, je feiner und tiefer Sie Ihre Erregungszustände kennenlernen, vor allem jene, die unmittelbar in den Orgasmus münden. Den Orgasmus zu verzögern, kann Ihnen dabei helfen, seinen gewünschten Zeitpunkt zu bestimmen, damit Sie und Ihr Partner gemeinsam einen Höhepunkt erleben können.

Es gibt sehr viele, sehr schöne Höhepunktserlebnisse beim Liebesakt, die keineswegs genitale Orgasmen sind. Doch der erste Schritt sollte für Sie darin bestehen, einen persönlichen Gipfelpunkt genitaler Orgasmusausdrucksfähigkeit zu entwickeln, mit dem Sie wirklich zufrieden sind. Danach können Sie sich dann fragen, was als nächstes kommt, und ob es vielleicht noch mehr gibt. Dann können Sie sich auch die Frage stellen, ob es für Sie noch andere Möglichkeiten sexueller Ekstase geben könnte, die sich vom Genitalorgasmus unterscheiden.

Wenn Sie mit Ihren Orgasmusmöglichkeiten kontinuierlich experimentieren, erleben Sie möglicherweise freudebringende Energien beim Liebemachen und abseits davon, die unmittelbar überhaupt nichts mit dem Genitalauslöser zu tun haben. Indem Sie das Potential Ihres Genitalgenerators jedoch voll auskundschaften, können Sie Kontakt zu diesen herrlichen, beseligenden Energien des Körper-Geists herstellen. Dann entdecken Sie wunderbare Gründe dafür, sich selbst zu lieben, zu schätzen und zu vertrauen – dann werden Sie *Sie selbst*.

Ganzheitliche Selbsthilfe zur Erlangung des gewollten Orgasmus

Es folgen nun einige ganzheitliche Vorschläge, mit deren Hilfe es Ihnen gelingen sollte, leichter die für einen gewollten Orgasmus erforderlichen Bedingungen zu schaffen. Unabhängig davon, wie leicht Sie gegenwärtig zum Orgasmus kommen können, werden einige dieser Informationen Ihnen dennoch von Wert sein. Dies gilt auch für andere Abschnitte dieses Buches, die sich ebenfalls, wenngleich unter anderen Aspekten, mit dem gewollten Orgasmus befassen.

Das Üben der hier vorgestellten Techniken wird es Ihnen auch leichter ermöglichen, den Orgasmus zu verzögern. So können Sie beispielsweise verfahren, um zu einem gemeinsamen, gleichzeitigen Orgasmus mit dem Partner zu gelangen; um eine höhere Energieladung zu gewährleisten, damit der darauf folgende »große Knall« noch größer wird oder um die so akkumulierte Energie zu speichern, wenn Ihre Gesundheit, Ihr Energiepegel oder Ihr seelisches Gleichgewicht zu wünschen übriglassen. Die Fähigkeit, den Orgasmus zu steuern, setzt voraus, daß man lernt, ihn auszulösen, ihn zu bremsen, zu verzögern, zu ändern und auszudehnen; all dies werden Sie mit der Zeit beherrschen, wenn Sie die in diesem Buch beschriebenen Techniken praktizieren und die schier grenzenlose Vielfalt genitaler Orgasmen und Höhepunkte anderer Art erforschen.

Erregung vor der Penetration: Je erregter Sie vor dem Koitus sind, um so größer die Chance, daß Sie einen Orgasmus erleben werden, wenn Ihr Partner in Sie eingedrungen ist. Machen Sie ihm mit Worten deutlich, was Ihnen besonders gefällt. Außerdem brauchen Sie keine Hemmungen zu haben, selbst Hand an sich zu legen. Viele Männer sehen das ausgesprochen gerne und lernen außerdem auf diese Weise noch einiges dazu.

Bitten Sie ihn, Ihren Vaginaleingang eine Weile mit seinem Glied zu reizen, bevor er voll in Sie eindringt, lange genug, bis Sie ihn darum bitten einzudringen. Seien Sie aber auch dazu bereit, etwas zu tun, was ihm vorher zur Entspannung verhilft.

Bauchtanz: Bauchtanztraining macht Ihnen viele der Muskeln bewußter, die für eine volle sexuelle Befriedigung wichtig sind; darüber hinaus werden diese dadurch auch gekräftigt. Der Bauchtanz ist eine geeignete Methode, um den ganzen Körper zu entwickeln. Sollten Sie Gelegenheit dazu haben, einen Bauchtanzkurs zu besuchen, so nutzen Sie diese. Von ähnlichem Wert ist übrigens auch die Yogaübung der Bauchdrehung.

Atmung: Fortgesetztes energetisierendes Tiefatmen während des Liebesakts kann eine willkommene Hilfe darstellen, um die

Erregung zu erhöhen und den Genitalorgasmus auszulösen. Wenn Sie rhythmisch und locker atmen, vermeiden Sie auch Hyperventilation. Öffnen Sie Bauch und Brustkorb und nehmen Sie soviel Luft auf, wie Ihnen möglich ist, doch sollte es stets noch bequem und angenehm sein. Denn Überanstrengung und Übertreibung verzögern lediglich die guten Resultate. Siehe »Die Vollständige Atmung«, »Selbst-Inspiration« und »Gemeinsame Atmung für Paare«.

Der Steißbein-Punkt: Stellen sie sich während des Verkehrs einen roten Punkt an Ihrem Steiß vor, oder konzentrieren Sie sich einfach nur auf den Steiß. An dieser Stelle befindet sich ein wichtiges Zentrum der Körperenergie, welches die Intensität, die Dauer und den Genuß Ihrer Orgasmen gewaltig steigern kann. Wenn Sie sich darauf konzentrieren, finden Sie möglicherweise auch zu zahlreichen anderen, alternativen Formen des Höhepunkts.

As Sibfahheh: Nehmen Sie die Obenlage ein, das Gesicht Ihrem Partner zugewandt. Diese Stellung ist auch als as Sibfahheh bekannt, was »Schwimmen« bedeutet. Die Stellung hat ihren Namen von der Leichtigkeit, mit der dabei die Klitoris manuell von Ihrem Partner oder Ihnen selbst stimuliert und intensive Erregung erreicht werden kann, vor allem in Verbindung mit dem *Pompoir.* Diese Position ermöglicht es Ihnen, Ihren Erregungspegel manuell besser zu kontrollieren, und kann darüber hinaus auch den G-Punkt stimulieren (siehe »Pompoir«, »Imsak«).

Der Energiepegel: Der Genitalorgasmus ist eine Form des Freisetzens von Energie. Doch wird Ihr Körper-Geist keine Energie freigeben wollen, wenn er nicht genügend davon zur Verfügung hat. Neben dem Training des PC-Muskels rangiert das Erzielen eines Energieüberschusses an erster Stelle auf der Liste der Geheimnisse, die zu sexueller Erfüllung führen können. Schon in jungen Jahren werden Frauen dazu konditioniert, sich gedämpft zu benehmen. Holen Sie sich jedoch Ihre Energie durch sportliche Betätigung, entsprechende Ernährung, Entspannung, Meditation, Frauengruppen usw. (siehe Abschnitt über den Körper-Geist).

Eisen: Damit der Orgasmus stattfinden kann, muß sauerstoffreiches Blut vorhanden sein. Damit das Blut wiederum genügend Sauerstoff befördern kann, braucht es ausreichend Eisen. In der ersten Studie über Gesundheit und Ernährung, die in den frühen siebziger Jahren vom Kongreß der Vereinigten Staaten durchgeführt wurde, wurde jedoch festgestellt, daß neun von zehn Frauen eine zu eisenarme Nahrung (Diät) zu sich nehmen. Um das Eisen, das Sie während der Menstruation verlieren, zu ersetzen, sollten Sie mindestens 10 bis 15 mg zusätzliches Eisen pro Tag zu sich nehmen. Frauen können sogar mehr als 50 mg pro Tag vertragen, doch Männern ist von einer solchen Dosis abzuraten.

Kampfsport: Abgesehen davon, daß es Kraft und Dynamik, Selbstbewußtsein und die Fähigkeit zur Selbstverteidigung schult, lehrt das Kampfsporttraining Sie darüber hinaus, wie Sie den Körper-Geist für einen kurzen, intensiven Augenblick voll konzentrieren können; dieselbe Fähigkeit wird verlangt, wenn man von der angenehmen Erregung den Schritt zum intensiven Orgasmus vollziehen will.

Pompoir: *Pompoir*-Kraft maximiert das orgasmische Potential der Frau. Dieses wird von unserer Gesellschaft meistens unterdrückt, worunter sie dann wieder zu leiden hat, doch dem brauchen Sie sich ja nicht anzuschließen. Koordinieren Sie das Kontrahieren des PC mit dem Ein- oder Ausatmen sowie mit Affirmation, Visualisation usw.

Der Prostata-Punkt: Der Prostata-Punkt des Mannes befindet sich in der Mitte des Damms, unmittelbar vor dem After. Obgleich er ihn auch selbst drücken kann, wird er diese Technik wahrscheinlich mehr genießen, wenn Sie es für ihn tun. Tatsächlich wird er höchstwahrscheinlich der Meinung sein, daß dies weitaus angenehmer ist. Arbeiten Sie entweder mit festem rhythmischem Druck oder mit festem beständigem Druck.

Diese Technik wird angewendet, um die Prostata zu stimulieren und den Orgasmus herbeizuführen, dennoch ist sie ebenso wirksam, um den Orgasmus zu verhindern, weil die Prostata dabei komprimiert und im wörtlichen Sinne des Wortes »entbläht« wird.

Diese uralte Technik wird in China und in den arabischen Ländern schon seit Jahrhunderten praktiziert. Mit ihrer Hilfe können Sie gleichzeitig Ihre körperlichen Bedürfnisse behaupten, ohne mit offenen Forderungen arbeiten zu müssen. Sie werden dem Partner Freude bereiten und seine Ejakulation verzögern, was es wiederum wahrscheinlicher macht, daß auch Sie selbst zur vollen Befriedigung gelangen. Außerdem wird das Wissen um diese Technik wahrscheinlich einen starken Eindruck auf ihn machen. Sie können auch Ihren Finger in seinen After einführen und direkt auf die Vorsteherdrüse drücken, nämlich auf der Seite gegenüber dem Penis. Beide Positionen können verwendet werden, um dem Partner einen exotischeren und intensiveren Orgasmus zu verschaffen. Vielleicht gefällt Ihnen auch die Stimulierung der Aftermuskulatur während des Orgasmus. Die Technik der Druckausübung auf den Prostata-Punkt wird von Prostituierten in vielen Ländern mit großem Erfolg eingesetzt, um sich eine Stammkundschaft zu sichern (siehe »Der gewollte Orgasmus für Männer«, »Schwellensex«).

Die sanften Stile: Die sanften Stile des Liebemachens sowie die Verbundenheit und Einschwingung zwischen Partnern, wie sie in diesem Buch geschildert werden, können die beiden Partner tiefergehend und sensibler in gemeinsame Harmonie versetzen als die uns in der Regel vertrauteren harten Stile des Liebemachens. Viele Frauen haben die Feststellung gemacht, daß dieses Sicheinschwingen auf den Partner eine Grundvoraussetzung dafür ist, daß sie mit diesem zusammen einen Orgasmus erleben, besonders wenn es um den Orgasmus beim Genitalverkehr geht; denn ganz besonders Frauen müssen sich bei ihrem Partner wohl fühlen und ihm vertrauen können, um sich selbst für den Orgasmus zu öffnen und/oder diesen zuzulassen.

Es ist nur zu leicht, sich allzusehr anzustrengen und dadurch das natürliche High zu blockieren, das der sexuellen Kommunikation doch anhaftet. Deshalb sollten Sie sich körperlich und geistig einfach entspannen, dann werden die Schätze, nach denen Sie suchen, die Ihren werden. Auf diese Weise haben Sie die Vorteile beider Methoden und genießen Ekstase in Verbindung mit Intimität.

Die leidenschaftliche Frau: Sie ist ein beliebtes Thema in der heutigen Literatur, in Songs und im Kino. Es gibt ein altes Sprichwort: »Die ideale Frau ist in der Küche ein Engel und im Bett ein Teufel.« Seien Sie eine wunderbare, fürsorgliche warmherzige Frau außerhalb des Schlafzimmers. Und *im* Schlafzimmer? *Im* Schlafzimmer sollen sie wahnsinnig werden, verrückt, sollen Sie durchdrehen, aufs Ganze gehen, die allerhöchste, schlechthinnige, bewußtlose Ekstase anstreben. Das Liebemachen zapft die urtürmlichsten und mächtigsten Kräfte an, über welche die menschliche Rasse verfügt. Das Liebemachen ist wie eine Atomexplosion. Lassen Sie also Ihre Leidenschaft heraus. Synchronisieren Sie Ihr erotisches Erwachen durch Sexualübungen, Meditation über Sexualenergie, Masturbation (wenn Sie mögen) und immer wieder Liebe, Liebe, Liebe...

Seien Sie bereit, auf sinnliche, nichtverbale Weise die Führung zu übernehmen, und wagen Sie auch die Selbstbehauptung. Das ist übrigens nicht dasselbe wie Aggressivität. Aggression bedeutet, sich in den Raum, das Revier eines anderen einzudrängen, seine persönliche Integrität, seine Entscheidungs- sowie Ausdrucksfreiheit zu beeinträchtigen. Sich selbst zu behaupten dagegen bedeutet einfach nur, ganz präzise deutlich zu machen, was Sie von dem anderen Menschen und der jeweiligen Situation erwarten. Vielleicht werden Sie es auch als nützlich empfinden, zusammen mit anderen Frauen bewußtseinserweiternde Aktivitäten zu entfalten.

Fünfter Teil:
Stile des Liebesmachens

Liebemachen – ein Modell des Lebens

Zum Liebemachen gehört sowohl die Freude als auch der Schmerz.

Oft wird das Liebemachen von gewissem Schmerz begleitet, beispielsweise beim Beißen oder Kratzen.

Doch werden diese Schmerzen als angenehm empfunden.

Beim Geschlechtsverkehr kann das, was soeben noch angenehm war, plötzlich in Schmerz umschlagen; ebenso schnell kann aus Schmerz wiederum Freude werden.

Die Bedeutung des Schmerzes läßt sich transformieren. Dies zeigt sich beim Sex.

Die Fruchtlosigkeit des Schmerzes besteht darin, daß er einmal enden wird, genau wie der Orgasmus. Die Realität des Schmerzes besteht darin, daß er transformiert wird.

Aus Freude wird Schmerz. Aus Schmerz wird Freude. Und dann gibt es da noch neutrale Zustände.

Wodurch wurde der Schmerz beim Liebesakt zur Freude? Durch die Intensität des Beteiligtseins. Beim Liebemachen sind wir stets stärker beteiligt als sonst, in der Regel mehr als jemals sonst im Alltag.

Ist es möglich, daß ein wahrhaftes Maximum an Beteiligung in diesem sinnlichen Moment die Macht besitzt, den Schmerz zu verwandeln und die Freude auszudehnen? Kann es sein, daß es einen Seinszustand gibt, der jenseits des Kreislaufs von Freude und Schmerz liegt und doch nicht über oder unter diesen beiden, sondern mitten in ihnen drin?

Liebemachen ist ein Modell fürs Leben, ein Modell des Lebens. Lebe so, als würdest du in jedem Augenblick Liebe machen. Mache Liebe mit diesem Augenblick, dem Wagen, während du ihn lenkst, mit dem Buch, während du es liest, mit dem Essen, während du es verzehrst, mit dem Bett, während du darin schläfst, mit den Kleidern, während du sie trägst.

Mache Liebe mit der Welt – dann macht die Welt auch Liebe mit dir.

Warum verschiedene Stile?

Wenn Ihnen die sanften Stile des Liebemachens neu sein sollten, so machen Sie sich auf eines der aufregendsten und befriedigendsten Abenteuer Ihres Lebens gefaßt. Doch kann es sein, daß Sie diese Stufe erst erreichen, nachdem Sie die Trägheit alter Gewohnheiten überwunden haben. Am Anfang kommt es gelegentlich zu Phasen, in denen Ihnen alles wie völliger Unsinn und Zeitverschwendung erscheinen mag.

Dieser Prozeß ist ganz ähnlich dem, den die Autorin Mary Shivanandan bei Paaren beschreibt, die damit beginnen, ein Programm »natürlicher sexueller Geburtenkontrolle« aufzunehmen. Dieses Programm erfordert bis zu zwei vollen Wochen sexueller Abstinenz pro Monat. Und wenngleich sich die Paare in der Theorie auch darüber einig sind, durchlaufen sie doch in der Praxis oft Zeiten verwirrter Trennung und Entfremdung, dann Phasen der Wut und des Zorns und schließlich solche des Selbstbetrugs, bis sie endlich die wahre Selbsterfüllung gefunden haben.

Don Kramer, hauptberuflicher Leiter eines Zentrums für natürliche Familienplanung, hat diese Stadien genauer beschrieben, nachdem er Hunderte von Paaren beobachten konnte. Er stellte fest, daß vor allem Männer Schwierigkeiten haben, die erforderliche Umstellung zu verkraften. Dennoch ist der Nutzen für jene Paare, welche das Programm bis zu Ende verfolgen, unbestritten.

Die Phase der Erfüllung wird von dem Liebespaar häufig als großartige Vertiefung des erotischen Lebens empfunden. Auch die emotionale Harmonie zwischen den Partnern kann eine erstaunliche Verfeinerung erfahren. Die freiwillige Phase sexueller Abstinenz wird zu einem wahren Segen, weil das Paar begreift, daß es nun jenseits der üblichen Abhängigkeit von schlichter körperlicher Erleichterung steht und sich nun statt dessen im Reich liebevollen Einsseins bewegt.

Denn nun kann schon eine schlichte Berührung, die früher allenfalls als eine Einladung zum Verkehr verstanden worden ist, ein ganzes Universum zärtlicher Gefühle ausdrücken. Aus einem flüchtigen Kuß wird ein magischer, lebensspendender Akt. Jetzt sind nicht nur die Geschlechtsorgane des Partners allein, sondern sein gesamter Körper-Geist das Ziel der Liebe.

Im Lichte dieser verfeinerten Genußfähigkeit wachsen gegenseitiger Respekt und Verantwortungsgefühl für den anderen und die Beziehung. Was zuvor noch als allzu hoher Preis des Verzichts erschienen sein mag, wird nun von einer solch reichen, erfüllenden Intimität überlagert, daß das Paar regelrecht peinlich berührt reagieren kann, wenn es an seine frühere Abhängigkeit von alten Gewohnheiten denkt.

Soweit wir davon wissen, haben diese Paare die sexuelle Abstinenz jedoch nicht mit dem Ziel ausgeübt, dieser Vorteile teilhaftig zu werden. Sie wollten vielmehr nur über eine Methode verfügen, mit deren Hilfe sie ohne Risiko Liebe machen konnten, und zwar unter Verzicht auf andere Möglichkeiten, die ihnen als künstlich erschienen.

So entdeckten die Liebenden, daß ihre Beziehung dadurch verschönert wurde, daß sich ihr erotisches Interesse aneinander steigerte und zu einer tragfähigeren Größe wurde. Sie machten die Feststellung, daß ihr Bedürfnis, dem Sexualakt etwas Heiliges zu verleihen, auf diese Weise erfüllt wurde. Indem sie einem natürlichen Zyklus von Sexausübung und Abstinenz folgten, zapften sie eine geheimnisvolle Kraft an, die es ihnen ermöglichte – und das ist schon fast ein Wunder –, eben jene Gefühle des Staunens, der Erregung und der Ehrfurcht wieder zu empfinden, die sie ganz zu Anfang ihrer Beziehung erfahren hatten. So entdeckten sie, sei es durch Zufall oder aus Absicht, ein universales Geheimnis, das ihnen die Wiederherstellung der Jungfräulichkeit ihrer Vereinigung ermöglichte. Auf diese Weise wurde die sexuelle Beziehung wieder frisch, aufregend und magnetisch.

Die sexuelle Energie-Ekstase nutzt die freiwillige Abstinenz, ebenso aber auch den freiwilligen Genuß der Sexualität. Sexuelle Energie-Ekstase stellt einen Weg dar, um die Art, wie wir Liebe machen, zu verfeinern und neu zu definieren, damit die Realität des Sexus in unserem Leben zu einer immer weiter anschwellenden Quelle der Freude werden kann.

Die Prinzipien, welche der Verfeinerung des Sexualtriebs Erfolg bescheren, sind universaler Art, wie die Erfahrung der geschilderten Paare beim Ausüben einer »natürlichen Sexualität« beweisen. Es ließen sich noch Dutzende weiterer Beispiele anführen, doch wäre damit nichts gewonnen. Vielmehr geht es nun darum, daß Sie diese Erfahrungen persönlich machen.

Auf unseren eigenen Erlebnissen dieses Übergangs fußend, entschlossen wir uns dazu, in diesem Buch ein breites Spektrum verschiedener Stile des Liebesakts vorzustellen. Der Grund dafür ist ganz einfach zu verstehen: Die harten Stile und Techniken sind nämlich oft derart stark und eingefahren, daß man nur durch direkte, unmittelbare Einwirkung daran etwas verändern kann.

Es genügt jedoch nicht, nur einige Übungen anzubieten. Denn wäre dadurch auch gewährleistet, daß Sie diese Übungen zu Hause auch tatsächlich durchführen? Wahrscheinlich nicht. Oder nehmen wir einmal an, wir würden Ihnen raten: »Atmen Sie tief durch, lassen Sie sich Zeit, fühlen Sie, spüren Sie Ihren Partner wirklich«, dann würden Sie möglicherweise im stillen denken: »Na und? Was steckt schon dahinter?«

Nein, wir wollen eine positive Reaktion, wir wollen wirklich, daß Sie auch tun, was wir empfehlen. Allerdings müssen Sie zu Anfang die schwierigeren Phasen, gewissermaßen die Durststrecke überwinden.

Natürlich können Sie die Techniken und Prinzipien der verschiedenen Stile des Liebemachens auch sofort in die Praxis umsetzen. Dies gilt beispielsweise für den Schlüssel zur Technik des *Imsak:* Der Mann zieht das Glied aus der Scheide, um wieder mehrfach in sie einzudringen und dadurch die erotische Begeisterung zu steigern.

Das Zurückhalten des Genitalorgasmus läßt sich mit größerer Wahrscheinlichkeit durch die sanften Techniken erreichen. So werden Sie vielleicht feststellen, daß der sanfte Stil der sexuellen Vereinigung ohne Orgasmus Sie energetisiert, Ihre Stimmung hebt und Sie begeistert. Dadurch können Sie und Ihr Partner einander näherkommen. Doch ist es von großer Wichtigkeit, daß Sie auch bestimmte Maßnahmen ergreifen, wenn Sie es auf eine Erregung ohne Orgasmus abgesehen haben sollten. Üben Sie das Verteilen von Energie, die Tiefentspannung, das Lenken der Lebensenergie durch die Konzentration, teilen Sie die Energie mit Ihrem Partner. Empfehlenswert und nützlich sind auch Meditation, Gebet oder alle anderen Methoden, die Ihnen zu Frieden und Einsicht verhelfen.

Wenn Sie ohne Partner leben sollten, diese Stile aber üben wollen, so können Sie es mit der Masturbation ohne Orgasmus versuchen. Wir konnten feststellen, daß diese Technik, wenn sie häufig angewandt wird, den persönlichen und sexuellen Magnetismus, Ihre Anziehungskraft also, erheblich steigert, so daß Sie schon sehr bald nicht mehr ohne Partner sein werden. Konzentrieren Sie sich beim Masturbieren auf den Liebespunkt und lenken Sie die Energie dorthin. Vergessen Sie nicht, zum Schluß die Energie mit den Händen und durch die Konzentration zu verteilen, wie auch durch Entspannung und Tiefatmung.

Die andere Seite sexueller Freiheit, des sexuellen Abenteuers, besteht darin, die subjektive Dimension des Liebemachens mit dem anderen zu erforschen. Da kann es geschehen, daß nur eine einzige Berührung im wahrsten Sinne des Wortes wie eine Explosion wirkt, die den Geist gewissermaßen völlig »umkrempelt«. Eine Reife und Fülle der Empfindungen, die weitaus überwältigender sein können als die volle Penetration beim Geschlechtsverkehr.

Es gibt wirklich keine Grenzen außer jenen, die wir uns selbst in unserem Geist geschaffen haben.

Rezepte der Ekstase

Wenn Sie über die verschiedenen Stile des Liebemachens lesen, so ist dies vergleichbar der Lektüre eines Kochbuchs. Jeder Stil stellt ein bestimmtes Rezept dar, das zur Ekstase führt. Dabei brauchen Sie nicht ein Rezept nach dem anderen zu lesen, Sie können auch frei umherblättern, wie Sie es in einem richtigen Kochbuch wahrscheinlich auch täten. Haben Sie ein Rezept gefunden, das Ihnen zusagt, so ist die Zeit des Kochens gekommen.

Wir möchten Ihnen empfehlen, die ersten paar Male die Rezepte wortgetreu zu befolgen, da sie vieles enthalten können, was Ihnen noch neu sein dürfte. Danach können Sie damit spielen, neue Varianten schaffen, improvisieren, während Sie Liebe machen. Entwerfen Sie dann neue Rezepte, neue Stile, die alle auf Ihren eigenen Geschmack und Appetit zugeschneidert sind.

Kurzer Überblick der Rezepte der Ekstase
(Stile des Liebemachens)

Zusammen schlafen: Liebemachen ohne Genitalkontakt.
Außersinnlicher Sex: Wenn Sie sich geschlechtlich vereinigen und dann eine halbe Stunde lang überhaupt nichts mehr unternehmen, so kann dies zu einer erinnerungswürdigen Liebeserfahrung besonderer Art führen, mindestens aber zu einer tiefen Entspannung und Energetisierung.
Bioelektrischer Sex: Sie können den *Außersinnlichen Sex* zu gleichen Teilen mit gemäßigt aktivem Verkehr koppeln und dadurch beide verschönern und verstärken, vor allem dann, wenn Sie in einer Stellung verharren, die die Gleichheit der Partner betont.
Krieg und Frieden: Eines der Geheimnisse der Beglückung der Sinne besteht darin, von einem Extrem ins andere zu wechseln, etwa indem man auf sehr aktives Liebemachen ein passiveres Vorgehen folgen läßt, um das Ganze mit Entspannung und Loslassen zu beenden (es sei denn, man zieht den Genitalorgasmus vor).
Magnetischer Sex: Wenn Sie einander auf bestimmte Weise massieren, können Sie Zugang zur biomagnetischen Energie erlangen und sich selbst und den anderen derart entspannen und gleichzeitig energetisieren, daß Ihnen das Liebemachen wie eine völlig neue Erfahrung erscheinen wird.
Karezza: Hierbei bewegt sich der Mann nur soweit, daß seine Erektion erhalten bleibt. Beide Partner tauschen Streicheleinheiten aus, die aus tiefstem Herzen kommen und kraftspendend wirken; dabei wird ein Grad der Intimität und Lebendigkeit erreicht, der so köstlich ist, daß viele Vertreter dieser Technik immer wieder betonen, daß sie zu spirituellen Erfahrungen führt.

Schwellensex: Der Augenblick auf der Schwelle zum Orgasmus kann mit etwas Übung stark verlängert werden, was wiederum die Freude intensiviert.

Das Tao des Sexus: Der Mann übernimmt die Rolle des Lotsen und führt die Frau durch neun Stadien der Erregung, bis sie die Erfüllung des völligen Loslassens erfährt. Er selbst verzögert seinen eigenen Orgasmus zugunsten einer Vielzahl fast-ejakulatorischer Orgasmen.

Imsak: Hierbei handelt es sich um eine Strategie der erotischen Intensivierung, bei welcher (mit oder ohne den erotischen Anreiz der Kontraktionen der Vaginalmuskulatur) der Mann das Glied zurückzieht, beide Partner eine freudevolle Pause einlegen, der Mann wieder eindringt, worauf eine erneute Pause folgt und so weiter, in einer immer höher steigenden Spirale erotischen Feuers, die nur dann endet, wenn Sie es wollen.

Kabbazah Sex: Die Entwicklung und Stärkung der Muskeln um die Vagina ermöglicht außerordentliche Liebeserlebnisse, bei denen die Erregung allein von der Frau herbeigeführt und kontrolliert wird. Hierbei werden ein Maximum an Entspannung und ein Maximum an Erregung geschickt miteinander verbunden, was den *Völligen Entspannungsorgasmus* wahrscheinlicher macht.

Zusammen schlafen (Der erste Stil)

Ist es unmännlich oder unweiblich, einander zu halten und dabei einfach nur einzuschlafen? Muß man denn unbedingt »Sex haben«?

Was geschieht denn wirklich, wenn Sie mit jemandem einfach »nur« schlafen?

Wenngleich dieser Stil offensichtlich nicht so spektakulär ist wie die geschlechtliche Vereinigung, so findet dabei doch auch eine Form des »Geschlechtsverkehrs« statt. So wird beispielsweise von Mahatma Gandhi berichtet, daß er mit jungen Frauen zu schlafen pflegte – wobei er den Zölibat nicht brach –, um seinen Energiepegel während der langen Fastenperioden, die er zum Zweck des politischen Protests einlegte, zu erhöhen.

Es heißt, daß Gandhi dabei eine junge Jungfrau vor sich und eine hinter sich liegen hatte. Ob diese Geschichte nun stimmen mag oder nicht, eines macht sie doch klar: Körper, die gemeinsam in einem Bett schlafen, tauschen dabei Lebensenergie aus, sie haben »Energieverkehr«.

Es gibt Berichte aus dem Paris des 18. Jahrhunderts, denen zufolge ältere Männer einer Madame Janus hohe Summen dafür bezahlten, daß diese es ihnen ermöglichte, auf ebendiese Weise mit zwei jungen Frauen zu schlafen, und zwar in der Hoffnung auf Verjüngung. Ist das »Zusammenschlafen« mit anderen Worten also eine sehr subtile Form geschlechtlicher Vereinigung?

Es gibt im Abendland eine alte, lange unterdrückte Tradition des schlichten »Nur-miteinander-Schlafens«. Vor über eintausendfünfhundert Jahren pflegten junge christliche Mönche mit jungen Christenfrauen zu schlafen. Wenngleich es dabei wohl nur zur Umarmung im Nacktzustand kam, zum Streicheln und zum Schlafen, praktizierten einige dieser Mönche wahrscheinlich eine Variante des *Coitus reservatus* (Sexualverkehr ohne Ejakulation). Anscheinend kam diese Art von geschlechtlicher Beziehung ihrem Bedürfnis entgegen, aus dem Sexualakt eine heilige Kunst zu machen.

Die Praxis dieser Mönche, die sogenannten *Agapetae* oder *Virgines subintroductae,* wie man die beteiligten jungen Frauen bezeichnete, zu genießen, wurde schließlich ausradiert, als die Kirche immer mehr an Macht gewann. Um das 12. Jahrhundert herum kam in Europa eine ähnliche Praktik auf.

Diese bestand darin, daß junge Rittersmänner Frauen ihre »höfische Liebe« anboten, Frauen zudem, die nicht nur verheiratet waren, sondern deren Ehemänner sogar meistens Edelleute oder andere Machthaber waren. Eine solche Beziehung nannte man »hohe Minne« oder, im Altfranzösischen, *donnoi.*

Auch hier schweigt sich die Geschichtsschreibung über die präzisen Einzelheiten aus, doch abgesehen davon, daß die jungen Ritter nackt mit der Angebeteten zu schlafen pflegten, im nackten Zustand mit ihr Streicheleinheiten austauschten, sie umarmten und stundenlang mit den Augen verzehrten, haben auch sie möglicherweise entweder gelegentlich oder sogar häufig den *Coitus reservatus* geübt.

Wollten diese Mönche und Ritter sich selbst und ihre Geliebten nur quälen?

Ihren eigenen Schilderungen zufolge, fachten diese Beziehungen ihre Phantasie an und führten die Seele auf höhere Ebenen von solcher Gefühlsintensität, daß gewöhnliche sexuelle Beziehungen damit in der Regel nicht zu vergleichen waren. Tatsächlich stellt diese »höfische Minne« höchstwahrscheinlich den Ursprung unserer heutigen romantischen Liebesideale dar.

Die Texte vieler Popsongs handeln von solchen Gefühlen. Was uns jedoch fehlt, das ist das praktische Wissen darum, wie ein solch hoher Pegel emotionaler Intensität zu erreichen und aufrechtzuerhalten sei. Vor tausend Jahren war dieses Wissen möglicherweise allgemein bekannt, da es von den Troubadouren (die ebenfalls eine Form der Hohen Minne praktizierten) über ganz Europa verbreitet wurde.

So hat es den Anschein, daß man dadurch, daß man nicht bekommt, was man will, sogar noch etwas viel Besseres erhält.

Experimentieren Sie mit jenen Aspekten des Minnekults, die Ihnen persönlich zusagen. Dann machen Sie möglicherweise die Entdeckung, daß die Sache viel mehr Spaß macht – und viel natürlicher ist –, als Sie zunächst dachten. Immerhin ist romantische Leidenschaft, ebenso wie romantische Verzückung, auch eine Form kreativer Spannung.

Und was das »Herumschlafen« angeht, nun – das nächste Mal, wenn Sie mit jemandem schlafen wollen, warum tun Sie es dann nicht einfach, und zwar im wortwörtlichen Sinne?

Sie werden vielleicht feststellen, daß jener Drang, den wir fast automatisch als Trieb etikettieren, »Sex zu haben«, in Wirklichkeit ein ganzes Bündel verschiedener Triebe in sich vereint. Dazu gehört das Verlangen, berührt, festgehalten, gestreichelt, umsorgt, angehaucht, angelächelt und vielleicht sogar beschnüffelt zu werden.

Wenn es Ihre Hauptbeziehung gefährden sollte, mit einem anderen Menschen Sex zu haben, so sollten Sie dem hier vorgestellten Angang auf jeden Fall einmal Ihre Aufmerksamkeit widmen. Dann stellen Sie nämlich möglicherweise fest, daß Sie beim anderen in Wirklichkeit gar nicht den Geschlechtsverkehr suchen, sondern vielmehr die Intimität und Nähe.

Einander festzuhalten, miteinander zu schmusen, kann eine tiefgreifende Erfahrung des Teilens und der Gemeinsamkeit sein. Viele glückliche, harmonische Paare erfahren ein Gefühl des Einsseins oder des gemeinsamen Fließens in ein und dieselbe Richtung, indem Sie einander einfach nur zehn Minuten lang halten und spüren. Tatsächlich machen Sie oft sogar die Feststellung, daß dies erfüllender ist, als man es meistens vom Sexualverkehr sagen kann.

Viele Menschen machen die Entdeckung, daß sie einander noch näherkommen können, indem sie beim Sichfesthalten oder bei der Umarmung die Atmung aufeinander abstimmen. Andere wiederum empfinden dies als zu gekünstelt. Doch können Sie beobachten, daß beide Partner, sofern sie miteinander in Harmonie sind, auch ohne besondere Anstrengung dazu neigen werden, denselben Atemrhythmus zu entwickeln.

Eine uralte Sexualpraktik geht sogar noch weiter und empfiehlt die stundenlange Umarmung, während der Mann und Frau sich in den Energiestrom einschwingen, der zwischen ihnen hin und her fließt. Dieser natürliche Strom existiert bereits, die eigentliche Herausforderung besteht in erster Linie darin, sich seiner *bewußt zu werden*. Einen ähnlichen Effekt erzielen Sie dadurch, daß Sie mit dem Partner Rücken an Rücken oder Bauch an Rücken Kontakt herstellen.

Indem Sie dem Atem gestatten, langsamer zu werden, indem Sie aktiv diese Kraft zwischen Ihnen und um Sie herum imaginieren, indem Sie innerlich diesen Strom fühlen oder spüren, erreichen Sie die Einschwingung. Voraussetzung dafür ist freilich körperliche Ruhe und Bewegungslosigkeit.

Meistens werden Körper und Geist dazu mehrere Tage im voraus vorbereitet, indem man über die Schönheit und das Mysterium des Lebens meditiert. Das angestrebte besondere Liebeserlebnis wird freudevoll, respektvoll, ja sogar ehrfürchtig erwartet.

Das Endergebnis kann eine friedvolle, strahlende Ekstase sein, welche wiederzugeben und auszudrücken nicht einmal ein Dichter fähig wäre. Die Erfahrung selbst mag noch tage-, wochen- oder sogar monatelang nachhallen, so daß Sie die Lebensqualität beider Partner dauerhaft erhöht. Sie können uns glauben, daß auch ganz normale, gewöhnliche Menschen zu einer solchen Erfahrung befähigt sind – entscheidend dafür sind lediglich Geduld und das Verlangen, *wirklich* beim anderen zu sein.

Was immer Sie auch erfahren mögen, mit Sicherheit werden Sie lernen, daß sich hinter dem Zusammenschlafen und Miteinanderschmusen weitaus mehr verbirgt als lediglich ein gegenseitiges Aufwärmen.

Außersinnlicher Sex (Der zweite Stil)

Der Geschlechtsverkehr ist dann vollständig, wenn beide Partner die Genitalien miteinander vereinen.

Das Wort Koitus heißt im Lateinischen einfach nur »Treffen«. Kopulieren bedeutet von seiner Sprachwurzel her, ein Band oder eine Verbindung herstellen. Das englische Wort »intercourse« stammt aus dem Lateinischen »intercurrere«, was soviel bedeutet wie »zwischenlaufen«. Was könnte es sein, was da zwischen den Liebenden hin und her läuft? Nun, um nur einiges zu nennen: Lebensenergie, Liebesgefühle, bioelektrische Impulse, Hormone und Drüsensekrete. Eine andere Bezeichnung für das Hin- und Herlaufen ist »Austausch«. Ein automatisches Ergebnis der genitalen Vereinigung besteht aus einem wertvollen Austausch zwischen den Liebenden, gleich welcher Art dieser sein mag. Damit »Sexualverkehr-Koitus-Kopulation« vollständig ist, ist keine körperliche Bewegung notwendig. Wenn Sie freilich den Akt der genitalen Vereinigung ohne Bewegung so sehen, *als ob* er unvollständig sei, so wird er dies natürlich auch sein.

Wir hörten zum ersten Mal von der Praktik des »Stopfens«, einer therapeutischen Technik, wie sie im sexuellen Ersatztraining (engl. Sexual Surrogate Training) gebraucht wird, von einem

Arzt, der an einem unserer Workshops teilnahm. Dabei »stopfen« der sexuelle Ersatzpartner und die Person, mit dem er oder sie arbeitet, den Mann in die Frau. Danach schauen sie beispielsweise Fernsehen oder gehen gemeinsam irgendeiner anderen Tätigkeit mit möglichst niedrigem Streßpegel nach.

Die Ähnlichkeit zwischen dieser Technik und der *Außersinnlichen Sexualität* ist jedoch rein oberflächlicher Art. Dennoch können auch bei ihr die vorteilhaften Ergebnisse der Außersinnlichen Sexualität auftreten. Wahrscheinlich erklärt dies auch zum Teil die Wirksamkeit des Stopfens. Auch wenn die Technik nicht genauestens bis in die kleinste Vorschrift befolgt wird, erhöht sie doch das wichtigste Merkmal von allen, nämlich die Entspannung.

Von ihren Grundzügen her betrachtet, besteht die Methode der Außersinnlichen Sexualität darin, daß Mann und Frau sich in einer Stellung genital vereinigen, die für beide außerordentlich bequem ist, um danach etwa vierzig Minuten lang völlig still dazuliegen (siehe »Friedvolle Stellungen«, sowie die Illustration des *YabYum* auf einem Stuhl durchgeführt, auf Seite 289).

Seltsamerweise gleitet der Penis, nachdem das Paar sich genital sicher vereint hat, nicht wieder hinaus. Die Vagina zieht sich um ihn herum zusammen, was eine beständige genitale Vereinigung gewährleistet. Es ist außerdem nicht notwendig, daß der Penis dazu tief in die Vagina eingedrungen ist. Selbst wenn sich nur die Spitze des Penis innerhalb der Vagina befindet, ja sogar dann noch, wenn beide Organe dreißig bis vierzig Minuten lang auch nur in Kontakt bleiben, so genügt dies, um zu den gewünschten Ergebnissen zu gelangen.

Doch was wollen wir mit einer solchen Erfahrung?

Nun, Sie können den konventionellen Genitalorgasmus getrost vergessen!

Wie oft sind Sie schon nach der Arbeit nach Hause gekommen, zu müde, um noch Liebe zu machen, und dennoch von dem Wunsch beseelt, sich mit dem Partner zu vereinigen und mit ihm eine Harmonie herzustellen? Die Außersinnliche Sexualität gibt Ihnen die Möglichkeit, sich genital zu vereinigen und dann einzuschlafen. Denn die Magie des Sexus ist selbst dann noch wirksam, wirkt selbst dann noch weiter, wenn Sie selbst es nicht mehr tun.

Viele Paare berichten, daß sie auf diese Weise zu einem sehr schönen natürlichen Stimmungshoch gelangen. Die Liebenden stellen oft fest, daß ihr Gefühl der Intimität, der Nähe, dadurch auf eine Weise vertieft wird, wie sie der harte Stil des Liebemachens nicht bieten kann.

Ferner eignen der Außersinnlichen Sexualität viele praktische Vorteile. So haben beispielsweise einige Praktikanten davon berichtet, daß sexuelle Funktionsstörungen dadurch verschwanden, daß sie in stürmischen, sturmbewegten Beziehungen zu innerem Frieden fanden und daß sogar gesundheitliche Probleme dadurch gelöst wurden, daß sie die Außersinnliche Sexualität auf regelmäßiger Basis (einmal pro Woche) praktizierten. Die Technik des Aufladens wurde entwickelt von Betty Bethards, von der *Inner Light Foundation* in Novato, Kalifornien (siehe »Aufladen«).

Die Außersinnliche Sexualität in ihren Einzelschritten

1.) Vereinigung der Genitalien; Aufladung (fakultativ);
2.) Bequeme Stellung einnehmen, zurücklegen, entspannen und genießen;
3.) Dreißig bis vierzig Minuten in Reglosigkeit verharren.

Praktische Hinweise

Sie können sich durch eine gemeinsame kalte Dusche (ja, Sie haben richtig gelesen, eine *kalte* Dusche!) vorbereiten. Das Eindringen mit halbschlaffem oder sogar völlig schlaffem Glied ist durchaus möglich, sofern das Eingleiten hinreichend erleichtert wird. Dies können Sie mit Hilfe von Speichel oder pflanzlichem Öl erreichen. Andere Gleitmittel sind in der Regel zu fett oder zu rutschig, so daß der Penis damit allzu leicht wieder aus der Vagina schlüpft.

Ist ein volles Einführen des Glieds nicht möglich oder unerwünscht, so legen Sie den Penis unmittelbar zwischen die Schamlippen. Die feuchten Membranen beider Organe gelangen auf diese Weise in Kontakt. Dieses Ausmaß genitaler Vereinigung genügt vollauf.

Wenn Sie wollen, können Sie die Außersinnliche Sexualität nach dem aktiven Liebesakt praktizieren. Kurz nach der Ejakulation des Mannes kann es allerdings geschehen, daß der Penis wieder hinausgleitet.

Wichtig für diese Praktik ist, daß beide Partner sich nicht bewegen. Je mehr die Sinne ermüden und das Abbild vom eigenen Körper an Konturen verliert, um so mehr erfahren Sie vielleicht, daß Sie beide ein einziger Körper geworden sind. Doch wird dies aller Wahrscheinlichkeit nach nur dann geschehen, wenn Sie sich nicht bewegen, gleichzeitig aber entspannt bleiben. Unbewußte Bewegungen, wie etwa das Zucken einer Hand, können den Partner weitaus stärker ablenken als Sie selbst. Legen Sie die Hände also einfach auf den eigenen Bauch oder neben sich auf das Bett.

In Omar Garrisons Buch *Tantra – Yoga des Sexus* wird der Rat eines bengalischen Lehrers wiedergegeben, demzufolge Sie imaginieren können, wie während der langen Phase der Bewegungslosigkeit Ströme der Lebensenergie zwischen Ihnen beiden hin- und herfließen. Dabei sollten Sie diesen Energiestrom zwar schwerpunktmäßig, aber nicht ausschließlich in den Genitalien wahrnehmen. Ferner empfiehlt der erwähnte Lehrer einen anstrengungsfreien, beinahe indifferenten Zustand des Vorsichhinträumens.

Andererseits könnten Sie allerdings auch die Erfahrung machen, daß jede Art mentaler Aktivität einschließlich der Visualisation es Ihnen immer mehr erschwert, loszulassen und das Ganze einfach zu genießen. Es kann auch sein, daß Sie bei sich völlig neuartige Gefühle bemerken. Sich auf diese neuen Gefühle einzustimmen und sie zu fördern, wird Ihnen schon Aktivität genug abverlangen. Schließlich besteht der eigentliche Schlüssel aus der Entspannung, dem Loslassen und daraus, dem eigenen natürlichen Zustand der Erfüllung zu gestatten, daß er sich selbst offenbart.

Die Außersinnliche Sexualität ist eine trügerisch schlichte Technik. Sie kann nämlich zu einer außerordentlich machtvollen Erfahrung führen, obwohl sie nicht auf die sexuelle Erregung und auf den Orgasmus, mit denen wir in der Regel vertrauter sind, angewiesen ist, um zu den erwünschten Erlebnissen zu führen.

Vielleicht stellen Sie fest, daß Sie mit dieser Methode äußerst »high«, »abgehoben« werden. Sollte dieser Zustand Ihnen unangenehm sein, versuchen Sie es mit einigen der Erdungstechniken, die in diesem Buch empfohlen werden (siehe »Erdung«).

Sie können den Außersinnlichen Sex auch nach Belieben (mit oder ohne Auflading) als Einleitung oder Nachspiel aktiveren Liebemachens einsetzen.

Bioelektrischer Sex (Der dritte Stil)

Dr. Rudolph von Urban, dessen Buch *Sex Perfection and Marital Happiness* im Jahre 1949 veröffentlicht wurde, hat seine eigene Methode entwickelt, um die subtilen Sexualenergien optimal zu nutzen. Er hat auf eine ganze Reihe von Vorteilen seiner Technik hingewiesen, da er ihre zahlreichen körperlichen, emotionalen und geistigen Vorzüge bei jenen seiner Patienten beobachten konnte, die seine bioelektrische Methode des Verkehrs anwendeten. Wir wollen seine Methode *Bioelektrischen Sex* nennen.

So berichtet von Urban beispielsweise, daß solch unterschiedliche gesundheitliche Probleme wie Bluthochdruck, Hautkrankheiten und Schlaflosigkeit bei einigen seiner Patienten schon verschwanden, nachdem sie nur wenige Wochen bioelektrischen Sex praktizierten. Ferner berichtet er davon, daß die Technik als außerordentlich entspannend empfunden wurde.

Einige Paare, so schreibt von Urban, erlebten auf diese Weise eine Neubelebung ihrer Ehe. Partner, die ineinander bereits verliebt waren, liebten sich noch mehr; manche langjährigen Beziehungen, die von Unzufriedenheit belastet gewesen waren, erfreuten sich plötzlich der Harmonie und des Friedens.

Einige der Liebenden gelangten während der Sitzungen mit Bioelektrischem Sex zu einer ganz besonderen Form der Ekstase. Von Urban erkannte, daß dabei etwas sehr Wertvolles, ja Wunderbares stattfand. Nicht nur, daß Mann und Frau mit Hilfe dieser Technik ganz unmittelbar Freude und Vergnügen empfinden konnten, darüber hinaus machten einige der Beteiligten Erfahrungen, die sie mit den üblichen hitzigen, harten Stilen des Verkehrs-bis-zum-Orgasmus nicht erreicht hatten.

Nach einer Weile entwickelte von Urban eine Theorie, um diese Wirkungen zu erklären. Dies geschah bereits in den zwanziger Jahren in den Vereinigten Staaten, als er auch schon seinen Patienten diese Technik vorschlug.

Kurz gesagt lautet von Urbans Theorie, daß die Zellen des männlichen und des weiblichen Körper-Geists von entgegengesetzter elektrischer Polarität sind. Durch ausgedehnten Hautkontakt, insbesondere zwischen den feuchten Stellen des Körpers, also den Genitalien, verändert sich die bioelektrische Qualität der Haut.

Diese Veränderung in der Haut ruft die einzigartigen Bioenergien an die Oberfläche, wo sie miteinander ausgetauscht werden, was die geschilderten Vorzüge und zudem möglicherweise auch Erfahrungen der Ekstase hervorrufen kann.

Die heutige Wissenschaft hat die elektromagnetischen Eigenschaften des Körper-Geists als Ganzes und der menschlichen Haut im besonderen bestätigt. Urbans Modell männlicher und weiblicher elektrischer Zellpolarität wird allerdings noch so lange ein mystisches Rätsel bleiben, bis man sie wissenschaftlich gründlich untersucht hat. Dennoch wirkt seine Vermutung, daß die beste wissenschaftliche Erklärung für den Prozeß, den er entdeckt hatte, auf der Grundlage des menschlichen bioelektrischen Magnetismus fußen muß, beachtlich modern und fortschrittlich.

Von seinem Ansatz ausgehend, erforschte von Urban auch das Problem der Empfängnisverhütung. Er war der Auffassung, daß blockierende Kontrazeptiva aus Gummi (Gummi isoliert) wie etwa Diaphragmen und Kondome den Energieaustausch an der genitalen Verbindungsstelle behindern. Technisch gesehen hatte

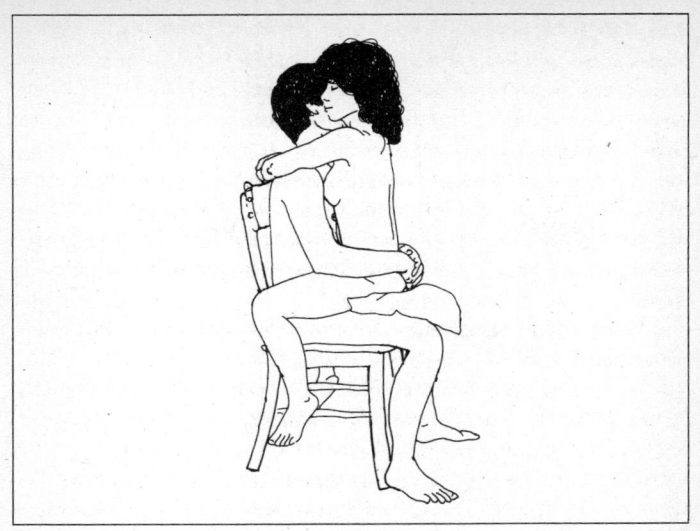

von Urban wahrscheinlich recht. Doch von weitaus größerer Wichtigkeit sind die Blockaden innerhalb des Körper-Geists.

Von Urban gab auch sehr präzise, leicht zu befolgende Instruktionen:

Duschen oder baden Sie.

In nacktem Zustand liebkosen oder küssen Sie einander oder erregen sich gegenseitig auf andere Weise.

Nehmen Sie die *Scherenstellung* ein (siehe »Friedvolle Stellungen«), wobei der Mann auf der rechten Seite liegen soll.

Der Penis wird, ob steif oder schlaff, direkt zwischen die äußeren Schamlippen gelegt.

Halten Sie diese Stellung mindestens dreißig Minuten lang. Konzentrieren Sie sich intensiv auf die Wahrnehmung in den Genitalien. Achten Sie beharrlich auf den Austausch der polarisierten weiblichen und männlichen Energien, der dort stattfindet.

Sind die dreißig Minuten verstrichen, üben Sie normalen Verkehr aus, wobei Sie die Genitalien bewegen, jedoch immer noch in der *Scheren*stellung verharren. Auch für diese Phase sollten Sie sich mindestens dreißig Minuten Zeit lassen. Die männliche Ejakulation sollte dabei vermieden werden (bitte beachten Sie, daß von Urban nichts darüber sagte, daß die Ejakulation auch noch nach der zweiten halben Stunde zu verhindern sei).

Sollte es dennoch zur Ejakulation kommen, so verbleibt das Paar ab diesem Zeitpunkt weitere dreißig Minuten lang genital vereint. Damit soll sichergestellt werden, daß der bioelektrische Austausch zwischen den Liebenden vollständig ist.

Wir kennen einen Schriftsteller und seine Frau, die seit Jahren wortgetreu von Urbans Instruktionen befolgen. Einmal beim Frühstück beschrieb er ihrer beider Erfahrung mit dieser Methode als »den Orgasmus jenseits des Orgasmus, das High jenseits aller Highs«.

Krieg-und-Frieden (Der vierte Stil)

Das Grundprinzip dieser Technik besteht darin, Stimulierung und Entspannung in wiederholten Zyklen immer wieder miteinander abzuwechseln, die insgesamt ungefähr eine Stunde (oder auch zwei bzw. drei Stunden) anhalten, um schließlich mit einer Entspannung zu enden, die in einem glückseligen Bewußtseinszustand und/oder im Schlaf mündet.

Dabei sind Sie gefordert, die vertraute und verläßliche Gewißheit sexueller Erregung, die zum Orgasmus führt, beiseite zu lassen, um sich dafür den unvertrauten und unberechenbaren Freuden der ultra-intimen, polarisierten Einswerdung wie auch anderen möglichen Vorzügen dieser Praktik auszuliefern.

Vergessen Sie dabei allerdings nicht, daß es Ihnen stets freisteht, dennoch zum Orgasmus zu gelangen. Die gewaltige Energie, die Sie dadurch aufbauen, daß Sie zwischen Erregung und Entspannung hin- und herpendeln, ist praktisch eine Garantie für einen machtvollen Orgasmus beim großartigen Finale.

Darüber hinaus kann diese Methode jenen Frauen dienlich sein, welche bisher beim Verkehr mit dem Partner nicht zum Orgasmus gelangen konnten. Während der Beruhigungsphasen kann die Frau ihren eigenen Erregungspegel aufrechterhalten, um mit jeder Stimulierungsphase einen weiteren Kraftschub zu bekommen.

Die Praktik des Krieg-und-Friedens hat ihren Namen von den wiederholten Zyklen des Konflikts (Erregung) und seiner Auflösung (Entspannung). Die letzte und tiefste Entspannungsphase kann Sie dabei in einen Zustand jenseits von Konflikt und Auflösung führen, so daß Sie mit- und ineinander eine wunderbare Einswerdung erfahren. Jedenfalls sind viele Liebende der Auffassung, daß mit Hilfe dieser Praktik beim Liebesakt eine Kraft erzeugt wird, die in der Phase der Endentspannung Körper und Geist zu heilen vermag.

Jeder Unterzyklus von Krieg-und-Frieden ist wie ein vollständiger Zyklus des *Außersinnlichen Sex*. Die Erregungsphase bei der Praktik von Krieg-und-Frieden entspricht der Aufladungsphase beim Außersinnlichen Sex.

Wieviel Krieg, wieviel Frieden?

Ziel der ersten Erregungsphase ist es, relativ schnell zu einer genitalen Vereinigung zu gelangen, damit die zweite Phase, nämlich die der Entspannung (Meditation), beginnen kann.

Die erste Entspannungsphase ist ebenso kurz wie die erste Erregungsphase, nämlich in der Regel fünf bis fünfzehn Minuten. Es ist empfehlenswert, diese beiden Phasen eher kurz zu halten, damit die Dinge in Bewegung kommen. Vor allem sollten Sie vermeiden, die Erregungsphase allzu lange auszudehnen, sonst werden Sie Ihren ersten Zyklus möglicherweise nie bis zu Ende führen können. Denn der Orgasmus wird oft auf der »schnellen Schiene« erlangt.

Haben Sie den ersten Zyklus beendet, so hängt die Dauer des Gipfelanstiegs (Erregung) und der Talfahrt (Entspannung) zum großen Teil davon ab, ob Sie fünfundvierzig Minuten oder zwei bis drei Stunden zur Verfügung haben. Für die meisten Paare sind Erregungs- bzw. Entspannungsphasen von mindestens fünf und höchstens zwanzig Minuten ideal. Die Endentspannungsphase jedoch sollte mindestens dreißig Minuten andauern (wie beim *Außersinnlichen Sex*), damit die allertiefsten Empfindungen des Einswerdens auch genügend Zeit haben, um sich zu artikulieren.

Sie können diese Einzelheiten vor dem eigentlichen Liebesakt mit dem Partner durchsprechen, da diese Form des Liebemachens nach echter Teamarbeit verlangt. Wir persönlich haben festgestellt, daß während der Entspannungsphasen eine Meditationstechnik (siehe »Tiefentspannung«) recht hilfreich sein kann.

Krieg

Wenn Sie wollen, können Sie im voraus entscheiden, ob Sie mit einem Orgasmus oder einer Endentspannung schließen möchten.

Wollen Sie mit einem Orgasmus enden, so kann dies auf dem Höhepunkt der zweiten Erregungsphase geschehen, so daß Sie den zweiten Zyklus gar nicht mehr beenden.

Sie können aber auch zwei volle Zyklen durchführen und erst bei der dritten Erregungsphase den Orgasmus erleben, so daß Sie also den dritten Zyklus nicht beenden.

Wenngleich das Liebemachen während dieser Phase sehr lebhaft und kraftvoll sein kann, sollten Sie sich dafür dennoch genug Zeit lassen. Gehen Sie viel langsamer vor als bei jenen Gelegenheiten, da Sie einen Orgasmus anstreben. Widmen Sie der Ganzheit des Körper-Geists Ihres Partners möglichst viel Aufmerksamkeit.

Seien Sie wie König und Königin, die einen Urlaub auf einer üppigen einsamen Insel verbringen, wo sie in einem prunkvollen, unbedachten Schlafgemach Liebe machen, umringt von wogenden Palmen und einem malerischen Himmel. Für sämtliche Bedürfnisse ist gesorgt. Alles, was Sie haben, ist Zeit, Zeit und noch mehr Zeit, um einander zu genießen. Das ganze Leben ist ein Traum, ein einziger sinnlicher Friede.

Nehmen Sie alles in sich auf, die Bilder, die Gerüche und Klänge, den Geschmack, das Streicheln, die Bisse und das Stöhnen. Vor allem die Welt des Tastsinns sollten Sie gemeinsam erforschen. Necken Sie einander, feiern Sie ein Fest der Sinne. Machen Sie auf wahrhaft entspannte Weise Liebe, als gäbe es in Ihrem ganzen Leben nur diesen einen einzigen Augenblick.

Sie werden die Feststellung machen, daß Sie dann, wenn Sie mit Ihrem Liebespartner voll und ganz in der Gegenwart leben, soviel Zeit haben, wie Sie nur wollen.

Wenn Sie nicht vorhaben, in einer Erregungsphase zum sexuellen Orgasmus zu gelangen, so sollten Sie es vermeiden, bis an die Grenzen Ihrer Leistungskraft zu gehen. Vor allem für den Mann ist es nicht empfehlenswert, immer und immer wieder bis kurz vor den Orgasmus vorzustoßen, ohne schließlich eine Ejakulation herbeizuführen. Denn seine Prostata ist ein sehr empfindliches Organ, das darauf mit Entzündungen oder einer Vergrößerung reagieren könnte.

Hat ein Paar mehrere dieser Zyklen gemeinsam durchlaufen, so erlangt es in der Regel einen beachtlichen Energieüberschuß. Findet der Orgasmus zu diesem Zeitpunkt statt, vor allem dann, wenn er bewußt und gezielt erlangt wird, so wird er meistens gar nicht als Energieverlust empfunden, nicht einmal von empfindlicheren Menschen. Wenn jedoch einer oder beide Liebespartner Liebe machen wollen, um Vitalität herbeizurufen und diese zu speichern, so müssen sie den sexuellen Orgasmus vermeiden, um dieses Ziel zu erlangen (siehe »Energie erden und speichern«).

Friede

Die Dauer der vom Frieden erfüllten Phase(n) hängt ganz von Ihnen ab. Wir haben allerdings die Erfahrung gemacht, daß ein Minimum von fünf und ein Maximum von zwanzig Minuten in der Regel am besten funktionierten. So können Sie mehrere vollständige Zyklen durchführen, selbst dann, wenn Sie insgesamt nur eine einzige Stunde zur Verfügung haben sollten. So schön diese Reise unterwegs auch sein mag, läuft dennoch alles auf eine Vorbereitung der Endentspannung hinaus, welche dreißig Minuten oder länger andauern wird. Befolgen Sie die Richtlinien, die im Abschnitt über *Außersinnlichen Sex* gegeben werden. Ist die Erregung vollständig, so wird die Penetration mit dem Penis kein Problem darstellen.

Glückseligkeit

Indem Sie die Praktik des *Krieg-und-Friedens* anwenden, können Sie die gemeinsame Energie zu einem unsichtbaren und fruchtbaren Optimum aufbauen, welches Sie dann während der Phase der Endentspannung voll und ganz genießen können.

Diese Endentspannung stellt also einen Höhepunkt ganz anderer Art dar.

Es ist das beste, wenn Sie Ihre Vorstellungen und Erwartungen von dem, was Sie dabei erfahren könnten, möglichst gering halten. Orientieren Sie sich nicht an den Erfahrungen anderer. Jeder geht seinen eigenen, einzigartigen Weg. Um diesem folgen zu können, müssen Sie nur auf einen einzigen Menschen hören – auf sich selbst.

Vorbereitung und Stellungsvarianten

Die meisten Menschen finden es angemessen, eine Trauung mit monatelangem Aufwand und Tausenden von Mark vorzubereiten.

Das Liebemachen, wie es hier vorgestellt wird, ist eine Vermählung ganz anderer Art, eine Vermählung der Energien und Träume, der Ziele und der persönlichen Entwicklung.

Deshalb sollten Sie sie auch wenigstens zu einem Minimum vorbereiten.

Improvisieren Sie bei der Vorbereitung, und lassen Sie sich von Partnerchemie und Situation dabei leiten (siehe »Liebesritus«, »Kleine Schlafzimmerkunde«, »Aku-Liebesmassage«).

Wenn Sie sich für eine lange Begegnung von zwei oder drei Stunden entscheiden, werden Sie die Feststellung machen, daß eine gewisse Stellungsvielfalt wichtig wird. Tatsächlich wollen wir sogar so weit gehen zu behaupten, daß die Stellungsvielfalt die eigentliche Würze des ausgedehnten Geschlechtsverkehrs ist.

In diesem Buch finden Sie einige ruhige, friedvolle Stellungen beschrieben (siehe »Friedvolle Stellungen«). Dies sind einige jener Stellungen, welche für die Entspannungsphase geeignet sind.

Siehe »Spannungsstellungen«, dort finden Sie einige großartige, erregende Stellungen, die ohne Bewegung auskommen. Sollten Ihnen die Ideen ausgehen, so lohnt sich die Ausgabe für ein illustriertes Handbuch, welches Stellungen darstellt, die für den Bewegungsverkehr vorgesehen sind.

Es hat einen ganz besonderen Reiz, verschiedene Stellungsvarianten zu erforschen, und zwar als Form nonverbaler Kommunikation, sowohl im Ruhezustand und der Erregung bzw. Spannung als auch in Bewegung. Uns ist es eine ganz besondere, kostbare Befriedigung, verschiedene Zweierstellungen zu erforschen und zu ergründen, bei denen kraftvolles Stoßen weder gefordert noch erwartet wird. Die Herausforderung bei vielen dieser Stellungen besteht darin, sie sorgfältig beizubehalten. Die Erregung wird durch einen Ganzkörpervorgang geschaffen, der den Geschlechtsbereich zwar nicht ausspart, ihn aber auch nicht besonders betont.

Einer der Partner kann auch während des Liebemachens die Rolle des Anführers übernehmen, dies läßt sich vorher festlegen. Auf diese Weise wird der Übergang von einer Stellungsvariante zur anderen erleichtert, der sonst etwas unvermittelt wirken und die Stimmung verderben könnte.

Ebenso können Sie Stellungen und Übergänge auch im voraus üben. Manche Liebende machen aus mehreren Stellungen eine ganze tanzähnliche Sequenz, bei der sie mit leichtem Fließen von einer Position zur anderen übergehen. Sollte Ihnen dies als harte Arbeit erscheinen, so dürfen Sie nicht vergessen, daß diese Sequenzen und Übergänge, wenn Sie sie erst einmal gespeichert haben, Ihr Liebemachen als Ganzes bereichern werden. Diese Praktik ist auch eine sehr gute Aufwärmübung für das, was sich während der Begegnung noch ereignen soll.

Magnetischer Sex (Der fünfte Stil)

In einem neuen, bisher nicht veröffentlichten Manuskript, das von Dio Urmilla Neff zusammengestellt wird, erläutert der Psychologe Dr. John Heider seinen neuen Zugang zur Sexualität, den wir hier *Magnetischen Sex* nennen wollen.

Heider unterscheidet, wie er es nennt, zwischen »elektrischem« und »magnetischem« Geschlechtsverkehr. Beim elektrischen Verkehr konzentrieren sich die Liebenden auf zwei sexuelle »Druckknöpfe«: auf den empfindlichsten Teil des Penis (die Eichel) und auf die Klitoris. Das Stimulieren dieser beiden Druckknöpfe führt zu einer immer größeren Erregung, bis der Orgasmus in Form einer schnellen und angenehmen elektrischen Entladung Erleichterung verschafft.

Der aufregende elektrische Stil des Liebemachens stellt die häufigste Form des Geschlechtsverkehrs im Westen dar. Die Reise von der genitalen Erregung bis zum genitalen Höhepunkt kann recht kurz sein, und meistens ist sie es auch, wenn wir modernen Untersuchungen Glauben schenken dürfen. Der elektrische Druckknopf-Sex führt zweifelsohne zu schnellen, beeindruckenden Ergebnissen, nämlich zum »Großen Knall« des konventionellen Orgasmus.

Der magnetische Geschlechtsverkehr dagegen orientiert sich an der Energie. Es läßt sich nicht bestreiten, daß er mehr Zeit benötigt als der elektrische. Sexuelles Fühlen und Erregung müssen den ganzen Körper-Geist durchdringen, auch wenn die Geschlechtsteile dabei eine herausragende Rolle spielen.

Heider behauptet, daß die magnetischsten Bereiche des Körper-Geists die Peniswurzel, der Damm (der Bereich zwischen Genitalien und After) und die Vagina sind. Er ist der Auffassung, daß eine gefühlvolle Massage dieser Stellen dafür sorgt, daß sich die daraus ergebende Belebung durch den gesamten Körper-Geist ausbreitet. Dann berühren die Liebenden einander wahrhaftig und mit großer Tiefe.

Heider empfiehlt ferner Meditation, Bewegungsübungen und/oder Körperarbeit, die man eine Weile praktizieren sollte, um den Magnetischen Sex besser genießen zu können.

Gehen wir einmal davon aus, daß das Paar hinreichend »im Fluß« ist. Was kann es nun vom Magnetischen Sex erwarten? Heider stellt fest, daß die Liebenden früher oder später das Gefühl haben werden, nach hinten oder durch die Luft zu fallen. Dann beginnt sich das Gefühl aufzulösen, verschiedene Identitäten zu haben.

Dieser Vorgang des Fallens setzt sich fort, bis das Paar tatsächlich das Gefühl hat, völlig eins geworden zu sein. Anstelle des vertrauten elektrischen Orgasmus erfahren die Partner Empfindungen, die dem Orgasmus zwar gleichen, sie jedoch immer und immer wieder durchwogen wie die Wellen eines Ozeans.

Heider meint, daß diese Erfahrung nicht nur an sich bereits von wunderbarer Qualität ist, sondern daß sie zudem auch noch heilend und aufbauend wirken kann. Er betont, daß die Partner, wenn sie schließlich ihre Vereinigung beenden wollen, dies nur mit äußerster Langsamkeit tun sollten. Denn sie haben gemeinsam ein kraftvolles Energiefeld aufgebaut, und sollte dieses plötzlich auseinandergerissen werden, so könnte das zu unliebsamen Rückschlägen führen.

Anleitung zum Magnetischen Sex

Die folgenden Anleitungen enthalten auch einige unserer eigenen Ergänzungen, doch wurde der Grundvorgang nicht verändert.

Beide Partner sitzen einfach beieinander, jeder in bewußter Gesellschaft des anderen. Wenn Sie wollen, können beide auch meditieren. Beim Sitzen versucht jeder die Lebensenergie wahrzunehmen und zu fühlen, die den Raum zwischen beiden Partnern ausfüllt. Versuchen Sie, einen klaren Eindruck davon zu bekommen, wie Ihre persönliche Gegenwart oder Ihr persönlicher Raum ausschaut. Wie weit dehnt sich dieser Raum über Ihren eigenen Körper-Geist hinaus? Welche Farbe hat er, oder ist er gar durchsichtig? Können Sie diesen persönlichen Raum erst einmal spüren, sei dies nun tatsächlich oder nur eingebildet, so dehnen Sie ihn aus, bis er ihren Partner und den Raum zwischen Ihnen beiden umgibt.

Es gibt aber auch noch andere Möglichkeiten. So könnten Sie beispielsweise den Tastsinn Ihrer Haut ausdehnen, ganz langsam vom Körper-Geist ausgehend, als würden Sie einen großen Ballon aufblasen. Dafür gibt es noch viele andere Techniken. Am wichtigsten dabei ist, daß die Technik, welche Sie benutzen, Ihnen persönlich behagt und Ihren eigenen Talenten und Neigungen entspricht.

Mit streichelnden Bewegungen liebkosen und massieren Sie nun gegenseitig Ihre Körper sanft und zärtlich. Wir empfehlen, dabei die Handfläche samt Fingern zu benutzen. Fühlen oder imaginieren Sie die Lebensenergie in Ihren Händen, während Sie dies tun, vielleicht spüren Sie auch, wie sie durch die Hände strömt.

Und woher wollen Sie nun wissen, wann es genug ist? Nun, die beste Methode besteht darin, so lange zu streicheln und zu liebkosen, bis Sie das Gefühl haben, daß jedes Mehr einfach zuviel wäre.

Nun verwenden Sie die gleichen streichelnden Bewegungen, nur daß Sie jetzt den Körper des anderen nicht berühren, sondern vielmehr mit den Händen etwa fünf Zentimeter darüber bleiben. Mit anderen Worten fahren nun also vier Hände ganz langsam in fünf Zentimeter Abstand über zwei Körper.

Schon bald werden Sie spüren, wie sich die Lebensenergie um Sie herum aufbaut und dichter und kompakter wird. Dann werden Sie den Raum zwischen Ihren Körpern und um Sie herum als erfüllt von Lebensenergie wahrnehmen. Die große Dichtheit der Lebensenergie in der Luft wird sich richtig fest und greifbar anfühlen. Sie wird Ihnen ebenso wirklich vorkommen wie Ihr eigenes Fleisch.

Nun vereinigen Sie sich genital mit dem Partner. Dabei bewegen Sie sich nur sehr wenig oder überhaupt nicht. Es sollte nur soviel Bewegung stattfinden, daß die Erektion des Mannes und die natürliche Befeuchtung der weiblichen Vagina gewährleistet bleibt. Indem Körper und Geist ruhig bleiben, während immer wieder vollständig und entspannt geatmet wird, baut sich die genitale Energie nicht als Spannung auf, sondern strömt vielmehr durch beide Körper.

Irgendwann bekommen Sie dann das Gefühl, rückwärts oder durch die Luft zu fallen. Dann löst sich auch das Gefühl auf, zwei verschiedene Identitäten zu haben. Schließlich wird die Empfindung des Einsseins total: Beide Partner sind (auf der Ebene der Lebensenergie) wortwörtlich eins geworden. Prickelnde ozeanische, wellenähnliche Gefühle, die dem Orgasmus gleichen und doch von ihm verschieden sind, durchwogen immer und immer wieder den Körper. Dies ist ein klassischer totaler Entspannungsorgasmus.

Am Ende lösen die Partner wieder die Vereinigung. Dies geschieht sehr zärtlich und gefühlvoll und behutsam, um das gemeinsame mächtige Energiefeld, das soeben aufgebaut wurde, nicht gewaltsam zu zerstören.

Es kann zudem ein recht großer Schock sein, wenn einer von Ihnen sich plötzlich erhebt und gewissermaßen von der Bildfläche verschwindet, und sei es auch nur psychologisch. Sogar das körperliche Sich-voneinander-Lösen kann, geschieht es auch nur ein bißchen zu schnell, als äußerst unangenehm empfunden werden. Denn auf dieser Stufe sind beide Energiefelder im wahrsten Sinne des Wortes eins. Einssein heißt aber Eins-sein, so daß es nur logisch ist, daß die Trennung nach solcher Intimität nicht achtlos und beiläufig erfolgen darf.

Karezza (Der sechste Stil)

Karezza oder Carezza ist ein italienisches Wort mit der Bedeutung »Streicheln«. Es tauchte bereits im Jahre 1883 zum ersten Mal in der englischen Sprache auf, nämlich in dem Privatdruck *Tokology*, der von einer sehr fortschrittlichen Ärztin namens Alice Bunker-Stockham geschrieben wurde. Der Autor Robert Moffett berichtet, daß Stockham zu den ersten fünf weiblichen Ärzten gehörte, die in den Vereinigten Staaten zugelassen wurden.

Dieses kleine Büchlein im Selbstverlag erregte ein derartiges Aufsehen, daß kein Geringerer als Leo Tolstoi es ins Russische übersetzte, ebenso wurde es auch ins Deutsche und ins Schwedische übertragen. Stockhams Praxis in Chicago wurde mit Dankesschreiben förmlich überflutet. Viele besagten in der einen oder anderen Form immer wieder dasselbe: Nun sei es endlich möglich, daß Mann und Frau den Geschlechtsakt als eine Form geheiligter Vereinigung feiern könnten.

Dabei hat Stockham diese Technik des Liebemachens keineswegs selbst entdeckt. Doch der Name, mit dem sie sie bezeichnete, ist seitdem derselbe geblieben, und er ist nach wie vor sehr treffend. Keine andere Disziplin hat das sexuelle Streicheln so weit entwickelt wie *Karezza*.

Stockham war übrigens nicht die erste in Amerika, die auf diesen Angang der Sexualität kam. Mit an Sicherheit grenzender Wahrscheinlichkeit verdankte sie die Grundzüge der Methode einem religiösen Sozialrevolutionär namens John Humphrey Noyes. Er war der Autor eines weitverbreiteten Pamphlets mit dem Titel *Male Continence* (»Männliche Enthaltsamkeit«) und behauptete, daß diese Technik in der Bibel selbst zu finden sei.

Der Prediger aus Putney in Vermont war kein Mann, der sich lediglich damit begnügte, ein oder zwei Broschüren zu veröffentlichen. Im Jahre 1846 gründete Noyes das berühmte utopische Sozialexperiment, das inzwischen seinen Platz in der Sozialgeschichte gefunden hat, nämlich die Oneida Community. Diese Gemeinschaft stellte die berühmten Silberwaren gleichen Namens her. Ihre zweihundertfünfzig Mitglieder praktizierten eine Form offener Gruppenehe, welche Noyes als »Complex Marriage« bezeichnete.

Die Praktik der männlichen Enthaltsamkeit, wie sie von Noyes beschrieben und propagiert wurde, war das Bindemittel für dieses radikale Sexualexperiment. Wenngleich Noyes die Technik vielleicht zunächst als neue Form der Empfängnisverhütung entwickelt haben mag, so machte er doch schon sehr bald die Feststellung, daß dadurch zwischen ihm und seiner Frau etwas Neues, Wunderbares in Gang gesetzt wurde. Zwar hatte die Methode einige Vorteile für diese Pioniere eines Zeitalters, in dem es kaum empfängnisverhütende Mittel gab, doch erwies sich

Karezza vor allem als eine Technik, welche zu einer außerordentlichen Harmonie und Erfüllung in den Beziehungen zwischen Mann und Frau führte.

Die Grundlagen des Karezza

Die Voraussetzung für Karezza, wie es von Noyes entdeckt und von Stockham propagiert wurde, ist die alte römische Praktik des *Coitus reservatus*. So wurde der Wert der männlichen Enthaltsamkeit oder Mäßigkeit beim Liebemachen aufs neue entdeckt.

Keine Geringere als Xaviera Hollander hat in ihrem Buch *Xaviera's Supersex* darauf hingewiesen, daß Enthaltsamkeit nicht Verzicht bedeutet, sondern mit der Fähigkeit zu tun hat, etwas zu *behalten*. Seit Tausenden von Jahren glauben Männer und Frauen, vor allem aber die Männer, daß das Einbehalten der Kräfte des Eros im Gefäß des Körper-Geists eine weise und gesunde Praktik sei.

Die Vertreter des Karezza haben die Kunst des liebevollen sexuellen Streichelns in beachtlichem Ausmaß weiterentwickelt. Dadurch, daß der Mann nicht ejakuliert, kommt es zu einem wundervollen und zu einem höchst raffinierten Zusammenspiel zwischen Mann und Frau, das oft bis zu einer Stunde oder noch länger vorhält.

Beim Karezza tanzt man nicht am »Abgrund« zum Orgasmus wie beim *Schwellensex* (siehe »Schwellensex«). Im Gegensatz zum Feuerwerk des Schwellensex genießt man hierbei auf sanfte, feierliche Weise den Akt der sexuellen Vereinigung selbst, wie er vor dem sexuellen Orgasmus stattfindet und sich von diesem völlig unterscheidet.

Die Physiologie des Karezza

Wenngleich die Psychophysiologie der menschlichen Erregung und des Orgasmus schon erforscht wurde, stellt dieses Gebiet die moderne Wissenschaft doch immer noch vor ein großes Rätsel.

Kurz zusammengefaßt ist man sich heutzutage darüber einig, daß während der Anfangsphasen sexueller Erregung das parasympathische Nervensystem dominant ist, während auf den Höhepunktstufen der sexuellen Erregung, also unmittelbar vor dem Orgasmus und während des Orgasmus selbst, das sympathische Nervensystem vorherrscht.

Das parasympathische Nervensystem steht vor allem in Verbindung mit dem Entspannungszustand des Körper-Geists, mit der Empfindung »Ich fühle mich wohl«. Das sympathische Nervensystem dagegen hängt enger mit dem Überlebenswillen und der Reaktion des »Kämpfen oder Fliehen« zusammen.

Es versteht sich von selbst, daß diese Beschreibung eine starke Vereinfachung darstellt. Tatsächlich ist das Zusammenspiel zwischen diesen beiden Hälften des autonomen (unwillkürlichen) Nervensystems bei der sexuellen Erregung viel komplizierter. Doch sind diese Beschreibungen immerhin präzise und brauchbar genug, um zu zeigen, worauf wir hinauswollen: daß die Praxis des Karezza nämlich durchaus auf einer stabilen biologischen Grundlage fußt.

So merkwürdig es uns auch erscheinen mag, müssen die Partner dennoch, wollen sie den sexuellen Akt durch eine Ejakulation beenden, von den angenehmen parasympathischen Empfindungen überwechseln zu den spannungsreichen sympathischen Empfindungen.

Wenn wir die wissenschaftliche Grundlage für die Behauptungen von Noyes und Stockham einmal interpretieren wollen, so läßt sich ihr Standpunkt in folgenden Worten zusammenfassen: »Verbleibe bei der parasympathischen Anfangserregung. Erforsche, genieße und feiere sie.« Noyes nannte dies die »soziale« Stufe des Verkehrs.

Wenn Sie nicht zur Dominanz des sympathischen Nervensystems umschalten, wenn Sie nicht zu dem Respons des »Kämpfen oder Fliehen« umschalten, bei dem das Herz rast und die Lungen keuchen, dann ist es für beide Partner nicht sonderlich anstrengend, den sexuellen Orgasmus zu verzögern oder zu vermeiden.

Streicheln heißt segnen

Der *Magnetische Sex* benutzt das sexuelle Streicheln als Weg, um die Lebensenergie in der unmittelbaren Umgebung der beiden Liebenden während der Erregung vor der genitalen Vereinigung zu kondensieren und zu dynamisieren.

Im Gegensatz dazu benutzt *Karezza* die energetisierte Hand, um Energie zu senden, um dem Partner während der sexuellen Vereinigung Gefühl und Erregung zu übermitteln.

Dabei werden Mann und Frau als zwei Hälften ein und derselben mächtigen Lebensbatterie begriffen.

Die Hände, die auf mancherlei grundlegende Weise Verlängerungen des Herzens darstellen, der tiefen Gefühlskapazität im Kern unseres Körpers, agieren dabei als bewegliche Kontakte für die gemeinsame Elektrizität. Die Arme strecken sich aus wie Drähte, die Hände dagegen stellen lebendige, bewegliche, flexible Kontakte dar.

Viele Vertreter des Karezza sehen in ihm einen spirituellen Akt und scheinen Freude daran zu haben, ihre Beschreibung der Methode in eine religiöse Sprache zu hüllen.

So, wie sie Karezza sehen, bedeutet Streicheln segnen.

Stockhams Karezza-Empfehlungen

Als Ärztin war Stockham der Meinung, daß die Praktik des *Karezza* Gesundheit und Wohlbefinden fördert. Vor allem empfahl sie sie bei Unfruchtbarkeit. Darüber hinaus war sie der Ansicht, daß während des Karezza verschiedene förderliche Biochemikalien, Sekrete und Vitalkräfte ausgetauscht würden.

Stockham hat recht genaue Anweisungen gegeben, wie eine *Karezza*-Liebessitzung auszusehen habe. So sollten die Liebenden einige Tage oder sogar eine Woche vor der Vereinigung mit Karezza im Alltag ganz besonders freundlich und liebenswürdig zueinander sein.

Während dieser Vorbereitungszeit sollen Sie erbauende Schriften lesen und über ihren Sinn meditieren. Zwei der Autoren, welche sie empfahl, waren der Philosoph Ralph Waldo Emerson und die Dichterin Elisabeth Barrett Browning.

Diese meditieren über die Preisgabe des individuellen an den kosmischen Willen. Sie versuchen, ihr individuelles Bewußtsein im kosmischen Bewußtsein zu verlieren.

Ebenso präzise schilderte Stockham auch das Durchführen des Karezza.

Sie empfiehlt eine Stunde ruhiger geschlechtlicher Vereinigung. Es findet nur wenig Bewegung statt, die Erregung bleibt angenehm, die Stimmung ist gelassen und kontemplativ. Der genitalen Spannung jenseits der bloßen Erregung wird nur wenig Entwicklungsmöglichkeit gegeben. Entsprechend erfahren die Liebenden auch keinen Drang zum Orgasmus, die Erleichterung, welche er bringt, wird nicht als notwendig empfunden. Ist die genitale Reibung nur leicht, mindert dies auch das Bedürfnis nach dem Orgasmus.

Ferner empfiehlt sie auch religiöse Affirmationen. Zeitgenössische Beispiele dafür wären etwa »Gott ist Liebe« oder »Wir sind geistige Wesen, und diese Nähe unserer Körper symbolisiert die Vereinigung unserer Seelen«. Sie empfiehlt dies vor und während des Karezza. Dies ist auch die Zeit, um religiöse Hingabe zu praktizieren und zu beten, sofern das Ihr Weg sein sollte. Stockham betont auch, daß sowohl die Affirmationen als auch die Akte religiöser Verehrung völlig freiwillig sind.

Stockham zufolge genügt die für den Akt vorgesehene Stunde voll und ganz, um die körperlichen Spannungen abklingen zu lassen. Wenngleich sie dies unseres Wissens nirgendwo genauer erwähnt, genügt es aber auch, damit geistige und emotionale Spannungen nachlassen können. Einmal mehr kommt hier das Grundelement der völligen Entspannung zum Tragen.

Natürlich ist dabei auch Ihr Gemütszustand von größter Wichtigkeit – wie fröhlich, wie klar, wie konzentriert, wie ruhig, wie zufrieden, wie zentriert Sie sind. Tatsächlich wirkt sich Ihr geistiger Zustand im Gesamtleben, im vergangenen wie im gegenwärtigen, darauf aus.

Der sexuelle Orgasmus beim Karezza

Im *Karezza* von Noyes hat der Mann keinen genitalen Orgasmus, während dieser der Frau freisteht. Bei Stockhams *Karezza*-System haben weder Mann noch Frau einen genitalen Orgasmus.

Die Hauptvorteile des Verkehrs ohne Sexualorgasmus bestehen aus einer gesteigerten persönlichen Energie und einem ebensolchen Wohlbefinden einer Intensivierung persönlicher Beziehungen und einer Verbindung zu den höheren Kräften persönlicher Entwicklung. Beide Pioniere dieser Praktik waren sich darin einig, daß der männliche Ejakulationsorgasmus ein unerwünschtes Verstreuen dieser angesammelten, wohltätigen Energie sei. Aus dem gleichen Grund hielt Stockham auch den weiblichen Sexualorgasmus für nicht wünschenswert.

J. William Lloyd, ebenfalls ein Meister des Karezza, schreibt, daß man beim konventionellen Sexualorgasmus schließlich den größten Teil des »Weins« verschüttet, den man in der Flasche des eigenen Körper-Geists einbehalten hat. Der Genitalorgasmus durchschießt Sie mit einer solchen Heftigkeit, daß Sie seinen Vorteil nicht nutzen können.

In seinen Schriften weist Noyes darauf hin, daß Männer zwar dazu neigen, in der Ejakulation den eigentlichen Sinn der Sexualität zu sehen, daß der Samenerguß aber in Wirklichkeit nur das Nachklingen des Sexualakts ist, welches auf diesen folgt. Beginnt der Mann mit der Ejakulation, so hat er seinen Punkt ohne Umkehr bereits erreicht und überschritten.

Doch was ist es, wozu er nicht mehr zurückkehren kann?

Hat er den Punkt überschritten, so kann er nicht mehr sofort zum Liebemachen zurückkehren. Er hat sich zu einer wilden Berg- und Talfahrt entschlossen, die ebenso kurz wie intensiv ist, selbstzentriert und den Verstand ausschaltend. Aus Liebemachen wurde Orgasmusmachen, und doch können beide so unterschiedlich sein wie Tag und Nacht.

Wenn Sie beim Anfang verharren, braucht es nicht zu enden.

Unser Karezza

Bei unserem Stil des *Karezza* bewegt sich der Mann gerade genug, um seine Erektion aufrechtzuerhalten, also immer nur dann und wann. Der Rest der Technik besteht darin, sich zu entspannen und die Gedanken des Alltags loszulassen. Dann greifen wir aus innerster eigener Tiefe heraus nach dem anderen und in ihn hinein, um im sich immer steigernden Gefühl zu verschmelzen. Bei Bedarf setzt die Frau dabei auch die Technik des *Pompoir* ein.

Liebemachen als Friedenmachen

Allzuoft werden die Instrumente des Sex als Instrumente des Krieges verwendet, so unterschwellig dies auch geschehen mag. Ziel des *Karezza* ist hingegen, das Schwert des Penis und den Schild der Vagina in Instrumente zu verwandeln, die der Erzeugung von Nahrung dienen.

Aus Schwertern werden Pflugscharen, die Vagina wird zum Acker der Fülle.

Die *Karezza*-Beziehung, bei der die Lebensenergie gesammelt, erhöht und wieder in den Kreislauf eingespeist wird, bietet die Möglichkeit einer unauflösbaren gegenseitigen magischen Verbindung, die sogar noch den Körper selbst überdauert, dies jedenfalls meinen ihre Vertreter.

Letztlich geht es jedoch nicht darum, ob man den konventionellen Orgasmus vermeiden soll oder nicht.

Es ist zu hoffen, daß Ultra-Intimität und der totale Entspannungsorgasmus nicht zu jener Art von schwer greifbaren, frustrierenden Zielen werden, die mehr Traurigkeit als Erfolg bescheren. Da es sich dabei um die Erfahrungen wirklicher Menschen aus Fleisch und Blut handelt, können diese Vorstellungen und Ziele als sanfte Richtlinien genutzt werden. Sollten diese Konzepte für Sie zu Stolpersteinen werden oder Ihnen Unbehagen bereiten, so lassen Sie sie einfach fallen.

Die meisten Liebenden streben unbewußt danach, die gemeinsame, unhinterfragte Bejahung vom Herzen erfüllter Vitalenergie zwischen Mann und Frau zu erfahren. Dies bietet hinreichend Feuer und Antriebskraft, ob nun der orgasmische Akt bewußt vermieden werden sollte oder nicht. Sie möchten lieben und geliebt werden, Ekstase empfinden, frei sein. Erkennen Sie dies an, dann werden Sie es auch erreichen.

Was man als Paar von Karezza erwarten kann

Es ist unmöglich vorauszusagen, was Sie durch *Karezza* erfahren werden. Geübte Karezza-Praktikanten beschreiben es als Prikkeln, Inspirieren, Erheben, glückselig, ekstatisch, verjüngend, spirituell, transzendental und... unbeschreiblich.

Um selbst herauszufinden, wie es ist, müssen Sie es auch tun.

Sollten Sie beim ersten Mal nicht gleich Ergebnisse erzielen, so versuchen Sie es erneut.

Jedesmal, wenn Sie auf diese Weise Liebe machen oder es auch nur versuchen, werden Sie als Mensch ein kleines bißchen wachsen.

Bei jedem Mal integrieren Sie Sex und Liebe, Mann und Frau, hart und weich, Weisheit und Macht ein kleines bißchen mehr in Ihrem Inneren. Das Liebemachen des Karezza ist ein bewußter Akt der Selbstentwicklung.

Tatsächlich kann jede Form des Liebemachens, selbst die härteste, heftigste diesen Effekt erzielen. Es liegt alles nur an der richtigen Einstellung.

Und doch scheint es, zumindest am Anfang, leichter zu sein, mit den sanften Stilen des Liebemachens dieser Vorteile teilhaftig zu werden. Es ist wie beim Erlernen des Meditierens, das auch viel leichter fällt, wenn man damit beginnt, sich still hinzusetzen.

Viva Karezza!

Zweifellos ist *Karezza* einer der dauerhaftesten und beliebtesten Stile der sanften Sexualliebe aller Zeiten. Schon im 7. Jahrhundert beschreibt der chinesische Arzt Meister Sun *karezza*ähnliche

Formen des Liebemachens. In seiner Version schmückten die Liebenden ihren Nabel mit einem großen imaginierten roten Ei, doch der Grundstil selbst war reines *Karezza*.

Menschen, denen die Erregung mit einer Methode des *Karezza* als ungenügend erscheint, haben möglicherweise eine der wichtigsten Techniken der sexuellen Energie-Ekstase vernachlässigt, nämlich das *Pompoir*. Pompoir heizt den Ofen an und macht das Glied ordentlich steif.

Um den uralten Konflikt zwischen Liebe und Lust zu lösen, bietet Karezza eine praktische Methode für jedermann an: Verbleiben Sie im ersten (parasympathischen) Stadium der Erregung und legen Sie die Betonung vor allem auf tiefe, von Herzen empfundene Gefühle. Auf diese Weise kann sich die Qualität der sexuellen Vereinigung drastisch ändern. Unabhängig von ihrem eigenen persönlichen Hintergrund beschreiben fast alle Menschen diese Erfahrung als heilig, spirituell, erhebend, transzendent usw.

Scheuen Sie sich nie, zu improvisieren und eigene Veränderungen vorzunehmen. Vielleicht erscheinen Ihnen die Methoden von Stockham und Noyes als ein bißchen steif und förmlich. Passen Sie sie an Ihre eigenen Bedürfnisse an, dann werden Sie sie auch als ganz natürlich empfinden.

Einfach ausgedrückt, glauben die Vertreter des Karezza, daß die Liebe das Hauptnahrungsmittel des Lebens ist und daß eine der wichtigsten Methoden, einander mit Liebe zu speisen, darin besteht, auf selbstlose Weise Liebe zu machen. Dies ist das Geheimnis des Karezza: Um sich von Karezza zutiefst be- und anrühren zu lassen, seien Sie die Person, welche diese Berührung einer anderen widerfahren läßt.

Schwellensex (Der siebte Stil)

Liebemachen auf der Schwelle zum Orgasmus kann sich für Sie als Eintrittskarte in eine Welt geradezu unwahrscheinlicher erotischer Magie erweisen.

Wir möchten Ihnen nur eine Erfahrung erotischen »Wahnsinns« erzählen, der auf diese Weise hervorgebracht wurde. Stellen Sie sich einmal vor, daß Sie auf einem Vulkan tanzen, genau in dem Augenblick, da er explodiert und explodiert und explodiert. Stellen Sie sich weiterhin vor, wie Sie auf einem gewaltigen roten Lavastrom Ski fahren oder surfen. Stellen Sie sich vor, daß alles um Sie herum, sogar bei offenen Augen, nur noch rot, rot, rot ist. Stellen Sie sich vor, wie Ihr Körper-Geist von einem wirbelnden erotischen Feuer verzehrt wird, das den Verstand schwinden läßt und alles Fleisch auf einmal verbrennt. Stellen Sie sich eine freudige Erfahrung vor, die derart intensiv wird, daß Sie förmlich darum betteln, daß sie aufhören möge.

Für uns war es an jenem Tag im Jahre 1982 in Topanga, Kalifornien, keine bloße Vorstellung – es war echt, wirklich. (Ja, und es war ein High des Sex, nicht der Drogen.)

Der Tanz auf dem Vulkan ist natürlich nur eine von vielen möglichen Erfahrungen der erotischen Ekstase, die man genießen kann, wenn man die zeitlose Welt zwischen Erregung und Orgasmus betreten hat. Wer sich an diese Technik wagt, wird vielleicht dabei entdecken, daß das Wort »erotisch« für ihn eine völlig neue Bedeutung bekommt.

Immer wenn man von einer Realität in die andere übergeht, beispielsweise von der Nacht zum Tag oder vom Tag zur Nacht, gibt es eine Zeitspanne, da die alte Realität noch nicht völlig aufgehört, die neue dagegen aber auch noch nicht völlig begonnen hat. Dann befindet man sich in einem Zwischenzustand. Erinnern Sie sich einmal an den unbeschreiblichen Reiz der Zeit zwischen Morgendämmerung und Sonnenaufgang und zwischen Sonnenuntergang und Abenddämmerung in der Natur. Schon lange hat der Mensch gespürt, daß diese Zwielichtzeit der Erde von ganz besonderem Wert ist. Es ist fast so, als wenn das, was normalerweise verborgen ist, plötzlich sichtbar würde.

Die Übergangszeit vom Erregungshöhepunkt bis zur Auflösung im Orgasmus ist ebenfalls eine solche Zeit ganz besonderer Art. Das Experiment wird Ihnen zeigen, daß diese Pause unendlich ausgedehnt werden kann.

Wie man zum Schwellensex gelangt

Gehen Sie den *Schwellensex* aus einem Zustand echter Entspannung heraus an. Denn tiefe Entspannung erleichtert es Ihnen erheblich, die feineren Stufen der Erregung wahrzunehmen und zu beobachten. Dieses Wahrnehmen kann an sich bereits als äußerst wertvoll empfunden werden.

Bleiben Sie entspannt, vor allem im Becken- und Genitalbereich sowie im Bereich der Gesäßbacken. Entspannen Sie außerdem Hände und Füße. Wenn Sie den Erregungshöhepunkt erreichen, dürfen Sie weder den PC- noch die Analmuskeln pressen.

Verteilen Sie das Gefühl der Erregung, soweit es geht, durch den gesamten Körper-Geist. Vielen Menschen gelingt dies am besten, wenn sie dabei einen gelassenen, beinahe indifferenten, traumähnlichen Zustand aufrechterhalten.

Vielleicht ist Ihnen danach, tief zu atmen und sich auf das Gefühlszentrum in Ihrem Herzen zu konzentrieren (den Liebespunkt). Möglicherweise spüren Sie auch, wie die Wogen der Energie in Ihnen emporwallen, Sie können dies aber auch visualisieren, wenn Sie wünschen. Und immer wieder gilt: entspannen!

Eine andere Technik besteht darin, die Energie zu visualisieren, wie sie sich von den Genitalien aus durch den gesamten Körper-Geist ausbreitet. Mit Hilfe des Atems senden Sie dabei den Energiefluß in andere Teile des Körper-Geists. Natürlich können Sie jederzeit zum Orgasmus kommen.

Haben Sie dies einige Wochen oder Monate praktiziert, werden Sie gelernt haben, sich dem Orgasmus gerne zu nähern, ohne ihn jedoch allzuoft herbeizuführen. Lauschen Sie einfach Ihren eigenen Energiebedürfnissen. Wundern Sie sich auch nicht, wenn sich Ihre Einstellung zum Orgasmus ein wenig verändern sollte.

Streichelnde Bewegungen, mit denen die Partner einander über den Körper-Geist fahren, können eine große Hilfe sein, um das erotische Feuer die Beine hinab, den Rumpf empor und in die Extremitäten zu lenken. Zu den Extremitäten gehören die Ohrenspitzen, der Scheitel, die Fußsohlen, die Handflächen und die Spitzen von Zehen und Fingern.

Atem und Herzensgefühle können gelenkt werden, damit sowohl Sie als auch Ihr Partner oder Ihre Partnerin zu einer Ganzkörperreaktion gelangen. Wenn Sie Atem und Gefühl auf diese Weise benutzen, sollten Sie sie mit einer Qualität der Ausdehnung, einem Gefühl von Weite und Helligkeit versehen, während Sie sie dem Partner schenken. Vergessen Sie auch nie, all das, was der Partner Ihnen darbietet, voll und ganz anzunehmen.

Die Farben der Erregung

In einem Seminar über Sexualität, das er in Los Angeles abhielt, verglich der Psychologe Dr. Paul Bindrim die Annäherung an den orgasmischen Punkt ohne Umkehr mit grünen, gelben und roten Verkehrsampeln. Dieser Vergleich hat uns zwar gefallen, doch erwies es sich als nützlich, unser Bewußtsein um die genitale Erregung in *fünf* Kategorien zu unterteilen, von denen jede ihre eigene Farbe und Bedeutung hat.

Grün ist die erste Stufe. Grün bedeutet, daß alle Systeme auf »Los!« stehen. Normalerweise würde darauf Gelb folgen, was »Vorsicht« anzeigt, doch ist es dienlich, zwischen Grün und Gelb eine neue Stufe zu erkennen, die »limonenfarbige« Stufe.

Auf der limonenfarbigen Stufe ist es bereits an der Zeit, die eigene Strategie des Umgangs mit der Sexualenergie in die Tat umzusetzen. Das bedeutet in der Praxis, daß Sie nun erfolgreich den Drang drosseln, weiterzuhasten und das Liebemachen zu einem Ende zu bringen. Dieser Drang wird gewissermaßen im Keim erstickt.

Unterhalb dieses Zwanges befindet sich ein riesiger ozeanischer Raum voller Frieden und Energie. Wenn Sie nun, also früh genug, den Übergang schaffen, so gelangen Sie auf eine neue Stufe der Meisterschaft der Selbstbeherrschung, von der Sie früher kaum zu träumen gewagt hätten. Vor allem Männer, denen es ja sehr oft um ein gesteigertes »Durchhaltevermögen« geht, werden von dieser neuen Stufe des Könnens entzückt sein.

Gefeiert wird dieses Können in besonders herausfordernden Augenblicken. Wie ein Meistersurfer oder ein Rennwagenfahrer beziehen Sie Ihren Nervenkitzel daraus, daß Sie hart an der Grenze manövrieren. Teil des Nervenkitzels besteht ja darin, daß der Absturz oder Aufprall eine äußerst wirkliche Gefahr darstellt. Die Konsequenz beim *Schwellensex* dagegen besteht im Orgasmus!

Die gelbe Stufe der Erregung ist die wirkliche Stufe der Vorsicht. Auf dieser Pausenstufe der Erregung entscheiden Sie darüber, wie die Vereinigung ausgehen soll. Wenn Sie Schwellensex praktizieren wollen, ist nun die Zeit gekommen, um äußerst sanft und langsam zur orangefarbenen Stufe überzugehen.

Die orangefarbene Stufe ist das eigentliche Reich des Schwellensex. Da die rote Stufe die Ebene des sicheren Orgasmus ist, bedeutet das Verbleiben auf der orangefarbenen Stufe, an der Grenze oder eben auf der Schwelle zu verweilen. Betritt der Mann die rote Stufe, hat er den Punkt ohne Umkehr erreicht, die Unausweichlichkeit der Ejakulation.

Erotische Magier auf Stufe »Orange«

Wenn Sie sich auf der orangefarbenen Stufe befinden, kann schon die leiseste plötzliche Bewegung einen oder beide Partner über die Schwelle treiben. Zwar bewegt man sich, doch nur mit übergroßer Zärtlichkeit, mit einer Übersensitivität, um stets im Zustand unmittelbar *vor* dem Orgasmus zu verbleiben. Dabei werden Sie feststellen, daß alle Wahrnehmungen wie durch eine Lupe vergrößert erscheinen. Durch die gewaltige Ausdehnung der Leidenschaft kann selbst die allerwinzigste Bewegung, auch wenn sie keinen Orgasmus auslöst, in wahren Erdbeben der Empfindung, in Sintfluten des Gefühls münden.

Erfolgreicher *Schwellensex* erfordert außerordentlich gute Teamarbeit. Einmal völlig vom sensationellen Aspekt abgesehen, ist die Freude an dieser intimen Zusammenarbeit schon an sich Belohnung genug.

Wenn Ihr Liebemachen auf diese Weise strömt, verspüren Sie keinerlei Streß und Anstrengung. Sie werden beide wie Feuerläufer in Trance sein, die inmitten der Flammen tanzen und nichts anderes wahrnehmen als Wärme und Liebe.

Natürlich können Sie immer auch noch den Orgasmus wählen, allerdings macht es mehr Spaß, wenn man bewußt bestimmt, wann und wie man den Orgasmus (oder die Orgasmen) haben will, um daraus einen Akt völliger Wahlfreiheit zu machen.

Wenn Sie ständig den Körper-Geist mit Gewalt vor dem Orgasmus zurückhalten müssen, dann haben Sie die orangefarbene Stufe bereits hinter sich gelassen und kämpfen nur noch gegen die unausweichliche rote Flutwelle an. Dann sollten Sie zurückweichen, sich mehrere Minuten entspannen und versuchen, erneut die orangefarbene Ebene zu erreichen, oder Sie lassen einfach los und genießen Ihre genitale Explosion.

Lassen Sie sich vom erotischen Wahnsinn überwältigen. Geben Sie sich der beinahe unerträglichen Ekstase hin, fast, fast, fast am »Ziel« zu sein. Das ist eine Tortur exquisitester Art, die den Verstand schier explodieren läßt.

Es wird auch empfohlen, zwischendurch Pausen einzulegen, die wenigstens einige Minuten andauern sollten. Dann halten und fühlen Sie einander, ohne etwas anderes zu tun, als den Atem zu spüren und miteinander zu verschmelzen.

Verwenden Sie diese Zeit dafür, um die Vereinigung zu schmecken und zu genießen und als das wahrzunehmen, was sie tatsächlich ist. Sehr oft wird das Liebemachen nur als Mittel zum Zweck, beispielsweise zum Orgasmus, verwendet, um sich selbst zu beweisen oder um dem anderen eine Freude zu machen. Doch wenn Sie immer nur an der Oberfläche bleiben, werden Sie nie die verborgenen Schätze des Liebemachens und seiner Möglichkeiten finden und kennenlernen. Schweben Sie nicht wie ein Pelikan auf der Suche nach Fischen über die Wellen dahin, werden Sie vielmehr zum Tiefseetaucher.

Die Vorteile des Schwellensex

Frauen werden möglicherweise feststellen, daß die Praktiken des *Schwellensex* den Orgasmus herbeiführen oder in weitaus größerem Maße verzögern können, als sie vorher geglaubt haben. Wenn man an die große Zahl von Frauen denkt, die keinen Orgasmus bekommen, Schwierigkeiten mit dem Orgasmus während des Geschlechtsverkehrs haben oder unfähig sind, den Orgasmus ohne vorhergehende Stimulierung der Klitoris herbeizuführen, so gelangt man zu dem Schluß, daß der Schwellensex eine Praktik von einzigartigem Wert ist, mit der die Frau diese Ziele erreichen kann.

Allzuoft werden Frauen so erzogen, derart passiv zu sein, daß sie schon völlig vergessen haben, wie sie ihre eigene Energie anzapfen können. Eine vollständig erfüllende sexuelle Aktivität verlangt jedoch nach einer Fülle oder nach einem Überschuß an Energie. Der Schwellensex betont die Speicherung der Energie, nicht aber ihren Ausstoß und ihre Verteilung. Was man nicht hat, kann man auch nicht genießen.

Ein Mann, der Schwellensex praktiziert, wird möglicherweise die Entdeckung machen, daß er den Ejakulationsprozeß einleiten und plötzlich mittendrin wieder beenden kann. Dies kann ganz automatisch geschehen. Auf solche und auf andere Weise kann der Mann tatsächlich mit dem Gefühl der »Unvermeidbarkeit der Ejakulation« experimentieren und so aus erster Hand erfahren, was sie herbeiführt. Dann stellt er auch vielleicht fest, daß dieser berühmte Punkt ohne Umkehr gar nicht so unvermeidlich ist. Vielleicht entdeckt er außerdem, daß er wogende, brausende Gefühle haben kann, die sehr stark dem sexuellen Orgasmus gleichen, ohne dabei jedoch zu ejakulieren, die Erektion einzubüßen oder die üblichen Spasmen des PC-Muskels zu erleben. Dieses nennen wir den Nicht-Ejakulatorischen Männlichen Orgasmus (NEMO). Der Schwellensex-Stil wurde auf der Grundlage unserer Experimente mit dem Nicht-Ejakulatorischen Männlichen Orgasmus (NEMO) und dem gewollten weiblichen Orgasmus während des Geschlechtsverkehrs entwickelt.

Die gute Nachricht lautet also: Ja, NEMO ist möglich. Die

schlechte Nachricht dagegen lautet, daß wir keine Möglichkeit wissen, wie diese Erfahrung zuverlässig jederzeit wiederholt werden kann.

Kurz zusammengefaßt läßt sich NEMO erreichen, indem man bei der Annäherung an die ejakulatorische Krise Entspannung herbeiführt. Dann kommt es zu angenehmen orgasmischen Empfindungen ohne Samenerguß. Es hat den Anschein, als sei die unausweichliche Voraussetzung dafür ein Maximum an PC-Muskel-Entwicklung. Auf ähnliche Weise wird offenbar der Männliche Mehrfachorgasmus (MMO) mit einer oder gar keiner Ejakulation herbeigeführt.

Durch den Schwellensex wird die männliche Prostata belastet. Deshalb wird auch empfohlen, die Zusammenkunft mit dem männlichen ejakulatorischen Orgasmus zu beenden.

Auf diese Weise gelangen beide Partner zu äußerst angenehmen Erfahrungen, die nicht identisch mit dem konventionellen sexuellen Orgasmus sind, die sich mit Worten einfach nicht beschreiben lassen und die man erfahren haben muß, um sie zu verstehen (siehe »Sexuelle Energie-Ekstase« im Vorwort).

Das Tao des Sexus (Der achte Stil)

Der Überlieferung nach regierte der Gelbe Kaiser Huang Ti China von 2697 bis 2597 v. Chr. Ihm werden viele hochgeehrte chinesische Schriften zugeschrieben, einschließlich des wohl wichtigsten chinesischen Medizinwerks, nämlich *Des Gelben Kaisers klassisches Werk zur inneren Medizin (Huang Ti Nei Ching Su Wen*, auch einfach *Nei Ching* genannt).

Zu den alten chinesischen Schriften, die den Namen des Gelben Kaisers tragen, gehören auch mehrere Werke zur taoistischen Sexualkunde. Eines von ihnen, das *Su Nui Ching (Der Klassiker der Weißen Dame)*, ist vor ungefähr eintausend Jahren in China verschollen. Vor einhundertundfünfzig Jahren wurde es im Besitz der königlichen Familie Japans (natürlich in japanischer Sprache) wiederentdeckt. Schließlich fand man auch in

China eine chinesische Fassung und verglich beide miteinander.

Im Oktober des Jahres 1983 besuchte David ein Seminar über das *Su Nui Ching* in San Francisco, das von Dr. Stephen T. Chang durchgeführt wurde, der eine der führenden Autoritäten über alte taoistische Medizin und zeitgenössische chinesische Akupunktur ist (siehe Anhang). Dr. Chang möchte dieses Wissen möglichst weit verbreitet sehen, so daß er uns großzügigerweise erlaubte, ihn hier ausgiebig zu zitieren.

Es gibt jedoch auch andere Interpretationen taoistischer Sexualweisheit, welche unterschiedliche Aspekte betonen. Wir empfehlen hier die Bücher von Jolan Chang und besonders die von Ishi Hara und Levy (siehe Bibliographie).

An der Tafel der Liebe speist die Frau, und der Mann bedient

Dem *Su Nui Ching* zufolge soll die Frau, bildlich gesprochen, eine neungängige Mahlzeit serviert bekommen. Dabei spielt der Mann im Idealfall die Rolle des Obers und serviert ihr einen köstlichen Gang nach dem anderen, bis sie schließlich die neunte und letzte Köstlichkeit, den taoistischen totalen Höhepunkt oder den »glückseligen Zusammenbruch« genießt. Doch heutzutage werden Frauen nur selten bis zum Schluß geführt. Meistens ejakuliert der Mann schon lange bevor sie die Mahlzeit beendet hat. Da überrascht es kaum, daß das Ergebnis Verdauungsstörungen sind. Mit anderen Worten ist der ideale männliche Partner beim *Tao des Sexus* ein Diener, ein Butler, ein Ober.

Durchgängige harmonische Sexualbeziehungen sind nur dann möglich, wenn der Mann mit der Einstellung Liebe macht, daß es sein erstes und höchstes Ziel sein sollte, der weiblichen Befriedigung zu dienen. Wenn Männer plötzlich auf diese Weise die Waffen streckten, würde der Kampf der Geschlechter beendet sein. Auf diese Weise wird auch die Befriedigung des Mannes stark gesteigert. Das Tao des Sexus ist ein völlig logischer, stringenter und systematischer Zugang, mit dessen Hilfe das Grundproblem gelöst werden kann, welches an der Wurzel sexueller Konflikte ruht. Doch woraus besteht dieses Problem? Daraus, daß Männer und Frauen sexuell grundverschiedene Ziele verfolgen.

Männer und Frauen sind verschieden

Der Taoist formuliert es so, daß der Mann von Natur aus dazu neigt, sich schnell zu erhitzen und zu explodieren. Aus diesem Grund wird er auch als das Feuer symbolisiert.

Die Frau neigt von Natur aus dazu, sich langsam zu erhitzen und langsam abzukühlen. Deshalb wird sie durch das Wasser symbolisiert.

Doch sind die Unterschiede zwischen den beiden Geschlechtern noch viel grundlegender. Nicht nur, daß der Mann während des Sexualverkehrs nicht weiß, was die Frau empfindet, und daß die Frau nicht weiß, was der Mann spürt, ihre Grundziele sind auch völlig verschieden voneinander.

Wenn die Frau an ihr schlußendliches Ziel geführt wird, zum neunten und letzten Gang ihrer erotischen Mahlzeit, erfährt sie einen völligen Selbstverlust. Dann wird sie sich auflösen, verschwinden, ins Nichts dahinschmelzen. Sie wird nicht mehr wissen, wo oder wer sie ist, oder was sie tut während dieses totalen Höhepunkts des Taos des Sexus.

Dies ist der weibliche Höhepunkt der Leere beim Tao des Sexus.

Paradoxerweise führt dieser totale Höhepunkt der Leere zu dem Gefühl, daß sie zu ihrem tieferen und wahreren Selbst zurückgekehrt ist. Nun ist sie stärker, unabhängiger, mehr selbstgerichtet.

Ihr Beitrag zur Feier der sexuellen Vereinigung besteht darin, sich selbst zu verlieren. Indem sie im Einklang mit dem Tao handelt, hilft sie auch dabei, ihren Mann zu einem tieferen Empfinden des Mannseins heranzuführen, zu einer selbstsichereren, liebevolleren und gelasseneren Männlichkeit.

Wenn nun ihre Aufgabe darin besteht, völlig loszulassen, worin besteht dann seine?

In Dr. Changs Worten ist er der »Lotse«.

Sie überläßt das Schiff ihres Körpers dem Lotsen, der es im Idealfall über sie selbst hinaus, hinein in die Glückseligkeit lenken wird. Nur ein geübter Navigator kann diese Rolle als Lotse wahrnehmen. Die meisten Männer müssen dazu Körper, Gefühl und Geist trainieren, um dieser Rolle gerecht werden zu können.

Ganz abgesehen vom Vorspiel genießen Paare, die das Tao des Sexus praktizieren, den Geschlechtsverkehr eine halbe Stunde, eine volle Stunde oder sogar noch länger. Für die alten Liebespartner des Tao des Sexus war ein solch ausgedehntes Liebemachen geradezu der Standard.

Beim Liebemachen im Stil des Tao des Sexus kann die Frau zwanzig Minuten oder noch länger brauchen, um den neunten Gang zu erreichen, den völligen Höhepunkt der Leere. Andererseits wird in taoistischen Texten aber auch von Frauen berichtet, die diese Stufe bereits nach wenigen Minuten erreichten.

Es gibt viele, zahlreiche Variablen. Aus diesem Grund fußt das Tao des Sexus auch auf den Prinzipien der alten chinesischen Medizin, um detailliert die neun Stufen (neun Gänge) der sich steigernden weiblichen Preisgabe und Erregung zu beschreiben, die in ekstatischer Leere endet.

Die neun Stufen und ihre Anzeichen

(1) Lunge Seufzen (Kurzatmung)
(2) Herz höherer Herzschlag
(3) Milz/Pankreas erhöhter Speichelfluß, hat sogar eine kalte Zunge (sicheres Zeichen)
(4) Niere starke Vaginalsekretion, sehr saftig
(5) Knochen versucht sich zusammenzurollen und den Mann festzuhalten
(6) Leber und Nerven beginnt zu beißen
(7) Blut starkes Schwitzen
(8) Muskeln kein Muskeltonus, völlig entspannt, sie ist weich wie Seide
(9) Zusammenbruch totaler Höhepunkt

Dr. Chang zufolge ist der konventionelle Orgasmus nicht dasselbe wie der völlige Höhepunkt des Zusammenbruchs und der verjüngenden Leere beim Tao des Sexus. Dabei kann die Frau den regulären Orgasmus mit Kontraktionen des PC-Muskels haben oder auch nicht. Es kann jedoch auch geschehen, daß beide Arten des Höhepunkts gleichzeitig eintreten.

Dr. Chang erzählte von einer reichen Frau, die ihn wegen ihrer Nierenprobleme und ihres Energiemangels aufsuchte. Die Lösung war sehr einfach. Als der Mann damit begann, sie zur neunten Stufe zu führen statt nur zur vierten (Niere), verbesserte sich ihr Nierenleiden, und die Energie kehrte zu ihr zurück.

Die Lustgipfel des Mannes beim Tao des Sexus

Die alten Experten des *Tao des Sexus* betrachteten die Routine des ejakulatorischen Orgasmus, wie er bei fast jedem Sexualakt stattfand, stets nur mit Entsetzen. Wenngleich das Gefühl der Leere für die Frau angemessen und von ihr auch angestrebt werden sollte, ist das Gefühl der Leere, was den gewöhnlichen Mann oft nach der Ejakulation befällt, dem Tao des Sexus zufolge ein sicheres Anzeichen für einen schwerwiegenden Verlust.

Dennoch lehnten die Taoisten die Ejakulation nicht pauschal ab. Dem gewöhnlichen Mann wurde nicht angeraten, die Ejakulation völlig zu vermeiden, sondern vielmehr, sie geregelt, abhängig von seinem Alter, seinem offensichtlichen Gesundheitszustand und seiner Vitalität zu praktizieren. Man betrachtete den männlichen Samen als etwas Lebensspendendes und Lebenserhaltendes, das es verdient hatte, bedachtsam und auf das Individuum abgestimmt konserviert zu werden.

Das Haupthindernis auf dem Weg zur Harmonie zwischen Mann und Frau ist dem Taoisten zufolge vielleicht die männliche Abhängigkeit vom Ejakulationsorgasmus. Solange der Mann daran glaubt, daß er seine allerhöchste Freude nur im ejakulatorischen Orgasmus finden kann, bleibt das Prinzip vom Mann als »Lotsen« nichts als graue Theorie.

Glücklicherweise verlangt die taoistische Lotsenrolle vom

Mann jedoch keine asketische Selbstaufopferung seiner größten Freude. Tatsächlich erwartet ihn sogar sofortige Freude und langfristige sexuelle Erfüllung (vielleicht sogar langfristige Beziehungserfüllung).

Manche Männer führen ihre Frauen bis zur neunten und letzten Stufe des Tao des Sexus und ejakulieren hinterher immer noch. Diese Männer haben entdeckt, daß, so gut sich der ejakulatorische Orgasmus auch anfühlen mag, vor allem dann, wenn er verzögert wird, es noch etwas anderes gibt, was sich noch besser anfühlt.

Was könnte für den Mann noch besser sein als der Ejakulationsorgasmus? Die Antwort lautet: Wiederholte beinahe-ejakulatorische Gipfel der Lust. So wie die Frau zum Mehrfachorgasmus fähig ist, ist der Mann fähig, mehrfache Beinahe-Ejakulationen, Höhepunkte der Lust zu erleben.

Dieser Höhepunkt des Mannes wird beim Tao des Sexus dadurch erreicht, daß er sich dem unausweichlichen Ejakulationsorgasmus annähert, sich wieder zurückzieht, sich entspannt, die männliche Hirschübung (siehe unten) vollzieht, und schließlich zu erneutem Stoßen übergeht.

Dieser Zyklus wird so lange wiederholt, bis entweder beide befriedigt sind, oder so lange, wie Zeit oder Lust es erlauben. Übrigens wird die männliche Befriedigung auch ohne Ejakulation voll und ganz erreicht. Dem Tao zufolge ist dies die Art und Weise, wie der Mann Liebe machen sollte.

Kein Geringerer als der berühmte Sexualforscher Alfred C. Kinsey berichtete davon, daß er eine Anzahl von Männern interviewte, die diese Art des männlichen Höhepunkts praktizierten. Kinsey wies seine Kollegen in der Sexualforschung zwar darauf hin, daß sie dieser Erfahrung nicht das begehrte Etikett »Orgasmus« verleihen sollten. Dennoch berichtete er davon, daß männliche Sexualadepten selbst davon überzeugt waren, daß ihre dutzend- oder mehrfachen beinahe-ejakulatorischen Lustgipfel während einer einzigen Sitzung des Liebemachens tatsächlich richtige Orgasmen seien, wenngleich von etwas geringerer Intensität.

In einem Bestseller, der vor kurzem erschien, beschreibt die

Autorin Alexandra Penney diesen Stil des Liebemachens in den schillerndsten Farben, weil er beiden Liebenden so viel Freude und Befriedigung beschert.

Dieses »Zurückhalten« (eine weitere Bezeichnung von Dr. Chang) stellt beim *Tao des Sexus* für den Mann den Hauptgang dar. Der männliche Ejakulationsorgasmus wird auf diese Weise zum Nachtisch und wird nur noch gelegentlich als eine äußerst liebliche Delikatesse genossen.

Damit der Mann seiner Lotsenrolle gerecht werden kann, ist es hilfreich, an eine andere höchste Freude zu denken als den Ejakulationsorgasmus. Diese neue höchste Freude ist der Mehrfache Männliche Lustgipfel. Ob ein Mann sich nun dazu entschließen mag, als großes Finale eine Ejakulation zu haben oder nicht, ist seiner persönlichen Entscheidung überlassen. Auf jeden Fall gibt es hier genug deutliche Motivation, durchzuhalten, bis seine Frau die neunte Stufe des totalen Klimax des ekstatischen Zusammenbruchs erfährt.

Einer der Haupteinwände gegen diese Praktik der Mehrfachen Lustgipfel ist die Belastung, welcher die männliche Prostata dadurch ausgesetzt wird, vor allem dann, wenn es zum Schluß nicht durch die Ejakulation zur Erleichterung kommt. Erstaunlicherweise wußten die alten Taoisten aber auch auf diesen Einwand eine Antwort.

Die männliche Hirschübung beim Geschlechtsverkehr

Die Gesundheit der Frau wird durch das Heranführen auf die neunte Stufe deutlich gefördert. Worin besteht jedoch der gesundheitliche Nutzen beim männlichen Höhepunkt nach dem System des *Tao des Sexus?*

Dieser Lehre zufolge besteht der Hauptnutzen für den Mann darin, daß er das Ejakulat einbehält und seine lebenswichtigen Stoffe wieder in den Körper einspeist. Darüber hinaus kann der Mann auch noch aus den Sekreten der Frau Nutzen ziehen, wie auch von dem Überschuß an Vitalenergie, den diese beim Orgasmus freisetzt.

Dennoch nimmt der Mann zweifellos einige segensreiche biochemische Stoffe beim ausgedehnten Liebemachen auch dann noch auf, wenn der Akt mit einer Ejakulation beendet wird.

Es gibt Männer, die aus organischen Gründen, oft infolge chirurgischer Eingriffe wie etwa der Entfernung der Vorsteherdrüse, beim Orgasmus überhaupt nicht ejakulieren, das Ejakulat gelangt dabei vielmehr in die Blase. Es gibt jedoch keinerlei Anhaltspunkte dafür, daß es diesen Männern in irgendeiner Weise besser ergeht als Männern, die regelmäßig Samen ausstoßen.

Männer, die gänzlich jede sexuelle Aktivität meiden, beispielsweise katholische Mönche, leben in der Regel nicht so lange wie der durchschnittliche verheiratete Mann. Wenn das Vermeiden der Ejakulation einen gesundheitlichen Vorteil haben soll, so ist dies mit Gewißheit nicht allein auf das Verhindern des Samenergusses zurückzuführen.

Doch hier greifen nun die stets praktisch denkenden Experten des Tao des Sexus mit einem sehr plausiblen Angang ein, der vollkommen Sinn ergibt, auch wenn dies den Verstand ein wenig strapazieren mag. So zieht der Mann beim Geschlechtsverkehr bewußt seine Anal- und PC-Muskeln fest und häufig zusammen. Dadurch wird seine Prostata massiert, was sie dazu bewegt, ihre hormonalen Kostbarkeiten wieder in den Blutstrom einzuspeisen. Aufgrund der Mischfunktion der Vorsteherdrüse bilden diese Sekrete tatsächlich ein regelrechtes Gemisch männlicher Hormone (siehe »Der gewollte Orgasmus des Mannes«). Dieser Samen-Dünger (in Dr. Changs Terminologie) wird durch das Blut zu jenen Teilen des männlichen Körpers geführt, welche der lebenswichtigen Nährstoffe bedürfen: Drüsen, Nerven, Knochen und Knochenmark, Gelenke und das Immunsystem werden als erste von den verjüngenden Hormonen »gedüngt«. Ferner ist dieser Samen-Dünger auch gut für Haare und Haut.

Doch gibt es auch noch einen anderen, sehr praktischen Grund für diese gewollten Kontraktionen der PC- und Analmuskulatur. Wie Dr. Chang es ausdrückt: »Die Prostata muß pumpen.« Entweder wird sie gepumpt, oder sie pumpt sich selbst bei der Ejakulation. Pumpt sie nicht, kann dies zur Prostataverstopfung führen.

Dr. Chang empfiehlt eine Vielzahl von Methoden des Pumpens. So kann der Mann völlig aufhören, sich zu entspannen, und bis zu fünf Minuten lang pumpen. Dabei muß das Paar reglos daliegen. Er kann auch beim Liebemachen pumpen, wobei er die Muskeln beim Herausziehen des Penis zusammenzieht. Außerdem kann er beim Liebemachen und auch sonst so oft pumpen, wie er mag.

Es gibt zwei Hauptarten des Pumpens der Prostata, die beide einen pulsierenden Rhythmus erzeugen. Die erste Methode besteht darin, die Kontraktion so lange aufrechtzuhalten wie möglich, um dann völlig loszulassen und die nachfolgende Entspannung zu spüren. Bei der zweiten Technik wird eine bestimmte Anzahl von Malen sehr schnell hintereinander gepumpt, wonach die kontrahierten Muskeln wieder entspannt werden. Ein solcher Zyklus kann beispielsweise aus fünfzig Pumpbewegungen bestehen.

Hüten Sie sich davor, die Entspannungsphase geringzuschätzen. Ein Maximum an Kontraktion erzielen Sie nur durch ein Maximum an Entspannung. Das Durchführen dieser Übung beim Geschlechtsverkehr ermöglicht es dem Mann schließlich, die Ejakulation unbegrenzt hinauszuzögern, während er zugleich seinen eigenen Genuß steigert. Im Anschluß daran kann eine Ejakulation stattfinden oder auch nicht, wie gewollt.

Die Grundlagen der männlichen *Hirschübung* werden an anderer Stelle in diesem Buch beschrieben (siehe »Sexualübungen«). Ein konsequenter Lotse des Tao des Sexus wird täglich üben, abseits vom normalen Geschlechtsverkehr. Doch wird auch ein nur gelegentliches Üben manch förderliche Wirkung haben. Durch diese Übung werden sowohl die Muskeln gestärkt als auch der hormonelle Reabsorbtionsprozeß intensiviert.

Zusammengefaßt besteht der männliche taoistische Höhepunkt nur zur Hälfte daraus, die schlußendliche Ejakulation zu verzögern und eine ganze Reihe von Mehrfach-Gipfelpunkten zu erfahren. Die andere Hälfte besteht im bewußten und gewollten Akt des Pumpens der Prostata und der Wiederaufnahme ihres »Hormoncocktails« durch den gesamten männlichen Organismus.

Bedenken Sie auch, daß Dr. Changs Pumptechnik eine experimentelle Methode ist. Sie stellt keinen Ersatz für den Rat Ihres Hausarztes dar. Wird sie jedoch mit einem sehr festen Druck auf den »Prostatapunkt« (siehe »Der gewollte Orgasmus des Mannes«) verbunden, so hilft das Pumpen dabei, Prostataverstopfung zu lindern und die Wiederaufnahme von Hormonen zu fördern. Lassen Sie von Ihrem Arzt nun den Zustand Ihrer Prostata überprüfen, und unterziehen Sie sich regelmäßigen Prostatauntersuchungen. Zu einer solchen Untersuchung sollte auch eine manuelle Untersuchung der Prostata durch den After gehören.

Beim Liebemachen verfährt man dergestalt, daß zunächst beim Verkehr gepumpt wird, danach folgt der manuelle Druck auf den Prostatapunkt, den Ihre Partnerin gerne für Sie durchführen wird. Man kann beim Verkehr aber auch pumpen und manuelle Prostataerleichterung in gemischter Reihenfolge vornehmen, wie wir es in der Regel lieben.

Akupressur und Geschlechtsorgane

Die taoistische Sexuallehre des *Su Nui Ching* betrachtet den Geschlechtsverkehr als eine Form gegenseitiger Akupressur. Die äußeren Enden des Körpers, also die Hände und Füße sowie die Körperöffnungen wie Ohren und Mund verfügen über eine reiche Anzahl Nerven und Akupunktur-Energiepunkte. Die Geschlechtsorgane sind am allerreichlichsten damit gesegnet.

Wenn sich männliches und weibliches Sexualorgan vereinigen, geschieht ein wunderbares Aufeinanderpressen von Akupunkten. Im Sinne der Akupunktur-Energie sind die beiden Körper dadurch wortwörtlich eins geworden. Dies deutet unter anderem darauf hin, daß für eine Stimulierung und Entspannung des Ganzkörpers ein harmonisches Zusammenfügen der männlichen und weiblichen Sexualorgane von großer Wichtigkeit sein kann.

In der nebenstehenden Abbildung umfaßt der Bereich »Lunge« auch den Dickdarm und die Haut, »Herz« beinhaltet den Dünndarm und die Blutgefäße, »Milz/Pankreas« umfaßt auch Magen

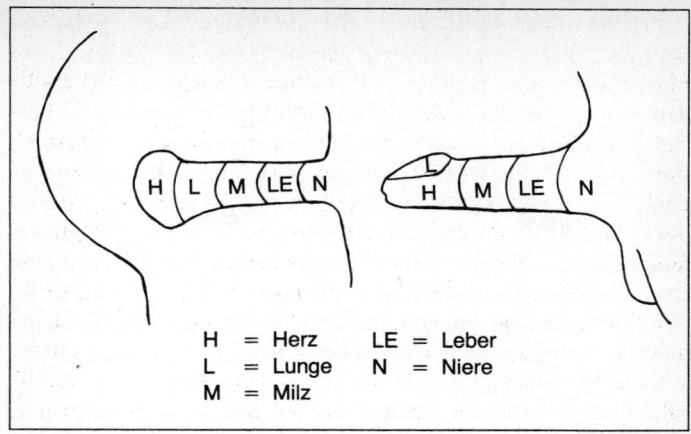

Die genitalen Akupressurbereiche

und Muskulatur, »Leber« umfaßt ferner die Nerven und die Gallenblase, und zu »Niere« gehören auch Harnblase und Knochen.

Wenn ein Mann und eine Frau, die körperlich und emotional miteinander harmonieren, ihre Geschlechtsorgane vereinen, kommuniziert »Niere« mit »Niere«, »Leber« mit »Leber« usw. Dieser Theorie zufolge gibt es einfach keinen Ersatz für diese Verbindung aller Akupunkte. Selbst wenn das Paar einfach nur still daliegt, tauscht es auf diese Weise reichlich Bioenergie aus. So bekommen beide Partner eine Akupressur-Gratisbehandlung.

Gesunder Sex, ganzer Sex

Das *Tao des Sexus* hat sich in einer Welt entwickelt, die weitaus gelassener und erdverbundener war als unsere. Wahrscheinlich werden wir sogar niemals voll verstehen und nachvollziehen können, wie sehr und auf welche Weise die Paare, welche in früheren Zeiten dem *Tao des Sexus* huldigten, das Liebemachen genossen.

Ein Aspekt besteht beispielsweise darin, daß diese Menschen das Liebemachen im wahrsten Sinne des Wortes zu einem Bestandteil des Alltags machten. Ohne von Dingen wie Zeitung und Fernsehen abgelenkt zu werden, machten sie täglich oft stundenlang Liebe.

Wenn der heutige Mensch krank wird, wird ihm vom Arzt irgend etwas verschrieben, in der Regel ein Medikament. Wenngleich die alten taoistischen Ärzte ebenfalls Kräuter verschrieben, rieten sie ihren Patienten darüber hinaus doch sehr oft zu möglichst häufigem Geschlechtsverkehr, wobei sie ganz bestimmte Körperstellungen, Stoßrhythmen oder Beckenbewegungen vollziehen sollten. Anstatt also ein-, zwei-, drei-, ja viermal täglich Pillen einzunehmen, lehrte man Männer wie Frauen, ein-, zwei-, drei- oder viermal am Tag Liebe zu machen.

Über das Nicht-genug-Bekommen

Einer der Vorteile des Liebesaktes ohne männliche Ejakulation, den wir beobachten konnten, ist der, daß das Verliebtsein dadurch verstärkt wird. Es ist allgemein bekannt, daß der Blitz der Liebe zuerst heftig einschlägt und dann schwindet. Schon bald verblaßt die geheimnisvolle Magie und überläßt uns den nur allzu vertrauten Kämpfen und Auseinandersetzungen.

Zu lieben, verliebt zu sein, ist eine Art kreativer Spannung. Unbedingt die »volle Portion abzukriegen«, sich zu sättigen – das ist nicht die Stimmung, in der sich ein Verliebter befindet. Verliebt zu sein, heißt, einen Riesenhunger zu haben, immer ungesättigt zu sein, sich immer zu sehnen, niemals genug zu bekommen. Glückliche Liebende genießen das Paradoxon der erfüllenden Nicht-Erfüllung.

Dem *Tao des Sexus* zufolge beruht ein Teil dieses Magieverlustes darauf, daß einer oder sogar beide Partner durch das Liebemachen verlieren anstatt zu gewinnen. Nicht nur der Mann, auch die Frau kann dabei verlieren. Und so erschöpfen die beiden, die sich einst in Gemeinschaft so wohl fühlten, sehr schnell dieses Geschenk. Weise Liebende werden niemals genug voneinander haben. Weise Liebende werden die Spannung aufrecht halten, das Nicht-Wissen, die Unsicherheit, den Hunger des Anfangs, des Sichverliebens. Eine Möglichkeit, den Zauber des Verliebtseins aufrecht zu halten, ist das Tao des Sexus.

Der moderne Meister des Tao des Sexus, Jolan Chang, betont in seinen Schriften immer wieder, daß dieses einer der Schlüssel und der Geheimnisse zur Herstellung des Friedens anstelle des Kampfes der Geschlechter ist. Jahrzehnte der Forschung haben ihn davon überzeugt, daß der natürliche Weg der Weg des Tao ist. Disharmonie zwischen Mann und Frau ist größtenteils das Ergebnis davon, daß Männer und Frauen den Orgasmus forcieren und die Klinge des Verlangens und der Bedürfnisse stumpf wird. Wo jedoch der Schwerpunkt auf der Intimität liegt, dort wird auch die allerhöchste Freude genossen.

Imsak (Der neunte Stil)

Imsak (auch »Im-schak« ausgesprochen) ist ein arabisches Wort, das wörtlich übersetzt »Einbehaltung« bedeutet. In diesem Punkt gleicht *Imsak* dem *Karezza*. Der Mann behält dabei seinen Samen ein, indem er nicht ejakuliert. Doch läßt sich aus den nur skizzenhaft formulierten Berichten nicht eindeutig erkennen, ob dies bedeutete, daß die Ejakulation lediglich verzögert wurde, bis die Frau befriedigt war, oder ob man sie gänzlich vermied (oder sogar beides, je nach Situation).

Einer bestimmten Tradition zufolge wurde Imsak aus bloßer Notwendigkeit geboren: Kein gewöhnlicher Mann konnte einen ganzen Harem leidenschaftlicher (und vielleicht gelangweilter?) junger Frauen befriedigen. Ein Mann jedoch, der das Imsak gemeistert hatte, konnte in einer Nacht zehn Frauen oder noch mehr befriedigen. Möglicherweise hatte ein solcher Mann immer noch seine Favoritin oder seine Favoritinnen, mit der oder mit denen er, wenn dies angebracht erschien, die Freuden des gemeinsamen Orgasmus teilte.

Nun hört sich all dies entsetzlich sexistisch an, und das ist es zweifellos auch. Doch kann die Frau von heute immerhin sehr viel Nutzen daraus ziehen, wenn sie mit ihrem Mann die ausgedehnte Ekstase zu erfahren vermag, in die sich einst ein ganzer Harem teilen mußte.

Über die genauen Einzelheiten der Imsak-Methode ist nur sehr wenig bekannt. Der Oberbegriff »Sameneinbehaltung« läßt sich auf mehrere Liebesstile der Sexuellen Energie-Ekstase anwenden. Glücklicherweise hat der Schriftsteller Robert Meister jedoch diese Methode genauer erforscht und ans Tageslicht gebracht, was höchstwahrscheinlich ihre Grundprinzipien sein dürften. Der Kern des Imsak besteht aus seiner einzigartig systematischen Methode, *Coitus interruptus* und *Pompoir* so miteinander zu verbinden, daß auf diese Weise immer höhere und höhere Ebenen der Ekstase und Energie erreicht und integriert werden.

Mindestens seit der Zeit der Römer hat der Mann die Technik des Herausziehens des Gliedes vor der Ejakulation angewandt, in der Hoffnung, dadurch die Befruchtung der Frau zu vermeiden. Beim Imsak zieht der Mann ein gutes Stück vor Erreichen des Punkts unvermeidbarer Ejakulation heraus, damit das Paar die sich gegenseitig steigernden und das Bewußtsein verändernden Effekte genießen kann.

Das Necken gilt allgemein als Methode, um die Leidenschaft und das Verlangen auf eine solche Intensitätsstufe zu bringen, daß das schlußendliche Loslassen zum unvergeßlichen Ereignis wird. In gewissem Umfang gilt: Je größer die erotische Spannung und Frustration, um so großartiger das Loslassen. Doch ist »Necken« ein viel zu schwaches Wort, um die schier unglaubliche Kraft des Imsak zu beschreiben.

Beim Imsak dringt der Mann bis zu zehnmal in die Frau ein und zieht das Glied wieder heraus, damit die gemeinsame Erregung sich bei jeder weiteren Penetration aufbauen kann. Die Ejakulation wird bis zur endgültigen Vereinigung hinausgezögert oder möglicherweise sogar gänzlich vermieden.

Manche Liebende begnügen sich mit zwei oder drei erneuten Penetrationen. Schon dieses geringe Maß an erotischer Selbstdisziplin kann zu Empfindungen und Erfahrungen führen, die dem üblichen Sex weit überlegen sind. Deshalb glauben solche Liebenden auch vielleicht, daß sie bereits die höchsten Höhen erotischer Ekstase erreicht haben, wenn sie doch in Wirklichkeit nur bis zum Fuß der Berge gelangt sind.

Der eigentliche Höhepunkt des Imsak wird nach ungefähr zehn Vereinigungen erreicht. Die Freude und der Jubel, welche die Liebenden, die so weit kommen, durchfluten, sind, wenn man Meisters Ausführungen Glauben schenken darf, der absolute Gipfel erotischer Möglichkeiten.

All dies hängt natürlich von der Ejakulationskontrolle des Mannes wie auch von der Kooperation der Frau ab. Glücklicherweise ist es aber gerade das Gundprinzip des Imsak, was es für praktisch jeden Mann zugleich auch möglich und durchführbar macht, sofern er nicht unter körperlicher Behinderung leidet.

Das Herausziehen ist eine großartige Methode, um den Ejakulationsorgasmus zu verzögern. Es wird heute oft verwandt, um Männer zu größerer Ausdauer zu trainieren. Normalerweise fühlt sich der Mann etwas unsicher und merkwürdig, wenn er das Glied herauszieht. Imsak ermöglicht es ihm jedoch, es je nach Bedarf herauszuziehen, sich auszuruhen und dann wieder einzudringen, wobei er gleichzeitig sicher sein kann, daß er dadurch dem Vergnügen beider Partner dient.

Doch was soll nun die Frau während dieser Ruhepause tun?

Zunächst einmal sollte sie dem Mann einige Minuten der Nicht-Stimulierung gönnen, damit seine Erektion und sein Bedürfnis zu ejakulieren, nachlassen.

Vermeiden Sie es, die Genitalien zu berühren, doch streicheln, liebkosen und berühren Sie ihn dabei. Zeigen Sie ihm Ihre Zuneigung, während Sie zugleich bei Bedarf Erregung herstellen. All dies soll sehr sanft und mit großer Feinfühligkeit geschehen. Da die Haut durch die sich steigernde Erregung des Ganzkörpers immer empfindlicher wird, sind vor allem zärtliche Gesten und Berührungen angezeigt.

Eins führt zum anderen. Schon bald werden beide sich küssen, und *Al besiss,* »der Frechling«, wie Scheich Nefzawi ihn nennt, wird sich einmal mehr erheben. Mit großer Behutsamkeit und Kooperation erreicht man ein weiteres Eindringen.

Lassen Sie sich in den Ruhepausen jedoch genug Zeit, um sich wirklich ein wenig auszuruhen und abzukühlen.

Darüber hinaus können diese Ruhepausen dazu dienen, die Herzensgefühle für den anderen zu erinnern und zu zentrieren und die Energie zur Förderung der Gesundheit und zur Verjüngung zu verteilen. Einen Teil dieser Zeit können Sie auch darauf verwenden, sich nach innen zu kehren (zu meditieren).

Für Meisters Imsak ist eine gewisse Fähigkeit zum *Pompoir (Kabbazah)* vonnöten (siehe »Die Macht des Pompoir«). Anders als beim Kabbazah-Sex ist es jedoch nicht erforderlich, daß diese Meisterschaft bereits außerordentlich ausgeprägt ist, und viele Frauen werden auch ohne regelmäßiges Üben bereits über entsprechende, genügende Kraft und Muskelkontrolle verfügen. Folgt man ganz präzise Meisters Anweisungen, so finden die ersten fünf Vereinigungen, ab der allerersten gerechnet, ohne Stoßbewegungen des Mannes statt.

Durch ihre Kabbazah-Fähigkeit beherrscht die Frau die Erregung beider Partner. Auf diese Weise kann das erotische Feuer höher und immer höher lodern, als Erfahrung des gesamten Körpers, ohne sich nur auf den Genitalbereich zu beschränken.

Natürlich können Sie diese Methode abändern und Ihren eigenen Bedürfnissen und Fähigkeiten anpassen. Doch wollen wir Ihnen die genaue und möglicherweise ideale Imsak-Praktik darstellen.

Meister empfiehlt, daß der Mann beim ersten Mal eindringt, aber nicht stößt, wenngleich er Becken und Penis so fest und doch so bequem wie möglich gegen die Frau drücken sollte. Der dieser Art ausgeübte Druck wirkt sehr erregend und kann bei allen bewegungsfreien Verbindungen eingesetzt werden. Damit die Frau richtig »in Fahrt« kommt, kann sie selbst ihre Klitoris stimulieren oder dies dem Mann überlassen.

Befindet sie sich oben, mit dem Gesicht zum Partner, so nennt man diese Stellung *es sibfahheh*, »das Schwimmen«. Diese Bezeichnung erhält die Stellung von der Leichtigkeit, mit der die Klitoris manuell stimuliert und eine intensive Erregung erreicht wird, vor allem dann, wenn dies durch gezielte Kontraktionen der Sexualmuskulatur begleitet wird.

Die Frau beginnt ebenfalls die Muskeln zusammenzuziehen und loszulassen, wobei sie mit zarten, leichten Zuckungen anfängt und sich zu kräftigen Muskelgriffen steigert, um schließlich, sofern sie in dieser Kunst bereits fortgeschritten sein sollte, rollende und melkende Bewegungen mit der Vaginalmuskulatur durchzuführen. Der Mann sollte dabei seine PC- und Analmuskulatur betätigen.

Höchstwahrscheinlich wird die Frau nur bei der ersten Vereinigung ihre Klitoris manuell stimulieren müssen. Und obwohl der Mann den Penis nicht bewegt, wird es nicht lange dauern, bis der Punkt gekommen ist, da er ihn wieder herausziehen muß.

Nun beginnen Sie mit der liebevollen und doch erregenden Ruheperiode. Vermeiden Sie dabei unmittelbare genitale Stimulierung, es sei denn, eine solche wird benötigt, um die erneute Vereinigung zu gewährleisten. Entspannen Sie sich, und kühlen Sie sich so weit ab wie nötig.

Ungefähr nach dem fünften Zyklus ist das Paar nun bereit für die zweite Hälfte dieser Technik. Dabei wird die unten angeführte Stoßpraktik befolgt.

Auf diesen Zyklus folgt wiederum ein Zyklus der Bewegungslosigkeit, wie er oben beschrieben wurde. Dann folgt ein neuer Stoßzyklus usw., bis ungefähr zehn vollständige Zyklen absolviert wurden. Zwischen zwei Zyklen zieht der Mann das Glied aus der Vagina.

Fortgeschrittene Imsak-Adepten, welche zehn volle Zyklen duchführen können, halten folgende Reihenfolge ein: fünf *Pompoir*-Zyklen, gefolgt von Stoßen, *Pompoir*, Stoßen, *Pompoir* und Stoßen, und zwar in dieser Reihenfolge. Dabei gelangt der Mann willentlich beim letzten Stoßzyklus zum Höhepunkt.

In der Praxis wird es so aussehen, daß die Frau bereits beim dritten Pompoir-Zyklus den Orgasmus erlangt, es sei denn, daß sie diesen gewollt zurückhält. Der männliche Praktikant wird wahrscheinlich noch vor Erreichen des zweiten Satzes aus fünf Zyklen einen (sehr intensiven) ejakulatorischen Orgasmus erfahren.

Während der Vereinigung ohne Bewegung bestimmt die Frau die gemeinsame Erregung durch ihren Einsatz des Pompoir.

Während der Vereinigung *mit* Bewegung dagegen bestimmt der Mann durch sein Stoßen die gemeinsame Erregung.

Dieses abwechselnde Geben und Nehmen oder Senden und Empfangen ist eines der Geheimnisse der Ekstasesteigerung. Jede neue Phase stellt eine weitere Stufe auf der Treppe zum Himmel dar (siehe »Die Himmelsleiter«).

Wie bereits beschrieben, bestehen von insgesamt zehn Zyklen nur drei aus dem Stoßen des Mannes. Meister gibt an, daß systematisches Stoßen mitten in der Hitzigkeit des Verkehrs zur allerhöchsten Befriedigung und Erfüllung führt. Sein Rat spiegelt die Emfehlungen der Sexual-Tao-Meister wider, wenn er folgendes rät:

1.) Nach dem Eindringen zehnmal Stoßen, dann das Glied wieder aus der Vagina führen.
2.) Während der drei ersten Stöße mit dem Glied im vorderen Teil der Vagina verbleiben und nicht allzu tief vorstoßen. Dies soll die Frau stärker stimulieren.
3.) Nun folgen zwei schnelle Stöße in die Tiefe der Vagina, um sie zu erregen.
4.) Drei weitere Stöße am Scheideneingang sollen die Frau weiter »aufpeitschen«.
5.) Beenden Sie mit zwei ruhigen, gelassenen Stößen tief ins Innere der Vagina, um die Frau zu befriedigen.
6.) Im Idealfall wird der gewollte Orgasmus durch ein langes, entspanntes, voll empfundenes Stoßen erreicht, das direkt bis zu ihrem Nordpol, in die tiefsten Tiefen ihrer Scheide gelangt. Dies soll sie gänzlich »erfüllen« (»ausfüllen«).

So künstlich sich Meisters Stoßpraktik auch zunächst lesen mag, stellt sie doch eine wertvolle Hilfe auf dem Weg zur Ejakulationskontrolle dar, ganz abgesehen davon, daß die Freude der Frau dadurch intensiviert wird. Durch die Magie des Rhythmus verleihen die Stoßtechniken dem Akt des Liebemachens Anmut und Raffinesse.

Ein solches Vorgehen zu meistern, vor allem als Paar, läßt sich mit dem Erlernen eines bestimmten Tanzstils vergleichen, im

Gegensatz zum impulsiven Hin- und Herbewegen auf dem Tanzboden. Spontaneität kann zwar großes Vergnügen bereiten, doch die Freuden des *gemeinsamen* Fließens und Strömens sind in der Regel nur solchen Menschen vorbehalten, die zuerst eine solche Routine gemeistert haben. Der freudige Kitzel gemeinsamer Ganzkörperkoordination, wie man ihn nach einer Reihe fließender Stellungswechsel erlebt und erfährt, beschert den Partnern ein ähnliches, tanzgleiches Vergnügen.

Diese Stoßsequenz läßt sich sehr gut mit jeder beliebigen aktiven Form des Liebemachens verbinden. Sie stellt ein konzentriertes Rezept für die Ekstase dar, das sowohl Penetrationstiefe als auch -geschwindigkeit berücksichtigt. Wenn er will, kann der Mann auch den Winkel des Penis verändern, um mal gerade, mal schräg, mal aufwärts und mal abwärts gerichtete Stöße durchzuführen, sowie natürlich auch kreisförmige.

Imsak im Bett

Die goldene Regel für alle, die *Imsak* praktizieren wollen, lautet: »Vorsicht ist die Mutter der Porzellankiste.«

Der Erfolg dieser Methode hängt allerdings ebensosehr von der Kooperationsbereitschaft der Frau ab wie von der männlichen Selbstbeherrschung. Ihr Gespür für sein Erregungsstadium, also dafür, wie nahe er bereits dem genitalen Höhepunkt ist, entscheidet darüber, ob sie Druck ausüben soll oder nicht. Befindet sich der Mann bereits an der Schwelle, kann schon ein einziges herzhaftes Zucken der Hüfte oder ein Zupacken der Vaginalmuskulatur ihn zur Ejakulation zwingen.

Behalten Sie stets das eigentliche Ziel im Auge, während Sie Liebe machen, nämlich den Gipfel erotischer Erregung, bei der jede Berührung wie ein Miniaturorgasmus wirkt. Natürlich kann Ihr Ziel beim Einsatz dieser Methode von Mal zu Mal verschieden sein. Das steigert die Motivation zur Kooperationsbereitschaft, seinen Ejakulationsorgasmus zu verzögern.

Vergessen Sie auch nicht, daß das Transzendieren gewöhnlicher Sexualfreuden nur der Anfang ist. Durch diese Praktik können Sie zu wertvollen persönlichen Einsichten, zu Selbsterkenntnis kommen, ein überwältigendes Gefühl des Einsseins erfahren, in einem friedlichen, ruhigen Meer völliger Zufriedenheit baden, durch die wogenartige Glückseligkeit schwimmen. Dies sind nur einige wenige von vielen möglichen positiven Erfahrungen dieser Praktik. Dabei ist es höchst wahrscheinlich, daß Sie diese Erfahrungen machen, wenn Sie beide vereint sind, sich aber nicht bewegen.

Sollten Sie sich für den traditionellen Orgasmus als großes Finale entscheiden, so wird Ihnen dieser wahrscheinlich wie eine einmalige Flutwelle erscheinen, die ihren Ursprung im Paradies selbst hat. Dieses Erlebnis wird Ihnen den Beweis liefern, daß das Aufbauen erotischer Spannung weit über die übliche Toleranzschwelle hinaus, die beste Garantie für einen wunderbaren Höhepunkt bildet. Und weil Sie eine solche Fülle an Energie aufgebaut haben, werden Sie auch leichter zu einem gemeinsamen Orgasmus gelangen.

Versuchen Sie Ihr Bestes, Meisters Methode Punkt für Punkt genau zu befolgen, zumindest am Anfang. Es ist eine einzigartige Herausforderung und sehr beglückend dazu, sorgfältig und präzise eine wirkungsvolle und erotische Technik zu befolgen. Diese Art des Trainings läßt auch den Sexualkünstler in Ihnen erwachen. Jedes Gefühl der Künstlichkeit wird in dem Feuer aufgehen, welches Sie umhüllen wird.

Haben Sie sich erst einmal mit den Grundzügen des *Imsak* vertraut gemacht, können Sie gern nach Herzenslust improvisieren. Setzen Sie einfach das eigentliche Geheimnis des Imsak ein, nämlich den wiederholten *Coitus interruptus*, um auf diese Weise neue Gipfel sexueller Ekstase zu erklimmen. Jedes Wiedereindringen wird Sie auf eine höhere Intensitätsstufe führen. Jede Ruhepause stellt ein eigenes Reich des Friedens dar, das es zu erforschen gilt. Erklimmen Sie mit Hilfe des Imsak auf jede Weise, die Ihnen zusagt, den Gipfel des Paradieses.

Kabbazah-Sex (Der zehnte Stil)

Im Nahen Osten vergangener Zeiten wurde eine Frau, die den *Pompoir* (die willentliche Kontrolle der Vaginalmuskulatur während des Geschlechtsverkehrs) gemeistert hatte, als *Kabbazah* oder »Halterin« bezeichnet. Wenn Sie jemals diese Erfahrung gemacht haben sollten, sei es nun als Mann oder als Frau, so werden Sie selbst wissen, wie zutreffend dieser Begriff ist.

Damals war dieser Stil des Liebemachens viel verbreiteter als heute, und es gab auch weitaus mehr *Kabbazahs*. Wir sind davon überzeugt, daß der *Kabbazah*-Sex einmal zu den Grundpraktiken der talentierteren Prostituierten Indiens, Chinas, Japans, Persiens und anderer östlicher Länder gehörte. Tatsächlich lebt diese Tradition noch heute fort.

Einer unserer Workshop-Teilnehmer berichtete, daß er bei seiner Stationierung in Japan einmal eine japanische Prostituierte aufsuchte. Sie badete ihn und fragte ihn, ob er Lust habe, einmal etwas Neues zu probieren. Ohne zu zögern bejahte er. Nachdem er in sie eingedrungen war, wies sie ihn an, still liegenzubleiben und sich voll und ganz zu entspannen, während sie die ganze Arbeit leistete. Seine Erfahrung erschien ihm als geradezu unglaublich und wahrhaft exquisit, anders als alles andere, was er jemals bei einer Vereinigung mit einer Frau erlebt hatte. Da er eifrig bei der Sache war, sich keine Vorstellungen machte und nach einem Frauenkörper hungerte, war er dafür auch der ideale Kandidat. Aufgrund ihrer Beziehung zueinander, die aus einem Führer- und Gefolgsmann-Verhältnis bestand, man könnte auch von einem Schüler-Meister-Verhältnis sprechen, hatte er nicht mit dem Hindernis männlichen Stolzes zu kämpfen und befolgte ihre Ratschläge aufs Wort. Schon nach einer halben Stunde, so berichtete er, hatten beide gemeinsam die Ekstase des klassischen Entspannungsorgasmus, des Einsseins der Energie, erlangt. Das war, so sagte er, milde ausgedrückt, ein unvergeßliches Ereignis.

Die uralte Institution heiliger Prostitution, die in Südindien noch in den dreißiger Jahren bestand, muß auf ähnliche Weise Kabbazah-Sex eingesetzt haben. Wenn es jemals eine Methode gegeben hat, mit der eine Frau dem Mann die Ekstase der Götter bescheren konnte, so ist dies der Kabbazah-Sex. Ihre Fähigkeit zum Kabbazah macht diese Erfahrung möglich, doch ist dies kein einseitiger Vorgang, denn sie erlebt die gleiche Ekstase.

Für die Menschen unserer Zeit fällt es schwer nachzuvollziehen, welche Ausbildung einige der Prostituierten, sowohl Tempelhuren als auch andere, damals durchliefen. Manche von ihnen, vor allem solche, die für den Tempeldienst vorgesehen waren, wurden schon im frühen Alter geschult, so wie man heute apfelbäckige kleine Engel zu ihrer ersten Ballettstunde schickt. Auch in manchen Teilen Afrikas werden noch heute Mädchen als Kabbazahs ausgebildet und dürfen manchmal sogar erst dann heiraten, nachdem sie diese Kunst gemeistert haben.

Der springende Punkt dabei besteht darin, daß die Technik nur dann auf anmutige, elegante Weise durchgeführt werden kann, wenn das Pompoir hinreichend gemeistert wurde. Versucht der weibliche Partner mühevoll und verkrampft der eigenen Rolle gerecht zu werden, »die ganze Arbeit zu leisten«, so kann Kabbazah-Sex äußerst mühsam werden. Dann wird die Frau ihn nicht genießen und auf ähnliche Weise unter Performanzzwang und -streß stehen wie Männer, die ebenfalls immer »die ganze Arbeit machen« müssen. Schließlich wird sie ermüden, und das ist dann auch das Ende des Liebemachens, zumindest was den Stil des Kabbazah-Sex angeht.

Manchmal kann gezielte Abstinenz recht hilfreich sein. Wenn ein Paar dazu bereit ist, sich drei bis sieben Tage lang der sexuellen Erleichterung zu enthalten und doch die sexuellen Gefühle, die jeder Partner für den anderen hegt, zu ermutigen, so genügt die dadurch gesteigerte genitale Sensitivität und die erhöhte Intensität des Verlangens, um beide über die Schwelle zu tragen. Ein günstiger Zeitpunkt dafür ist auch die Wiedervereinigung nach längerer körperlicher Trennung. Dennoch ist die beste Garantie für befriedigende Ergebnisse bei dieser alten Praktik die Beherrschung des *Kabbazah* durch die Frau.

Für eine derart intime Gemeinsamkeit kann es entscheidend sein, daß Gefühl und Ehrlichkeit zwischen Mann und Frau von hoher Qualität sind. Gedanken und Gefühle, die man dem Partner vorenthält, können, wenngleich sie unsichtbar sind, Hindernisse auf dem Weg zur Vereinigung der Ströme beider Selbste sein. Deshalb sollten Sie, lange bevor Sie mit dieser Art des Liebemachens beginnen, einander möglichst jedwede Taten bekennen, die Sie voneinander getrennt oder entfremdet haben mögen.

Kabbazah-Sex und Rollentausch

Der Liebesstil des *Kabbazah-Sex* kennt eine eindeutig festgelegte Technik. Wie bei vielen der anderen bereits behandelten Stile, kann es auch hier erforderlich sein, ausgedehnte Phasen der Bewegungslosigkeit einzuhalten. Die Frau spielt dabei eine sehr spezifische und dynamische Rolle. Beim *Imsak* wird der Gebrauch des *Pompoir* empfohlen. Beim *Kabbazah-Sex* dagegen ist er der eigentliche Schlüssel dieser Praktik.

Das Konzept völliger männlicher Passivität wird manchen Mann als bizarr, möglicherweise sogar als unangenehm berühren. Tatsächlich handelt es sich jedoch dabei um eine wundervolle Erfahrung. Für den Mann kann es eine großartige Erleichterung sein, beim Liebemachen frei von jeglichen Performanzzwängen zu sein.

Darüber hinaus kann er sich völlig frei auf den durchaus herausfordernden Prozeß des Erlangens völliger Entspannung konzentrieren, während er sexuell stimuliert wird. Und sollte er ein kontemplativ geneigter Mann sein, so wird er es als einzigartig befriedigend empfinden, dabei in kontemplative Träumerei oder eine andere Art der Meditation zu verfallen.

Der *Kabbazah-Sex* benutzt eine authentische uralte geheime Technik, nämlich die Macht des Kabbazah selbst. Die meisten Männer und Frauen leben, machen Liebe und sterben, ohne jemals auch nur im geringsten zu ahnen, welche ehrfurchtgebietende Macht die Vagina hat, wenn sie virtuos eingesetzt wird. Diese Macht ist so groß, daß sie, wenn diese Technik allgemein praktiziert würde, die Liebe geradezu revolutionieren könnte.

Standard-Sex

Mann oben
Mann bewegt Penis
Frau passiv
Mann herrscht vor
aggressiver Mann
spannungslösender Orgasmus

Kabbazah-Sex

Frau oben
Frau bewegt Vagina
Mann passiv
Frau herrscht vor
empfangender Mann
totaler Entspannungsorgasmus

Wenngleich der völlige oder *totale Entspannungsorgasmus* auch auf anderen Wegen erreicht werden kann, stellt der Gebrauch der Macht des *Kabbazah* eine der logischsten und zuverlässigsten Methoden dar. Der *Kabbazah-Sex* restrukturiert erfolgreich den menschlichen Sexualakt und führt zu einer raffinierten Rollenumkehr des stereotypen, vom Mann beherrschten Geschlechtsverkehrs.

Wie man Kabbazah-Sex praktiziert

Zunächst einmal möchten wir betonen, wie wichtig es ist, in der sinnlichen Gegenwart zu verbleiben. Der *Kabbazah-Sex* ist ein uraltes Geheimnis, doch erlangt man die Erfüllung nicht durch ein Wiederbeleben oder Verdoppeln der Vergangenheit, sondern vielmehr durch die Neuentdeckung der Gegenwart.

Wie bereitet man sich nun am besten auf den *Kabbazah-Sex* vor?

Früher wurde der *Kabbazah-Sex* häufig von ausgefeilten Ritualen begleitet. Es gibt inzwischen eine ganze Reihe von Büchern auf dem Markt, welche dieses Vorgehen detailliert beschreiben. Wer die Erfahrung mit Hilfe solcher Techniken noch fördern möchte, wird auch ohne uns seinen Weg finden.

Beim *Liebesritus* haben wir ein schlichtes Sexualritual beschrieben, das sich auch mit dem *Kabbazah-Sex* kombinieren läßt. Hier wollen wir die Einzelheiten der eigentlichen Praktik beschreiben. Wie die Erfahrung des amerikanischen Soldaten mit der japanischen Prostituierten zeigt, braucht man der Praktik selbst eigentlich nichts hinzuzufügen. Wenn Sie Ihre Umgebung verschönern wollen, so lesen Sie den Abschnitt »Kleine Schlafzimmerkunde«.

Zu den Grundbestandteilen des *Kabbazah-Sex* gehören körperliche und geistige Entspannung, sehr viel Zeit, eine Frau, die den Kabbazah beherrscht, sowie ein Mann, der dazu bereit ist, sich glückseliger Passivität hinzugeben.

Sexualyogis halten es für hilfreich, den *Wurzelverschluß* und die *Donnerkeilhaltung* vor dem Verkehr mehrmals zu wiederholen. Bei diesen handelt es sich um Kegel-Übungen, die durch Atemtechniken intensiviert werden, so daß Sie statt dessen auch Kegel-Kontraktionen durchführen können (siehe »Der vollständige Atem«, »Sexualübungen«).

Aber auch die nicht vorher geplante Ad-hoc-Vereinigung hat ihre Vorzüge.

Doch nun zum eigentlichen Kern der Methode. Wir werden Ihnen eine der machtvollsten Techniken vorstellen, welche die Menschheit jemals entdeckt hat, mit deren Hilfe eine glückselige Bewußtseinsveränderung herbeigeführt werden kann.

Der Schlüssel zum *Kabbazah-Sex* lautet:

Nur die Frau bewegt sich
(im Inneren)

Ja, so einfach ist es tatsächlich.

Die Frau bewegt sich dabei innerlich. Sie braucht den Körper nicht einmal hin und her schwanken zu lassen oder mit ihm zu kreisen; denn sie praktiziert, was kein Mann praktizieren kann – das Pompoir.

Lassen Sie sich, wie bei allen sanften Arten des Liebemachens, mindestens dreißig bis vierzig Minuten der genitalen Vereinigung Zeit.

Vergessen Sie dabei nicht, daß die völlige Entspannung das eigentliche Geheimnis der Methode darstellt.

Einige Stellungen sind deutlich besser dafür geeignet als andere. Zunächst einmal ist da das *YabYum* mit seinen Varianten. Für die meisten Menschen ist es schwierig, das klassische YabYum richtig beizubehalten. Oft wirkt es erleichternd und bequemer, wenn man dabei auf dicken Kissen oder gar auf Meditationskissen sitzt.

Eine Variante des YabYum gestattet es dem Mann, sich zurückzulehnen und den Rücken abzustützen. Die Frau kann sich ebenfalls zurücklehnen, doch wird dies von Paar zu Paar unterschiedlich sein. Die meisten Stellungen, bei denen der Mann auf dem Rücken liegt und die Frau sich auf ihm befindet, sind für den Kabbazah-Sex durchaus geeignet. Wenngleich die *Schere* es der Vagina erschwert, den Penis richtig zu greifen, ist diese Stellung doch sehr bequem.

Kabbazah-Sex in Einzelstufen

Nun folgt die Vorgehensformel. Selbst wenn Sie sich nicht daran halten oder nicht dieselbe Erfahrung machen sollten, ist es doch immerhin beruhigend zu wissen, daß es eine stufenweise Methode gibt, um zu dem zu gelangen, was vielleicht die höchste sexuelle Erfahrung ist.

1.) Nur die Frau bewegt sich *(Pompoir)*.
2.) Der Mann bewegt weder Hüfte noch Becken (die ganze Zeit nicht – kein einziges Mal!).
3.) Die Frau bewegt weder Hüften noch Becken. Beachten Sie, daß alles nur innerlich stattfindet, durch Pompoir.
4.) Das Paar verharrt reglos, abgesehen von dem dramatischen Vorgang des Juwels im Lotos, der im Schoß der Frau stattfindet. Dies ist die klassische Empfehlung. Vielleicht machen Sie aber auch die Feststellung, daß Sie sich dabei gegenseitig streicheln und küssen und einander in die Augen schauen können, ohne sich in die übliche Erregung hineinzusteigern, die im Stoßen und schließlich im Standardorgasmus endet. Indem man sich grundsätzlich nicht bewegt, kann man sich optimal auf die Genitalempfindungen konzentrieren. Hier ist Stillhalten angezeigt, nicht Steifheit.
5.) Vergessen Sie nicht, daß die Frau, nicht der Mann, den Akt beherrscht.
6.) Lassen Sie sich Zeit. Immer mit der Ruhe. Wir neigen meist dazu loszujagen. Doch wohin jagen wir? Ekstase, die über die übliche bequeme Freude hinausgeht, braucht eben ihre Zeit.
7.) Für diesen Akt brauchen Sie Frieden, Ruhe, Gelassenheit. Ihre Stimmung, jedes Tun, jede Reaktion ist ein Bejahen des Friedens.
8.) Gleichzeitig spüren und ermuntern Sie Verlangen und Erregung. Ihre Leidenschaften werden langsam immer stärker, bis Sie glühen, bis Sie noch heißer geworden sind als rotes Glühen. Was Sie hierbei erfahren, das ist der Dialog genitaler Erregung. Während die Frau den Mann stimuliert, bebt sein Penis. Wenn sein Penis bebt, wird sie noch stärker erregt, was ihn wiederum weiter stimuliert. Je stimulierter er wird, desto stimulierter wird auch sie. Und so geht das immer und immer weiter, in einer nie endenwollenden Spirale nach oben. Behalten Sie im Auge, daß die Frau gelegentlich für eine Weile lockerlassen muß, um den Mann nicht bis zum Genitalorgasmus zu stimulieren.

9.) Nach einer Weile erreichen Sie etwas, was man als Stadium der bebenden und pulsierenden Sexualorgane bezeichnen könnte. Vielleicht haben Sie das Gefühl, bald den Verstand zu verlieren, so drängend wird das Verlangen nach Entladung sein. Vielleicht erfahren Sie dieses Stadium aber auch nicht so intensiv. Möglicherweise entgeht es Ihnen völlig, so daß Sie direkt zur nächsten Stufe übergehen.
10.) Nach ungefähr fünfzehn Minuten des Pompoir werden Sie ein bioelektrisches Kraftfeld spüren. Sie nehmen eine Aura des Friedens und der heilsamen, förderlichen Energie wahr. Dieses Gefühl läßt sich wohl am besten durch das Wort »heilig« beschreiben. Vielleicht haben Sie die Empfindung, daß Sie sich auf heiligem Boden befinden. Plötzlich fühlen Sie sich erstaunlich lebendig und klar im Kopf. Beide Partner fühlen, daß sie eins geworden sind.
11.) Nun genießen beide einen wunderbaren, geradezu außerweltlichen (meditativen) Zustand. Sie fühlen sich inspiriert, wie von innen heraus glühend und leuchtend, verjüngt. Die Frau stimuliert den Mann nach Bedarf.
Ungefähr dreißig Minuten nach Beginn der Vereinigung kann für beide der *Totale Entspannungsorgasmus* stattfinden. Dies geschieht fünfzehn Minuten, nachdem man das Kraftfeld zuerst gefühlt hat.

Befolgen Sie diese Anweisungen nur nicht sklavisch! Wir sind schließlich alle Individuen. Jedes Paar stellt eine einzigartige Kombination von Menschen dar. Lauschen Sie vielmehr auf Ihre Gefühle, auf Ihr Herz.

Der Mann kann noch etwas anderes tun, was wir bisher noch nicht erwähnt haben: er kann seine PC- und Analmuskulatur kontrahieren, um dabei mitzumachen. Es ist außerdem möglich, die Muskeln, welche den Penis auf- und abwärts sowie seitlich bewegen, in solchem Umfang zu entwickeln, daß der Penis innerhalb der Vagina bewegt werden kann, ohne daß der Rest des Körpers sich dabei rührt.

Die Autoren von *ESO* empfehlen, in sitzender und liegender

Stellung bei voller Erektion zu üben, um die entsprechenden Muskeln genauer zu orten.

Ebensowenig haben wir vorher Visualisationen, Affirmationen und ähnliches erwähnt. Wenn Sie diese Techniken mögen, können Sie sie einsetzen.

Epilog

Glück ist Wissen ums Alleinsein

Glück ist Wissen ums Alleinsein,

für immer allein
bist du.

Ob deine Gemahle und Gemahlinnen keine sind, einer, wenige oder viele,
alle haben doch nur ein Antlitz,

ein Abbild im Spiegel.

Die verbunden sind,
werden sich schließlich wieder trennen.

Die nur Teile sind,

werden schließlich Ganzes sein,

alles ist ein Prozeß
des Vereinens und Trennens.

Laß dich nicht vom äußeren Schein trügen,
wie sollten Beziehungen ewig sein,

wenn das Leben selbst es nicht ist?

Niemand kann dich lieben,
es sei denn, du liebst dich selbst.

Die größte Liebe, die süßeste Liebe, die beste Liebe
steht auf geheiligtem Boden,
geheiligt von der Liebe zur Freiheit.

Ohne frische Luft
stirbt sogar
das prächtigste Feuer.

Der endlose Orgasmus

Wir sind die Verkünder des endlosen Orgasmus (Klimax).
Wir sind die Verkünder der endlos orgasmischen Beziehung.
Orgasmus ist ein Zustand des Körper-Geists.
Beim Spiel der Sexualliebe zwischen Mann und Frau, männlicher und weiblicher Polarität, existiert das Potential des endlosen Orgasmus.
Orgasmus läßt sich erfahren beim Sprechen, Kämpfen, Liebemachen, Tanzen, Essen, Berühren, Lauschen, Blicken, Lachen.
Wie erbärmlich, wie billig, wie selbstverleugnend, den Orgasmus auf einen elektrischen Spasmus der Nerven zu reduzieren!
Wenn Menschen von endloser Liebe sprechen, von höchster romantischer Liebe, wie dies manchmal in Filmen oder Büchern dargestellt wird, so meinen sie tatsächlich damit diesen Zustand des endlosen Orgasmus.
Zwischen den Geschlechtern findet etwas ganz Bestimmtes statt. Es ist dies der Orgasmus ohne Ende.
Haben Mann und Frau erst einmal verstanden, wie dieses subtile dauerhafte Gefühl des Orgasmus aufrechterhalten werden kann, der prickelnden, dynamischen, kreisenden Lebendigkeit, so braucht es niemals mehr zu enden, sondern wird sich ausdehnen und höher und höher steigen und tiefer und tiefer.
Was ist ein Non-stop-Orgasmus?
Der endlose Orgasmus ist eine Form des Recycling.
Nicht daß du ständig in einem Zustand körperlicher orgasmischer Spasmen wärest. Sondern daß dein Liebemachen niemals wirklich enden muß. Du kannst den Übergang vom Bett zum Kopf und zum Herzen schaffen und das ekstatische Leuchten im Alltag beibehalten. Alles kann Vorspiel sein und Erregung und Orgasmus und Nachglühen, alles zusammen gebündelt in ein hallendes Hervorplatzen, so lange und so oft, daß die Grundqualität deiner Beziehung irgendwie orgasmisch ist und bleibt.
Der endlose Orgasmus ist für jene Menschen, die die Verantwortung übernehmen können, verliebt zu bleiben, aus der Falle mentaler Unwichtigkeiten hervorzutreten, aus dem Alltagsdenken.

Gedanken können den endlosen Orgasmus töten, so wie sie den gewöhnlichen Orgasmus während des gewöhnlichen Sex töten können.

Verlangen, bleibt es sich selbst überlassen, beendet die Interaktion. Verlangen will das Ziel erreichen, den Orgasmus, die Entladung.

Verlangen kümmert sich nicht um das, was nach jenem Ziel kommt, nach jener Entladung.

Liebe dagegen will niemals enden. Liebende sehnen sich gemeinsam nach Unsterblichkeit. Das Herz ist im Himmel zu Hause. Endloser Orgasmus ist endloses Geben und Empfangen vom Geliebten.

Doch Liebe allein kann den Liebenden nicht genügen. Sonst sind Liebende nur Freunde, die gemeinsam Nutzen daraus ziehen. Es bedarf des Verlangens, eines undefinierbaren und doch unwiderlegbaren magnetischen Angezogenseins. Ständiges Verlangen, stabiles Verlangen, Verlangen, Liebe zu machen, Verlangen, beim Geliebten zu sein, Verlangen, Freude zu teilen.

Solches Verlangen wird durch das Liebemachen der Sexuellen Energie-Ekstase genährt.

Verlangen ist Brennstoff und Feuer zugleich. Liebe ist der Ofen und der Temperaturregler. Lebensenergie ist das Brot, von dem ihr schmaust, während ihr durch die Vereinigung eure Essenz miteinander austauscht.

Die Liebe, der Respekt, die Wertschätzung zwischen Liebespartnern beschert den besonderen Raum, in dem dieser Einakter polarer Gegensätze spielerisch und doch intensiv in endlosen Zyklen der Ausdehnung und des Zusammenziehens weiter und weiter gehen kann, des Steigens und Fallens, des Hinein und Hinaus, des Für und Wider, des Ja und Nein, des Schmerzes und der Freude, der Geburt und des Todes selbst.

Dies ist möglich, weil der Mann die Essenz der Frau in sich hat und weil die Frau die Essenz des Mannes in sich hat. Was äußerlich männlich ist, ist innerlich weiblich. Was äußerlich weiblich ist, ist innerlich männlich. So weiß man, daß Männer außen stark und innen empfindlich sind, während Frauen innen stark und außen empfindlich sind. Im Idealfall sind natürlich beide innen wie außen Kraft und Empfindlichkeit. Dieses Ideal des inneren Wachstums wird durch eine Beziehung genährt, welche den Wert des täglichen Vierundzwanzig-Stunden-Orgasmus, des Liebemachens ohne Ende erkennt.

Der Unterschied besteht nur darin, was außen und was innen ist. Der Unterschied stellt die Schiene dar, den Schaltkreis, die beiden Pole von Positiv und Negativ, welche sein müssen, damit Energie beginnen kann zu fließen und dies weiterhin tut. Es ist dasselbe wie bei anderen elektromagnetischen Phänomenen.

Unsere Trennung von der Natur, die wir beklagen, unsere Unabhängigkeit von der Natur, die wir feiern, sind oberflächlich, eingebildet, entsprechen nicht den Tatsachen. Ohne Unterbrechung gelten unbeugsame Gesetze. Damit Energie und Ekstase sein können, muß auch Polarität sein. Auf der Ebene des Universums zeigt sich dieselbe Polarität wie im Atom und im Verhältnis Mann/Frau. Genieße diese Polarität. Es ist eine Form des Gleichgewichts. Beim Spiel des Gleichgewichts, das verloren, gesucht und wiedergefunden wird, sind drei Bedürfnisse aktiv: das Bedürfnis, nach dem anderen zu greifen; das Bedürfnis, zu kommunizieren, eins zu sein; das Bedürfnis, diese Vereinigung wieder loszulassen und zurückzukehren in die Integrität des Selbst allein.

Authentisches Handeln ist der Schlüssel, und es beruht auf tiefem, praktischem Verstehen der Alltagsdramen des Lebens.

Zorn ist beispielsweise völlig orgasmisch; Kämpfe, Reibungen, Konflikte sind unvermeidlich. Das sind die Bisse, Kratzer und Schreie leidenschaftlichen Liebemachens, übersetzt in die Sprache des Alltags. Ein Kampf kann ein Fest der Lebensenergie sein. Nicht nur, daß dadurch Spannungen gelöst und Differenzen beseitigt werden, schon die schiere Lebendigkeit, die man beim Zorn empfindet, läßt sich voll und ganz teilen, auch wenn man sich gerade bereitmacht, um in den Kampf zu ziehen.

Verstehen mußt du den natürlichen Kreislauf, die grundlegende Realität des Rhythmus, wie er für die Beziehung gilt. Die Gezeiten des Ozeans strömen herein und heraus. Sonne und Mond teilen sich den Himmel in einem Rhythmus von Tag und Nacht. Mann und Frau sind, als Erscheinungen der Natur, Teil dieses rhythmischen Vorgangs.

Das Gefühl der Nähe wird kommen und verschwinden. Das Gefühl der Ferne wird kommen und verschwinden. Das Gefühl der Neutralität wird kommen und verschwinden.

Dies läßt sich nicht verändern. Ebensogut könntest du versuchen, die Sonne vom Himmel zu pflücken oder den Mond in deine Tasche zu stecken.

Was sich verändern läßt, ist deine Beziehung dazu.

Es ist ein unpersönlicher Prozeß. Hinein und hinaus, vor und zurück, auseinander und zusammen, hoch und runter, ganz wie der Atem, der nicht endet, solange du am Leben bist. Es läßt sich nicht beherrschen.

Und wenn du es nicht besiegen kannst, so schließ dich ihm an.

Deine Gefühle des Zorns und der Entfremdung sind verkleidete Segen. Da wir Menschenwesen sind, spüren wir diese wogenden Gezeiten und identifizieren uns damit. Wir verleihen ihnen Persönlichkeit und Emotion. Der Prozeß selbst jedoch ist völlig unpersönlich.

Deine Gefühle der Indifferenz und der Neutralität sind ein verborgenes Entzücken. Das ist die natürliche Zeit, um eine Pause zu machen, um die wichtigste Beziehung zu erneuern, die Beziehung zu dir selbst. Entledige dich in solchen Zeiten des Bedürfnisses nach anderen. Schwelge in deiner Autarkie, genieße deine wunderbare höchste Einsamkeit. Du bist ein Adler, der durch leeren Himmel segelt.

Der Schlüssel zur Erfüllung deiner Möglichkeit des endlosen Orgasmus in einer Beziehung besteht darin, harmlos zu werden. Harmlosigkeit ist das Fehlen bösen Wollens. Es ist objektives Mitgefühl, neutrale Fürsorge, guter Wille ohne Hintergedanken, hohe Indifferenz.

Harmlosigkeit ist Selbstwertgefühl in Aktion.

Schon ein kleines bißchen harmlos zu sein, bringt große Freiheit.

Du brauchst wenigstens ein bißchen inneren Frieden, denn die emotionale Klarheit, auf der die Harmlosigkeit beruht, ist das Nebenprodukt inneren Friedens.

Es gibt keine Abkürzungen.

Werde harmlos.

Es kommt eine Zeit, da du erkennst, daß alles in der Welt um uns, vor allem aber in unseren Beziehungen, eine Spiegelung unserer Beziehung zu uns selbst ist.
Mann und Frau werden durch einander gemessen.
Um einen Mann zu erkennen, betrachte seine Frau.
Um eine Frau zu erkennen, betrachte ihren Mann.
Im Außen mögen sich die Gegensätze anziehen, doch im Inneren ist es Gleichheit, Übereinstimmung, die anzieht.
Der endlose Orgasmus ist ein Feiern der Reibung, die durch die Unterschiede zwischen zwei polarisierten Personen entsteht, die miteinander in gefühlsmäßiger Übereinstimmung bleiben. Es ist kein neuer Standard, kein neues Ziel, kein neues Maß der Liebe.
Es ist eine Form des Feuerlaufens.
Es ist die Einladung zum Tanz und dazu, dich beim Tanzen daran zu erinnern, warum du überhaupt zu dieser Feier gekommen bist.

Glossar

Alltagsbewußtsein: Das bewußte Denken, das für praktische Angelegenheiten nützlich ist, etwa für das Einkaufen, das Planen, das Arbeiten, das aber beiseite geschoben oder irgendwie überwunden werden muß, damit tiefergehende Erfahrungen des Liebemachens möglich werden.

Bewußter Konflikt: Bewußt herbeigeführter, mitfühlender Konflikt, der auf dem gegenseitigen Einverständnis fußt, daß Konflikt zwischen Partnern unvermeidlich und lebenswichtig ist.

Ejak-Elation: Ejakulation, die nicht forciert wird, sondern in Harmonie mit dem natürlichen Rhythmus des Mannes und seines Bedürfnisses nach Entladung stattfindet.

Entfaltung: Die Kunst, durch Akte der leidenschaftlichen Güte die Sensitivität und Vitalität Ihres Partners zugunsten einer für beide Beteiligte förderlichen Intimität hervorzuholen.

Ganzheitliches/Holistisches Liebemachen: Jeder Angang des Liebemachens, der die Tatsache berücksichtigt, daß das Ganze der sexuellen Vereinigung größer ist als die **Summe seiner Teile.** Körper, Geist und Herz machen gemeinsam Liebe. Ausgegangen wird von der Gegenwart heilender Lebensenergien. Ganzheitliches Liebemachen nutzt bewußt die Kräfte sexueller Energie für die Heilung, das Herstellen von Harmonie und die persönliche Entwicklung. Ob man einen genitalen Orgasmus erlangt oder nicht, ist eine Frage der persönlichen Entscheidung und des individuellen Stils.

Gemahl/in – Partner/in: Ein edler Begleiter/eine edle Begleiterin, mit dem/der man die Kunst der Sexuellen Energie-Ekstase praktiziert.

Gipfel-Gipfel: Der höchste Punkt des genitalen Orgasmus, auf dem völliger Verlust des Ichbewußtseins stattfinden kann.

Höhepunkt/Klimax: Eine sexuelle Gipfelerfahrung, die von Intensität, Genuß oder Bedeutsamkeit her mit einem sexuellen Orgasmus vergleichbar ist. Ein solcher Höhepunkt oder Klimax kann zu einer Erfahrung werden, die für den Betreffenden völlig den Rahmen des Gewöhnlichen sprengt. In diesem Buch wird der Begriff häufig verwendet, um damit orgasmusähnliche Erfahrungen zu bezeichnen, die im strengen biologischen Sinne keinen echten Genitalorgasmus darstellen.

Körper-Geist: Körper und Geist sind – im wahrsten Sinne des Wortes – tatsächlich eins.

Lebensenergie: Die lebenserhaltende Kraft, die den Körper umgibt, ihn erfüllt und durchflutet. Mehr oder weniger identisch mit den Energien der Akupunktur (Chi oder Ki, auch Ch'i) und den bioelektromagnetischen Kräften des Menschen.

Liebespunkt: Zentrum tiefen Gefühls in der Brustbeinmitte zwischen den Brustwarzen. Läßt sich mit der offenen Handfläche, mit der Zunge, dem Geist usw. sanft stimulieren. Die Thymusdrüse, die wenige Zentimeter oberhalb des Liebespunkts liegt, drückt die Funktion desselben auf Drüsenebene aus. Sie läßt sich durch kräftiges Klopfen aktivieren. Aktivierung des Liebespunkts erfolgt spontan bei tief erfüllendem Liebemachen.

Nicht-Ejakulatorischer Männlicher Orgasmus (NEMO): Männlicher Höhepunkt ohne Ejakulation.

Nur-Berührung: Indem die Partner sich auf die Empfindung des reinen Berührens allein konzentrieren, ohne zu interpretieren oder sich dem Druck auszusetzen, ein bestimmtes Ziel erreichen zu müssen, können sie das Alltagsbewußtsein ausschalten und ein Liebemachen voller Begeisterung genießen, das stark revitalisierend wirkt.

Sanfter Stil: Das Liebemachen im sanften Stil betont vornehmlich die Entspannung, die emotionale Nähe (Intimität) und die friedliche/friedvolle Interaktion. Es stellt ein Gegengewicht zu den athletischen, zielorientierten Tendenzen des harten Stils des Liebemachens dar. Die meisten Paare werden feststellen, daß beide Stile einander bereichern.

Sexualliebe: Die ideale Partnerbeziehung, bei der Verlangen füreinander und liebevolle Güte von großer Mächtigkeit sind und miteinander im Gleichgewicht stehen.

Sexuelle Energie-Ekstase: 1.) Ganzheitliche Form des Liebemachens, die auf der Ansicht fußt, daß Liebemachen eine förderliche, bewußtseinserhebende Erfahrung ist, welche die dem Leben innewohnende Einheit aufzeigt. Sie verbindet sowohl harte

(Yang) als auch sanfte (Yin) Praktiken und Erkenntnisse aus aller Welt.

2.) Die Erfahrung der Ultra-Ekstase und Ultra-Intimität selbst.

Sexueller Orgasmus: In diesem Buch bezeichnen die Begriffe »sexueller Orgasmus«, »konventioneller Orgasmus« und »Genitalorgasmus« den herkömmlichen, vertrauten Typus des Orgasmus, der von schnellen Kontraktionen des PC-Muskels begleitet wird. Der sexuelle Orgasmus ist eine bestimmte Form des Höhepunkts/Klimax (siehe »Höhepunkt/Klimax«) oder der Gipfelerfahrung.

Sexuelles Energie-Recycling: Das Befolgen eines persönlichen Rhythmus orgasmischer Entladung. Der Orgasmus wird nicht forciert. Zu diesem Biorhythmus gelangt der Mensch durch persönliches Experiment und durch Selbstbeobachtung. Er kann sich durch Einwirkung äußerer und innerer Faktoren verändern. Unnötiger Verlust von Vitalität und Begeisterung wird vermieden, was sowohl der Beziehung als auch den Partnern selbst nützt. Engagierte Recycler praktizieren harte und/oder sanfte Übungen, vor allem dann, wenn ein Vitalitätszuwachs durch sexuelle Energetisierung angestrebt wird.

Totaler Entspannungsorgasmus: Ein Höhepunkt/Klimax, der in der Regel nach einem Maximum an Entspannung verlangt. Kann mit Erregung stattfinden (wie beim *Kabbazah-Sex*) oder auch ohne (wie beim *Außersinnlichen Sex*). Ist nicht dasselbe wie der konventionelle Genitalorgasmus. Dabei können zwar typische Symptome des Genitalorgasmus wie die schnelle Kontraktion des PC-Muskels vorkommen, doch ist das Hauptcharakteristikum des *Totalen Entspannungsorgasmus* die Erfahrung glückseliger Verschmelzung. Er kann wenige Sekunden andauern, mehrere Minuten, eine Stunde oder noch länger. Der *Totale Entspannungsorgasmus* kann ohne jede genitale Stimulation eintreten, dennoch kommt er auch bei kraftvollem Liebemachen im harten Stil vor. Wird gelegentlich auch als »tantrischer Orgasmus« oder als »Energieorgasmus« bezeichnet. Ist bei der Umarmung in vollbekleidetem Zustand und ohne Körperkontakt möglich, z. B. durch bloßen Augenkontakt. Tatsächlich gibt es Tausende von Varianten dieses Orgasmus-Typs.

Ultra-Intimität: Das Wort »intim« stammt vom lateinischen *intimus*, was »innerlichst« bedeutet. Die sexuelle Ultra-Intimität zu erleben, bedeutet, den innersten Teil oder die Essenz seiner selbst und des Partners zu erfahren. Ultra-Intimität findet am wahrscheinlichsten beim auf Mitgefühl fußenden Austausch zwischen Partnern statt.

Zweite Penetration: Die emotionale Penetration des Mannes durch die Frau. So wie sich die Frau körperlich öffnen und hingeben kann, kann der Mann dies emotional tun. Tut er das, so wird dadurch der Zyklus des Energieaustauschs vollendet, und die Macht des Liebemachens, persönliche Entwicklung, Freude und Lebensverständnis zu stimulieren, werden vervielfacht.

Danksagung

Die Autoren möchten folgenden Personen danken:

Edmund Chein, M.D., J.D. und Fred Kuyt, M.D. für die Durchsicht einzelner Textabschnitte auf ihre medizinische Richtigkeit, wie auch für die großzügige Weitergabe ihres Wissens.

Andrew Lewin, M.D. für seine erhellenden Begleitworte.

William Schultz, Ph.D. für seine unschätzbaren Ratschläge.

Cheryl Pappas für die Erlaubnis, »Sei Liebe um Liebe zu bekommen« zu verwenden.

Dolores Winton für das Durchsehen der Druckfahnen, für redaktionelle Kommentare und für ihren Enthusiasmus.

Robert Howard für seine Kommentare, durch welche die Gestaltung des Umschlags der Originalausgabe verbessert werden konnte.

Lee Perry für hervorragende redaktionelle Arbeit.

Dan Poynter für seine großzügigen Hinweise im Bereich der Buchveröffentlichung und für die Warnung bzw. den Hinweis zu Beginn dieses Buchs.

Morton Maxwell, M.D., Abraham Waks, M.D., Cheryl Gross, R.N., Jerry Schroth, R.N. und Phil Schroth, Ph.D. für ihre Unterstützung und Güte.

Steven Koenigsberg, Ph.D., Andrew Lewin, M.D., Jill Casty, Al Abrams, M. Brooks und Bonnie Winton für ihre Kommentare zum Manuskript.

Sage King, Ph.D., dem Ehrw. Shinzen Young, Paul Bindrim, Ph.D., Ehrw. Mettavihari, Jack Rosenberg, Ph.D., Marjorie Rand, Ph.D., Dr. Stephen Chang, Joel Katz, M.A., Al Manning, C.P.A., D.D., Lewis E. Durham, Ed.D., M.Th., Ernest Holden, Lee Perry, Giovanna Bergmann, Cordula Ohman, Carol Shive Churton, Sue Criswell, Steve Gilburne, Steve Swart, Akasa Levi, Jennifer Maglica, Jack Frost, William Miller, Ph.D., Gene Emery, Glenn Bradley, Jeff Lradno, Krishna Shah, Rev. Suzanne Hagen, Eldon Snyder, Ph.D., Rev. Juanita White, Swami Sivananda, Swami Satyananda Saraswati, Gry Akones, Paulette Rochelle-Levy, M.F.C.C., Swami Satchidananda, Swami Vivekananda, Swami Janakananda, Elan Neev, Ph.D., Bill Geller, Hollis Cotham, Wendy Mann, Brian Lambert, Dawn, George Caccamise, Michelle Piet, Sabina und M. Brooks für ihre Erkenntnisse.

Dan Poynter, Alan Gadney, Peggy Glenn, Justin Herold, Jan Nathan, Dick Bye und dem Rest von PASCAL, Lynda Huey, Jack Pryor, Lee Perry, Irwin Zucker, Brina-Rae Schuchmann, Jill Casty, Gene Schwartz, Ed Marcus, Tyrone Huntley, Joe Faust, Jane Browne und Zan für ihre Informationen über das Buchverlagswesen.

Der technischen Unterstützung von Lexisoft, Marcia Lewin, Al Abrams und Charles Ramsdale für ihr Computerwissen.

Leora und Harry Brown-Hiegle, Jocelyn Freid, Chandrika McKay, Burt Dubin, Diana Sacks, Jennifer Burtt, Rosalie Martinez, Daryl Pieta, Ralph

Thierry, Steven Lader, Leslie Kaminoff, Lynda Huey, Shelley Young, Parvati, Arline Goldberg, David Draper, Tara Realy, Kisha Cohen, Whitfield Reaves, C.A., James Andion, Esq., Sylvia, Carol Hemingway, M.A., Theo Scipio und Kevin, Richard Foulk, Bob Mulhander, Debbie Ramsdale, Walt und Karen Seubert, Jerry und Maggie Davis, Kevin Noonan und Geneva für ihre Anregungen.

Den vielen Männern und Frauen, die sich so großzügig auf unseren Workshops, Seminaren und Vorträgen eingebracht haben.

Den sexuellen Pionieren und Forschern aus Vergangenheit und Gegenwart für ihr Wissen und ihre Weisheit.

Unseren Eltern und Verwandten dafür, daß sie unsere Vision mit uns teilten.

Adressen

Die Erwähnung in dieser Liste bedeutet keine Empfehlung von seiten der Autoren oder des Verlags.
[Aus der Fülle des Angebots im deutschsprachigen und internationalen Raum wurde hier eine kleine Reihe zusammengestellt, die jedoch keinen Anspruch auf Vollständigkeit erheben kann. Weitere Auskunft geben die im Anschluß aufgeführten Bücher. Anm. d. Übs.]

Astrologie & Biorhythmus

Institut für astrologische Grundlagenforschung
G. Vehns
Elsa-Brandström-Str. 15
D-7500 Karlsruhe–Bergwald
Tel.: 0721-474282
      07231-44282

Berechnungsservice, professionelle Astrologie- und Biorhythmus-Software

Bach-Blüten-Therapie

Dr. Edward Bach Centre, German Office
Mechthild Scheffer, Hp
Eppendorfer Landstraße 32
D-2000 Hamburg 20
Tel.: 040-461041

Autorisiertes Zentrum für Bach-Blüten-Therapie im gesamten deutschsprachigen Raum unter Leitung der Heilpraktikerin M. Scheffer (Autorin von *Bach-Blüten-Therapie in Theorie und Praxis* und *Erfahrungen mit der Bach-Blüten-Therapie*, s. Bibliographie); Einführungsseminare

Bücher und Zubehör

HORUS BUCHHANDLUNG & VERSAND
Bismarckstr. 19
D-5300 Bonn
Tel.: 0228-225946

Großes Angebot an Literatur zu den Bereichen Yoga, Tantra, Sexualmagie, Kundalini, Kräuterkunde, Fußreflexzonen, Akupressur, Akupunktur,

Astrologie, Alternative Medizin; ferner Zubehör: Tarot, Astro-/Biorhythmus-Service, Öle, Kräuter, Räucherwerk, Duftstoffe, Meditationsmusik, Meditationshilfen (Kissen, Bänke etc.), Ritualzubehör usw.

BUCHHANDLUNG WEYERMANN
Bubenbergplatz 8
CH-3001 Bern
Tel.: 031-223746

Große Auswahl an Literatur zu den oben behandelten Themen; Seminarorganisation

Entspannungs-Tanks

COSMOTRON SAMADHI TANK GmbH
Steinlerstr. 6
D-6000 Frankfurt/M. 70

Herstellung & Vertrieb von Entspannungstanks, technische Beratung

Fußreflexzonenmassage
(Marquardtsche Fußreflexzonenbehandlung)

Berthold Pastoors
Küntzelstr. 57
D-4300 Essen
Tel.: 0201-780896

Hatha Tantra Yoga

Bihar School of Yoga, Monghyr 811201, Bihar, Indien

Swami Satyananda ist ein authentischer Hindu Tantra Meister und unterrichtet den Yoga-Weg des Liebemachens.

Scandinavian Yoga and Meditation School
S-340 13 Hamneda, Schweden

Swami Janakananda, in Indien ausgebildeter Tantriker und Buchautor (s. Bibliographie) hält auch im südlichen Teil Europas Seminare ab und führt Ausbildungen durch.

Meditationsmusik
s. auch Horus Buchhandlung & Versand (Rubrik »Bücher & Zubehör«)

Narada
Postbus 6037
NL-2001 HA Haarlem

New Age Musikversand
Neureuther Str. 61
D-8000 München 40

(weitere Bezugsquellen zu Meditationsmusik in: Ralph Tegtmeier, *Musikführer für die Reise nach Innen*, Edition Schangrila Haldenwang 1985)

Psychotherapie & Sexualtherapie

Prof. Dr. Martin Ewald
Römerstr. 14
D-5042 Erftstadt
Tel.: 02235-74447/72818

Praxis für Psychotherapie (auch Sexualtherapie), u. a. mit Entspannungstank

Ritualzubehör

Siehe Horus Buchhandlung & Versand (Rubrik »Bücher & Zubehör«)

Seminare, Kurse, Workshops

Forum Esotericum
Postf. 281
A-5412 Puch
Tel.: 06245-63155

Sauter Organisation
Hauptstr. 110
CH-8280 Kreuzlingen
Tel.: 072-721573

Beide Veranstalter bieten u. a. Seminare an mit Meister Mantak Chia (Autor von *Tao Yoga der Liebe*, s. Bibliographie) und Frater V∴D∴ (Autor von *Handbuch der Sexualmagie*, s. Bibliographie)

Siehe auch Buchhandlung Weyermann (Rubrik »Bücher & Zubehör«)

Sex-Hilfen, Ehehygiene

Beate Uhse Versand
Postfach 2962
D-2390 Flensburg

Große Auswahl an Artikeln aus dem Bereich des Sexualzubehörs

Tattwa-Therapie

Deutsches Institut für Tattwa-Forschung (DITF)
St.-Josef-Str. 26
D-5463 Unkel
Tel.: 02224-75503

Tattwa-Arbeit ist eine neuartige ganzheitliche Trancereisen-Therapie, die der Entspannung und Sinnfindung, der Prophylaxe und der Beseitigung von Krankheitsursachen dient. Die Tattwa-Technik wird unter anderem auch im Bereich der Sexualstörungen mit großem Erfolg angewandt.

Weitere Quellen (Auswahl):

Connexions New Age, Mandala Verlag P. Meyer, Klingelbach 1986
Esoterik Almanach (jährlich), Rossipaul Verlag, München
Spirituelles Adreßbuch für den deutschsprachigen Raum, Param Verlag G. Koch, Ahlerstedt

Literaturverzeichnis

Cerney, J. V.: Akupunktur ohne Nadeln. H. Bauer, 9. Auflage 1984.
Chang, Jolan: Das Tao der Liebe. Unterweisungen in altchinesischer Liebeskunst. Rowohlt, 1978.
ders.: Das Tao für liebende Paare. Leben und Lieben im Einklang mit der Natur. Rowohlt, 1983.
Chia, Mantak: Praktisches Lehrbuch zur Erweckung der heilenden Urkraft Chi. Tao Yoga. Ansata, 1985.
Comfort, Alex: Joy of Sex. Freude am Sex. Ullstein, 1976.
Diamond, John: Der Körper lügt nicht. Verlag für Angewandte Kinesiologie, 1983.
Douglas, Nik/Slinger, Penny: Das große Buch des Tantra. Sexuelle Geheimnisse und die Alchemie der Ekstase. Sphinx, 1985.
Evola, Julius: Metaphysik des Sexus. Klett-Cotta/Ullstein, Frankfurt/M. 1983.
Frater V.··D.··: Handbuch der Sexualmagie, akasha Verlag, München 1986.
Gillies, Jerry: Transzendenter Sex. Zsolnay, 1980.
Kassorla, Irene: Nette Frauen tun es – und ich sage Ihnen wie! Hestia, 1982.
Lloyd, J. William: Karezza-Praxis. Liebe als Austausch magnetischer Kräfte. Edition Frankhauser.
Lock, Charles Waldemar: Erotische Energiekunst. Perseus-Edition, München o.J.
ders: Magie der Geschlechter. Perseus-Edition, München 1958.
Lysebeth, André van: Die große Kraft des Atems. Pranayama. Scherz, 3. Auflage 1978.
Masters, William/Johnson, Virginia: Die sexuelle Reaktion. Rowohlt, 1984.
Morgenstern, Michael: How to make love to a woman – So macht man Liebe mit einer Frau. Heyne, 1983.
Mumford, John: Psychosomatischer Yoga. Der östliche Pfad zu geistigem und körperlichem Wohlbefinden. Sphinx, 1982.
ders: Tantrische Sexualmagie. Theorie und Praxis der okkulten Liebe. Sphinx, 1984.
Namikoshi, Tokujiro: Shiatsu. Heilung durch die Fingerspitzen. Goldmann. Neuauflage 1986.
Osborne, Arthur (Hrsg.): Rama Maharshi. Seine Lehren. Hugendubel, 1983.
Rajneesh, Bhagwan Shree: Das Buch der Geheimnisse. Heyne, 1982.
Reuben, David: Alles, was Sie schon immer über Sex wissen wollten... aber bisher nicht zu fragen wagten. Droemer Knaur, 1973.
Rosenberg, Jack L.: Orgasmus. Simon-Weidner und Leutner, 5. Auflage 1979.
Scheffer, Mechthild: Bach-Blüten-Therapie in Theorie und Praxis. Hugendubel, München.

dies.: Erfahrungen mit der Bach-Blüten-Therapie. Hugendubel, München.
Serrano, Miguel: El/Ella. Das Buch der Magischen Liebe. Sphinx Verlag, Basel 1982.
Tannahill, Reay: Kulturgeschichte der Erotik. Zsolnay, 1982.
Tegtmeier, Ralph: Die heilende Kraft der Elemente. Praxis der Tattwa-Therapie. Hermann Bauer Verlag, Freiburg i. Br. 1986.
ders: Der heilende Regenbogen. Edition Schangrila, Haldenwang, 1985.
ders: Musikführer für die Reise nach Innen. Edition.
Thirleby, Ashley: Das Tantra der Liebe. Eine Einführung in die altindische Liebeskunst – der Schlüssel zu sexueller Freude und seelischer Kraft. Scherz, Sonderausgabe 1986.
Watts, Alan: Im Einklang mit der Natur. Der Mensch in der natürlichen Welt und die Liebe von Mann und Frau. Kösel, 1981.
Zilbergeld, Bernie: Männliche Sexualität. Was (nicht) alle schon über Männer wußten... DGVT, 8. Auflage 1986.

Register

A

Abstinenz 274f., 335
Achselhöhlen 120, 201
Aerobic 105, 139, 262
Affirmation 92, 195f., 211, 228, 268, 304, 344
After 84, 200f., 255ff., 269
Aftermuskeln 88f., 93, 96, 98ff., 102, 242, 259, 269
Agapetae 280
Aggression 261, 270
Aku-Liebesmassage 127ff., 193
Akupressur 127f., 133f., 252, 324f.
Aku-Punkte 132ff., 325
Akupunktur 49, 128, 179, 193, 257, 316, 324
Alchemie der Gefühle 108, 120, 122
Alkohol 70f., 75f., 134
Aloe-Creme 131
Aloe vera 79
Anahata Chakra 49
Analmuskeln 95, 182, 191, 195, 255, 310, 322, 331, 343
Ananga Ranga 87, 194
Angstgefühle 235
Anhalten, vollständiges 184ff.
Anschlußatem 191f.
Anspannung 34ff., 65f., 262f.
Anus 101, 138
Aphrodisiaka 71, 78f., 239
Armgelenke 134, 201
»Arsch-Friede« 224f.
As Sibfahheh 267, 330
Astrologie 161f.
Atemanhalten 182
Atembeherrschung 92
Atemenergie 198
Atemmeditation 69
Atemrhythmus 57, 176f., 180, 195, 211, 310f.
Atemsynchronisation 146
Atemtechniken 188ff., 250, 266f., 282, 310f., 339
Atemtraining 59, 91
Atemverschluß 192
Atmung 68f., 98, 176f., 186, 238
–, vollständige 57ff., 235
Aufgeben 203, 214
Aufladung 146f., 235, 285, 287
Aufwärmübung 295
Augenkontakt 159, 166, 181, 216
Augen-Orgasmus 230
Augenrollen 254
Augenschließen 235
Aura-Sex 139ff.
Außersinnlicher Sex 30, 140, 278, 283ff., 286f.
Autogenes Training 62

B

Bach, Edward 234
Bad 150, 252
Barbiturate 69
Bärenumarmung 184
Bauch 184, 187, 249
Bauchatmung 57, 182
Bauchdrehung 266
Bauchmuskeln 191, 250
Bauchtanz 266
Beckenatmung 189
Beckenbewußtsein 80
Beckenboden 101f., 330
Beckendrehungen 80ff.
Beckendruck 238
Beckenheben 105
Beckensprünge 82f.
Beckenstöße 80ff.
Bedingungslose Liebe 42f.

Beleuchtung 144 f.
Benatar, Pat 139
Bernstein 144
Beruhigungsmittel 69
Berührung 125 ff., 153, 159, 168, 174, 183, 235, 248, 277, 296, 308, 333
Bethards, Betty 146, 167, 186, 285
Bewegungslosigkeit 331, 337
Bewegungsübungen 296
Bewußter Konflikt 173 f.
Bewußtseinszustand 221, 228 f., 290
Bienenpollen 79
Bindrim, Paul 311
Bioelektrischer Sex 278, 287 f.
Bioenergetik 80
Biomagnetische Kreisläufe 178 ff.
Biorhythmen 161
»Blase« 197
Blate, Michael 128
»Blaue Lotosblüte« 198
»Blondie« 139
Blut 262, 268, 318
Blütenessenzen 234 f.
Bondage 30
Britton, Bryce 85 f.
Bromelain 78
Browning, Elisabeth Barett 304
Brustatmer 57
Brüste 19 ff., 48, 94 f.
Brustkorb 19, 59, 187, 201, 216
Brustwarzen 135, 201
Bunker-Stockham, Alice 299 f.
siehe auch Stockham, Alice

C

Carezza siehe Karezza
Casper, David 140
Castleman, Michael 241

Cernitinpollen 78
Chang, Jolan 253, 316, 327
Chang, Stephen T. 95 f., 110, 316 f., 319, 322, 324
China, Alchimie 108
–, Taoismus 110, 112
Chinesische Gesundheitslehre 93
Chinesische Hirsch-Übung 93
Chinesische Medizin 160, 318
Chinesische Sexualkunde 315 f.
Chinesische Sexualwissenschaft 257
Chinesische Technik 248
»Chinesischer Neuner« 253
Coitus siehe auch Koitus
Coitus interruptus 328, 334
Coitus reservatus 301
Coitus saxonus 258 f.
Cowper Drüse 255
Cunnilingus 254
Cutler, Winnifred Berg 112 f.
Cystitis 85

D

Damiana 78, 237
Damm 138, 201, 250, 255 f., 268, 296
Danchu 49
Datura stramonium 71
Debussy, Claude 140
Delirium, ekstatisches 111
Denckla, W. Donner 108
Denken 124, 262
»Denkmal« 203, 205, 231
Depressionen 71, 113
Desensibilisierung 148
Diamond, John 193 f.
Diät 75 f., 114, 268
Dienergefäß 49, 179

Dildo 86
Donnerkeilhaltung 98, 101ff., 242, 339
Donnoi 280
Downing, George 133
Drogen, sex-hemmende 69f., 134
»Druckknopf-Sex« 296
Drüsensystem 73, 108
Düfte 143
Durchhaltevermögen 312
Dusche 150, 188, 252, 285

E

Ego-Sinn 221
Ehe 25
Ehrlich, George 108
Ehrlichkeit 40, 232, 335
Eichel 97, 246, 251
Eindringen 216, 250
Einfrierenspiel 185
Einklang 176f., 180, 191
Einschwingung 162ff., 269, 282
–, dreifache 166
Einssein 39, 74, 109, 174f., 209, 211, 274, 282, 299, 334f.
Einswerden 222, 238, 290, 292
Einzelorgasmus 110
Ejakulation 100, 112ff., 135, 137, 208, 214, 244ff., 250f., 257ff., 269, 285, 290, 293, 302, 322f., 326ff.
–, gewollte 241
–, Vermeidung 114
–, Verzögerung 92f., 189, 239ff., 252, 254
–, vorzeitige 76, 78, 104
Ejakulationsdrang 251
Ejakulationsfähigkeit 70
Ejakulationskontrolle 236, 241, 246, 250, 329, 332

Ejakulationsorgasmus 224, 249, 254f., 305, 319f., 329, 333
Ekstase 14, 85, 122, 167, 174, 181, 185, 226, 228, 240, 260, 269f., 275, 277ff., 283, 307, 309, 313, 328f., 333, 335, 342
Ekstasesteigerung 332
Ekstatische Leere 318
Ekstatischer Friede 224
Ekstatischer Zusammenbruch 321
Ekstatisches Leuchten 348
Ellenbogen 201
Emerson, Ralph Waldo 304
Encountergruppe 148
Endentspannung 291ff.
Endorphine 62
Energetisierung 93, 157, 238, 278
Energie, persönliche 109
– speichern 186ff.
Energie-Ekstase, sexuelle 114, 167, 233, 275, 308, 328, 349
Energiekreislauf 179, 181
Energiepegel 235, 267
»Energieverkehr« 280
Energieverlust 111ff., 258
Energieverteilung 167ff., 239
Eno, Brian 140f.
Entfaltung 152ff.
Enthaltsamkeit, männliche 300f.
Entspannung 34ff., 61ff., 91, 128f., 153ff., 168, 191, 238, 252, 266, 277, 284, 286, 290f., 302, 304, 310, 315, 324, 337ff.
Entspannungsorgasmus 37ff., 279, 299, 306, 335, 338, 343
Entspannungsphase 323
Entspannungstechnik 167
Erdungstechniken 186ff., 287
Erektion 91, 137, 145, 235, 237, 244, 246, 250f., 257, 278, 298, 306, 314, 329, 343

Erektionsfähigkeit 70
Erfüllung 174, 274, 279, 301, 320
Ernährung 75 ff.
Erogene Zonen 193, 199 ff.
Erotische Magie 309, 312 f.
Erotische Mahlzeit 316 f.
Erotische Massage 133
Erotische Spannung 233, 251, 328
Erotische Stimulierung 126
Erotischer Wahnsinn 309, 313
Erotisches Erwachen 174 ff., 270
Erotisches Feuer 217, 279, 309, 311, 330
Erotisches Ritual 236
Erotisches Universum 83
Erregung 174, 216, 244, 247, 263, 266 f., 276, 279, 290 f., 293, 296, 302, 310 ff., 318, 348
Erregungshöhepunkt 310
Erregungsphase 261
Erregungstechniken 199 ff.
Erwachen 171 ff.
Espe 235

F

Farben der Erregung 310 f.
Fasten 237
Fellatio 247
»Fellatio des großen Zehs« 130
»Fest der Sinne« 293
Feuer und Wasser 173, 317
Feueratem 192
»Feuerwerkskörper« 198
Finger 201
Fleisch 75 f.
»Fliegen« 230
Flirten 158
Fontanelle 130
Foreigner 139

Frauen, Hirsch-Übung 94 ff.
–, nur sie bewegen sich 340
–, Sexualorgasmus 260 ff.
–, Unterschiede zum Mann 317 f.
Freude 92, 184, 223, 228, 250, 273, 275, 320, 349
Friede (atmosphärisch) 119, 153 f., 224 f., 351
Friedvolle Stellungen 202 ff.
Frigidität 76, 133
Fußknöchel 201
Fußmassage 132
Fußsohlen 193, 201
Fußwaschung 131 f.

G

Gandhi, Mahatma 279
Ganzkörperatmung 193
Ganzkörperentspannung 151
Ganzkörpererotik 127
Ganzkörpermassage 127, 131, 133, 200
Garrison, Omar 286
»Garten« 198
Gaumen 179, 201, 253
Gebärmuttersenkung 100
Gebet 62, 211, 277
Gedanken 67, 123, 195, 349
Gefühle 351
–, der Einheit 39
Gefühlsenergie 164
Gefühlserwiderung 175
Gefühlsfähigkeit 89
Gefühlsintensität 92, 232
Gefühlskurve 161
Gefühlstiefen 243
Gefühlszentrum 21, 310
Gehirn 105, 113, 158, 232, 253 f.
Gehirnhälften 13, 60, 179, 194
Geist 74, 224, 229

»Geleeorgasmus« 231
Gemahl und Gemahlin 26 ff.
Genitalatmung 192
Genitalbereich 235
Genitale Vereinigung 146 f.
Genitalien 97, 102, 168, 187, 198, 215
Genitalorgasmus 85, 88 f., 227 f., 235, 254, 263 ff., 276, 278, 284
Geräusche 208 f.
Gesäßbacken 137, 201, 250
Gesäßmulde 137, 201
Geschlechtsakt 168
Geschlechtsorgane 324 f.
Geschlechtsverkehr 273, 279, 283 ff.
Gesicht 156, 177
Gesichtsmassage 129
Gesichtsmuskeln 248
Ginseng 78, 237
G-Jo-Institut 128
»Glanz« 198
Glass, Philip 140
Gleitmittel 236, 244, 285
Glückseligkeit 178, 229 f., 294, 318, 334
»Goldener Nebel« 198
»Gott und Göttin« 26 f., 149, 152, 197
G-Punkt 86, 216, 240, 263, 267
Graber, Sexualtherapeut 210
»Großsprudelnder Quell« 193
Gruppenehe 300
Gummipenis 86
Gunther, Bernard 157
Gymnastik 73, 139

H

Halpern, Steve 140
Hämorrhoiden 95, 97, 100, 104
Hände 128, 303
Handflächen 201
Handmassage 131
Hara, Ishi 316
Harem 327 f.
Harmonie 162, 284, 301, 319
Harnröhre 84, 86, 256
Harnschließmuskeln 98, 102 f.
Harter Stil 30 f., 34, 73 f., 83, 86, 262, 276, 285
Hatha Yoga 73, 105, 108, 151, 168, 250
Heider, John 296
»Heilig fühlen« 39, 275, 343
»Heilige Klänge« 211
»Heilige Kunst« 280
Heilungsenergie 128, 227
»Heiterkeit« 203, 206
Heroin 70
»Herumschlafen« 281
Herz 21, 122, 174 f., 184, 229, 306, 308, 318, 324 f.
Herz-an-Herz-Übung 164
Herz-an-Puls-Übung 164 f.
Herzbeschwerden 134
Herzgefäße 73 f., 108, 250
Herzzentrum 49, 212
Heulen 210
Hibiskus 143, 145, 149
»Hier und Jetzt« 264
Hill, Napoleon 113
»Himmelsleiter« 213
Hinduistische Sexualtradition 162
Hintermuskeln 87
Hirnanhangdrüse 95, 103, 105 ff., 130 f., 179, 182, 253
Hirsch-Übung 93, 242
–, für Frauen 94 ff.
–, für Männer 96 ff., 320 ff.
Histamine 78, 237
Hitzeatem 188

Hoden 107, 137
Hodensack 96, 255, 257
Hodenziehen 252 f.
»Höfische Liebe« 280 f.
»Hohe Indifferenz« 183
»Hohe Minne« 280 f.
Höhepunkt 202, 219 ff., 225 f., 230, 232 f., 262 f., 265, 318 f., 323, 333 f.
Hollander, Xaviera 301
Hormonales Gleichgewicht 262
Hormonausstoß 96, 98
Hormone 107, 257, 322
Huang Ti 315
»Hubschrauber-Bewegung« 168 f.
Hüften 80 f.
Hyperventilation 267
Hypoglykämie 75
Hypophyse 93, 107

I

Iasos 140
Ileococcygeus 87
Imagination 33, 146, 195, 197, 228 f.
Impotenz 70, 76 f., 97 f., 104, 124, 133, 142
Imsak 30, 233, 251, 276, 279, 327 ff., 334
Indien 88
–, Hatha Yoga 108
Injakulation 70
Inkontinenz 85
Inner Light Foundation 146
Inspiration 176 ff., 188 ff.
Intercourse 283
Intimität 32, 114, 185, 240, 260, 275, 278, 282, 285, 327
Introjektion 20 f.
Ionengleichgewicht 142
Ischiocavernosus 87

J

Jackson, Michael 139
Jade 199
»Jadepalast« 224
Janus, Madam 280
Jarre, Jean Michel 140
Jasmin 143
Joy of Sex 39
Jungfräulichkeit 275

K

Kabbazah-Sex 83, 233, 279, 330, 335, 338 ff.
Kaffee 75 f.
Kaiser Huang Ti 315
Kalyana Malla 87
Kamadeva 92
Kamasutra 190, 194
Kampf 155 f., 302
Kampfsport 262, 268
Karezza 247, 278, 299 ff., 302 f., 306 ff.
–, für Paare 307 f.
–, Physiologie 301 f.
–, sexueller Orgasmus 305
Karma Moffett 140
Kava Kava 78
Kegel, Arnold 88
Kegel-Kontraktionen 177, 262
Kegel-Übungen 86, 88 ff., 242, 339
Kindler, Steve 140
Kinsey, Alfred C. 320
Klänge 208 ff., 211
Klimax 219 ff., 225 f., 320
Klitoris 84, 86, 94 f., 103, 236, 238, 240, 254, 263, 267, 296, 314, 330 f.
Knie 201
»Kobra« 215 f.
Koffein 70
Koitus 266, 283, siehe auch Coitus

Koitus reservatus 280 f.
Kokain 70
Kondome 246 f.
Kontemplation 175
Konzentration 74, 85, 92, 95, 159, 183, 235, 241, 248, 262, 277
Konzentrationstechnik 250
Konzeptionsmeridian 49
Kopf 201
Kopfschmerzmittel 70
Kopulieren 283
Körpergefühl 82
Körper-Geist 28, 53 ff., 122, 176 ff., 180, 199 f., 210 f., 215, 228, 230 f., 254, 268, 275, 292 f., 296 f., 310 f., 348
Körper-Geist-Training 98
Körper-Geist-Universum 235
Körperkonzentration 248
Körperschwerpunkt 249
Körpersprache 203
Körpertraining 72 ff.
Kosmisches Bewußtsein 304
Kramer, Don 274
Kranich (chin.) 93
Kräuter 237
Kreisen 250
Kreislauf 250
Kreuzbein 137, 201, 236
»Krieg und Frieden« 278, 290 ff.
Kühlungsatem 190
Kung Fu 30
Kurtisanen 127
Küssen 252, 275

L

Lachen 208 f.
Lebensenergie 33 f., 88, 157, 175, 177, 180, 194, 277, 286, 298, 303, 306, 349 f.
Lebenskraft 110, 188, 259
Lebensstil 55 f.
Leber 135, 318, 325
»Lecker-Bauch-Übung« 187
Leidenschaft 158, 224, 281, 312, 328, 342
–, der Frau 270
Leistengegend 138
Leistungssport 262
Lendenwirbel 136
Lenkergefäß 138, 179
Leonard, George 243
Levy 316
Leydig-Zwischenzellen 107
Lezithin 78, 113
Libido 73, 136
Libidohemmungssyndrom 77
Liebe 47, 175, 275, 304, 316, 347 ff.
Liebemachen 34 ff., 61, 123 ff., 153, 180 f., 185, 188, 193, 207, 213 f., 222, 224, 233 f., 270, 277 ff., 305 f., 309, 326
–, ganzheitliches 31
–, mit dem Geist 195 ff.
–, Modell des Lebens 273 ff.
–, Stile 271 ff.
Liebesakt 61, 73, 132, 143, 153, 155, 174, 176 f., 181, 183, 185, 188 f., 192, 207 f., 211, 213 f., 229, 252, 258, 273, 276, 282, 285, 292
Liebesbeziehung 25
Liebesenergie 50
Liebeshöhle 49
Liebeskunst 72, 75, 83, 175
–, orientalische 127
Liebesleben 227
Liebesmassage 127 ff., 193
Liebespunkt 21, 48 ff., 94, 164, 194, 212, 230 f., 277, 310
Liebesritus 148, 339
Liebesstoß 193 f.

Liebestechnik 207, 248
Limbo-Tanz 83
Lippen 201
Lloyd, J. William 305
Lobotomie 148
Löffelatmung 177
Losgelöstheit 183, 247
Loslassen 34ff., 87, 231, 235, 242, 263, 278f., 286, 328
Lotos 342
»Löwenatem« 191
Luftverschlußtechnik 190
Lunge 318, 324f.
Lustbeziehung 24
Lustgipfel 319ff.
Lymphkanäle 257

M

Magenheben 104
Magenpumpen 104
Magenrühren 104
Magentarot 144, 146
Magnesium 77
Magnesiumorot 78
Magnetischer Sex 278, 296ff., 303
Mangan 77
Männer, Hirschübung 96
–, Lustgipfel 319ff.
–, Sexualorgasmus 240ff.
–, Unterschiede zur Frau 317f.
Männlicher Samen 255
Mantras 196, 211
Marihuana 70
Massage 62, 127ff., 151, 252, 296, 298
Masters und Johnson 14, 30f., 126, 225, 251, 261
Masturbation 94, 110f., 227, 245, 256, 259, 263, 270, 277
–, »händefreie« 85

McCandless, Jacquelyn 194
Meditation 62, 66ff., 104, 175, 238, 252, 270, 277, 291f., 297, 303f., 330, 337
Medulla-oblongata-Punkt 133f.
Mehrfachorgasmen 110, 315, 320
Meister, Robert 328ff., 334
Meister Sun 307
Melkbewegung 87
Menopause 77, 113
Menstruation 73, 94, 110, 142, 162, 268
Menstruationsprobleme 76, 78, 95f., 100, 104
Merrell-Wolff, Franklin 183
Milz 318, 324f.
Minerale 75, 77, 79
Missionarsstellung 82, 202f., 236
Moffett, Robert 299
Mönche 280f., 322
Moschus 143
Mundkuß 177
Musculus levator ani 87
Musik 81, 150, 153, 194, 236
– zur Inspiration 139ff.
Muskelbeherrschung 92
Muskelpreßübungen 89
Muskelspannung 263
Muskulatur 88f.
Muttermilchproduktion 142
Myrrhe 144
Mysterienschulen 111
Mysterium 126, 196, 203, 282
– der Liebe 28
Mystiker 221

N

Nabel 136, 187, 201
Nachglühen 202, 228f., 348
Nacken 120, 201

Nacktheit 16
Nähe 282, 285, 351
Namikoshi, Tokujiro 133
Nasenatmung 246
Nasenkuß 201
Nasenlöcher 60
Nasenspitze 129, 201
Natrium 79
Naturfasern 142
Natürliche Sexualität 276
Nebenhoden 255
Nebennieren 106
Nebennierendrüsen 135, 227
Neff, Dio Urmilla 296
Negativkreislauf 160
Nei Ching 315
Nelson, Dee Jay 142
NEMO 315
Nervenreflexzonen 129
Nervensystem 60, 70, 73, 108, 228, 261, 302, 318
Neunundsechzig (69) 180
Niacin 78, 237
Nicht-Ejakulatorischer Männlicher Orgasmus (NEMO) 314 f.
Nicht-genug-Bekommen 326 f.
Nieren 75, 139, 201, 318 f., 325
Nikotin 70
Noyes, John Humphrey 300, 302, 305, 308

O

Obenlage 215, 247, 267
– der Frau 239
Oberschenkel 202
Ohrenmassage 129
Ohrläppchen 202
»OK«-Zeichen 179
Ölessenzen 150

Olibanum 144
»Om Ah Hum« 211 f.
»Om Mani Padme Hum« 211
Oneida Community 300
Opiate, gehirneigene 62
»Orange« 312 f.
Orgasmus 37 ff., 57, 76 ff., 85, 89, 92, 101, 105 f., 129, 157, 183, 188 f., 191, 208, 213 ff., 225 ff., 247, 251, 260 ff., 290 ff., 302 ff., 312 ff.
–, endloser 348 ff.
–, etwas Heiliges 108 f.
–, genitaler 108 ff., 201, 216, 221, 223
–, gewollter 92, 265 f.
–, gleichzeitiger 266, 334
–, großer 233 f.
–, kreativer 228 ff.
–, männlicher 112 ff.
–, passiver 231
–, sexueller 109 ff., 226 ff.
–, weiblicher 110 f.
Orgasmusfähigkeit 77 f., 237, 261
Orgasmusphase 261 f.
Orgasmuspunkte 155
Orgasmusschwierigkeiten 70, 262
Orgasmusunfähigkeit 76, 85
Orgasmusverzögerung 258
Orientalische Erregung 199 ff.
Orientalische Liebeskunst 127
Orientalische Sexuallehren 200
Östrogen 237
Otto, Herbert und Roberta 83

P

Pankreas 318, 324 f.
Pappas, Cheryl 47
Parasympathisches Nervensystem 261

Partnerchemie 111
Patchouli 143
PC-Muskel 87ff., 92f., 97, 182, 189, 191f., 195, 235, 240, 242, 255, 259, 263, 267f., 310, 314f., 319, 322, 331, 343
Pearson und Shaw 78, 107, 237
Penetration 266, 277
Penetrationstiefe 236, 333
Penetrator 216
Penis 19ff., 85f., 96ff., 103, 126f., 178, 199, 236, 284ff., 296, 306, 330, 342f.
Peniskontrolle 138
Peniskraft 100, 242, 244
Penisspitze 202
Penistechnik 254
Peniswurzel 255ff., 296
Penney, Alexandra 321
Perineum 138
Persönlichkeitsmaske 162
Persönlichkeitswachstum 182, 228
Pferdehaltung 98ff.
Phosphor 77f.
Plateauphase 261f.
Platonische Beziehung 24
Pollen 78
Pompoir 83ff., 95, 127, 238, 250, 267f., 306, 308, 328, 330f., 335ff., 342f.
Porenatmung 193
Pornofilme 190
Positive Gedanken 92
Presley, Elvis 80
Prostata 75, 97, 100, 240, 254ff., 268, 293, 321ff.
–, Vergrößerung 104
–, Verstopfung 258
Prostatakrebs 78
Prostatapunkt 255ff., 268, 324
Prostataverstopfung 322, 324

Prostatitis 78, 258
Prostitution 335
Psi-Training 187
Psychopharmaka 70
Psycho-Tank 62
Pubococcygeus 87ff.
 siehe auch PC-Muskel
Pyramidenkraft 142

Q

»Quickie« 234

R

Ramana Maharshi 50
Ramsdale, David 62
Recycling, sexuelles 108
Reggae-Musik 139
Reglosigkeit 203, 285
Reife, emotionale 114f.
Reizpunkte 200
Rektalkanal 99
Resolutionsphase 261
Reuben, David 86
Revitalisierung 93
Rhythmen 209
Riley, Terry 140
Rimski-Korsakoff, Nikolai 140
»Ring der Ruhe« 179
Ritter 280f.
Rituale 148ff., 236, 239, 339
Ritualstimmung 152
Rituelle Mahlzeit 151
Rockmusik 80, 139
Rollentausch 213, 337
Romantische Liebe 149, 280
Rose 143, 149
»Rubinlaser« 198

Rücken an Rücken 282
Rückenbereich 136
Rückgrat-Wein 166
Ruhepausen 330

S

Salz 75, 78
Samadhi-Tank 62
Samenblase 255 f.
Samenbremse 259
Sameneinbehaltung 113 f., 328
Samenenergie 254
Samenerguß 256, 305, 315, 322
Sanfter Stil 30 f., 34, 74, 83, 86, 177, 202, 244, 250, 262, 269, 274, 276, 307
Sauerstoff 77, 262
Schambein 87, 202
Schambereich 136, 252
Schamhaargrenze 202
Schamlippen 143, 285
Scheich Nefzawi 329
Scheide 78, 91
Scheidenkatarrh 85
Scheidenmuskulatur 83, 85 f., 92, 103
Scheidensekrete 76
»Schere« 203 f., 340
Schilddrüse 93, 106, 134
»Schildkröte« 253
Schildkröte (chin.) 93
Schläfen 130
Schlaftabletten 69
Schlafzimmerkunde 141 ff., 270
Schmusen 282 f.
»Schnapp-Pussy« 83
»Schnapp-Schildkröte« 83
Schreien 208
Schwalbennestersuppe 78

Schwangerschaft 70, 94, 134
Schwarzenegger, Arnold 91
Schweben 62, 65, 313
Schwellensex 279, 301, 309 f., 312 ff.
»Schwimmen« 330
Schwingungen 162 f., 208
Scott, Tony 140
Sedativa 69
Seele 49
Seitenlage 202, 215, 240
Selbstbehauptung 260, 262, 270
Selbstbeherrschung 312
Selbst-Bewußtheit 108
Selbstbewußtsein 268
Selbstentwicklung 307
Selbsterfüllung 274
Selbsterkenntnis 202
Selbsthypnose 62
Selbst-Inspiration 188 ff.
Selbstmedikation 79
Selbstverlust 317
Selbstverteidigung 268
Selbstwertgefühl 351
Selen 77
Sensitivität 33, 108, 133, 180, 183, 192, 200, 335
Seufzen 119, 208, 210
Sex 42 ff., 153, 273, 281
–, außersinnlicher 287 f.
–, bioelektrischer 287 f.
–, gesunder 325 f.
–, kreativer 222 f.
–, prokreativer 222 f.
Sexercises 88 f.
Sexersatztechniken 169
Sexkünstler 200
Sexmagnetismus 56, 243
Sex-Schnellimbiß 61
Sexualdrüsen 93, 95, 105 ff., 136
Sexualenergie 105 f., 287
Sexualhormone 78, 113

Sexualität, Ergänzungsstoffe 77ff.
– und Töne 208ff.
Sexuallehren, orientalische 200
Sexualliebe 15, 24ff., 41, 222, 307, 348
Sexualmagie 27
Sexualmuskulatur 88ff., 238, 255, 259
»Sexualofen« 93
Sexualorgasmus, gewollter 234ff., 240, 260ff., 305
–, kreativer 228ff.
–, weiblicher 110f.
Sexualpraktik, alte 282
Sexualstimulans 79
Sexual-Techniken 246ff.
Sexualtherapie 77, 260
Sexualübungen 88ff., 105ff., 264, 270
– des Yoga 98f.
Sexualwissenschaft 109
Sexualyoga 145, 247
Sexuelle Abstinenz 274
Sexuelle Begierde 175
Sexuelle Empfänglichkeit 161
Sexuelle Energie-Ekstase 14, 16ff., 114, 265
Sexuelle Erfüllung 143, 243, 267
Sexuelle Erregung 189f., 262
Sexuelle Freiheit 45f., 277
Sexuelle Gesundheit 86
Sexuelle Leistungskraft 75, 135
Sexuelle Performanz 142
Sexuelle Revolution 15
Sexuelle Rituale 149
Sexuelle Stimulierung 108
Sexuelle Störungen 285
Sexuelle Vereinigung 151, 159, 221f., 317
Sexuelle Vitalität 137, 139
Sexueller Magnetismus 56, 243

Sexueller Response 135, 140
Sexuelles Abenteuer 277
Sexuelles Erwachen 175
Sexuelles Wohlbefinden 75ff.
Shakespeare, William 139
Shankar, Ravi 140
Shiatsu 127, 133
Shivanandan 274
Sich-voneinander-Lösen 299
Siddhasana 96
Siddha yoni asana 94
Sinneswahrnehmungen 125, 235
Sinnlichkeit 157, 166
Sitarmusik 140
Sitkara 190
Skrotum 96
Smith, Howard E. 145
Soixante-neuf (69) 121
Solarplexus 135, 164, 210, 227
Sommersonnenwende 161
»So-tun-als-ob-Spiel« 127
Spanische Fliege 71
Spannungsstaupunkte 132
Spannungsstellungen 215ff.
Speichel 120, 285
Speichelfluß 179
Speichelschlucken 252
Speicherbatterie 188
Sperma 256
Spiel-Spiel 117ff., 126
Spirituelle Erfahrung 278, 303
Spitzbauchatmung 191
Sport 72ff., 108, 250
Spurenelemente 79
Standard-Sex 338
Stechapfel 71
Stechpalme 234f.
Steiß 87, 202
Steißbein-Punkt 267
Stellungen, friedvolle 202ff.
Stellungsvarianten 294f.

Stimulierung, sexuelle 228, 255, 264, 290f., 324
Stimulierungspunkte 199
Stirn 202
Stockham, Alice 302, 304f., 308
Stoffwechsel 72
Stöhnen 208, 210
»Stopfen« 283f.
Stoßfähigkeit 85
Stoßkraft 100
Stoßpraktik 331
Stoßsequenzen 253
Stoßzyklen 331f.
Strauß, Johann 140
Strawinsky, Igor 140
Streckbank 216
Streckgymnastik 105, 217
Streichelbewegung 168
Streicheln 299ff.
Streiten 160
Streß 239, 261
Su Nui Ching 315f., 324
Sufismus 167
Summen 210f.
»Superpenis« 199
Supersex 301
»Supervagina« 199
»Süßes Vergessen« 230
Sympathisches Nervensystem 261
Symphysis pubica 137
Szenario 197

T

Tabak 75f.
T'ai Chi 19ff., 30, 73, 236, 250
Tango 236
Tantra 133, 286
Tanzen 80, 152, 180, 236
Tanzunterricht 105, 236

Tao des Sexus 30, 253f., 279, 315ff., 326ff., 332
Taoismus 110, 112, 161, 188, 254
Taoistisches Sexualyoga 247
Tao-Yoga 187
Tastsinn 248, 293, 298
Techniken für Sexualverkehr 246ff.
Tee 78
»Tempel des Fleisches« 224
Testosteron 73, 107
Thirleby, Ashley 110
Thymusdrüse 13, 48, 93, 134, 194, 211, 227, 253
Thymus-Geste 194
Thymus-Schlag 193
Tibetisches Mantra 211
Tiefenatmung 176, 188f., 235, 263, 266, 277
Tiefenmassage 248
Tiefenmeditation 62
Tiefenmuskelentspannung 252
Tiefentspannung 61ff., 124, 231, 238, 276
Todeshormon 108
Tolstoi, Leo 299
Töne der Ganzheit 211
Töne und Sexualität 208ff.
Totenlage 98, 168
Trainingsmethoden 242, 250
Traum-Magie 229
Trespasso 166
Trommelmusik 140
Troubadoure 281
Trüffeln 78

U

Übergewicht 72f.
Überlebenstrieb 261
Überlebenswille 302

Ultra-Intimität 114f., 306
Umarmung 159, 184, 280, 282
Unfruchtbarkeit 85, 95, 97, 104, 303
Unsterblichkeit 349
Unterarm 202
Unterbauch 102f., 188, 190
Unterbewußtsein 162, 203
Unterlippe 202
Urban, Rudolph von 287ff.
Urinfluß 89
Urogenitaltrakt 259

V

Vagina 19ff., 84f., 90, 126f., 143, 178, 199, 236, 261ff., 284f., 296, 298, 306, 331f., 337, 340, 343
–, Haltekraft 100
–, Liebesdienst 254
Vaginaleingang 266
Vaginalmuskeln 84, 95, 279, 331, 333, 335
Vaginaltiefe 252
Vaginitis 85, 95
Verbundenheit 162ff., 269
Verdauungsprobleme 104
Verdrängung 226
Verführung 152
Verjüngungsprogramm 108
Verkehr, häufiger 249
Verliebtsein 25, 162, 326
Verschmelzen 164, 306, 313
Versöhnen 160
Verspannung 57, 132, 152
Verstand 199
Verstopfung 104
Verträglichkeit 119ff.
Verwundbarkeit 243f.
Verwurzelung 187

Vibrator 264
Vierundzwanzig-Stunden-Orgasmus 350
Virgines subintroductae 280
Virilität 113
Visualisation 91f., 186, 189, 197, 251, 263, 268, 286, 344
Vitalenergie 210, 306f.
Vitalkraft 73, 182
Vitamin B 79, 237
Vitamin C 79, 237
Vitaminmangel 71
Vivaldi, Antonio 140
Vivekananda 60
Volles Anhalten 182, 184, 211, 239
Vollwert-Ernährung 79
Vorspiel 117ff., 126, 158ff., 174, 180, 211
Vorsteherdrüse 255
siehe Prostata

W

Wacholder 143
Wachstum, inneres 350
»Wagen« 203f., 207
Wagner, Richard 140
»Wahre Liebe« 162, 175
Walker und Walker 237
Walnuß 235
Weckerspiel 185
Weiches Eindringen 236
Weihrauch 143f.
Weinen 229, 243
»Weißes Licht« 232
»Wilder Ausdruck« 248
Wippe 147, 184, 203f., 214
Wirbelsäule 97, 202, 232
Wolff, Henry 140

Wurzelverschluß 98ff., 151, 242, 339
Wut 226f., 249

X

X-Stellung 203

Y

Yab Yum-Stellung 146f., 151, 184, 203, 206, 214, 216, 231, 284
»Yam« 211f.
Yin 254
Ylang-Ylang 143
Yoga 49, 60, 62, 94, 96, 105, 236, 262, 266, 286
–, Atemübungen 98
–, Heuschrecke 105
–, Kamel 105
–, Kobra 105
–, Kopfstand 105
–, Pflug 105
–, Schulterstand 105
–, Sexualübungen 98f., 103f.
–, Stellungen 217
–, Zange 105
Yohimbin 71

Z

Zärtlichkeit 312
Zehen 130f., 202
Zeit für Liebe 160ff.
Zeitlupe 207f.
Zilbergeld, Bernie 241
Zink 75, 77ff., 113
Zinkmangel 77f.
Zirbeldrüse 93, 95, 105ff., 130f., 143, 182
Zorn 226f., 261, 351
»Zorn-Orgasmus« 227
Zucker 75f.
Zungendruck 179f., 194, 253
Zusammenbleiben 213f.
Zusammenbruch 318f.
Zusammenschlafen 278ff.
Zweierstellungen 295
Zwei-Köpfe-sind-besser-eins-Übung 164f.
Zwischenhirnbereich 106f.

DIE SELBSTBEWUSSTE FRAU

ANNE DICKSON
frau sein

Selbstfindung
Selbstvertrauen
Selbstbewußtsein

10956

ANNE DICKSON
Die Harmonie der Innenwelt

Die neue Sexualität
der Frau

10996

GOLDMANN

Die modernen Liebestechniken des Ostens

Ein freimütiges, freizügiges und bezaubernd illustriertes Liebes-Lehrbuch, das den Leser in die Künste des Tantra-Sex einweiht.

Der tantrische Liebeskult offenbart eine natürliche Freude, Verliebt- und Verspieltheit an der Sexualität, die im Glauben der Inder der Gesundheit von Körper und Seele dient.

(10743)

Im Gegensatz zum eher gelehrten 'Kamasutra' ist dieses Buch eine amüsante, originelle Liebeskunst wie die des Römers Ovid.

GOLDMANN VERLAG
Neumarkter Straße 18 · 8000 München 80

PSYCHOLOGIE HEUTE

10358

10929

10941

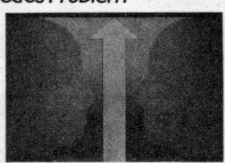

10963

GOLDMANN

PSYCHOLOGIE IM ALLTAG

10896 Ulrich Beer – Selbsttherapie. So helfe ich mir bei Depression, Eifersucht, Lebenskrisen, Schlafstörungen, Streß

11343 Herbert Fensterheim / Jean Baer – Leben ohne Angst. So mancher hat eine Phobie und weiß nichts davon · Wie Sie Ihre Angst bekämpfen können · Wovor haben Sie Angst? · Platzangst · Die Behandlung der Angst · Die Angst vor den „Dingen" · Soziale Ängste · Die enge Partnerschaft · Sexuelle Ängste · Der Zwangsneurotiker · Flugangst überwinden · Was man gegen Angst im Beruf tun kann. Unsicherheiten, Ängste, Phobien erkennen, verstehen, beherrschen

11297 Herbert Fensterheim / Jean Baer – Sag nicht Ja, wenn Du Nein sagen willst. Sagen Sie lieber »ja« als »nein«, um nur keine Probleme zu schaffen? Schlucken Sie lieber Vorwürfe von Vorgesetzten, als zu widersprechen, um nur keine Probleme zu schaffen? Stecken Sie lieber zurück, als Ihre eigenen Ansprüche zu vertreten, um nur keine Probleme zu schaffen? Wie man seine Persönlichkeit wahrt und sich durchsetzt: im Beruf, in der Ehe, in der Liebe, im Familienkreis, in der Gemeinschaft

10960 Peter Lauster – Selbstbewußtsein kann man lernen! Programm für Selbstsicherheit und Selbstvertrauen

10739 Peter Lauster – Der Persönlichkeitstest. Ein Test- und Beratungsprogramm zur Entfaltung Ihrer Persönlichkeit

Urich Beer
Lebensdummheiten
10955

Entscheide dich richtig
10871

GOLDMANN

Goldmann Taschenbücher
Informativ · Aktuell
Vielseitig · Unterhaltend

**Allgemeine Reihe · Cartoon
Werkausgaben · Großschriftreihe
Reisebegleiter
Klassiker mit Erläuterungen
Ratgeber
Sachbuch · Stern-Bücher
Indianische Astrologie
Grenzwissenschaften/Esoterik · New Age
Computer compact
Science Fiction · Fantasy
Farbige Ratgeber
Rote Krimi
Meisterwerke der Kriminalliteratur
Regionalia · Goldmann Schott
Goldmann Magnum
Goldmann Original**

Goldmann Verlag · Neumarkter Str. 18 · 8000 München 80

Bitte
senden Sie
mir das neue
Gesamtverzeichnis

Name _____

Straße _____

PLZ/Ort _____